第五册目録

婚姻類

門閥類

姓名類 字號附

稱謂類

風俗類

方言類

農商類

工藝類

孝友類

清稗類鈔

婚姻類

文明結婚

親迎之禮，晚近不用者多，光、宣之交，盛行文明結婚，倡於都會商埠，內地亦漸行之。禮堂所備證書，有新郎、新婦、證婚人、介紹人、主婚人姓名。由證婚人宣讀，介紹人、即媒妁。證婚人、男女賓代表皆有頌詞，亦有由主婚人宣讀訓詞來賓唱文明結婚歌者。

文明婚禮，實有三長。一，以父母之命，媒妁之言，而取男女之同意，以監督自由。其辦理次序，先由男子陳志願於父母，得父母允准，即延介紹人請願於女子之父母，得其父母允准，再由介紹人約期訂邀男女會晤，男女同意，婚約始定。二，定婚後，男女立約，先以求學自立爲誓言。三，婚禮務求節儉，以挽回奢侈習俗，而免經濟生活之障礙。結婚之日，當由男女父母各給以金戒指一事，禮服一襲。

婚禮未經制定，所習行者如下：

一、奏樂。二、司儀人入席，面北立。以下皆由司儀人宣唱。三、男賓入席，面北立。四、女賓入席，面北立。五、男族主婚人入席，面南立。六、女族主婚人入席。面南立。七、男族全體入席，面西立。八、女族全體入席，面東立。九、證婚人入席，面南立。十、介紹人入席，面南立。十一、糾儀人入席，面北立。十二、男女儐相引新郎新婦入席，面北立。十三、男儐相入席，面北立。十四、女儐相入席，面北立。十五、奏樂。十六、證婚人讀證書。十七、證婚人用印。十八、介紹人用印。十九、新郎新婦用印。二十、證婚人爲新郎新婦交換飾物。二十一、新郎新婦行結婚禮，東西相向立，雙鞠躬。二十二、奏樂。二十三、主婚人致訓辭。二十四、證婚人致箴辭。二十五、新郎新婦謝證婚人，三鞠躬。二十六、新郎新婦謝介紹人，三鞠躬。二十七、男女賓代表致頌辭，贈花，雙鞠躬。二十八、奏樂。二十九、新郎新婦致謝辭，雙鞠躬。三十、女賓代表唱文明結婚歌。三十一、證婚人介紹人退。三十二、男賓退。三十三、女賓退。三十四、新郎新婦行謁見男女主婚人及男女族全體禮。三十五、奏樂。三十六、男女主婚人及各尊長面南立，三鞠躬。三十七、男女平輩面西立，男女晚輩面東立，雙鞠躬。三十八、男族女族全體行相見禮，東西相向立，雙鞠躬。三十九、男女儐相引新郎新婦退。四十、男女兩家主婚人及男族女族全體退。四十一、糾儀人司儀人退。四十二、茶點。四十三、筵宴。

滿蒙漢通婚

滿洲、蒙古之男女類皆自相配偶，間或娶漢族之女爲婦，若以女嫁漢族者，則絕無僅有。其於漢軍，則亦有婚媾，不外視之也。

順治戊子二月，世祖諭禮部：「方今天下一家，滿、漢官民皆朕赤子，欲其各相親睦，莫如締結婚姻。

自後滿、漢官民有欲連姻者，聽之。其滿洲官民娶漢人之女實係爲妻者，方准其娶。」

康熙時，聖祖妃嬪有年佳氏、王佳氏、陳佳氏，仁宗生母孝儀后爲魏佳氏，皆漢人而投旗者，故稱爲某佳氏。「佳」爲「家」之叶音也。

光緒季年，德宗曾降旨，令滿、漢通婚。

漢苗通婚

國初，曾降旨禁漢、苗通婚，乾隆辛巳，弛其禁。

婚帖用端肅端莊字樣

婚禮，兩姻家通名，其刺必書「端肅頓首拜」。同治後，以肅順、端華故，改之。或有作「端莊頓首拜」者，繼亦避之，則以光緒庚子拳匪之禍爲端王、莊王二人所釀成也。

大婚前之進御者

皇帝大婚之前，先選宮女之稍長者進御，凡八人：曰司帳，曰司寢，曰司儀，曰司門。

指婚

近支王貝勒貝子公及外戚之子女既及歲者，開具姓氏年齡進呈，即由太后指配與滿洲、蒙古、漢軍之貴族聯姻。指定後，明發懿旨，以某女婚某王，或某某，名曰指婚，滿語又謂之拴婚。

滿蒙漢八旗婚嫁

八旗婚嫁之制，納采、問名諸事悉同漢人，數尚雙，吉期用兩日。先數日，送奩具至男家，置於桌抬之，以多爲榮。及迎親，則男家擇年長全福之婦至女宅，代新婦上粧，曰娶親太太。其送親也，亦擇年長全福之婦至男宅，扶持新婦，曰送親太太。皆乘花輿，故花輿必備三乘。新婦登輿，不衣禮服，而其衣以布，不梳兩把頭而聚髮成髻，蓋以紅巾。其內衣，雖夏日亦裝棉，若在三伏期內，亦夾而不單，然肩膝等處亦必略置棉花。

新婦輿至門，新郎抽矢三射，云以去煞神。新婦出輿，不祭祖，不拜花燭，逕入洞房，與新郎並坐於炕，闔門，行坐帳禮。新郎新婦外出，跪拜於一族最尊而全福者之前。全福者口述吉語，以秤竿挑去紅巾。食水餃，餃不熟，卽熟亦諱言之，生者，取生育之義也。新婦易衣，其飾，富貴者有鈿子、以珠翠紮成髮飾。喜花，紅絨製喜字或福字。常人之家卽梳髻，著常服。妝成，新婦坐於炕，不言不笑不動，否則爲不吉。及夕，新郎代新婦取花插之窗，必在窗之低槅，愈低，則得子愈早。翌晨，新婦乃偕新郎行廟見禮。

滿洲婚嫁

滿洲氏族，皆年及冠笄始相聘問。男家主婦至女家問名，相女年貌，意既洽，贈如意或釵釧諸物，以爲定禮，名曰小定。擇吉日，男家集宗族親友偕新壻往女家問名，女家亦集宗族等迎之中庭，位左右設，男族入，趨右位。有年長者致詞曰：「某家男某雖不肖，今已及冠，應聘婦爲繼續計。聞尊室女賢淑著令名，願聘主中饋，以光敝族。」女族致謙詞以謝。若是者再，始定婚，令新壻入拜神位前及外舅父母如儀。既進茶，女族趨右位，男族據賓筵，或設酒宴以賀。改月擇吉，男家下聘，有酒筵、羊鵝、衣服、綢緞諸物，曰過禮。女家款待如儀。男家贈銀於女家，令跳神以誌喜。既定，婚期前一日，女家贈妝奩嫁資，視其家之貧富，壻策騎往謝。五鼓，鼓樂，娶婦至男家，竟夜笙歌不絕，謂之響房。新婦既至，新壻以弓矢對輿射之。新婦懷抱寶瓶入坐，向吉方。及吉時，宗老吉服致祭於中庭，奠羊酒諸物，以刀割肉，致吉詞。禮畢，新壻新婦登牀，行合巹禮。次晨五鼓興，始拜天地、神像、宗祠，翁姑坐而受禮，宗族尊長卑幼以次拜謁。三日或五日，婦歸寧，省父母，壻隨至女家，宴享如儀。滿月，婦復歸寧，數日始返，於是婚禮畢。

滿洲貴族之文定

滿洲王公貴族娶婦，例於文定之日，有福晉二人往女家。新婦合目盤膝坐於牀，二福晉入新人房，以如意置之衣上，復以小荷包二枚懸於其鈕，每一荷包置金錢一枚。又以金戒指二戴其手指，上鐫「大喜」二字。

滿族婚日宴客

滿族婚事之宴客，飲至半酣，婦女出而敬酒。以大碗滿斟，跪於地奉客，必俟飲盡乃起。

柳條邊外婚嫁

柳條邊外人家之婚姻，擇門第相當者，先求老人爲媒，將允，則男之母逕至女家，視其女，與之簪珥布帛。女家無他辭，男之父乃率其子至女之姻戚家叩頭。姻戚家亦無他辭，乃率其子姪羣至女家叩頭，《金志》所謂男下女禮也。女家受而不辭，辭則猶未允也。既允之後，然後下茶，江、浙有「茶禮」二字，蓋始於本朝。設酒筵，此男家事也。女家亦賠送耳。結婚多在十歲以內，過此則爲晚。

寧古塔婚嫁

寧古塔卽寧安縣，其居民之婚禮，無柬帖，無鼓樂，無男女儐相。文定時，父率子從媒介人往婦家謁其父母。明日，女之父母亦從媒介人答謁。行聘曰下茶，羊酒之外，有高桌，鋪紅氈，以盤置茶果、綢緞、布疋陳其上，多者至數十桌。嫁時，奩具如鏡臺箱篋被褥之類亦置於高桌，二人扛之。新婦乘車，必懸紅緑綢於上。入門，拜翁姑，夫婦不交拜。

黑龍江婚嫁

黑龍江居民之結婚也，婚期前一日，女家送奩具，正日進門，第二日下地，第三日回門。富户之奩物爲輳四十雙，衣三十襲，包金首飾兩事。男家則先備紅襖袴各一，被褥各二，及箱櫃、梳匣，送往女家，俟女家送奩至男家時，攜以俱至。女家所增者，尚有洗衣盆、手巾、胰子等物。

婚日，富女乘花轎，貧女乘喜轎，導以燈籠、喇叭各二。男家迎者曰娶親奶奶，女家送者曰送親奶奶。女家贈點心與壻，謂之觀茶，設席宴新郎新婦，謂之觀席。男家會新親，請其坐第一席。薄暮，新郎新婦登炕坐帳，食長壽麵，開臉。明日，下地，行禮，序長幼。又明日，新郎新婦皆至女家，曰雙回門。抱保平符，符裹五穀、銀戒指、天平等物，筵宴。

直隸有娃娃親

北人呼小孩爲娃娃。燕、趙之間，居民家道之小康者，生子三五齡輒爲娶及笄之女。家貧子多者輒利其聘貲，從俗遣嫁焉。女至男家，先以父母禮見翁姑，以弟呼其壻，一切井臼、烹調、縫紉之事悉肩任之。夜則撫壻而眠，晝則爲之著衣，爲之飼食，如保姆然。子長成，乃合巹。其翁姑意謂雇人須工貲，又不能終年無歸家之日，惟聘得貧家女，則所費不多，而指揮工作可以如意。故但計撙節，而子女年齡之相當與否，均置不問。此蓋與江、浙等省之童養媳相類也。

永平婚嫁

永平府某縣之閫範至嚴，女子初嫁，母家必使人偵之。成婚之次日，夫家鼓樂喧闐，賓客雜沓，則大喜；若是日闃然，則女之留否，惟夫家爲政，不敢與争矣。有王姓，嫁女於李氏，卻扇之夕，李以新婦貌陋嫌之。次日，託言非處子，不舉樂，仍呼媒妁送歸母家。女幼失母，隨其嫂以居，嫂知小姑無他，乃問昨夜洞房情事，則固未合歡也。嫂曰：「然則安知其不貞歟？」力言於翁，使翁訟之官，官命驗之，果守禮謹嚴之處子也。乃判李姓，仍以鼓樂迎歸。

常州婚日撤帳

撤帳者，常州結婚之俗也。婚日，新郎新婦既入洞房，皆坐於牀沿，儐相者以果盤所盛之果擲帳中，述吉詳語以祝之。

太倉婚嫁

太倉婚姻之費用，視門第及貧富爲奢儉，亦同於各省。妻死，夫多續娶。夫死，婦不再適，里有再醮者，鄉黨宗族引以爲恥。村野之俗，多襁褓爲婚，市集之民，必及冠而娶，間有未成年之子而娶及笄之女以爲養媳者。

男女訂婚，先請女家庚帖，庚帖所書，爲年月日時之八字。問名曰卜吉，納采曰小定，納徵曰行盤，請期曰道日。娶不親迎，媒爲先容，導輿以儀仗鼓吹，三朝廟見，滿月歸寧，輿儓飫犒，繁費不貲矣。

江寧婚禮之傳紅

江寧人婚事有傳紅之禮。以男女生年月日時八字書之丹牋爲質，俗謂之傳紅，卽古納采也。

淮安婚夕鬧房

鬧房者，鬧新房也。新婦既入洞房，男女賓咸入，以欲博新婦之笑，謔浪笑敖，無所不至。淮安鬧房之時刻則在黄昏，以送房爲限制。時男家預從男客中擇一能言者爲招待員。惟鬧者，約分孩童與成年者二組。孩童鬧房，其目的則在安息香。先自齊集三五童偕往男家，以鬧意達於招待員，由招待員導至新房，孩童則人各唱一鬧房歌，歌辭多不堪入耳之語。唱畢，由招待員分給各孩安息香若干枝而散。

成年者之鬧房，其目的則在侮弄新娘及伴房之女，淫詞戲語信口而出，或評新娘頭足，或以新娘脂粉塗飾他人之面，任意調笑，興盡而止。男家聽其所爲，莫可如何也。

青州長女不嫁

《史記》山東有長女不嫁之説，固始於漢也。至本朝，青州猶有此風。

山西婚嫁

山西某縣，凡嫁女者，喜輿既出門，設几於堂，女之母輒服大紅衣而坐其上。旁一人，持飴糖與食，且問之曰：「甜否？」必大聲應之曰：「甜。」意謂若是，則女必爲翁姑所愛寵也。無母，則父爲之；無父，則伯叔父母爲之；無伯叔父母，則疏屬或戚串爲之。不行此禮，則視爲不祥。

山西冥婚

俗有所謂冥婚者，凡男女未婚嫁而夭者，爲之擇配。且此男不必已聘此女，此女不必已字此男，固皆死後相配者耳。男家具餅食，女家備奩具。娶日，紙紮男女各一，置之彩輿，由男家迎歸，行結婚禮。此事富家多行之，蓋男家貪女家之奩贈也。

此風以山右爲盛，凡男女納采後，若有夭殤，則行冥婚之禮。女死，歸於壻塋。男死而女改字者，別覓殤女結爲婚姻，諏吉合葬，冥衣、楮鏹，備極經營，若婚嫁然。且有因爭冥婚而興訟者。

漢中亂倫之婚嫁

漢中惡俗，往往有指媳以繼子，招夫以養夫，甚且以胞弟妻其孀嫂，謂之轉房。弟若不可，則嫂可以呑房滅倫控之。且一女可嫁數家，曰放鴿。然如上所言，各省皆有之，特漢中爲較多耳。

甘人兄弟合娶

甘肅多男少女，故男女之事頗闊略。兄死妻嫂，弟死妻婦，比比皆是。同姓者，惟同祖以下不婚，過此不計也。有兄弟數人合娶一妻者，輪夕而宿。或在白晝，輒懸一裙於房門，卽知迴避。生子，則長者與兄，以次及諸弟。

石澳婚嫁

閩之石澳瀕海，其俗，當婚嫁之日，男家以青油幕之肩輿迎新婦，六人持紅布旗爲導。此六人者，皆家小康之少年也。美衣冠而跣足，持旗導輿往，謂之替新郎。至，則女家阻之，向索錢四五千文，始放行，謂之索青錢。日將晡，新婦升輿往夫家，從之者數女伴，曰新阿姨，並爲新婦肩衣箱，隨輿而至。新郎迎入室，預設酒筵於新房之卧榻旁，旋邀所謂替新郎者，招諸阿姨入房定席，相與豳飲，諧謔嘲笑，罔有顧忌。二更盡，席撤，替新郎者散，主人導新阿姨入宿別室，而夫婦始行合巹禮焉。

臺人無子娶媳

臺灣人以無媳爲恥，故雖本無子，亦不以他人子爲嗣而娶媳者。

新昌劫孀強醮

浙江新昌俗例，凡孀婦無子，強横者每伺其葬夫時劫之，無過問者。若有子則不敢，恐激衆怒也。

楚人重諧花燭

楚俗，凡夫婦年六十以上而猶康強矍鑠者，即視爲兩世伉儷。以其周一花甲，而又及成婚之年也。其子孫每強老人飾爲新郎新婦，重行合巹，一切服飾禮儀，俱如成婚式，名曰重諧花燭。是日必大宴賓客，如新婚。

黄陂婚嫁

黄陂婚嫁之禮，有迎親、求親二大别。壻偕媒至女宅，女宅閉門，請知賓者立於户左右以迎壻。壻降輿，鼓樂齊作，佐以爆竹。久之，啓門納壻。壻逢門必跪叩，所謂門下子壻是也。至廳事，壻謁外舅，鋪紅氈，氈下必實以三角形瓷瓦等物以戲之。拜已，升座，進三元湯。三元者：魚圓、肉圓、湯圓，科舉時代取連中三元之意也。湯圓必重油，餡必重糖，使難於下咽以爲訕笑。食已，新婦登輿，壻向彩輿自粘封條。抵男宅，壻先出輿，行回鑾禮，然後進宅交拜。鬧房則雅俗不同，亦視其人之境遇家世何如耳。三日後，新婦入廚，古禮也。

醴陵婚嫁

湖南醴陵之婚禮，重媒妁，慎門閥。文定時，先以紅箋書男庚致女家，女家允，發女庚，曰草八字。於是擇日迎女父或其親屬上門，以紅緑箋互書男女庚，執爲信，曰填庚。亦有親迎時填者，謂之轎下庚。後多不填庚，即以草八字爲定。將婚，諏吉，先期倩媒妁往女家報日。届期，不親迎，惟以彩輿迓之，女繡帕蒙頭，升輿。至門，擇戚友夫婦之宜男者揭輿幕，命捧花燭者導引入房，交拜，互飲，歌詩，曰合巹。是夜，衆賓集房中，歌詩讚燭，曰鬧房。次日拜祖先，次拜翁姑尊長親黨，曰拜茶。

衡州婚夕鬧房

衡州鬧房之風盛行，稍文明者爲抬茶。有所謂合合茶者，新郎新婦同坐一櫈，新郎以左足置新婦右腿上，新婦亦然，新郎左手與新婦右手相互置肩上，其餘手之拇指及食指合成正方形，置茶杯於中，戚友以口就飲之。又有所謂桂花茶、安字茶等名稱，無非爲戲弄新婦而已。此外又有打傳堂卦之名目。公舉戚友中之滑稽者作堂官，以墨塗面若丑角，著外褂，黼黻以荷葉爲之，朝珠以算盤子爲之，首冠大冠，紅蘿蔔爲頂，大蒜爲翎，旁立差役若干，皆戚友中之有力者。拘新郎新婦及其翁姑跪堂下，命翁姑教新郎新婦以房術，新郎新婦既聽受，必重述一過，否則以鞭笞從事，亦不敢出怨言。

衡州伴娘隨婚

新嫁娘之有伴娘也，各省皆然，一曰喜娘，又曰喜嬪。伴娘果美麗者，鬧房之人視線所集，不於新嫁娘而於伴娘矣。衡州俗則更奇，每於未婚之前，必由媒氏傳語女家，聘伴娘一二，以容貌清麗歌曲工雅者充之。俟親迎日，肩輿而來，而客乃任意調笑，甚且苟合，少則三五日，多或一二月，隨男家之貧富爲轉移。伴娘亦以其多金而安之，雖聲名狼藉，不惜也。

衡人強媒妁以酒

衡州俗，親迎之日，媒氏峨冠華服而往。主人先於大門外設席，席置酒果，擇善飲者二三人立俟於前。俟媒至，強令痛飲，多者十餘碗，少者一二碗，必使盡醉，然後迎接升堂，款以上賓之禮。

鳳凰女喜嫁兵

湖南鳳凰廳女子喜嫁兵丁，以其有月餉可資贍養也。故男子之欲得婦者，必先求入伍。然此與西女之願嫁軍人者有別。蓋彼俗尚武，此則志在謀生而已。亦以見吾國工藝之不講，生計之枯寂，女子之多倚賴性也。

粤中婚嫁

粤中婚事所用之迎親綵輿，有金翠輝煌者，有紅緞平金者，以金亭翠亭陳設禮物，至其儀仗之鮮明，燈彩之富麗，誠各省所不及也。

粤人之訂婚，先議聘金，曰禮事，如禮餅若干斤、回門燒猪若干頭是也。成婚之夕，喜娘爲新郎脱靴，卽授一白巾，備交合後拭穢之用也。如有新紅，卽爲完璧，可喫燒猪。三朝回門，卽以燒猪送母家。富貴之家，輒用燒猪數十頭焉。故嫁女者恆惴惴於心，惟恐燒猪不至。如待之不來，則家人對坐愁歎，引爲大辱。既至，則舉家相慶，且迎燒猪於門，以爲吾家某姑，果能不辱門户也。於是重犒來使，卽以燒猪分饋戚友，媵以紅色饅首若干枚，所謂麻蛋者是也。

然男家以貪慕女家富貴而結婚者，不問如何，亦必送燒猪。

新婦入門，直入洞房，新郎卽與新婦登牀而寢，室門亦砰然而闔，新郎之父母宗族戚屬皆静待於房外。少焉，室門闢，新郎手捧朱盤，盤置喜娘所授之白巾，蓋以紅帕，曰喜帕者是也。在門外者見新郎手持喜帕而出，則父母戚屬皆大喜，賀客至是始向新郎道賀。其未見喜帕之先，例不道賀，蓋恐新婦不貞，則不以爲喜而轉以爲辱也。

新郎既捧喜帕而出，女家之輿從已在男家門中立俟，新郎高捧朱盤，登輿端坐，直至女家。女家聞新郎至，外舅外姑迎於門，外舅揖新郎，新郎傲不爲禮，直捧喜帕至外姑卧室，置於外姑之牀，然後修謁見外舅外姑之禮，盛款而還。如新婦不貞，則卽以女家來輿迫令新婦乘之大歸，卽須涉訟公庭，追索聘禮焉。故新郎新婦之交拜，必須俟至詰朝也。

新婦行禮後，戚友皆得請見，新婦盛妝而出，不著裙，後隨一二傭媪，手持巨盤，盤盛茶杯無數，注茶滿中。新婦見客，先以兩手一拱至地，若男子之揖。一拱之後，卽取茶獻客，客各一杯，卽翩然入矣。而見新婦者，必有覿儀，或銀幣，或衣料、巾帕、香水，視親疏以判厚薄。其最豐者，則以金玉珠飾，然絕無僅有也。

粤女將嫁脱褐

粤俗，女子將嫁，禱神，謂之脱褐。羊城譚壽伯曾於《珠江竹枝詞》中詠之云：「迎珠街口海珠南，花舫月涼雲半緘。前日小姑初脱褐，香羅新試雪青衫。」

順德婚嫁

順德婚禮，新婦既登彩輿，必沿途放聲大哭，將抵男家時始輟。彩輿臨門，無論寒暑，新郎必手持白紙扇。出門時，以扇擊輿，謂之踢轎門。新婦既入，新郎必先俟於新房之門，門設竹梯，新郎衣禮服登梯之絶頂，戚友羣集梯下，勸新郎以酒，口呼步步高陞者再。俟女僕背新婦至，新婦之高度適與梯等，新郎卽乘勢以手挑其頭帕。時新婦戴一虎頭形之冠，必俟入房始卸，且禁兒童遇之，謂煞氣極大也。

新婦見舅姑時，必膝行，庭置方桌，膝行於桌之前方，必叩首數次，膝行至桌之後方，亦叩首數次，如是周而復始者約數時，曰跪茶跪酒，新婦多有不勝其苦而當堂痛哭者。鬧房之際，俗有所謂會友者，蓋以未冠者數人，聯合一小團體，專備娶時之互相扶助也。是時，會友畢集，新婦立於庭，會友乃多方調笑，或迫令新婦爲不能爲之事，稍不如命，則多燒爆竹，新婦面目手足衣服常爲火所傷，且不令新郎在側也。

潮州以葛布嫁女

潮州嫁女，以葛布辦裝，稱其家之貧富，定布之多寡。其極精細者曰女兒布，以遺藁砧。

猪仔之婚姻

粤東有被人略賣至外國爲苦工者曰猪仔，若其家已爲聘妻，久俟不歸，則仍迎娶如儀。百兩既歸，禮行交拜，新婦左側必縛一雄雞以代之。俟行禮於天地、祖宗、翁姑後，爨湯一切，悉以責之。待男子歸里，作破鏡重圓之樂。否則亦有所牽制而不容他適也。

桂邊以大糉遺嫁

廣西邊境，有鄰近越南之各土州，凡嫁女之家，必有大糉二送往男家。糉之長可一丈，徑一尺，重百餘斤。製糉之法，先用竹片織一大笠，其長闊如上所述，四圍束芭蕉葉，然後以糯米實之，餡以鷄鴨猪羊等肉爲之。包裹完固，卽置炭火中，煨至數日，始熟。

蒙古婚嫁

蒙古婚嫁，禮聘、奩貲皆以牲畜，牲畜之數尚奇，起一九至九九而止，如貧不能九數者，亦必三五七等數，與內地數取對偶之意適相反。近邊一帶，已染漢習，有以銀塊行聘者。婚日，壻公服弧矢，策騎而往，親朋隨之。壻謁外舅姑必遞哈達，哈達有布有綾，以有佛像者爲貴。女家延之上坐，享以全羊奶酒，賓朋醵飲，宿一夕而歸。次日，女家亦召親朋，策騎送女，男家於室中爇火一盆，新夫婦向火拜，次及翁姑，不交拜，不合巹，飯後，始與親朋爲禮。貧者女至男家，隨身衣飾而外，無長物。中人之家，牲畜三五頭，富者，牲畜之外，復賸以奴婢。婚日，新婦束裝不異常人。親朋饋贈，以牛馬爲厚儀，通常不過布一疋，羊一頭而已。

新婦三年內生子，應得外家財產一半，如三年不育，勒令大歸，並追還原聘，聽其擇人再醮。王公之妃三年不育卽別娶，蓋恐嗣續缺如，乏人襲職也。如不願別娶，其左右輒嬲之，不由其自主也。

蒙古貴孀不再嫁

蒙古王公嫡庶之分頗嚴，卽在妾媵，亦必得旗衆公賀，乃承認之，否則有子爲私生，不得列爲台吉。又夫婦於生存時可以離居，夫死後，婦不得再嫁，此與其古俗懸殊矣。蓋匈奴之俗，父死，妻其後母，兄弟亡，亦收其妻，元人入主中原，其風不改；明時三娘子歷配俺答三世，爲時固未遠也。至國朝，常以公主下嫁蒙古王公，意必朝廷醜其俗，强使改之也。

新疆蒙人婚嫁

孩童出痘謂之熟人。新疆蒙古人之孩童，必俟其既爲熟人，始與論婚。未出痘者謂之生人。有疾，延喇嘛誦經，服藥不效，則穿耳一孔，貫以銀絲所懸之珊瑚一粒，謂其易於養育也。婚禮，男家贄哈達羊酒請媒道意，諾，則結哈達於酒壺之蓋。媒乃攜壻登門，禮見外舅外姑，復進哈達，藏膠其內，以取膠結之義。獻佛座前，來者均稱賀，謂之哈達主蘇特畢漢。於是致聘禮，羊酒布帛，視家有無。女家受之，分餽戚友鄰黨，示得壻也。

婚日，親迎到門，喇嘛誦經，新壻跪拜，然後入，行謁見外舅外姑禮，迎新婦以歸。新婦冠呢簷紅纓大帽，皮韡朱袍，長衿袙腹，泣辭父母。以衣翳面，伯叔兄弟抱持上馬同騎，歌吹導行。至門，喇嘛誦經，男女持羊膀骨，拜天地及佛。跪地，嫂氏拆新郎新婦髮，交合而梳之。同起，入門，祀竈神，次拜舅姑。

禮畢，嫂氏引入氈房，易婦裝，合髮結二辮，長垂胸左右。嫂氏復引禮竈神，拜舅姑，次拜諸族戚友。回房，坐鄂倫，垂帳幔，賓客各薦紅布一方，餽飴果爲禮。圍坐食茶酒，道吉辭，彈登木，長二尺餘，二絃。男女背柳，跳舞之名，猶纏頭回回俗之偎郎也。雙雙逐隊唱歌爲樂。三日之內，出入言動，皆嫂氏導之，過此，始執婦職，諸事皆躬自操作矣。凡有妻者，不得再娶。其有男女及年而貧不能嫁娶者，爲官長所知，則鳩衆集貲以助之。

哈薩克婚嫁

哈薩克人婚嫁，惟同乳者不相配，配者，不問門户年歲，視聘資多寡，富人往往致馬千蹄，牛千足，駝百峯，銀二三千兩。媒妁入女家，議定財聘，偕其父若母或其昆弟爲踏水之禮。媒人議定銀畜之數，女家許諾，卽偕主婚之家長至河干躍水而過，有因此跌折肢體而不恤者，謂之踏水。蓋一經踏水卽無悔心也。過此，則女家時往索銀畜，交逾半，壻得朝夕入女家，同寢餐，爲夫婦，交納財禮之數如已過半，其壻卽入女家謁外舅外姑，留食留宿，夜間由嫂攜女送壻臥處，家人僞爲不知者。一宿之後，其壻隨時往來，儼成夫婦，不復顧忌矣。惟交不盈數，則終身不得迎娶。女如有身，設法墮之。

親迎日，媒攜新壻納采帛，次第進見女父母伯叔兄弟，握手鞠躬爲禮，壻家男婦聯騎同行，猶漢俗之伴郎，肉食而後返。其見外姑，則別以良馬奉之，酬乳哺之恩也。女子將出門，辭父母，握手接脣，以至親之一人抱上馬，紅巾幬面首，並騎以行。至門，扶入氈房，莫洛大回人主誦經者。高捧潔水一盂，口喃喃誦經，飲新郎新婦，並普飲同座者。夜則男婦雜沓，調笑吹彈，唱歌跳舞爲歡樂，盡興，乃各散去。

次日，嫂氏爲改婦裝，合梳十數小辮爲兩大辮，稍結紅繩，長垂齊足跗，以彩巾帕首拖背後，服黑色袷袢，繫紅裙。嫂扶以見姑，新婦握生牛油擲爐中，光焰滿室，以爲吉祥，鞠躬就座。姑置木盤，堆積肉食，嫂氏操刀代割以奉姑，復徧進座客，環而食之。受姑訓辭，俾躬親灑掃諸事。姑率新婦周歷家中，先使灑掃火爐爲婦職之始。此後入姑室，揭氈簾問安，入門依左立問安，至火爐側問安，出門，則以紅巾冪面而去。其俗以翁媳不相見爲禮，遇則背立，帕掩其面，貧者亦二三年後始得相見。男子娶婦不許過四人，嫡妻執家政，諸妾同操作而已。夫妻反目願離異者，則延頭人戚鄰論是非曲直，其夫指應出條事，賠嫁貲，遣之去。其妻請離異者，則一切器物概不得取。衆反復諭之，不聽，乃立離書，摹手足，頭人用戳印爲據，謂之羊土耳，兒女均歸其夫，婦不問也。夫死，婦不得嫁異族，其夫之兄弟娶之。不願再醮者，亦弗強也。

青海蒙番婚嫁之異同

青海蒙古男女結婚，有媒妁，通知各該管之王公台吉與盟長，而後由坐家僧主婚。男用布帛、首飾、牲畜爲聘禮，牛馬數用十六，羊必倍之，富者以次遞加。女辦嫁資，畧如漢俗，惟不用箱而用牛皮包，衣飾之外，媵以牛馬駝羊。其王公台吉嫁女，或且以牧地數區贈嫁，限定年期繳還母家，不還則興訟。其結婚，必由喇嘛擇吉日，男盛飾，跨馬親迎。女家設筵以待，新娘盛妝，陪新郎上坐，劈羊肉爲大臠，酒盈盆，染以硃紅。啖畢，兩馬絡彩球，男女前後騎，各牽紅布一端，送迎者簇擁以去。入門，先拜坐家僧，後見翁姑及家人。別備牛皮帳，周懸紅燈，外立拒馬木，聯以紅布，新郎攜新人入，飲食傳進，隔宿以出。女族男族諸親圍坐就飲，唱野曲，靡靡可聽。必盡一日夜之歡，俟新郎新婦明晨出帳，然後散。

番人結婚，則異於是。男女少時同牧於山野，相悅者結爲配偶，私告其父母，父母允，授男以求婚歌，授女以迎郎曲。擇日，各飾其子女，攜入山，張幕置酒，說合行聘，兩家父母拍手，引子女使歌，男唱女和，音節清越。始而緩步，舉手相招，若即若離，繼而趨數巡，相與攜手，唱愈高，行愈遠，轉入深谷而野合焉。兩家父母拍手歡呼。於深谷前後派人看守，禁人窺視，牽兩馬於谷口，以迎其子女。有頃，男女攜手唱而出，騎而回，男遞哈達於女家，女遞哈達於翁姑，各解腰帶，互繫一羊，牽而歸，示衆爲別，略似苗民跳月之俗。苗俗先歌而後婚，番俗先婚而後歌也。歸告該管之千百户，而後由坐家僧主婚，男用布疋、牲畜爲聘，女家嫁資惟一身衣飾隨帶牲畜而已。聘定以後，男女可自相往來。婚娶之日，男家燃燈酥，高誦梵經，謂之洗帳。番女跨馬至夫家，中途遇河遇水，必下馬，跣而渡，相傳佛母過通天河之古例也。入帳，拜佛像，退而執役如常人，夜與家人共宿一帳。越數日，女族人至，始置酒大會親友，就席恣意飲啖，歡舞而去。聘定一年後始娶者，生子，親抱而來，數數見之，無足奇也。其娶婦易，其棄婦亦易。結髮久矣，平時曾未反目，偶因小事不睦，遽相偕至曠場，各脫一韡，望空擲之，下落，驗其向背而定離合。如兩韡皆左向，或皆右向，則順，仍爲夫婦如初。如韡底相對，或口相對，則逆，拔佩刀於兩韡之中，劃土爲界，婦入帳，裹其所有，索牲畜如數，驅而至母家。母家不納，則插帳於鄰近，曾無幾時，帳中又聞人語矣。去之日，坦然無顧戀，即所生之兒女已成人，亦不能牽衣挽留。他日過故夫居，見新人，則反主爲客，無一言相犯也。若已聘而未娶之婦，欲棄之，更易割席矣。

蒙古人有棄婦者，輕則憑坐家僧判決，重則告知該管王公與盟長，衆曰可棄而後棄之。坐家僧者，蒙帳延蒙古僧，番帳延番僧，坐家諷經，奉之若神明，能延及藏僧者，同族尤敬禮之。家有喜慶，僧爲主持；大疑大計，以及口角細故，皆就決焉。甚或佃户抗租，僧往代收，則佃户無敢抗。鄉里攘羊，僧出代索，則竊者無敢匿。其天性之畏僧，有不期然而然者。要之，藏王之令，不敵達賴、班禪，各部頭目之令，亦不敵喇嘛遠甚也。

回人婚嫁

回人貴族婚姻必憑媒妁。吉期，以荆笆襯花毯坐女其上，紅錦蒙頭，舁至壻家，拜翁姑如禮。三日之中，戚串咸至，曰待喜，驗有紅，則設酒慶賀。酒名巴克遜，如紹興酒。

鰥男寡女，則常齊集謨罕默德之墓而禮拜之，日以婚事叩問阿渾。阿渾繙閱經典，指衆人隊内一人云：「此人天已配定，勿誤良緣。」即以男女所戴小帽互爲易之，無敢違者，是名天定。亦有男女互相慕悦徑自成婚託言父母遺屬者，是名奉遺。婚媾不避同姓，以牛酒爲聘，女至壻家，壻羞澀避之，旬日乃出。

新疆纏回婚嫁

男子毀齒行割禮，生四五歲割勢皮一周。舉家稱賀。年稍長，則爲朵斯。朵斯者，男女交好之辭也。配偶之制，惟同乳不婚。納采、納徵，豐約視家之有無。事定，則延阿渾誦經，間立判書爲信。親迎日，新婦帕頭騎馬，導以鼓吹，至壻家，誦經成禮，易恰齊把什爲婦人裝束。即雙歧髮辮也。其俗，女子于歸，無過十五齡者。年逾二十，容色摧殘，同於老婦。夫妻離異，謂之羊堆。夫棄其妻者，家中雜物任妻取攜，妻去其夫者，室中諸物均不得取。子歸其夫，女歸其妻，離異一年之内生有子女者，夫皆承認之。離異逾六月，始許更嫁娶、蓋冀其悔而復合也。離異三次，回律無再合之條，儻欲合者，夫妻必與他人姦宿，始允復合。其法蓋爲人之輕於離異，恥之也，故婦人鮮有從一以終者。

布魯特婚嫁

婚姻之禮，納采親迎，皆同新疆纏回。女入門，男女對坐，以鹽水湛餅而食，猶合巹也。次日，見翁姑，家人長幼以次相識，均交手鞠躬，曰賽拉瑪里坤，即問安也。一夫多妻，不分嫡庶，婦多從一而終者。夫妻反目，則延阿渾誦經以調之。再醮，則先兄公與叔，無兄弟則適族人，無族人始改嫁異族。財聘之弊同於市估。

西藏婚嫁

藏人婚姻之年齡無定限，通常爲十五至二十五，而女常長於男。其階級之嚴，猶遜印度。富女可嫁貧夫，貧女可妻貴族。惟王室及閥閱之家，其女不適下級人民，苟不得相當之偶，寧送其女於僧院尼菴也。

婚禮各級皆同，所異者，惟飲讌時之資有豐嗇耳。婚姻之始，男女家皆由父母主持。男家例聘一媒，往說於女家，如允諾，則男家卽送致哈達、酒及幣等禮物。女家固辭，言其女不美不才，恐不足執箕箒。媒則盛稱新郎之善，女家乃言若不見棄，當商之親友以報命。越數日，許配之言乃由媒以達於壻家，壻家乃致酒二十瓦每瓦合二分六釐八毫。或三十瓦於女家，女家卽飲此酒，受哈達，並款戚友，將聘定之金銀、綠松石戴女首，人各贈巾一方。若不允，則酒不飲，哈達不受。中等人家之締婚，壻家恆奉女家酒約五十瓦，錢約六百盧比。每盧比合六錢九分二釐至九錢三分一釐。於女家之尊長及戚友亦各贈巾一方。

婚日，女家張大棚於門外，室之中央，置蒲團甚高，撒布麥爲花，女坐其上，父母坐左右，親友等列坐，置茶酒、米粥、糖、棗果數盤。及女食畢，男女家親友扶女步行至男家，道遠則乘馬，親友各以青稞麥向女撒布，女家贈哈達於親友。送至男家，亦不行禮，直使女與壻同坐。飲茶酒，親友等各贈哈達於男女，喜則掛之於頭，亦有堆置坐前者。親友飲食畢，各攜果肉而散。翌日，男女之父母親友皆盛服，戴哈達，擁新婦出游，訪問親友。宴三日乃止。

成婚後，女家即迎其女及壻歸寧。三日後，乃遣歸，並與以乳牛或犁牛一，牝牛四，小馬一，夏冬衣各二，及珠寶、絨氈、杯盤、木器，益以銀約五十兩，女伴一。凡女之親友隣里曾受其一巾者，至是亦以一巾並一錢贈之。

成婚後五日，女乃易新衣而服常服，對神行小祈禱。第六日，即躬親家事。是時，女之弟或戚常伴之，過七日乃去。

成婚後三月，女家之人攜食物至壻家，要其女歸家省視，壻則款留之十日或十二日，乃偕往，並以衣物、酒食爲贈。一月乃歸，歸時，亦贈其女及壻以衣服、珠玉。

貧家之結婚也，不用媒妁，男女各適所好。有多夫一妻之敝俗。男欲娶妻，先謁女之父母，陳其志願，且爲訂約，得許可者，始爲壻，即居於女家，爲女之正夫。若有其他之男子亦欲娶此女，亦可來訂盟約，而爲女之副夫。三四皆如此。偶有因嫉妬而一人獨歸者，然絕少。大抵女有數夫，則數夫皆競爭於職業，務得婦之歡心。若婦欲擇定一人，則更爲盟約，悉禮他夫而使之退，其一人於數夫來時所攜之金當加息償還。若女已生子，則不復爲此。此殆無力娶婦者始爲之。又父有數子時，但爲之娶一婦。長子死，則令次者繼之爲夫，以次遞傳，以便共守祖之遺業而不分。此俗由康斯地傳來，其地至今猶盛行此制。若婦先長子死，或長子竟不死，諸子則終鰥耳。諸弟如與長兄永久同居，則諸弟可視長兄之妻爲其妻。如與長兄分居，則不能更向長兄索資財，因應得之分已盡於此妻分內，而此婦仍得留爲長兄法律上之正妻。又父或叔與其子或姪共妻，雖有之而絕少。

兄弟數人之共娶一妻也，其留宿，以戒指爲記號。如戒指飾於大指，則爲伯伴宿之日，餘悉避。如飾二指三指，則爲仲爲叔也，伯季皆避。倘兄弟過五人，則以左手五指續之。

裏塘附近之婦人，夫之多寡，以銀簪別之。每一夫，則插一枚。所生之子，兄弟等分養之。其婦合三四兄弟同居，以一家親睦爲善治家，人稱其賢。

西藏法律，原禁同族人與在七世中之血族聯婚，然已爲藏人所蔑視，彼等恆與三世或四世之血族訂婚。中如娑波及康伯二種人，婚制尤紊，兄弟可娶姊妹，姪甥可娶叔嬸或舅母，卽同父異母之兄弟姊妹亦可互爲嫁娶。

藏人離婚

藏中離婚之法律習慣，頗可研究。男子略無罪過，願與其婦偕老，而婦決欲與離，則婦應按其夫娶時所出聘金加二倍賠償，以爲毀婚之罰，名曰離婚罰金，或無罪罰金。

若婦實無過，而願與夫偕老，惟夫則決欲與離，則夫應給其妻十二金屑，屑乃藏語，十二金屑合九十盧比。以爲離婚罰金，或曰事奉工價。按其妻由成婚日以至離婚日，每日夜各用麥六磅計算，其夫又當歸其婦以奩具之值。若離婚時已有子女，則男歸夫，女歸婦。若夫爲富人，則裁判官可令其析財產之一分與此妻，以爲其女衣食之資。若妻爲富人，亦當有所給與於夫，以爲其子衣食之資。

兩家定婚約時，苟一爲貴族之男，而一爲平民之女，曾有明言夫婦應患難相安歡樂與共者，當離婚時，則其財産可按二人之真情與罪狀，並其匹配時彼此互贈禮物之數而分享之。若離婚出於二人之同意，則裁判官可不問二人之罪狀何如，而爲之均分其財産。若奴僕之婚事，則其分合，一聽命於主人。設如有一僕娶一婦，在主人之心以爲此婦必能事奉其夫，乃此婦竟無用則被棄時，應得其夫所有物六分之一，而聽主人爲其夫别納新婦焉。

苗人婚嫁

苗人娶妻，皆用武力得之，其結婚甚早。定婚，殺雞，男女各食雞翅。至嫁娶時，兩家商議，不能成，新郎怒，邀戚友往攻。各持木棍，以氈包首，奔至女家，女家拒之，鬭甚力，若得勝入門，則言歸于好，出酒肉以款之。是役也，女家受損甚巨，而不介意。飲食畢，送女出門，以物遮其首，乘馬，新郎武裝，女之兄弟送之。既至，復争，男戚取遮首之物上擲，意新婦入門，已有持家之責也。落下，羣以足踐之，意新婦須從家長之命也。新婦住他室三日始入洞房。女至夫家，須三年至十餘年而始歸寧，既歸，則居父母家二三年，親友皆往謁，以客多爲榮。生子則種一樹，祝其如樹之茂盛也。

粵西、滇、黔之苗之訂婚也，先於春月趁墟唱歌，男女各坐一邊，歌皆男女相悦之詞。其不合者，亦有歌拒之，如「你愛我，我不愛你」之類。若兩相悦，則歌畢，輒攜手就酒棚，並坐而飲，彼此各贈物以定情，訂期相會，甚有酒後卽潛入山洞相昵者。當墟場唱歌時，諸婦女雜坐，凡遊客素不相識者，皆可與之嘲弄，甚且相偎抱。并有夫妻同在墟場，夫見其妻爲人所調笑，不嗔而反喜者，謂妻美，能使人悦也。

否則或歸而相詬焉。凡男女私相結，謂之拜同年，又謂之做後生，多在未嫁娶以前，謂嫁娶生子，則須作苦成家，不復可爲此游戲。是以其俗成婚雖早，而仍喜嬉游也。

然初婚時，夫妻不同宿，婚夕，其女卽拜一鄰嫗爲乾娘，與同寢。三日，爲翁姑挑水數擔，卽歸母家，後雖亦時至夫家，仍不同寢，恐生子，則不能做後生也。大抵二十四五歲以前，皆爲做後生之時。女既出拜男同年，男亦出拜女同年，至二十四五以後，則嬉游之性已退，願成家室，於是夫妻始同處，以故恩意多不篤。偶因反目輒至離異，殆皆年少不卽成婚之故也。某太守在鎭安，欲革此俗，下令，凡婚者不許異寢，鎭民聞之皆笑，以爲此事非太守所當與聞也。近城之民頗有遵者，遠鄉仍如故。

乾州紅苗婚嫁

乾州紅苗之嫁娶略同漢人，以牛及財物爲聘。處子犯姦不禁。若犯其妻妾，則舉刃相向，必出錢折贖而後已。至翁之收媳，弟之配嫂，則尤恬不爲怪。

辰苗婚嫁

辰州苗之婚姻，俗以三月三放野，曰跳月。未婚者悉盛服往野外，環山箕踞坐，男女各成列，更番歌，截竹爲筒，吹以和，音動山谷。女先唱以誘馬郎。馬郎，苗未婚號也。歌畢，男以次賡和，詞極謔，有音節，聽之亦渢渢移人。女心許者，會馬郎歌中意以賡之。謳未畢，男遂歌且行以就女，相距二尺許，卽止。女曰歹阿里人，男以其姓氏里居告。苗稱人及己，皆曰歹阿里，漢言何處也。女起，曳其臂，促膝坐。頃之，歌又作，迭相唱和，極往復循環之妙，大抵異日彼此不相棄之意也。抵暮，男負女去，詰旦，偕女詣外舅家。其聘貲以妍媸爲贏縮，凡三等，均有定額，貧者亦必取盈焉。

四姓苗得婚禮之正

滇苗婚禮各異，惟宋家、蔡家、羅家、龍家、鳳家五姓得其正，不用樂，三月廟見，始作樂大會親戚。新郎見長者，用斑竹箸雉羽扇爲贄，長者贈以硃砂石、牛馬犬豕。新婦見尊者，用棗栗榛松爲贄，尊者贈以峒巾、苗錦、金寶、簪珥，此四姓五家古例也。

宋家、蔡家、羅家、龍家卽《左傳》所載羅人、鷲人是也。四姓之冠裳服飾、婚喪祭一秉《周禮》。以十一月建子爲歲首。婚姻重媒妁，備六禮，然後成。鷲人於三國時，伯仲從諸葛武侯平南蠻有功，兄王於滇東，爲龍氏，弟王於滇南，爲鳳氏。一去鳥爲龍，一增几爲鳳，世爲諸苗之長。蓋與黔西安氏火濟，同受爵於蜀漢者也，故第宅爲王家規模。四家世爲姻好，嫁嫡長女爲嫡長婦必一媵八人，古諸侯一娶九女之遺意也。然所媵或養同姓，或選良家，或庶產，嫡女則不能矣。中原士大夫嫡長子娶四家長官嫡長女亦然，王臣加於諸侯也。常人則否，長官女亦不與常人。其宗族則不論。峒主呼壻爲栢察，呼女爲以納，卽漢語郡駙、郡主之稱也。

紅苗與漢族通婚

紅苗在銅仁府，有吴、龍、石、麻、田五姓，衣被皆用斑絲，以十月爲歲首，形狀無異漢族。喜與漢族通婚。故漢人貧者多入贅於苗，苗人富者不惜以巨資致漢婦。

青苗跳月而婚

青苗在貴陽、鎮寧、黔西、修文，男女服飾皆尚青。婦以青布一幅著頭上，製如九華巾。跳月時，女解所愛男腰帶，手牽其綏，頻頻動摇，曰提羊。正月元日，少年男女皆出至山上，鋪蓑共坐，女以粉團、甜糟、肉飯與男食，歡笑竟日。女呼所愛男曰阿雅，亦曰的羅，男呼所愛女曰阿魯，亦曰頓谷。父母不之禁。七月，男女羣聚跳月，曰米花場。男未娶，薙腦後髮，娶乃留之。

八寨苗以牛行聘

貴州八寨苗爲黑苗類，近寨置空舍，男女未婚者羣聚唱歌其中，情洽，卽以牛行聘。女嫁一二日卽歸女家，仍向壻索錢，曰鬼頭錢，不得則另嫁。

爺頭苗有外甥錢

貴州之爺頭苗爲黑苗類，婚嫁，以姑女定爲舅媳。舅無子，必重獻銀錢於舅，曰外甥錢，無則終不得嫁。或私召少年與合，呼爲阿妹。男女多苟合，惟洞崽不敢通爺頭，蓋洞崽爲下户，爺頭爲上户也。

洞寨苗分寨結婚

洞崽苗與爺頭分寨居，爺頭稱大寨，洞崽稱小寨，聽爺頭使令。婚姻各分寨類，若私婚大寨，謂之犯上，則大寨聚黨奪其資產，有傷命者。

黑苗及春而婚

清江黑苗，男女好著錦袍，未婚男子曰羅漢，女曰老陪。春晴日，攜酒食登山，互相歌舞，相悦者飲以牛角，遂奔。生子後，乃曰有後人矣，始從事於耕作。

車寨苗月場求婚

車寨苗在黎平、古州，男習技業，女工刺繡。未婚者於曠野爲月場，男絃女歌，聲清越在諸苗上。舊古州凡四十五寨，相傳馬三保之兵遺六百餘人入贅苗女家，名六百户生苗。

黑脚苗求婚先劫

黑脚苗在清江、台拱，男短衣大袴，頭插白翎，出入持刀鏢，以劫奪爲生。不事劫奪者，女不嫁之。欲求婚，必先行劫也。

黎人婚嫁

黎人無時憲書，不知甲子，然於婚姻，亦必擇吉日。其法：按十二獸，以手推算，所擇日與選擇家悉暗合。或云，虎猴牛，黎人以爲惡獸，避之則吉。吉日，男家送繡花桶爲禮，女家戚串年幼未婚者，競送釵帶等物，親送女至夫家。夫家之幼男女伴新婦眠二十餘日，俟造屋畢，乃同居。女家送親者至，入屋飲酒，夫家宰牛豬等畜盛待之。飲食畢，將歸，各送一物爲謝。男送箭，女送紅絨，曰壓手。女嫁之日，親屬送至門外，痛哭而别，女亦痛哭。

黎女多外出野合，其父母亦不禁。至刺面爲婦，則終身無二。其俗以既婚則不容有私，有則羣黎立殺之，故不敢犯。婦喪夫，謂之鬼婆，無敢娶之者。

僮官婚嫁

僮人聚而成村者爲峒，推其長曰峒官。峒官家之婚姻以豪侈相勝。壻來就婚，女家於五里外采香草異花結爲廬，曰入寮。錦茵綺筵，鼓樂導男女而入，盛兵爲備，小有言，則肅兵相鏖。既成婚，婦之婢媵若忤壻意，即手刃之。能殺婢媵多者，妻方畏憚，否則懦而易之。半年，始與壻歸，盛兵陳樂，馬上飛鎗走毬，鳴鐃角伎，曰出寮舞。

瑤人婚嫁

瑤人之婚嫁也，每於仲冬既望，羣集狗頭王廟，報賽宴會，男女雜遝，凡一切金帛珠玉，悉佩諸左右，競相誇耀。其不盡者，貫以綵繩，而懸諸身之前後。宴畢，瑤目踞廳旁，命男女年十七八以上者，分左右席地坐，竟夕唱和，歌聲徹旦，率以狎媟語相贈答。男意愜，惟睨其女而歌，挑以求凰意。女悦男，則就男坐所促膝而坐。既坐，執柯者以男女襟帶絜其短長，如相若，俾男挾女去。越三日，女之父母操豚蹄一篚，清酎一瓢，往壻家，使之同牢合巹。否則互易其衿，各繫於腰以歸，以爲聘，踰一再歲，衣之短長同，則敦媒以導。

山官婚嫁則不然。先數月，嫁女之家購香木芳草構屋於中途，名曰寮。屆期，男與女均集，鼓角鳴鐃，人聲與笙聲迭作，雅樂共俗樂並陳。日將晡，鼓吹導之入營房，環四面，集豺手狼手豹手虎手千人供宿衛，豺狼虎豹手，瑤兵也。居六閱月，壻始率婦歸，前後以童男女於馬上演角觝魚龍戲，曰出寮舞。將至里閈，壻先騁馬歸，遣女瑤旺，擕五采竹筐，上圖山魅百怪狀迎之，瑤稱巫曰瑤旺，取婦衵服，貯其中，名曰納魄，又曰收魂，蓋欲女憚魔之靈，安於其室，而不敢縱恣也。凡女已受聘，戴方版於頂，以髮平繞其上，左右覆繡帕一，及肩，膠以黃臘膏，綴以琉璃五采珠無算，見男子不語不歌，謂其已有家也，羣以板瑤目之。未字，帶箭竿一，分其髮盤結之，披堆花疊草巾於箭尾，途遇姣好男子，歌遂作，有室者弗之和，否則賡歌之，辭半以淫，兩相悅，各易其衫帶以歸，此箭瑤也。

其報賽於狗頭王廟時，樂五合，旗五方，衣五彩，是謂五參。奏樂，則男左女右，樂器爲鐃、鼓、胡盧、笙、忽雷、響瓠、雲陽。祭畢，合樂，男女跳躍，擊雲陽爲節，以定婚媾。側具大木槽，扣槽羣號，先獻人頭一枚，曰吳將軍首級。有時無罪人，以桄榔麵飾爲之，羣樂畢作，然後用熊、羆、虎、豹、呦鹿、飛鳥、溪毛各爲九壇，分爲七獻，七九六十三，取斗數也。七獻既陳，焚燎節樂，擇其女之姱麗嫺巧者勸客，極綢繆而後已。男女聯袂而舞，謂之蹋瑤，相悅，則男騰躍跳踴，負女去。

倮倮婚嫁

倮倮結婚，必以同族。結婚之法，互擇門第相等者，由新郎贈品物，訂約詞，其承諾與否，視女家之納品物與否，納者爲成約。婚日，新郎張祝宴於邱岡，迎新婦，合宗族親友而宴之。宴畢，新婦偕其友往夫家，然饗宴不及三次，不親睦也。訂約時亦互有贈物，以新郎贈新婦者爲較多。娶妻之數有定例。酋長三人，次二人，平民一人。

其又一法，則至婚期，婦家招宗族親友行話別之式。其時令侍婢悲歌一曲，女欷歔嗚咽，若不勝悲，強放聲歌而和之，其歌意略言孝道有虧及生別離也。句之短長，各隨其意。既而新郎之兄弟親族等來迎新婦，婦家親族侍婢等，悉持棍棒以拒之。男家親族乃撒麵粉、木灰，藉以表親迎者敢於前進之意。新郎入，負新婦於肩，使乘馬，疾馳至家。男之父母有所贈，馬牛羊也。女之父母有所贈，衣服、穀物也。

六洞夷人婚嫁

六洞夷人在黎平府，未婚男女翦衣換帶，則卜而嫁之。鄰女數十，各執藍布繖送至壻家，歡飲三日夜，復攜新婦歸。壻時往婦家偕宿，生子方歸夫家。

金川夷人婚嫁

金川夷人無問名、納采諸禮，男女率先私合而後婚配。男家倩喇嘛擇吉日，告之女家。至期，兩家各延喇嘛誦經禮懺，戚串鄰里咸集於女家，飫豬膘，吸雜酒。男家倩一人前往，如媒妁禮。女家亦倩一人壺漿以迎，酌之酒。男家人長跪而後飲之，女家人端坐不動也。飲畢，羣擁新婦至夫家，笑言謔浪，相率跳鍋莊。跳畢，各侈飲啖，既醉既飽，如鳥獸散，而新婦亦行矣。自此往來不常，食宿無定所，迨生有子女，然後依棲夫家。

西康番人婚嫁

西康番人婚嫁，如土司、頭人、富室，皆用媒妁，雖有苟合爲婚者，仍以媒妁爲禮，且土司不得娶所部頭人之女爲妻。娶時，有衣服首飾，令人往迎，女以帕蒙首乘馬而至，男家則令人扶之下馬。入室，與夫並列，席地而坐。親鄰往謁，皆以白綾一方，曰哈達，搭於夫婦之肩以爲禮。

臺灣番人婚嫁

臺灣近城社番頗知習禮，議婚時，令媒通言諏吉，以布帛、蔬果及牛二行聘禮。俗重女，贅壻於家，謂之有賺。生男出贅，謂之無賺。蓋以女配男，承宗支也。

婚日，女靚妝坐於板棚，四人肩之，揭彩竿於前，鳴鑼前導，遨遊里社，親黨各致賀，壻攜手同歸，兩家父母亦共飲酒三五斗，以後遺簪絶纓，歡謔無度，數日方止。

其又一俗，則新婦於婚日，乘輿臨門，先以長凳横列廳事，新郎華冠綵服，背荷雨蓋一柄，立於凳之左端，以一足踏凳，作行色匆匆狀。新婦離輿，即立於凳之右端，啓口問曰：「郎往何處去？」郎必曰：「往泉州一路去。」於是新婦媚聲柔態歌《妾送郎》曲以餞之。然後送入洞房，交拜花燭，衆賓始歡呼暢飲，平視新婦而散。

畲客結婚

處州畲客之結婚也，一言爲定，與漢人之用禮帖者異。以銅錢十六節納女家，新婦戴棉帽，步行至壻家，宗族親友沿途唱歌以送之。

太祖與葉赫氏結婚

初，葉赫貝勒揚吉砮識太祖爲非常人，言：「我有幼女，俟其長，當奉侍。」太祖曰：「欲締姻盟，盍以年長者妻我。」揚吉砮曰：「我非惜長女也。幼女容儀端重，舉止不凡耳。」太祖因聘之，是爲孝慈后，誕生太宗。

世祖嫁明長公主

明思宗長公主，名徽娖，年十五，奉聖母命，偕宮人數十至嘉定伯周奎府中。以門禁森嚴，不便請鑰爲辭，及天將曉，仍歸大內。順治乙酉，上書求出家，世祖命訪原配周都尉世顯，得之，詔使成婚，婚一年而卒。

豫王娶嫠婦劉氏

國初，豫親王多鐸之妃劉氏，字三季，常熟人。家世業儒，長兄賡虞守正不阿，仲兄肇周狡黠嗜利。劉生而聰穎，六歲母卒，父教之書，時學爲筆札。十歲，父死，依兩嫂以居，十四歲猶未字也。邑富人黃亮功，娶於陳而亡，年四十無子，謀娶劉爲繼室，遣媒妁致意，賡虞不允，肇周利黃多金，力勸之，賡虞固執不可。未幾，賡虞幕游山左，適訛言朝廷遣使至江浙選漢族女，婚嫁者一夕數百，肇周因嫁之於黄。

逾年，劉生女，愛之甚，命名曰珍。黄五十無子，乃育肇周子七，欲以爲子也。及長，好勇鬭很，喜與無賴遊。劉悔，乃爲珍贅直塘錢氏子爲壻，將倚壻以終老。七窺其意，忿而愈横，劉逐之。黄死，七斬衰號柩前，欲分遺産，劉不與，摽諸門外，七大呼曰：「吾必有以報仇。」越數日，七引盜來刼，幸先有備，盜驚逸。劉遂以財穀遷直塘而將徙居焉。

時李成棟已降本朝，率兵縱掠，七方投旗爲走卒，因大言劉氏之富，所部旗將乃率五百人往刼，以七導。至，則黄之倉廪、窖藏、箱笥皆空無所有矣。旗將怒，遂擄劉及其侍者張嫗去。至江寧，則已有婦女三百餘人，劉乃雜其中。初至，集於馬棚。越日，豫王府總管滿媪至矣。滿媪能漢語，集衆女，上下睨視，選得三十人，令至别所。諦視久之，復去其半，留十餘人，審視其髮眉耳目口鼻指臂，復隔衣而捫其乳，則存者僅五婦，乃令其列坐，殷勤問訊。其一音微澀，復去之，僅得四人，劉與焉。

四人乘輿至王府，張嫗從。劉謂張嫗曰：「吾欲與珍相見，故含垢忍辱而不死，今已矣，其死乎！」言罷，大哭。俄而王設宴，命四婦侍酒，劉獨倚柱立，側其面，不發一語，額光映燈燭，眼微紅。王豔之，詢以籍貫年歲及夫爲誰某，均不應。忽大哭，求速死，撞首於柱，滿媪抱持之，且號且踊，髻解，髮丈餘委地。王諭滿媪曰：「善護持之。」而劉日夕悲泣，竟不食。

張嫗至是乃語滿媪曰：「彼念女而悲，苟得通信以慰之，或可少進飲食。」滿媪告王，王令滿媪屬劉作書寄珍。書曰：「我生不辰，疊罹險難，向日送爾河干，竟成長別，痛何可言。自七獸肆毒，虜我往松，幸叨假母慈覆，寢食相依，且許送我歸虞，令母子完聚，不期罣名眷籍，候選省中，忽又送入掖庭，竟如墜崖之人，不能奮飛。嗟乎！珍兒，汝母至此，尚能隱忍以求活哉！所以苟延殘喘累遭窘折而不死者，嘗與張媪言，汝是我一點血脈，若不相聞問而泯泯以死，是使汝抱無涯之慼也。前在松江，驚聞直塘一帶村落盡被兵燹，想七獸未遂所欲，故又發縱指使，以勢而揣，汝家亦爲破巢之卵。然究竟是真是假，尚不免將信將疑。今吾書至而汝有手書來，則吾知汝之幸不死於七獸也。吾書至而汝若無手書來，則吾知汝之不幸而竟死於七獸也。其生其死，決於片楮，專睇歸鴻，息我愁思，若夫甇甇嫠婦，給事掖庭，凡所慰計，皆所素審。彼若辱我下陳，使以鞭箠，非口唾其面，卽頭撞其胸，雖粉吾骨，不屑也。吾秉性高抗，不肯下人，拚卻一死，彼且奈我何！珍兒，珍兒，無爲我慮。」

珍得書，以「母生兒生、母死兒死」八字爲復。劉發書時已飲糜矣，得珍復書乃喜。適王妃忽喇氏薨，時王年四十，劉年三十五矣。訃至，爲位於堂，劉縞衣素裙從本旗婦女臨哭，王遇之於中霤，諦視之，密語滿媪曰：「此婦非髮長委地者耶？善視之。」及夕，王命侍寢，劉泣曰：「如以婢妾畜我，何惜一死。」張媪力勸之。滿媪曰：「妃已薨，非婢妾也。」劉曰：「命我侍寢，非婢妾而何？」滿媪會意，以告之王。越數日，將王命，賜劉冠服。是夕，張燈作樂，行婚禮。越歲，生一子，立爲妃。

冬兒更嫁

良鄉妓冬兒善謳，尤工南曲，初入明外戚左都督田宏遇家。宏遇卒，都督劉澤清購得之，以教諸少姬四十餘人，其最姝麗者登兒也。順治甲申，澤清欲偵二王存否，冬兒請自往田家探之，乃男飾而北，知二王已絶，遂南。澤清鎮淮安，書佐某無罪，殺之，收其婦。

澤清降國朝，攝政王多爾袞贈宮女三人，皆嘗御者，澤清不辭而嬖之。亡何，中一人告變，王録其家，及所奪書佐之婦。澤清供書佐有罪，故殺之，婦明其非罪，且云："澤清私居冠角巾，謂事若迫，不如反耳。"澤清誅，冬兒下刑部。尚書湯某嘗飲澤清所，出侑酒，故識冬兒，因曰："爾非劉家人？"遂免籍更嫁。太倉吴梅村祭酒偉業作《臨淮老妓行》，有句云："臨淮將軍擅開府，不鬬身彊鬬歌舞。"

陳氏女與聘夫完婚

浙京亂時，諸暨陳氏有女年甫十八，爲杭旗撥什庫所得，鬻於銀工，逼之，堅不從。杭人朱膽生、郭宗臣創義醵金贖難民，知女之義，贖之。方至，忽友人某贖一童子，問之，即其夫也。翼日，贖一嫗至，乃其母也，繼又贖一嫗至，乃其姑也。未幾，有兩翁覓妻，踉蹌而至門，即其父及翁也。兩家骨肉一時完聚，遂合巹結裝而歸之。

陳素庵不第娶妻

海寧陳素庵相國繼配徐夫人，名燦，字湘蘋，工詞善畫，吴人也。明崇禎中，相國春闈下第南還，舟泊吳門，遇雨悶甚，覓散步處，聞徐氏饒花石，因獨詣之。先一夕，徐翁夢黑龍碎其金鯽魚缸。是日，相國至，方徘徊花竹間，誤觸一盆而墮，適碎其缸。相國方跼蹐致不安，欲奉價償之，而徐翁欣然問姓名，因留之小酌，備極款曲。酒酣，自言有二女，俱擅才色，願奉箕帚。時相國適喪偶，聞之心動，素善子平，遂索其二女干支，歸舟推之，則皆貴，惟長女微帶桃花星，因納其次，卽夫人也。抵家後，相國之尊人以其不第而娶妻也，大怒，欲立遣之。太夫人聞之，曰：「此女果佳，卽當告之家廟，以婦禮處之。不然，遣未晚也。」及至，見其端麗莊重，卽以新婦呼之，後與相國偕老。

相國旣仕本朝，一日，過良鄉，邂逅一妓，其貌宛與夫人相似。詢之，則涕泣自言姓氏，及遭亂失身之故，卽徐翁長女也。因贖歸，攜至京師。後歸一滿洲武臣，其人後至八座，女亦爲命婦焉。

屈翁山娶固原守將甥

番禺屈大均，字翁山。明末諸生，遭亂棄去，爲浮屠。旋返初服，乃遊秦隴，與秦中名士李因篤輩爲友，作《華嶽百韻》詩。固原守將某愛其才，以甥妻之。敦好述篤，伉儷賦詩，如「同栖紅翠三花樹，對寫丹青五嶽圖」，蓋少室作也。自固原攜妻至代州上谷，走馬射生，縱博飲酒，倜儻不羈，世人嘲笑之，不顧也。再遊京師，下吳會，自金陵還，妻旋病死。

劉以平兄弟同日婚

劉以平，字近塘，猗氏人。初聘闞處士女，未娶而女病廢，及婚，乃以次女行。合巹之夕，劉疑其無病容，詰之，媒以實告。劉悵然曰：「吾聘者，病女也。棄之不義，且恐速其死。然次女已歸吾家，無復還理，即室吾弟以寬可也。」更迎病女。女果泣涕求死，親迎後，病遂愈，於是兄弟同日畢姻。

徐華國娶於吴

吴江徐元英，字華國，年少而稱長者。有富人欲以女妻之，華國曰：「非吾姻也。」及吴氏庚帖至，不發緘，映之日中，識其姓，曰：「此吾妻矣。」遂娶之。生三子，長卯，次崧，次艮。華國曰：「吾惟一子爾。」卯、艮果殤，惟崧成立。人怪而問之曰：「君預知妻姓吴氏，惟有一子，其故何也？」華國曰：「吾昔夢神人使吏與我一牒，有文曰室吴氏，年終四十三，子兩耳佳。兩耳，一人也。天定之矣。」

張文貞娶冷氏女

順治乙酉科鄉試，國朝取士之始也。江南解元張九徵，丹徒人。故爲明諸生，與冷某爲執友，中以婚姻。明亡，相約不復應試。張既出山，冷遂不復與相見。冷遇國變後，每出，必張蓋著屐，若雨行者。一日，蓋屐而至，寒暄既畢，則曰：「兒女輩成立矣，吾二人盍不爲之作合。」張曰：「幸甚。將卜吉日，得吉，敬以相聞。」冷曰：「勿庸，今日卽吉日也，吾自攜女來矣。」促爲之妝，呼壻來交拜，禮成遂去，自此又不相見。其壻卽相國文貞公玉書也。

陳其年賦紫雲婚詞

有歌僮名紫雲者，秀豔善歌，宜興陳其年暱之。紫雲成婚有期，陳賦《賀新郎》詞以贈之云：「小酌茶蘼釀。喜今朝、釵光鈿影，燈前滉漾。隔着屏風喧笑語，報道雀翹初上。又悄把、檀奴偷相。撲朔雌雄渾不辨，但臨風私取春弓量。送爾去，揭鴛帳。六年孤館相依傍。最難忘、紅蕤枕畔，淚花輕颺。了爾一生花燭事，宛轉婦隨夫唱。努力做、藁砧模樣。只我羅衾渾似鐵，擁桃笙難得紗窗亮。休爲我，再惆悵。」

曾弗人婚夕無牀

曾弗人，名異撰，晉江人。以文章氣節雄一時。貧而善病，率從友人借居。娶妻時不能具一牀，自是身常不宿，俾妻隨母而卧以爲常。

王良臣爲栗魁周聘某女

鄭州王良臣，宰陽城時，栗參政魁周方七八歲，一見奇之，曰：「大器也。」召其父，勸令就學，且曰：「擇偶宜慎，待吾爲定之。」一日，出城迎春，男婦雜沓，見一垂髫女，年可八九歲，奇之，問役曰：「此誰氏女？」役曰：「東街某氏。」乃命召其父來，詢之曰：「若女字人未？」對曰：「未也。」曰：「我爲汝覓一快壻。」曰：「爲誰？」曰：「某鄉栗某子也。」女父搖首不顧，曰：「栗家極貧。」王曰：「有如是郎君而終貧者乎？若女端厚，配此子，可作夫人。」女父勉從命。不數年，果入泮，爲邑名士，由科第而爲達官。

李長祥娶鍾山秀才

順治丙戌，李長祥以抗拒大兵，結寨於上虞之東山，而且屯且耕焉。旋爲大兵所迫，移寨滃洲。時長祥先已寄孥於上虞之趙氏，及寨潰，有傳言長祥已殪者。夫人黄氏有子曰畝，乃聚家人謀共死。僕婦文鶯，本夫人婢也，曰：「夫人當爲公子計，以延李氏宗祀，惡可死？」夫人曰：「然則奈何？」文鶯曰：「婢子死罪，願代夫人，以吾女代公子，俟死於此，夫人速以公子去。」夫人泣曰：「安忍使汝代我死？」文鶯曰：「小不忍，事易僨，速去之，速去之。」東山有羅吉甫者，時時游長祥門下，至是奔告曰：「夫人公子，我任之，雖以是死，甘心焉。」於是夫人抱畝拜吉甫，且拜文鶯，文鶯曰：「夫人休矣，捕者行至矣。」甫出門，捕者至，以文鶯去。

長祥既移寨滃洲，至辛卯，出亡江淮間，又與夫人失。及居山陰，則夫人又自海上至，得再聚。及長祥爲大吏安置於江寧，夫人已卒，總督馬某陽禮之，而終疑之，曰：「是豸然者，誰保之？」長祥微聞之。時江寧有閨秀曰鍾山秀才者，善畫墨竹，容色絶世，乃娶之，朝夕甚昵。馬私謂人曰：「李公有所戀矣。」未幾，長祥乘守者之怠，竟去，由吴門渡秦郵，走河北，徧歷宣化、大同，復南下百粤，與屈大均處者久之，天下大定，始居毗陵，築讀易臺以老。長祥，字研齋，四川達縣人。

汪魏美娶錢瑟瑟

錢塘汪魏美孝廉渢妻錢氏，字瑟瑟，建寧守飛卿女。初成婚，汪語之曰：「吾本寒儒，得連姻貴室，所望知禮義，孝姑嫜，和妯娌，足矣。侈簪理綺繡之飾，毋庸也。」錢聞之，即盡去服飾，屏侍婢，以荆釵布裙親操作。

邵嶧暉三世夫婦

濟寧邵士梅，字嶧暉，順治己亥進士。其妻某氏瀕死時，語邵曰：「吾兩人當三世爲夫婦，再世當生館陶董家，所居濱河，河曲第三家，君異時罷官後獨寓蕭寺繙佛經時，訪我於此。」邵後謁選，得登州府教授。已而遷吳江知縣，謝病歸。有同年知館陶縣，因訪之，館於蕭寺。寺有藏經一部，取閱之，忽憶妻語，乃沿河覓之，果得董姓於河曲第三家。家有女，未字，邵告以故，且求縣宰爲媒妁，娶之。後十餘年，董病且死，與邵訣曰：「此去當生襄陽王氏，所居濱江，門前有二柳樹，君幾年後訪我於此，與君當再合。」後生二子。

和真艾雅喀世娶宗女

和真艾雅喀部在吉林東北，其俗：父母至六十誕日，即聚宗族會飲，刲其父母軀肉以供賓客，埋其骨於戶樞前，歲時祭奠，其鄉黨始稱孝焉。聖祖惡之，許其世娶宗女，俾資觀感以改污習。故其部落歲時至吉林納聘，將軍爲買漢女代之，乘以紅輿，贈以厚匳，其部落甚尊奉之。

王永康娶吳三桂女

蘇州王永康，吳三桂女壻也。初，三桂與永康父同爲將校，曾以女字永康，時兩人俱在襁褓。未幾，父死，家無儋石，寄養鄰家，比長，飄流無依，年三十餘猶未娶也。一日，有相者謂永康曰：「君富貴立至矣。」永康聞之，頗自疑。

某叟者，永康之戚也，知其事，告永康。時三桂已封平西王，聲威赫奕。永康偶檢篋，果得締姻帖，始發奇想，遂行乞至雲南。無以自達，乃書子壻帖詣府門投之。越三宿，乃得傳進。三桂沈吟良久，曰：「有之。」命備一公館，授爲三品官，供應器具，咄嗟而辦，擇日成婚，奩物甚盛，並檄江蘇巡撫爲買田三千畝，大宅一區。蘇撫承意旨，爲購明末張士誠壻潘元詔故居，地廣大，多林木，即齊門內之拙政園也。永康居滇數月，即攜婦歸，窮極奢侈，儼然廁於搢紳之列。三桂敗，永康已前卒，其後家産亦入官。

王琴孃嫁戴研生

國初海上之變，搢紳駢戮者百數十人，株連遣戍之家尤不可勝數。常熟戴高亦以嫌疑被逮，罪至大辟，家族徙邊。有子曰研生，成童穎異，通經史，善屬文，有先民矩矱，咸目以大器。難作，不及避，欲以身代父死。吏錮之，不令知，旋與母俱徙遼陽。

研生聘王氏女琴孃爲婦。王名錫爵，邑名士，與高交契。研生故從之讀，愛其敏妙韶秀，遂以琴字之。琴年十三，以難故，闔家避地於金閶，不敢與戴通往來，時時遣人刺探消息而已。研生以親亡家破，無意姻好，兩家之音問遂絶。先是，研生課暇曾與琴説字論詩。琴色美若舜華，而性峻潔，喜讀貞女烈婦傳記軼事。嘗謂研生曰：「昔有才女如文君，如文姬，而不貞其節，心竊鄙焉。吟風弄月之章，雖無傷雅道，然究不可以此爲婦女之分所應爾也。」研生聞言，譽其卓見，且賦《女貞子歌》，隱括琴語以贊之。琴感其意，取箋稿藏篋中，暇輒諷誦之。女母夙有鍼神之目，琴亦復長於女紅。既許字研生，遂與別嫌，見輒避面，自是遂專習鍼黹烹飪之屬，不復與研生賞奇析疑矣。

無何，難作，王夫婦彷徨終夜，琴知有異，微問母，母不實告，但云聞此當有兵亂，父意將徙蘇，彼處防衛嚴，或可安堵耳。琴謹聽命，而察家人私語，似皆與己有關係，不能無疑。會小婢如意竊聞其事，因洩於琴。大驚怛，飲泣不食，朝夕取《女貞子歌》誦之，狀如病狂。母覺之，乃曰：「兒固敏慧，知世事，此滅門禍，獨不爲父母計耶？吾輩來此，姓名且更易，而子思念不已，設有漏言，吾族無噍類，兒當不如是之不解事也。」琴泣曰：「母也天只，烏有不諒親生兒者，兒寧不知此中利害？但自藏其志，金石不可移。母請毋慮，兒決不漏言，惟此心則天日可誓耳。」母愀然曰：「兒志果佳，惟此言殊有誤。人方疑吾家與戴氏有連，兒若不別嫁，是以實證示人也，其三思之。」琴不語良久，既而毅然曰：「兒悟矣，戀舊亦人情，能容兒三歲後更議此事乎？且兒年甫笄，尚當習家政，奈何議其他！」母曰：「此亦無害，特機緣已至，終不能交臂失之耳。」琴聞言而啼。母憐之，乃曰：「兒勿爾，父母非不明禮義者，乃以不情事強兒，亦徒爲保全八口計耳。兒姑自愛，不置兒於度外也。」自是而日事女紅，操井臼，隣里罕見其面。時錫爵仍爲童子師，年餘，益困，復以憂鬱故得目疾，至失明，止一子曰敬熙，少於琴五齡，自教之，婦亦侘傺死矣。

錫爵有中表曰范慕希，棄儒而賈，挾巨貲歸，起第宅，富甲一鄉。念錫爵貧，時周卹之。錫爵亦私至常熟，惟更易姓名曰李某。慕希有子，與琴年相若，曾至蘇見琴而愛之，言於父母，欲求婚，慕希意謂可，而妻貧之，力阻其事。范子意不釋，輾轉乞人言之，母以語錫爵，錫爵欣然。事且就，顧錫爵常聞琴語，已誓不嫁，乃私問之，果言當以鍼黹養父撫弟，俟父百歲後，披剃爲尼，其他非所知也。錫爵愕然，因勸之曰：「兒毋徒自苦，吾家寧肯負戴氏子。惟冰天雪窖，果不知尚有歸期否耳。」琴聞言而泣。錫爵知不可回，以實告慕希。慕希大歎詫曰：「此貞女也，吾方敬之不暇，何強爲！」乃贈錫爵百金，且曰：「幸保全貞女志節，以此補助衣食，姑待敬熙成立，勿令失所也。」錫爵大感謝，而范子恨甚，猶計在必得也。

狎友汪三者，無賴子也，言有術可致之，但當予百金，且許贈我以婢美珠耳。美珠者，范之婢也。范子悉許諾。汪乃踵錫爵之門而嚇之曰：「爾女，犯婦也，罪當俱徙。今匿於家，事且發，爾固不足惜，又累爾子，不早自爲計，事至，勿悔。」錫爵大驚，問所處置，汪曰：「以爾女與范子，禍可免。」錫爵曰：「吾固願之，奈女執意何？設迫之，恐有他變。」汪笑曰：「此易事耳，但言吾自遼東送研生歸，今在某所，立待婚，則事諧矣。」錫爵曰：「范子可冒爲戴子乎？知而不從，又奈何？」汪曰：「翁誠老悖，亦掩飾一時之計耳。爾女曾與范子相遇否？」錫爵曰：「未也。」旋入以語琴，琴疑信參半，顧不可有他誘，令人疑己臨事食言也。然終以事起倉卒，恐父以目盲受人之紿，忽得一計，曰：「吾惟如此，乃可試眞僞，否則雖死不從也。」因泣從父言。錫爵出告汪，汪喜而去。明日，成婚矣，及夕，閉繡户，令侍婢傳語曰：「須誦昔日《女貞子歌》，然後許諧夙願。」范子愕然，既而怒曰：「今日在吾掌中耳，尚安所遁耶？」排闥直入，欲干以非禮。琴至是始信非戴子，堅拒之，大聲呼救，且以首觸壁，血涔涔下滴，隣里皆驚起問訊，琴侃侃數范子誘致強逼之罪。中有父老聞之駭曰：「此范某子也，奈何行此不法事，當訴其父。」於是范子鼠竄去。衆隣召錫爵至，使偕琴訴之慕希，慕希大驚，曰：「吾絶不知。」亟馳至，則錫爵與琴相持而泣，甚悲。慕希乃長跪而言曰：「某之罪也，誓必成女志以贖罪。」

慕希性夙慷慨，至是，乃謂琴曰：「吾昔曾賈遼東，頗熟其山川道里城郭，請導女往，必可蹤跡研生。若王翁，則吾當以一典肆奉養之，待女事定，或去或留，自有萬全之策。」越數日，慕希挈琴行，約半載必歸，衆皆多其義，而舉其子付一隣叟曰：「爲我錮之，飲食教誨惟所命，半載内不使出也。」既去，踰二月，抵遼陽，顧徧訪戍所居人，無知研生者。琴則荆布茹素，鮮衣肥甘皆不御，慕希強之，乃曰：「違親背鄉而爲此，忍自佚樂乎？且公之義，吾尚不知所報，奈何一日安！」久之，乃聞研生輾轉踰長白山，入吉林某將軍麾下爲記室，刻苦自勵，未有家室，老母尚健，爲之尸饔，將軍嘉其行，將爲奏請赦歸。慕希乃挈琴往，果與研生相見。將軍聞之，甚欽琴之貞，歎曰："戴生一門貞義節孝俱備。"於是爲之奏請，成禮於將軍署，送之南歸。

《女貞子歌》有云："朔風徧吹勁草折，雪墮榆關夜凜冽。一枝獨秀映冬青，纍纍可似妾心赤。"卻扇之夕，琴請誦舊作，研生恍然如夢，曼聲吟之，不覺淚下，曰："不意竟成詩讖也。"既返，以歸途唱和之作與讁戍時並琴隨慕希北行尋夫諸作合刊之，曰《榆關雙淚集》，謂悲喜同之也。慕希歸，館研生於家以教子，卒化爲善，而以女適敬熙。吳人爲作《俠烈傳》及《望夫石傳奇》，姜西溟、汪堯峯諸人皆有題詠。

陸射山送女成婚

陸射山爲明末老宿，善詩，夙有人倫鑑。欲爲其女與寡嫂之女擇壻於邑中，得查慎行、許汝霖二人，皆貧而好學。謂其嫂曰："查富貴未可必，必成名士。許則八座無疑也。"嫂以女字許，查爲射山壻。許既婚，嫂知其家徒壁立，爲之哭失明。查竟不能娶，而射山適悼亡，欲遠行，佯謂其女曰："我與汝至舅家。"遂同乘小舟，至壻門，射山先入，謂慎行父曰："我二人兒女長大，可成婚矣。"慎行父亦名士，而拘於禮法，答曰："吾雖貧，不能備六禮，然卽具酒食一席，亦非倉猝可致者。"射山曰："皆不須此，今是吉日，我特送女來。"遂成婚。許娶後數年，聯捷至高位，爲慎行座主。射山，名嘉淑，海寧人。

蔡啓僔欲見新婦

德清蔡殿撰啓僔之封翁，庭訓至嚴，殿撰花燭之夕，秋闈報捷，封翁曰：「汝嘉禮已成，科名事重，不得以新婚分志。」限三日部署入都，不令進房。殿撰曰：「謹遵嚴訓，願一見新婦之面足矣。」蓋湖俗，新婦障面二日，封翁允其請。殿撰揭障視之，卽趨出，翌日北上。次年得殿元，歸省親，始合巹焉。

鄭賓日娶叚氏

武進鄭賓日茂才之罕娶於叚，其大母爲惲氏，有妹，嬪於叚，以其孤女孫約爲昏姻，遂聘以爲賓日妻。已而女患風病，右肱折，右足跛，欲辭婚。時康熙甲申，賓日甫九齡，父琢庵詢之，賓日曰：「不可。」琢庵曰：「兒後得無悔乎？」賓日曰：「大人義不以孤女負諾，兒忍負之耶？」叚年十九，來歸，踰年，患目疾，遂瞽，勸賓日買妾，賓日不允。琢庵笑曰：「予嘗以劉得之娶瞽女爲難，不意汝今能之。」越二年，叚卒。琢庵爲繼室於卜，既廟見，卽令謁叚之墓而迎其母，養之終身，歿，葬於叚墓之右。卜氏以田六畝歸賓日，曰：「母遺命也。」卻之。

吴薗次贅趙念昔爲壻

長沙趙永懷，字念昔，爲工部尚書開心孫。工詩。少時流寓江都，吴薗次太守綺愛其才，以女贅之，晚歲始歸長沙。

席仲遠嫁妾

吴縣席本久，字仲遠。婦姜氏賢而無子，嘗出匳中金爲仲遠買二妾，其一氏沈。及沈生冢子士焜，即爲其一擇偶，庀妝具嫁之。久之，姜又爲置一侍姬，彌年而嫁，則猶處子也。

唐啓雲行醫得妻

唐啓雲，江右人。嘗行醫至常熟，治巨室孫某疾，良愈，許以女。去七八年，不來，親族以爲游方無信，更欲擇人，女堅不允。未幾而至，遂爲夫婦，始占籍於熟。

夫妻老少之互易

康熙時，總兵王輔臣叛，所過擄掠，得婦女，不問老少妍媸，悉貯之布囊，四金一人，任人收買。三原民米某年二十未娶，獨以銀五兩詣營，以一兩賂主者，冀獲佳麗。主者導入營，令自擇，米逐囊揣摩，檢得腰細足纖者一囊，負之以行。至逆旅啓視，則蒼然一老嫗也，滿面瘢痕，年近七旬。悔恨無及，默然坐炕上，面如死灰。無何，一斑白叟控黑衛，載一好女子來投宿。扶女子，繫衛於槽，即米之西室委裝焉。相與拱揖，各叩里居姓字。叟自述劉姓，蝦蟆注人，年六十七。昨以銀四兩自營中買得一囊，八，不意齒太穉，幸好顏色，亦足以娛老矣。劉意得甚，拉米過市飲酒，米從之去。

媼俟其去遠，蹀躞至西舍，啓簾入，女方掩面泣，見媼，乃起斂衽。媼詰其由來，女曰：「我平涼人，姓葛氏，年十七矣。父母兄弟爲賊所殺，我獨被擄，欲見淫，我哭罵，羣賊怒，故以奴鬻之老翁，是以悲耳。」媼歎曰：「是造化小兒，顛倒衆生，不可思議矣。老身老而不死，遭此亂離，且無端窘一少年，亦何忍！爾家老翁龍鍾之態，正與老身年相當，況老夫少妻，未必便利。彼二人一喜一悶，不醉無歸，我二人盍易地而寢。明日五更，汝與少年郎早起速行。」女踟躕不遽從，媼正色曰：「此所謂交易以道，各得其所，一舉兩得之策也。可速去，遲則事不諧矣。」即解衣相易，女拜謝。媼導入米屋，以被覆之，令勿言。乃自歸西室，蒙被而卧。

二更後，叟與米皆醉歸，奔走勞苦，亦各就枕。三更後，米夢中聞叩户聲，披衣起視，則媼也。米訝曰：「汝何往？」媼止之，令勿聲，旋入室告之。米且驚且喜，曰：「奈利己損人何？」媼哂曰：「不聽老人言，則郎君棄擲一小娘，斷送一老翁矣，於人何益，而於己得無損乎？」米始諾。因揭衾促女起，囑之再四，米與女泣拜，即以青紗障女面，扶之出店。店主人曰：「無乃太早乎？」米答之曰：「早行避炎暑也。」即去。

翌日，叟見媼，大驚，詰知其故，大怒，拳之，媼亦不稍讓。叟欲策蹇追之，居停曰：「彼得少艾而遁，豈復遵大路以俟爾追耶？況四更已行，此時數十里矣，汝苟自知而安分，載媼以歸，老夫老妻，正好度日，勿生妄念也。」叟癡立移時，氣漸平，遂與俱去。

朱韞斯誤娶同姓

石門有朱韞斯者，誤娶同姓，後十年覺之，欲去其婦。友人曹射侯、陸麗京憐其雅非同望，作書勸之，因疏古名儒取同姓事以示之。會吴志伊後至，曰：「王沉與王基聯姻，劉疇與劉嘏爲婚，世人無譏，緣非同原也。」

韓承寵妻匳資數萬

亢氏爲山西巨富，自明已然。洪洞韓承寵娶於亢，匳金累數萬。韓後官濟南同知。

董文恪娶婢

富陽董文恪公邦達少時以優貢生留滯京師，資盡，見逐於逆旅主人，窮無所之。有劉媪者奇其貌，謂必不長貧賤，館之家，屬勤業，待再試。董日夜淬厲，期得第自振，且酬媪德。榜發，仍落第，恚甚，謀自盡，蹀躞街市，未有所也，倚一高門而立。俄有人啓門，呵問誰某，董告以下第生。其人大喜，邀入款語，出紅箋倩書謝柬，署名，則某侍郎也。既而留食，知爲侍郎司閽，以薦初至也。司閽進謝柬，侍郎大稱善，因請留董代筆，薄奉旅資，董方失路，欣然諾之。

自是一切書牘皆董代筆，往往當意，侍郎益信任僕。居頃之，侍郎有密事，召僕至内室擬稿，僕惶窘，良久不能成一字，侍郎窮詰，乃以實告。侍郎大駭，急延董至廳，具衣冠見之，且謝曰：「使高才久辱奴輩，某之罪也。」因請爲記室，相得甚歡。侍郎家有婢，敏慧得夫人意，夫人欲嫁之，婢不可。強之，則曰：「身賤，終隨輿隸耳，必欲如董先生者乃事之，又安可得？故寧不嫁也。」夫人以告侍郎，侍郎哂曰：「癡婢，董先生神志不凡，行且騰上，烏肯妻婢？」會中秋，侍郎與董飲月下，酒酣，從容述婢言，且願爲妾。董慨然曰：「某落魄京師，盡京師不加青睞，公獨厚愛之，彼女子亦有心，何敢言妾？正位也。」侍郎終以爲疑，謀於夫人，女婢而壻董焉。踰年，董舉鄉試，成進士，後官尚書。生子誥，爲相國，即文恭公。相國登膚時，太夫人猶健在也。

王家裕遣嫁義女

龍眠王家裕嘗官常德守備，多惠政，軍民信之。康熙壬戌夏，一日，偶至廢中之別門，有老漁伺於外，進且卻，意謂獻魚也。呼之，乃前跪曰：「前日捕魚荒洲，聞呼救聲，望之，乃一女子，縛於覆舟，急往，解其縛，飲以湯。徐問之，乃曰：『我本南寧張氏士人女，年十八，避亂山谷。大兵克滇，搜獲之，欲肆辱，妾翦髮毀容獲免。然猶百計防我，求死不得，師旋，從馬上縛來，及登舟，復縛之舟尾。次桃源白馬渡，風逆舟覆，橫浮水面，人盡沒，我獨以繫在尾，出水上，不死，流至此三日矣，翁若再遲至，饑寒死矣。今遇翁，實再生我。』旋解懷中所餘簪珥見貽，民不受，女曰：『既活我，盍至翁家，徐圖寄信父母，使來迎，當有厚報。』民云：『我非望報，惟生涯一葉，草廬半間，置汝其中，必爲人所疑，報官詰治，則汝我皆受累矣。』女曰：『翁處既不可，抑思善良有力之家，可轉送收養乎？』民曰：『人非畏累，即貪財貪色，儻以汝爲側室，或轉鬻以求贏利，我實負汝矣。今常德守備王公，君子也，好行其德，必能全汝。』女首肯。故民夫婦載之以來，民先詣署前，不得通，因伺於此，果得見公，亦此女之緣也。」王乃命家人迎女至，則端潔婉好，雖久在兵間，閨範凝重。問之，謂以遭亂故，猶未字。王乃收爲義女，而以十金給漁。漁曰：「公固好義，民亦非爲利者。」堅辭不受。問其姓名，曰：「民今年七十餘，夫婦二人，無子女，一蓑一笠，終老煙波，足矣，初不望報於後，何用知姓名爲？」終不言，歡然而去。

王於女，視如己出，又數因人寄訊其家，卒無人至。心念女年漸長，欲爲擇配，會有原籍常德之貴州武舉周臣侯者至常祀祖，謁王，王見其少年倜儻，而屬意焉。叩之，尚未婚。他日再來，遂留飲，同坐有趙某，周之中表兄也。王語之，趙驚曰：「此殆天緣矣。」乃言：「周於數月前夢授職歸，拜香火堂，都不見一切神位，惟小屏有硃書一『天』字。入內拜尊屬，則見一女子持紅絲侍側，飲食甚盛，同飲者爲王公玉，相與劇飲。醉而讀《史通》，至東漢秦嘉妻小傳而寤。次日，以夢告，我等羣相賀，謂授官必得上缺，且有締姻之喜，豈知先有此遇，而我公之姓，又適符其夢耶！」語罷，又一友驚呼曰：「王姓非應在公，乃我也。我姓王，字公玉。夢中先得之，天其令我作合耶？」蓋此友自岳陽來，王雖與久遊，亦不知其字公玉也。周就視公玉貌，悉與夢中符，乃丐其執柯，王欣然允，既定，遂擇吉日納聘，以女婦臣侯。

史文靖玉堂歸娶

康熙庚辰，史文靖公貽直年十九，館選後歸娶，繪《玉堂歸娶圖》徵詩。其門人錢唐袁子才太史枚題云：「愧作彭宣拜後堂，絶無衣鉢繼安昌。算來只有歸迎事，曾學黄粱夢一場。」

張紅橋嫁林鴻

張葒嬌，閩縣良家女也，居福州紅橋西，而小名葒嬌，因取以自號曰紅橋。敏慧善屬文，垂髫時，已能吟詠一二斷句。長益妍好，容色驚人。父母無子而家富，富家子弟爭欲委禽，乃堅執不願，白於父母曰：「紈袴子多不才，無才者必無情，無情者不可偶也。兒願得一才而有行者天之。」於是操觚之士爭以五七字詩爲媒妁，亦從而別其高下，然初無當意之卷。

長樂王偁賃居東隣，幼曾同塾，既長，遂不相見。偁之友福清林鴻嘗過偁室，無意中於樓際覘紅，輒掩面去，退而作詩，命鄰媪投之。紅援筆和答，命媪持還。媪賀鴻曰：「張娘子案頭詩卷堆積如山，曾不屑一顧，今和君詩，誠爲希有。」鴻大喜過望，使媪陳詞，月餘獲命。鴻時有期功服，遂舍其外室，俟服闋，成禮。自是倡和無間，情好日篤，而父母以鴻赤貧，期以試售畢姻。久之，遂越禮。會爲偁知，因訪鴻，求一見紅，紅益自匿。偁密賄侍兒瞰鴻與紅狎，作《乳酥》、《雲髻》二詩調之，紅愈怒。偁知其意，乃挽鴻游山。越數日鴻歸，夜至所居，紅方倚紅橋而望，鴻賦一絶句，紅和焉。明年鴻冠秋試，始成禮。

越一年，鴻有金陵之遊，紅獨坐小樓，感念成疾，遂殞。迨鴻歸，大哭，忽見牀頭玉佩間懸一緘，拆之，有《蝶戀花》詞及七言絶句一百首，病中憶遠之作也。鴻賦哀詞酬而祭之。後過紅橋，一慟而絶。

包鷟幾嫁友女

吴江包鷟幾孝廉捷篤友誼，與吴東湖善，吴卒，撫其家屬甚至。某年，將嫁女，聞吴女將適人，貧不能理裝，即以女之奩具贈之。後一載，始嫁己女。

雪爲賈謝之媒

康熙己丑冬，崇仁有兩家同日娶婦者：一富室，賈姓；一士族，謝姓。新婦一姓王，名翠芳，壻爲賈；一姓吴，壻爲謝。吴貧而王富。兩家香車遇於陌上，時大雪，幾不辨途徑，車各飾綵繒，覆以油幕，積雪封之一二寸，行二三里，同憩於野亭，輿夫僕輩以體寒，拾薪爇火以取温。久之，雪愈甚，恐日暮途遠，各擁香車分道去。

是夜，翠芳將寢，環視室中奩具非己物，疑不能忍，乃問壻曰：「吾紫檀鏡臺安在？可令婢將來，爲我卸裝也。」壻笑曰：「卿家未有此物，今從何處覓之？」翠芳曰：「賈郎何必相誑？」壻又笑曰：「吾真郎，非假郎也。」翠芳曰：「謂郎姓賈耳。」壻曰：「某姓謝。」翠芳聞言，大駭，乃大呼賊徒賣我。壻亦驚，不知所措。家人盡集，問故，翠芳啼不止。謝母怒叱曰：「家雖儒素，誰曾作賊？汝父母厭我貧薄，教汝作此伎倆耶，誰畏汝！」翠芳曰：「吾聞汝家本姓賈，今姓謝，何也？」母曰：「豈有臨婚而易姓者乎？然則汝家亦不姓吴乎？」翠芳悟曰：「我知之矣，汝婦自姓吴，我自姓王。吾來時，途次遇一新嫁娘，同避雪亭下，微聞旁人言此婦母家爲吴氏，嫁於謝，殆汝家婦也。而吾乃賈氏之婦。雪甚寒極，兩家車從倉卒而行，其必兩誤而互易之矣。速使人覘於賈氏，當得其故。」

賈氏相距三十里，使者明日乃達，則延陵季女，已共賈大夫射雉如皋矣。蓋吴女諦視妝奩，略聞姓氏，亦頗知有誤，而心豔其富，姑冒昧以從之，至是知之，佯爲怨怒。而盆水之覆，亦不可收，卽賈氏子亦不欲其別抱琵琶也。使者反報，翠芳欲自盡。或勸之曰：「王、謝之婚，本由天定，殆姻緣簿偶爾錯注，合有此顛倒也。今賈已婚於吴，則卿自宜歸謝，尚何言哉！」翠芳不可。謝乃馳使詣王，告以故，王深異之曰：「非偶然也。」卽遣媒者來告，願爲秦晉。翠芳以父母之命，乃始拜見姑嫜，同牢合巹，成夫婦之禮。厥後賈氏陵替，吴氏憤恚而卒。謝補諸生，終身伉儷，兒女成行，而翠芳以順婦稱焉。是事也，時人謂之雪媒。

賽可園遺嫁某女

文登賽可園僉事枝大爲山西提學道瑋之子，當年二十餘時，嘗以太學生就試京兆。進士某之房師爲瑋門下士，賽因識之，與往還。一日，賽將東歸，某曰：「吾無子，夙聞山東女子多淳樸，能爲購妾乎？」賽曰：「諾。」及歸，爲訪某氏女，頗端淑，以善價購之。於是備衣飾奩具，僦車騎，躬送之都門。而某以妻妒，不果納。或謂此女殊屬意於君，盍留作側室。賽曰：「既購爲吾友妾矣，而自留之，是負友也。」會有文登人入都販易，其子年少，善居積，遂以此女妻之。

阮湘圃嫁舊家女

楚有舊家女，以寠而鬻爲娼，得金二百。時儀徵阮湘圃封翁客漢口，竭囊中貲贖之，嫁之士人。湘圃之子，即文達公元也。

顧飲和争婚禮之稽首

康熙時，顧一本娶於江寧龔氏。其俗不親迎，而女之母將女至壻家，爲苛禮以抑壻，一夕，稽首至二十有四，女之母坐而受之。古者九拜，稽首最重，非君父無所施，而數止於三。《左傳》所載，惟楚臣申包胥乞師秦庭，九頓首而坐，外此無有。唐顯慶禮，子拜，父坐，母立受。外姑禮隆於君父，實爲陋俗之最宜革者。龔氏亦循此俗，一本遂執禮以争，陳説百端，竟不可奪。一本，字飲和，江都人。

高斗意外得妻

雍正初，東光有農人某，粗具中人産。一夕，有刼盜，不甚搜財物，惟就衾中曳其女，入後圃，仰縛於曲項老樹，蓋其意本不在刼也。女哭駡，客作高斗睡圃中，聞之，躍起，挺刃出，與鬭，盜悉披靡，女賴以免。然自是輒泣涕，不語不食，父母寬譬，終不解。窮詰再三，始出一語曰：「我身裸露，可令高斗見乎？」父母喻意，遂以妻斗。

陳載東給假歸娶

陳載東，名枚，松江人，居黑魚衖，工繪事。其畫，能於寸紙尺縑，圖寫羣山萬壑，以顯微鏡照之，峯巒林木，屋舍橋梁，及一切人物，靡不具備。雍正丙午，以供奉畫院，賞給內務府郎中銜，給假歸娶。

項某以女妻沈端恪

仁和沈端恪公近思，字闇齋，幼依杭州靈隱寺僧諦輝。既披剃，復延師，課以舉業，遂遊庠，惟還俗後無所歸。一日，徘徊西湖之西泠橋下，遇項某，識其非常，邀至舍，妻以女。成進士，後爲左都御史。

方恪敏嫁江寧女

方恪敏公觀承年五十而未有子，撫浙時，使人於江寧買一女子，恪敏女兄弟送之至杭州，將擇日納之副室矣。恪敏至女兄弟所，見詩册有相知名，問之，知爲此女所攜其祖父之作也。恪敏曰：「吾少時，與此女之祖以詩相知，安得納其孫女？」即還其家，助資嫁之。及年六十，乃生子勤襄公維甸。

白太官娶盜女

白太官，武進人。美風儀，有勇力。雍正時，與甘鳳池同師。家貧，客燕、趙，以事道井陘，繞山行者十餘里，日暝入谷，迷失路。四山忽合，茅店如雞棲，門外有墨書壁作「客店」二字。門掩，推入，闃無人，室中繩牀不帳，几有殘蠟，燼欲滅，風吹窗紙，瑟瑟作聲。太官連聲呼曰：「有人未？」寂無應者，大疑。瞥見門左覆一巨缸，振振若動搖，一人自其中掀之，伸首視，倏然起，出户外，逐之，則已杳。知非善地也，欲去，又地僻，無可徙，乃枕刀寢。須臾，燭滅，月朦朧射窗，假寐，隱約聞窗響，覺黑影穿窗入，大驚，辨之，一女子也。體苗條，手雙刀齊下，已不及起抵，疾轉身内嚮，避其刀。刀下砍，入床，猝不得拔，乃急抽刀起，與鬬，不敵，欲逃，睹窗外似憧憧有影，懼有伏，不敢出由户。疾上縱，手承屋椽，奮足踢椽間椽，椽折瓦飛，聳身出，女隨之，馳逐不捨，疾如駛，崎嶇數十里，曉矣。兩人力不支，俱仆，女暈不醒而太官起，揮刀欲誅女，逼視，睹女美，未忍，乃擲刀，掬水溪澗飲女，亦自飲。畢，坐女旁守之。女蘇，感其情，遂委身事之，爲婦焉，太官攜以歸。

袁寒篁嫁布賈

袁寒篁工詞，擇對不嫁。中年後，以父老無倚，委身布賈，鬱鬱不樂，遂斷筆墨。雍正壬子夏，有人邀華亭蔡孝廉顯往黄草地觀劇，寒篁倚後門，小奚指曰：「此袁寒篁也。」姿首平平，乃風韻翩然，不類俗女。著有《綠窗小草》，焦廣期嘗爲敍之。

尹泰與徐夫人重行合巹

尹文端公繼善之母徐氏，江寧人，爲相國尹泰小妻。相國家法嚴，文端總督兩江，夫人猶青衣侍屏匽。文端調雲貴入覲，世宗從容問：「汝母受封乎？」乃叩頭免冠，將有所奏。世宗曰：「止，朕知汝意。汝，庶出也。嫡母封，生母未封。朕即有旨。」文端拜謝出。相國怒曰：「汝欲尊所生，未啓我而遽奏上，乃以主眷壓翁耶？」擊以杖，墮孔雀翎，徐夫人爲跪請，乃已。世宗聞之，翌日，命內監宮娥各四人，捧翟茀、翬衣至相國第，扶夫人榻上，代爲櫛沐，袨服褖飾，花釵燦然。八旗命婦皆嚴妝來，圍夫人而賀者，相環也。頃之，滿、漢內閣學士捧璽書，高呼入，曰：「有詔。」相國與夫人跪，乃宣讀曰：「大學士尹泰，非藉其子繼善之賢，不得入相，非側室徐氏，繼善何由生？著勅封徐氏爲一品夫人。」尹泰先肅謝，夫人再如詔行禮。宣畢，四宮娥扶夫人南面坐，四內監引相國拜夫人。夫人驚，踧踖欲起，四宮娥強按之不得動。既，乃重行夫婦合巹結褵之儀，內府梨園子弟亦至，管絃鏗鏘，肴烝紛羅，諸命婦各起，持觴爲相國夫人壽。酒罷，大歡笑去。

高宗籌宗室婚嫁

乾隆時，高宗篤念宗室貧乏失產無以自活，命宗人府堂官詳爲撫恤，分別等第，極貧者，賞銀三百兩，次者半之，令回贖田產，以資生理。又念婚嫁無所贍仰，特命王公行輩最尊者，司宗室紅白事件，遇有婚嫁者，賜銀一百二十兩以爲妝費。

許江門爲陳楞山壻

乾隆丙辰，錢塘陳楞山徵君撰被薦宏博，不就試，江都江鶴亭迎而館穀之。楞山有女，慧而賢，嫁南徐許濱。濱，字江門，亦風雅士。畫入神品，與楞山同館江氏。哀絃中斷，意見漸致參差，不可解也。

趙國麟與劉藩長聯姻

咸、同以前，搢紳之家蔑視商賈，至光緒朝，士大夫習聞泰西之重商，官、商始有往來，與爲戚友，若在彼時，即遭物議。乾隆初，大學士趙國麟與商人劉藩長聯姻，爲高宗所責。蓋乾隆辛酉六月，因仲永檀劾趙往奠俞姓之事而及之，諭云：「趙國麟素講理學，且身爲大學士，與市井庸人劉藩長締結姻親，且在朕前保薦。朕已明降諭旨，較之仲永檀參奏之事，其過孰爲重大？」斥劉爲市井庸人，商之爲世所輕乃如此。

尹文端女爲皇子妃

尹文端公出將入相，垂四十年，常謙謙然不自喜。惟小妻張氏，以所生女入宮爲皇子妃，誥封一品夫人，逢人必夸。故《紀恩》詩曰：「瑞日曈曨展翠屏，環階拜舞祝慈寧。争傳王母赴瑤會，竟見仙班列小星。」而具摺謝恩，亦奏及生母徐夫人受封事。高宗曰：「朕實不知先帝有此事。乃竟暗合，豈非卿之家運耶？」

文端繼室鄂夫人，鄂文端公猶女也。兩文端相見，鄂老矣，歎曰：「吾日夜思抽身以退，未知能否？」夫人曰：「女聞古之君子，事君能致其身。」又曰：「明哲保身，未聞有抽身者。」兩文端爲之莞然。

袁子才乞假歸娶

錢塘袁子才枚以翰林庶吉士歸娶，繪圖紀事，曰《恩假歸娶圖》。圖有袁像，少年玉貌，披紅斗篷，騎白色馬，行風雪中，前後從者數人，跨衛同行。圖後題跋者有數百人，皆雍、乾時老名宿也。咸豐時，粵寇陷金陵，圖燬於難。

滿洲鐵冶亭少宗伯保，乾隆壬辰進士，由吏部郎中數遷至侍郎，工詩善書，名重京師。壬子，典試江南。事竣，訪袁子才於隨園，出詩求訂，袁亦出《歸娶圖》求題。冶亭題云：「詔恩歸娶興如何？白髮朱顔鏡裏過。我向隨園稱後輩，廿年前亦小登科。」蓋冶亭亦於庚寅鄉舉後完姻，都人謂完姻爲小登科也。

胡秋岑娶姚芳淑

青浦胡秋岑娶婦於金山姚氏，名芳淑，結褵後，未嘗同衾而寢，必俟芳淑睡而後睡；否則竟夕蹀躞房外矣，如是者四五年。及其翁蕙堂罷官而歸，嬰大病，芳淑搏顙籲天，刲股以進，翌旦病痛。胡甚感之，而同牀異寢如故也。或疑其爲天閹，而某科鄉試有與秋岑之同號生伺其私瞯之，又殊不爾。

裴宗錫遣嫁友女

江右裘文達公曰修有友駱某，正直耿介，懷才不遇，抑鬱死，無後，遺妻女甚貧困。裘官京師，迎至，贍養之，撫駱女爲己女。女才貌冠一時，時裴中丞宗錫自皖述職入都，裴故與駱有舊，裘告之，裴亦以爲己女，攜至署，爲之擇壻。會洪洞劉侍郎秉恬喪耦，聞女賢且美，因議婚，裘作伐，裴贈奩嫁焉。

王敏嫁婢

汾陽王敏老而無子，有一婢，自幼畜之，長而有姿，或勸納爲妾。敏曰：「吾貧困，何又重累少女！」尋有以三百金購此婢者，或以勸，答曰：「貧，吾分也。恥因婢取財，況不得其所乎？彼之生死事大，吾雖窮，弗忍爲也。」乃即爲擇偶嫁之，爲人妻。

吳山尊娶孫淵如妹

吳山尊學士續配孫恭人，淵如觀察妹也。學士年四十一，贅於兗州，胡城東唐鐫小印贈之，文曰

「垂老遇仙」。觀察《催妝》詩云：「他時沛上傳佳話，更指南樓作鳳臺。」張船山太守亦有詩云：「莫倚元龍湖海氣，須防謝女弟兄才。」蓋調之也。

畢阮締姻孔氏

阮文達公繼娶孔夫人，乃孔子七十三代長孫女，爲昭字輩衍聖公孫女、憲字輩衍聖公女。高宗幸闕里，夫人尚年幼，隨其祖母跪迓宮輿，蒙駐輿詢年齒，且攜其手，賜宮花一朵。後文達以詹事視學山東，遂委禽焉。比成婚杭州，禮儀輿服，隆於一時，以詩賀者，有「壓奩只用十三經」之句。

夫人習書禮，能詩文，有讀古雜文數十篇，唐、宋舊經樓詩六卷，世遂號「經樓夫人」。文達督學時，畢秋帆宮保爲東撫，謂阮之封翁曰：「吾女可配衍聖公，公爲媒；衍聖公之本生胞姊可配公之子，吾爲媒。」於是同日締姻。

陳大受娶麻女

陳協揆大受之夫人，湖南祁陽富室女也。父母甚愛之，先納聘於富室子。于歸日，既交拜，儐者方去蓋頭紅巾，壻覘其面麻，軀肥，駭而逃，不能成禮。賓客皆失色，謀所以勸合之，而夫人坦然，遂臥。次日晨起，滿牀便溺，污染衾被褥且徧。壻乃出而退婚，送之門者亦自汗顏。歸後且三年，無問名者，其父母常以爲憂。

邑有陳大受者，方爲諸生，塾師爲之作伐，女父以爲貧，尚猶豫。師曰：「余觀大受才器，非長貧者。」翁然之，贅於家。大受自此蟬聯科第，歷涉顯要，官且至協辦矣。乾隆時，某公主薨，太后哭之慟，時時悼念，抑鬱幾成疾。高宗懼，思所以解母后憂者，未得，會宮人有見夫人者，曰：「陳大受妻之貌，酷肖公主。」是言聞於宮闈，太后立召之入宮，一見，喜曰：「真吾女也。」留居宮中，賞賜無算，自是時召之入，而宮主之愛移於夫人矣。當宿宮中時，一夕，欲溲，兩宮女舁一金桶至。夫人追憶前事，不覺失笑。蓋牀上之遺，夢中正游宮也。後太后八旬萬壽，詔宣兩命婦馳驛來京祝壽，其一爲夫人，年六十矣。太后賜龍頭杖一，宮女四，内監四。

阿思哈養女嫁英和

中丞阿思哈官廣東日，嘗買一妾，妾攜一女至，年方四五歲，甚美，遂留養之。後十餘年，而和珅有女，醜，且眇一目，欲婚於德定圃之子英和，恐其不願，求高宗爲主婚。德知之，亟馳赴阿，求此養女爲子婦。明日，高宗果召見，問及婚事，奏云：「已與阿思哈有成議矣。」乃已。其後定圃官禮部尚書，以祭天壇之天燈不起，革職，蓋珅之修怨也。

李四娘嫁謝參將

乾隆時，有水師參將謝某者，以勇名。初從狼山總兵，以長江皆梟匪，無能爲，聞太湖盜能且衆，自請入太湖督水師。大吏素多其能，且患盜，許之。故事：統帶出巡，輒鳴金鼓，具麾幟，諸艦前後翼從。謝既至，笑曰：「此辟盜，非求盜也。何盜之能得？」乃分數十艦爲數起，各自爲隊，悉依商船式，偃旗息鼓，惟以暗號相通問，而自率其一以前。期月，得大盜數十，悉戮之，湖面肅清，謝意得甚，大吏亦奏奬其能。

高宗南巡，問將於大吏，大吏以謝對，乃使演習而閱之。閱畢，方歸舟，艦首所置巨礮亡矣。大驚，以問左右，左右皆不知，但曰：「方操演時，有小舟掠艦而過，急如箭。至艦旁，忽停，叱之，始揚帆去，不知所往。舟僅二人，當不能爲此也。」謝痛責所部。明晨，更失其旗，謝益忿，親率左右三四人雇漁舟遍探湖中，求盜穴。不具槍礮，惟懷尺刀，被簑笠，作老漁狀，歷兩日，無所得。

一夕，大風起，浪湧纜斷，謝舟竟隨浪去。夜闇無月，天水杳冥，俄飄入一灣，風止雨作，衆瑟縮舟中，寒甚，望岸有燈光，亟詣焉。有茅屋數椽，一老嫗坐燈下，方績麻。謝趨而前，嫗驚問何來，以遭風對。嫗見其衣簑，訝之。謝自陳爲漁人。嫗曰：「吾所疑卽在此。湖中漁人，吾識之熟矣，未有如此面貌者。」遽呼曰：「四娘速來。」則一少婦手攬白巾，盈盈自室中出。一見謝，遽笑曰：「參戎亦來此耶？吾兄弟輩爲參戎塗炭不少矣。」謝大驚。婦又曰：「公速去，不然，將恐有不便也。」謝度不能隱，且度婦女二人無能爲，乃目從者。從者抽刃前，婦怒曰：「何不識皂白若是？」以巾一揮，刃悉墮地。謝驚起，婦直前握其領，提而擲之地，叱曰：「豎子欲何爲？」從者大驚，爭躍登舟，方欲返棹，嫗呼曰：「止。」謝憤甚，大罵求死，婦拾地上刀欲殺謝，嫗固止之。婦引繩，縛謝於柱，偕嫗入室，談良久，嫗乃獨出解縛。謂之曰：「吾母女非禍人者，不幸被冤莫伸，暫寄於此，欲乞公一援助，非敢妄爲要挾，此事實非公莫辦。公，爲好男子，能見許否？」謝曰：「第言之。」媪更呼四娘，四娘出，媪曰：「參戎欲知其究竟，汝盡言之。」四娘前曰：「母言之可矣，須兒言何爲。」媪曰：「我耄，多遺忘，兒言之便。」四娘不得已，乃向謝言之。

四娘爲淮上人，父母早亡，幼從媪居，其技勇得媪傳。媪，義母也。既長，媪字之於孫姓，孫亦豪俠士也。某甲者，鄉里無賴，而勇亞於孫，孫嘗衆辱之。已而甲殺人亡命，投通州營爲什長。孫以事至通，是夜通被盗，甲因誣孫爲盗，告營中捕之。孫不承，甲賄吏斃之獄。婦恨甚，夜入甲家，以有備，不得逞，如是者再。甲乃謀害婦，婦僅一子，數歲，甲使人誘而毒殺之。媪有甥，湖盗也，乃以婦往投，將謀所報。甥豔婦之色，要以必妻之而後可，婦不從。夜伏於室，將犯婦，婦與鬭，折其肱，乃逃。知盗之必不肯罷也，將謀去之，而謝適至。於是以漁舟載婦歸，婦指示屋後，則礮與旗俱在也。歸後，更以大舟往取旗礮，闔營見謝不得盗而得美婦，皆怪之，從者亦但稱婦之勇也。

月餘，謝以公文自通州調甲至，升署營官。甲喜甚，恃勢横於外，謝初不問。一日，謝以要公委甲，限三日往返，甲遲一日。謝怒，縛而斬之。婦竟歸於謝，偕老焉。

香山鄭叟婚二女

香山鄭家村，其始祖鄭某，積產至數十萬，年將七十，無子，僅一女，已嫁，不復作求嗣想，遂傾產與壻，欲依以終老，數年矣。一日，偕壻父散步郊外，忽外孫以飯熟請，鄭以爲喚己也，應之，而外孫以請其祖對。食已，因思豎子且如此，其餘可知，遂決計他徙。而券契纍纍，均在壻手，躊躇無計，忽佯作腹痛，呻吟達户外。女走視，曰：「予病非藥石所可醫，往者發時，百醫罔效，必以儲放券契之篋滿盛券契以代枕而後乃瘳，可速將之來。」女與之，鄭即枕曰：「可矣，予欲睡，幸勿擾我。」有頃，鄭啓户遁，而徧裹券契於袒衣中。因憶鄰村佃户某居室不遠，逕往投之。既入，與佃夜話，屢以羨汝家衆爲言，而屬目於二女。二女皆及笄，稍具姿色。佃窺其意，又以其年邁鉅富而無子也，睥睨之，因乘間曰：「小人有女，如不以陋質見憎，當令執箕帚，奉巾櫛，或天不絶人，一索得男，以續宗祀，亦終勝於倚人門户也。」鄭首肯。是夜，宿佃家，連御二女。娶後年餘，姊妹各舉一男。鄭享壽九十餘歲，猶及見二子之畢婚也。數百年來，子姓蕃衍，所居市落，羣呼之爲鄭家村。

沈澍娶人妾爲婦

户部郎中范清注之妾劉氏美而豔，爲刑部郎中沈澍所見而涎之，賄囑媒婆周氏及劉所使喚之吴嫗百計唆誘，范妻允之。劉要求鳳冠補服，並誓書，下定禮，佯言將出家，約正覺寺尼迓之出，賃屋成婚。事爲步軍統領所聞，上疏劾之。高宗乃命兆惠、舒赫德、阿里衮審擬。奉旨：「沈澍革職發往伊犂，自備資斧，效力贖罪。」自是京師傳有《采唐歌》，凡四百餘字，中有云：「試從竊藥問年華，笑指鴛鴦三十六。」則劉亦老矣。乾隆癸未春，其子毓麟具呈户部，捐銀二萬兩，始贖歸。

任女失貴壻

山陽汪文端公廷珍幼孤，讀書淮安麗正書院，山長任子田器之。及任官京師，汪適舉乾隆丙午鄉試，入都謁之，任留之飯，欲以女妻之。任之夫人方於屏後竊窺，見汪飲啖兼人，身軀雄偉，曰：「奈何以吾女與武夫？」不允。旋嫁女於草堰場袁某，以不耐貧而死，戚友醵金斂之，袁亦以諸生老。

張船山續娶以硯緣

林佩環，爲遂寧張船山太守問陶之繼室。船山初贅於成都鹽茶道署，嘗作《硯緣》詩，其序曰：「婦翁林西崖先生初任成都縣時，有人持古硯求售，匣上玉符一，符下有銘，其末云：『賜自大君，藏之渠廋。子孫寶之，傳有德者。』翁知爲故家賜物，贖而藏之。後二十年，余贅其家，見之，實先高祖文端公赴千叟宴時，仁廟所賜之緑端硯也，爲族人所鬻。述於婦，婦以告翁，翁驚喜，以硯歸余。且曰：『吾始讀君詩，愛之，因以女妻君。豈意二十年前君早以此作納采之物耶？』余固不足副傳德之言，然得失有數，亦足奇矣。作《硯緣》詩四首誌之。」

金筠泉願爲張船山執箕帚

張船山詩才超妙，爲海内騷人所傾仰，秀水金筠泉告其所親，願化作絶代麗姝，爲船山執箕帚。而無錫馬燦有贈張詩云："我願來生作君婦，只愁清不到梅花。"蓋船山夫人有"修到人間才子婦，不辭清瘦似梅花"之句也。張戲成二律以謝云："飛來綺語太纏綿，不獨青娥愛少年。人盡願爲夫子妾，天教多結再生緣。累他名士皆求死，引我癡情欲放顛。爲告山妻須料理，典衣早蓄買花錢。""名流争現女郎身，一笑殘冬四座春。擘壁此時無妒婦，傾城他日盡詩人。只愁隔世紅裙小，未免先生白髮新。宋玉年來傷積毁，登牆何事苦窺臣。"

臧和貴婚時有孝順詞

臧禮堂，字和貴，武進人。其娶婦時，自撰《孝順詞》，命女儐宣讀，始成禮。後因婦有違言於母，不與同室，久而化之，乃勉從母命，完聚如初。

徐翁喜爲人作伐

有徐翁者，乾隆時之青浦諸生也。生平無他好，惟喜爲人作伐。凡戚友生有兒女者，輒密訪時日，登於簿，俟其年及冠笄，卽白之兩家，撮合之。

盧淨香以簉室扶正

盧淨香女史，名元素，一字淑蓮，其先爲福州駐防漢軍鑲黄旗人。父鼎，以裁旗入侯官籍，徙梁溪。

父没，從其母，依許如蘭女史之母以居，偕如蘭習針黹，間或讀書，初亦未能爲詩畫也。乾隆戊申，有錢東者，謀置箎室，因如蘭之父爲之執柯。時方七夕，以詩十章爲聘，未嘗以貲入也。辛亥，浄香歸。明年，舉一子曰守貽。甲寅，揚州金帶圍開一莖三花，時兩淮都轉爲曾賓谷，屬錢爲圖，且乞浄香買絲爲合卷。時浄香頗學爲詩，并繡所作和章於上。七月，圖繡成。八月，次子生，故命名曰守瑞。其年冬，曾招王夢樓與錢，爲題《襟館消寒小集》。夢樓言浄香能以詩畫羽翼風雅，不宜久處箎室，賓谷立爲陬吉，臨錢氏，崇浄香以繼室之禮。

艾倬雲娶瞽婦

艾倬雲，字勸夏，新化人。年十六，即補博士弟子，乾、嘉間人也。父秉實，爲聘謝氏女。既聘而喪明，女之父謂女有廢疾，不可事人，使辭焉。秉實以告倬雲，倬雲毅然曰：「始聘之，旋棄之，不義。婦之所貴者在德，喪明何害？」秉實笑曰：「吾特試汝耳，汝果如是，必能興吾門。」及婚，女之父又以美婢爲媵，卻之。越歲，女目漸明，亦不廢盥饋、籩豆之事。

勒保欲以龍么妹歸舒位

龍么妹，貴州土司龍躍妹也。乾隆末，威勤侯勒保征苗，檄調土兵，適躍病，命么率兵馳赴軍門。么年十八，身長面白，結束上馬，出没矢石間，指揮如意。事平，勒欲爲么執柯，將以歸舒鐵雲。鐵雲婉言卻之，因爲詩以紀其事。其詩有云：「然脂暝寫蔣三妹，歃血請行唐四姑。」又云：「軍令靜原同處女，兵符端合付如姬。」張維屏詠其事，有云：「石硅自成娘子隊，木蘭原是女兒身。乖龍消息方求士，歸妹因緣且讓人。」鐵雲，名位，大興人。

郝雛玉嫁呂笙

乾隆末，揚州郝雲士官吏部，諂事和珅。妾李氏生二女，長璈玉，次雛玉。璈玉嫁廣東藩司劉文波子。雛玉年十五，秀外慧中，郝愛重之，將以留嫁貴人。郝精子平術，時祥符呂鳳臺方官給諫，郝爲之推算，謂當官一品，其子亦貴，乃請見其子。呂子名笙，字晉齋。年十七，美如冠玉，能作褚河南書，已入邑庠。郝遂願以女字笙，既行聘，兩家過從甚密。後呂以劾和珅二十四大罪下獄，笙哭求於郝，郝哂之，尋得諸城劉文清公墉爲之緩頰，戍烏魯木齊。自是呂家日落，笙爲人傭書，肄業金臺書院，得膏火贍母。而郝至是已蓄意悔婚矣。

一日，郝召笙至宅，予以五百金令作離婚書。笙不受金，卽顧侍者取紙筆，方作數行，忽有女子之纖手自其背取離婚書，則雛玉也。謂笙曰：「我何罪於呂而逐我？和相以賄震天下，吾翁彈之，是也。椵椒山死柴市，朝貴尚有以女字其子者。今逐我，不如應箕應尾遠矣。」碎其紙，大哭不止，家人驚駭。郝有友適在內室，聞之亦出，曰：「呂氏子非久賤長貧者，奈何不情如是！」郝羞憤，遂與其妻反目。笙乃歸，以語母。母泣曰：「郝雲士禍不遠矣，獨惜吾賢婦身陷其中，恐不卽脫，奈何？」呂母語未竟，忽聞車聲止門外，則雛玉至矣。見母卽拜，曰：「兒未成禮，然呂家人也，今不得老父之歡而見逐矣。顧生爲呂氏之人，死卽呂氏之鬼，呂氏尸，煩爾呂家收也。明知不行親迎而遽登門，於新婦爲無狀，於呂氏爲僇人，顧姑賢而翁忠，新婦衷曲，或能見諒於堂上。今日之事，去留由母，卽不見收，新婦已挾白刃來，誓自剄於此，不更歸矣。」母曰：「賢哉！兒貞淑如此，老身暮年乃享奇福。請與老身同處，明日具禮矣。」笙師高郵王懷祖聞之，令人以百金餉笙。越三日，雛玉蒞廚，賁糜蒸餅，靡所不能，笙畏敬之如天人。是年，仁宗御極，和珅下獄論死，鳳臺赦歸，任太常少卿，逾年，補侍郎。而郝亦籍没，戍鳳臺故地，妻挈其蠢子歸儀真。雛玉泣送之城外，母曰：「吾觀呂甥，偉器也，後此幸無忘若母。」雛玉涕不可仰。是時笙以第二人捷北闈，連捷入詞苑，鳳臺亦擢尚書。

陶文毅娶黃氏婢

安化陶文毅公澍夫人在兩江制府署時，有人親見其右手之背有凸起一疣，問其故，則蹙然曰：「我出身微賤，少常操作，此手爲磨柄所傷耳。」蓋文毅少極貧，初聘同邑黃氏女。有富翁吴某，聞黃有姿，謀奪之爲其子繼室，以厚利啗黃。黃頓萌異志，迫文毅退婚。文毅不可，黃之妻亦不願，而女利吴之富，其父又主持甚力，遂誓不適陶。會家有養婢，願以身代，黃妻諾，文毅亦坦然受之，初不疑，卽後之膺一品封誥者也。

吴恃富，佔曾姓田，遂交惡。吴子被殺死，吴亦繼卒，族人欺黃女寡弱，侵其田産殆盡。時文毅已貴顯，以丁外憂歸里，始悉其顛末，憐黄女在窘鄉，贈之五十金。黄女愧悔欲死，日抱銀號泣，不忍用，旋爲偷兒所盜，忿而自縊。文毅尚每年周恤其家，不倦也。

金文簡娶冰人女

吳江金文簡公士松少貧，恆隨其封翁外出讀書。翁嘗館同邑某氏，某年至除夕始假歸。主人訝其遲，翁曰：「明年正月下旬爲子聘婦，恐稽時日，故於今歲預補其不足耳。」又曰：「寒士舉事不易，納幣費實無所出，欲預支明年兩月束脩，可乎？」主人如言付之。歸而屆期備禮延賓。冰人趙某，舊交也，飲酒歡甚。齎幣至女家，女家徐姓，號素封，見趙色變，憤然曰：「幾爲君誤。今而知金氏亦貧，吾女奈何適窶人子乎？」趙謂：「君已許之，豈能食言？」徐堅不允，詞氣俱厲。趙無如何，還白翁。時賓朋滿座，見事中變，咸默然。翁慙甚，語趙曰：「君作蹇脩，而事至此，奈貽笑何？」趙俯思久之，乃曰：「我與君舊交，家有息女，年與郎君相若，卽以締姻，何如？」翁喜諾，立浼座客執柯，以幣納於趙，應期成禮焉。及文簡官大司馬時，徐女已不知何往矣。

吳氏勸翁續娶

乾、嘉間，青浦有徐翁者，家素封，鰥居。止一子，娶吳氏女，結褵半載，子亡，族人無可嗣。越月，吳請曰：「夫已亡，宗祧莫繼，祖宗一脈，忍聽其斬乎？」翁曰：「此亦末如之何耳。」吳曰：「有一策，翁精神尚健，能續娶，得丈夫子，則祖宗攸賴矣。」翁以老邁辭。吴不俟命，爲聘某氏。既娶三年，翁生二子：長宫南，次有常。未幾而翁逝，吴折葼訓孤，具賸畜，供孀姑，恩禮兼盡。後宫南有子，爲吴嗣。又二十餘年，嗣子成立授室。吴年七十餘，無疾而終。

女俠代嫁

有嫠母與女獨處，一紈袴子目而豔之，强委禽焉，選日往迎女。女夜與母訣，欲自裁。悲愴間，有虬髯者自屋下，謂母曰：「若所苦，吾已聞之矣。勿悲，請以身代。」母方詫，即擲刀去巾髯，宛然好女子也。母女大驚喜，急爲塗裝結束，俄綵輿至，乃假嫠女往。豪家方張宴列炬以待，女入門，密爇異香，一室皆眯，乃攫其寶器還母家，夜猶未闌。謂母曰：「惡姻緣已斷，請爲若女結好姻緣。此寶器，以資奩具也。」遂挾母女去，不知所終。事見百菊溪所著《守意龕詩鈔》。

錢弱士娶郭頻伽妹

吴江郭頻伽上舍麐有女弟，爲之擇壻，其友朱春生袁棠言有鄭籛字弱士者，能爲五七言古今體詩，可壻也。頻伽乃試以詩，絶奇，遂以妹歸之。未期年，嘔血卒，年二十有二。將卒，謂其婦曰：「吾死無恨，恨學未成，志未遂，卒不克自見於後。哲兄後必傳，幸哀之，必使有以傳我者。雖夭，不爲不幸矣。」

吴某娶和珅妾

休寧吴某在京都布店作夥，積數十金，謀歸娶婦。賃一騾車出彰義門，宿飯店，遇一少年，意甚皇遽，問將何往，吴以實對。夜半，少年逕至榻前，密語曰：「我實女也，爲和珅妾，籍没時，乘間逸出，攜珠寶甚多，願從君偕老。」出兩囊示之，皆瓌寶也。吴喜出望外，遂與偕歸。中途慮事洩，仍男裝，抵家，始易服焉。自此頓成巨富。婦後生一子，六十餘而卒。

潘文恭五女歸一姓

潘文恭公世恩有女五，歸一姓，汪學源、汪嘉森、汪桂、汪嘉梓、汪德英，皆其壻也。

沙氏女被人誘婚

武進西門外有市曰西直街。街之南隅有一井，有石欄護之，然無就汲者。牆陰有横石一，鐫字四曰「沙氏義井」。井何有於義？因人之義而義之耳。且井非沙氏所獨有也，而沙氏之義係於此，乃遂以沙氏名其井。

距井十數武有行曰沙裕昌，蛋行也，行爲國初所設。嘉慶朝，行主某翁生三女，次女獨艷絶，一時有國色之目。翁媪鍾愛之，爲擇壻。某美丰姿，有文名，中選。婚有約矣，將嫁而某殂。女泣請守貞，翁諾之。女素勤儉，既守貞，益事操作，服勞奉養，過於男子。一夕，入廚作晚炊，忽有捫其胸者，大驚，亟視之，新雇之童厮所爲也。童年約十六七，來僅旬日，頗慧，惟見女，輒目灼灼似賊。女至是大怒，力掌其頰。童被責，急遁。女白母，母杖童，逐之。而童已逸，遂不復究。

越數年，行有新販客某至，年約二十餘，操浙語，舉止甚豪，自言新設蛋肆於浙東，需貨甚夥，特來訂購。翁待以上客，某恂恂，於交易尤大雅，無錙銖必較意。翁喜甚，别時，殷殷訂後約，某諾之。自是月餘輒來，來輒主翁行，如是者年餘矣。某日，復至，貿易既定，散步於街，見道旁一老丐，遽呼曰：「舅在此，何一寒至此耶？覓舅久矣。今誠天作之合也。」遂偕之至行，告翁曰：「此吾舅，家本巨富，因乏嗣，思以吾爲子，而族人多無賴，利其貲，没其産。舅素懦，忿而不能與争，遂出亡。及出而族人益無忌憚，産垂盡矣。吾義無坐視，爲之控於官，清釐之，漸有端緒，惟覓舅而久未遇。不圖於此遇之，且不意其困頓若此也。」乃急爲之薰沐更衣焉。

翁詫爲奇逢，爲設筵致賀。席次，某與丐絮絮言家常，謂某鄉之田，某市之屋，均已清理就緒，惟某某素恃强，尚霸産未交，舅宜稍緩歸，丐惟唯唯而已。某商於翁，請暫假館舍，俾下榻，翁諾，乃糞除空舍以居之。自是某來肆，輒攜浙物贈丐及翁，且言久擾滋不安，將移居逆旅，翁力留之。及某行之翌日，日暮矣，丐猶闔户高卧，翁排闥視之，死矣。大驚，繼念某昨始行，計其程，當抵無錫，急遣與某素識之捷足往追，追之而及，乃與某俱返。

某入室，見丐死，大慟。久之，謂翁曰：「舅偶有疾，翁當爲之延醫，何任其死？」翁曰：「彼之死，實出不意。醫藥弗及，誠歉，今願代備衣棺，且作佛事，可乎？」某沈思久之，曰：「此事若在他人，自必涉訟，然吾信翁久，知必無他，何敢重累翁。死者已矣，喪葬爲當務之急，餘可勿論。」翁允出貲爲營葬事，卻之，既畢事，遂載櫬以去。

翁至是感之甚，思有以報之。一日，某又至，翁知其尚未娶，欲爲媒致一佳婦，屢有所告，某皆不允，察其意，似已有所屬。翁屬人致詢，某曰：「吾若娶妻，必如翁之次女而後可。否則寧終身鰥耳。」翁令媪商於女，女不可。翁復謂女曰：「某之舅死於吾行，某若起訴，當破産，某之恩我者厚矣。凡人子之孝事父母也，以父母有鞠育之恩耳。若父母於危難中受他人之恩而免於難，則人子之受其恩，當較父母之身受其恩者爲尤重，益當思有以報之者。汝縱爲一身計，獨不爲身所自來之父母計乎？」女素孝，聞父言，即許諾。翁遂屬人通言於某，願以次女奉箕帚，惟謂須入贅耳。某喜諾，遂攜貲至武進，贅翁家，夫婦極相得。

越三年，生二子矣。一日，戚串中有喜事，某往賀，飲酒逾量。及歸，女適在廚，某乃躡足至女後，潛以手捫其乳。女驚視，怫然曰：「夫妻雖恩愛，當相敬如賓耳。此何時，此何地，乃遽肆輕薄耶？」某側其首笑謂女曰：「可再掌吾頰，吾不復遁也。」女頓憶童廝昔年調戲事，詰之，不答。越翼日，女置酒於房，與對酌。酒酣，以言餂之，且謂婚數載矣，何事不可言，君果爲誰，宜以實告。某以被酒故，不覺吐實。蓋某即昔之童廝也。本士人子，聰慧能文，慕女色，乃託身爲廝養。既遁，仍不忘女，思有以遂其願。尋爲僧，久之，反初服，設肆於市，因與翁通貿易，聯情誼，復毒死丐而不究，以市恩。翁遂墮其計爲成夫婦焉。女廉得其情，大憤。知某日西門外開糧米倉，縣官例須蒞臨，必道經行門。前夕，飲某以酒，既醉，刃其腹，死之，復殺二子。凌晨，待令過門，攔輿控之。令大驚，曰：「某誠不德，然既爲若夫，何遂殺之？」曰：「彼殺無辜之丐以謀我，我之貞節，姑置不論，但以殺丐論，彼固有可殺之道也。」令然之，復曰：「二子無辜，何殺之？」曰：「此孽種，留之，必將爲人害，故並殺之。」令無以詰。既而曰：「事出非常，汝宜暫入獄，俟請命於上官，爲汝謀所以脱罪者。」女曰：「吾尚有言，吾生不辰，未嫁而寡，矢志守貞，卒爲奸人所算，實不如死。且以吾一人之故而喪四命，公即憐而生我，我復何顔在人世乎！請一死以明吾志。」令急止之，而女已躍入道旁井中死矣。此沙氏義井之所由來也。

葉蘭臺以鴛鴦詩得妻

番禺葉蘭臺，名澧，詩才清逸，嘗賦《鴛鴦》詩云：「笑我夢寒猶待闕，有人情重不言仙。」有柳翁者見之，詫曰：「有才如此，尚作『不知何處月明多』耶？」以女妻之，一時傳爲佳話，有葉鴛鴦之目。

李氏同姓爲婚

李愚荃侍御之夫人亦李氏，即文忠公鴻章之母。或曰，侍御本許氏子，未嗣於李時，已聘李矣。且徽之康熙朝，有李柏者，字雪木，以女適李二曲之子，亦同姓爲婚也。

蔣晉郎秦娘爲秦晉配

秦娘者，維揚句欄中人，父固老諸生也，失其姓，生而國色，幼失怙恃，依其舅以居。而其舅負官逋，不得已，議鬻之，爲媒者所詆，遂入青樓。女守貞不辱，假母好言勸之，不從，恫愒之，撻楚之，惟以死自誓。假母計窮，議轉鬻之他所，以其貌美，未忍也。或爲假母謀曰：「凡爲女子，孰無情欲？宜廣覓少年美男子，勿責以纏頭之費，苟有當女意者，任留一二宿。此役事，易爲計矣。」假母從之，凡所交好者，皆託其物色。於是裘馬少年日有至者。女見之，輒哭泣，稍近之則怒罵，假母不能忍，日以鞭扑從事，女決意求一死。夜夢老翁，曰：「吾，爾父也。汝愼無死，吾已覓佳壻。明日，當可諧秦晉之好矣。」

吳下有蔣某者，以應京兆試，道出燕城，初無意尋芳也。蔣有友，平時亦嘗受假母之託，以蔣貌美，導之往。蔣始不可，友固慫恿之。及至，女向壁，哭如故。蔣調之曰：「聞卿名秦娘，小生則小字晉郎。秦晉自宜爲姻好，何拒我之深也。」女聞言，憶夢中父語，而睨視之，見蔣風度不凡，不覺哭聲頓止。假母喜曰：「大好大好，今日仙女思凡矣，老身且去料理酒食。」女與蔣同坐房中，雖無一言，亦無慍意。須臾，酒食至，假母招女同坐，女亦盈盈而至，然淚痕固涔涔也。蔣見旁無他人，乃問之曰：「覰卿情狀，必有隱懷，僕雖交淺，何礙言深。」女詳述己志，且告以夢，又哽咽而言曰：「郎君若能爲百年之計，夢中父命，敢不敬從。若以爲風塵中人，苟遣一時意興，雖死，不從也。」蔣歎曰：「有志女子哉！我固未娶，然貧，奈何？」女曰：「苟許相從，荆布無恨，但求先矢天日，再伴杯勺。」蔣許之，共誓於神，是夜遂同燕好。假母喜女意轉，堅留小住，乃流連三日。女謂蔣曰：「郎君别後，假母必不容獨居，宜早爲計。君家有何人，所居何處，可詳告妾。」蔣曰：「家中無人，惟一寡姊相依。所居，則姑蘇某巷也。」女喜曰：「妾得計矣。君宜爲一書與姊，詳述妾事，妾自有策脱此火坑。」蔣悉如其言。

及蔣去三日，假母果别招一客至，女强笑承迎，醉之以酒，乃服客之衣帽襪履，詐爲客狀，啓户逕出，大駡曰：「何物婢子，如此倔强，令人憤氣填膺。」假母疑女又有變，得罪於客，追出謝之，則拂袖竟去矣。入房，審視，客固醉卧未醒，而女兔脱，乃呼衆出門追逐，已不知所之，追者皆廢然返。女遂附船至蘇州，竟至蔣家，投書於姊。姊審書，不謬，留之。而女已有身，及期，産一男，姊始猶疑，視所生男，酷似其弟，乃大喜。

蔣自别女入京，應京兆試，不售。或薦之就四川學使幕，甫至而學使卒，蔣留蜀不得歸。俄值川楚教匪之亂，益困頓。適大帥欲延一書記，蔣遂入其幕，賓主甚相得，以軍功保舉訓導。時道路梗塞，蔣亦從事戎旃，置家事不問，遂與家人久絶音問。及川楚平，敍功，以知縣銓選，始乞假歸。自辭家北行至此，將二十年矣。至所居坊巷，則門庭如故，且紅燈雙掛，綵幕高張，鼓吹喧闐，溢於户外，不知其有何事。入門，則坐上客滿，多不相識。有少年就問客所從來，蔣詫曰：「吾故蔣某，此吾家也。」少年大駭而入。無何，有中年婦人出，則其姊也。驚且喜曰：「吾弟歸歟？」引少年就蔣曰：「此吾弟之子也。」蓋其子年已弱冠，是日適爲畢姻耳。坐客皆大驚歎，以爲巧遇。姊曰：「正有一事爲難，弟婦已將作阿婆，而猶垂髮作女兒裝束，使之改妝，不可，今吾弟幸而歸來，事當如何？」一客曰：「何不趁此吉日，使父母子婦同日完姻，亦佳話也。」衆賓轟然曰：「然。」於是青廬之内，花燭高燒，翁姑拜前，兒婦拜後，觀者皆嘖嘖謂爲未有之盛事，好事者爲作《秦晉配傳奇》。

父子同日合巹

蜀有某生，幼聘中表妹爲妻。及成童，從塾師讀。他日歸，過其門，見女方推磨。某入，知舅妗俱他出，戲曰：「妹役良苦，我爲代之，可乎？」女曰：「甚善。」時女已及笄，遂私焉。某素畏舅，自念女脱有孕，舅知之，奈何？別女而出，徘徊中道，遂逃亡，不知所之。越日，師使人探諸其家，家固以爲在塾也。使人跡之，無朕兆，而女果孕。久之，腹漸膨脝，母察其有異，詰之，遂吐實，乃使人告某父母。其父母僅此一子，以出亡方隱憂，聞女有孕，大喜，商諸冰人，以禮迎歸，待某歸成禮。

某之出亡也，乞食至漢口質庫，主人見其不類乞人，留使學賈，既喜其勤謹，令司會計，大寵任之。頻年蓄積殆及萬金，乃與人合設布肆。特歸省視，既至里，見道周有鼓吹喧闐車馬焜耀者，詢知爲某氏子親迎，而固有母無父者，今娶矣。聞之驚喜，既念生平祇一索，何便有子，試探之，果然。

先是，某家迎妹歸，分娩，果得男。比長，讀書甚慧。十三歲，應童子試，學使賞其文，拔冠軍，名噪庠序。同里某富翁有愛女，遂以字之，此時適成婚也。某抵家，見賓客滿堂，姑與爲禮，僉問客從何來。詭言曰：「至自楚北，爲某作寄書郵者。」其子聞有父書，喜出叩見，問父書何在。某笑撫其背曰：「兒不知耶，我卽父也。」其子驚疑。某竊其意，曰：「兒如不信，可呼汝母出見，自知之。」其子不得已，入請母出，某遽前揖之，曰：「別來幸無恙，推磨推磨，不如我與汝磨。」其母聞之喜，謂其子曰：「果兒父也。」蓋某所云，乃當日推磨時相謔之詞，非他人所與知也。賓客聞之，交口稱賀，僉請具香燭酒醴，卽於是日，父子姑婦，同行廟見禮而合巹焉。

維西有嫂叔移配之俗

吳西春官雲南之維西，曾得一訟牘，其詞云：「某家生子四人，皆已婚娶，不幸某年長子死，某年四子之妻又死。理宜以第四子續配長媳，但年齒相懸，恐枯楊不復生稊。特與三黨同議，將長子之妻配與二子，二子之妻配與三子，三子之妻配與四子，一轉移間，年皆相若，可無怨曠之虞，極爲允協，懇求俯准。」吳大怒，拍案，吏請曰：「此間習俗如是，願無拂其意。」乃准之。

小處女冥中結婚

孟縣李某夜行，爲羣鬼所嬲，懼甚。見前途有燈光，趨赴之，則小屋三間，中有一女，謂之曰：「君如畏鬼，可止宿此門外，卽無傷矣。男女有別，不敢請入室也。」李從之，遂臥於地。女又謂之曰：「至曉，君當行，詰朝有事，幸毋相擾。」及天明，視之，在一小冢側，無屋也。俄有數人來發冢，舁其棺去。問之，曰：「棺中乃某氏處女，未嫁而死。今其父母用嫁殤之法，與某氏子爲冥婚，故遷其棺與合葬也。」李乃悟詰朝有事之說。感其與己有恩，買紙錢焚與之。

孫耀宗鄧巧姑爲生死鴛鴦

狼山鎮總兵鄧某，初走卒也，從楊芳、楊遇春勦白蓮教徒，積功至總戎。其在陝也，得鄭氏婦，納之。凡六月而生女，生之時當七夕，故名之曰巧姑。巧姑生，其母不復孕。總戎多姬侍，終無子。不得已，子巧姑爲易男子裝，束髮爲辮。總戎盛怒時，得巧姑一言，卽立解。

孫荇洲者，江右老名士，總戎以千金聘之，使之教小姑。荇洲中歲喪妻，不復娶，以嫁李氏妹所生子耀宗爲子，時年亦十二三，從至署，伴讀焉。兩小無猜，荏苒數年，巧姑長成矣。問名者接踵，總戎令自擇。客至，巧姑自屏後窺之，年餘，無許可者，乃漸屬意於耀宗。耀宗聰穎而謹愿，孫以女弟子將有室，耀宗宜引嫌，於是與巧姑稍稍疏遠。久之，巧姑亦漸覺，微逗以辭，耀宗不敢應，然不能無動。荇洲乃撻耀宗，責以不知自愛。巧姑入塾，見耀宗有淚痕，異而詰之，耀宗不答。頃之，覘荇洲他顧，則小語曰：「爲卿耳。」巧姑是日歸，遂臥，明日病矣。

總戎視之，以爲巧姑患感冒也，延醫診治，服藥而病益劇。連易數醫，最後一醫診畢，告總戎曰：「此非藥可治。」總戎大驚，以告婦，推測久之，姑以詢巧姑，不答，有慙色。乃召耀宗。耀宗至，總戎令坐榻前，手解其佩囊授巧姑，巧姑不接，則納置枕下。曰：「癡女，吾爲汝定矣。」耀宗窺巧姑，面色白而微黃，瘦加平時，知其病久也。時總戎姬侍皆環榻坐，因是不敢出一言。少坐，卽趦趄而出，以告荇洲。

明日，總戎使兩統領爲媒，行聘禮，復數日，巧姑病果大愈。荇洲亦攜耀宗辭歸，總戎厚贐之，約吉期以明年某日。

明年，乃買舟循江而東，抵狼山。親迎期至，耀宗方乘綵輿至署，忽見署中夫役紛亂，詢之，知總戎昨夜被刺，其有關係者爲愛妾某，且牽涉巧姑。大驚，亟奔歸。及暮，聞犯人已舟送金陵，事關大員被刺，由臬司親審矣。耀宗念巧姑甚，告之荇洲，欲往觀審。乃偕至江寧，宿逆旅，使耀宗先往探監。抵暮，耀宗還，則哽咽不成聲。問之，第曰：「此獄實不寃，女已投江，尸且不得，哀哉！」久之，耀宗乃述其顛末焉。

蓋鄭氏者，母家實爲吴。鄭，其前夫之姓也，居四川敍州，家巨富。嘉慶戊午教匪之亂，闔家盡殪，匿積薪中以免。已而鄧以衆至，復搜其家，得之，爲殯殮其翁姑夫壻伯叔。既葬，始納鄭。鄭感其義，且念腹中塊肉未知若何，欲留以延鄭氏一線之祀。不期已失身，而所生者乃一女，卽巧姑也，亦無如之何。昨以嫁女期屆，從總戎檢點一切，忽從篋中得故夫漢玉珮，及翁姑所常御物數事，以問總戎。總戎微醺，忘其故，卽應曰：「此西川一富豪物，吾使人刦殺其家而取之者。」鄭頓悟，乃徐徐窮究之。總戎忽有省，遽叱曰：「若已在吾手中，絮絮胡爲者？」鄭無言，總戎更滿引數觥，大醉。是夕，就鄭宿。鄭不能復耐，剸其喉，斃之。巧姑初不知也。禍發，鄭始以告巧姑。巧姑懼公堂凌辱，乃自投於江。荇洲聞言，歎息而已。尋秋讞定，鄭處凌遲。荇洲亦率耀宗歸，猶念巧姑，冀其不死，或有遇也。

越一年，荇洲病卒，族人覬其産，揭耀宗亂宗，於是復爲李氏子。年二十，舉孝廉。房師某愛其才，願以其女妻之。耀宗不可，而父母强爲訂婚約。及期，賀客滿座，而耀宗念巧姑，就座隅拭淚而已。綵輿入門，衆扶耀宗迓新婦，則紅巾繫頸，赫然尸也。衆大驚，耀宗亦惶惑審視，忽曰：「是可活也。吾向在狼山，曾從總戎署中人習救急法，速舁致於榻，待吾爲之。」衆如言。耀宗揮衆人出，曰：「如有窺伺喧譁者，術不靈。」衆屏息以候。久之，不出，有疑之者趨入視之，則兩人一巾雙結，臂與臂相抱，衣與衣相糾，足與足相勾。死者不生，而生者則死矣。詢某，則此女得於江上，愛其慧，即女之。其訂婚未嘗以告，出閣之夕，女乃知之，自言已壻孫氏，不虞其至此也。李氏購大棺，合兩人葬之，好事者乃爲《生死鴛鴦曲》以哀之。

陳芝楣娶李小紅

江夏陳芝楣制府鑾之尊人，嘗館江寧鹺商家，芝楣方十八歲，往省父，商以其初入泮，器之，字以女。明年，父歿，服闋，家益貧，乃奉母命至江寧，貸於外舅外姑，供秋試貲。商拒之，且迫使退婚，芝楣從之，留逆旅，困甚。一日，出游，經釣魚巷，名妓李小紅方送客出門，瞥見其憔悴中有英爽氣，憫之，延之入，詢知其落拓狀，慨贈五百金，勸回鄂鄉試，且與訂婚約。是年，即領解，明年，爲嘉慶庚辰，成進士，中探花。

道光辛巳，以宣宗登極，開恩科，充江南副主考。商女怨，鬱鬱死，而商亦大悔。或有告以小紅事者，乃知其已杜門謝客也，亟以千金贖之，攜至家，爲義女。及試事竣，浼人爲媒，奩贈十萬金，使成嘉禮。彌月回京，芝楣遂迎養老母，小紅事之甚孝。次年，舉一子。芝楣大考列優等，擢學士，旋外簡。數年，督兩江，蒞任，適秋試，入闈監臨。中秋，小紅盛服乘輿，遊釣魚巷，因訪知手帕姊妹，尚有隸名樂籍者，亟捐資贖之。是夕，即擇年少有才之材官，爲之一一婚配，凡二十一人。

黃殿光不與華族連姻

宿遷黃殿光守戎廷珠有子女九人，所與連姻者無巨室。人問之，曰：「華族無再盛也。」

胡文忠娶陶文毅女

益陽胡文忠公林翼之父，名達源，官至少詹事。夫人湯氏，娠文忠時，夢五色鳥飛集屋後叢，張兩翼翔鳴，羣鳥從飛，啄林中芝草，因名林翼，字詠芝。年八歲，陶文毅見而驚爲偉器，遂以女字之。後以翰林典試江南，緣案詿誤，家居養晦。林文忠公則徐勸之出山，乃以知府分發貴州，洊擢至湖北巡撫。咸豐辛酉八月，以勞瘁薨於位。

駱文忠娶富户金氏女

花縣駱文忠公秉章之未達也，壯而尚鰥，富户金某有妹，高顴廣額而面麻，年長不字。或語駱，駱往謁金。金喜，遂委禽焉。自是，恆得金氏助，乃伏案攻舉子業。四十成進士，入翰林，後以知府仕至四川總督。

彭剛直娶婢

衡陽彭剛直公玉麟未遇時，生計頗窘。幼聘妻鄒氏，家小康，及長，娶有日矣，鄒嫌剛直貧，誓不適。及期，剛直彩輿往迎，鄒號泣卧地不起，族黨計無所出。忽竈下婢挺身前，啓主婦，願代嫁。主母喜甚，以其能解此紛也。臨行，撫其背，囑曰：「汝在吾家，吾愛同吾女。汝貌不惡，此往，愼祕之。男兒多薄倖，愼勿以婢學夫人告壻也。」及嫁，伉儷彌篤，逾年生子。

已而粵寇事起，剛直仗策從軍，轉戰東南，洊擢至兵部尚書，聲望赫然，夫人亦累加寵錫。一日，剛直與夫人飲，酒半，追述往昔艱難，慨然身世。夫人乃戲語曰：「吾與君遭際之奇，同耳。」剛直駭愕，願畢其辭，遂備述顛末。時夫人與剛直結褵蓋二十載矣。

沈文肅娶林文忠女

道、咸間，翁壻以功業顯者，世皆稱林文忠、沈文肅。林之相攸也甚奇。某歲，林方撫吳，沈時以諸生傭書於其署。值歲除，賓僚皆散歸，而沈獨留，治文書未去。林偶出，至旁舍見之，詰沈曰：「今日除夕，幕賓均寧家，汝奚事留此？」沈曰：「治事未竟，故獨後。」林諦視良久，曰：「吾有章奏，今夕須繕發，汝留此，大佳。」卽招入廳事，畀疏稿屬書。文累千萬言，沈然燭疾書，漏三下始竟，自視無訛脫，遂以報林，且告歸。而林忽曰：「字太荒率，宜重録。」置於几，不復審。沈逡巡不敢歸，復寫一通，天將曉，重以進。林顧而笑曰：「此差可。」無何，賀歲者坌集，林笑謂家人曰：「今日賀正，并當賀我得佳壻。」衆皆愕異，林乃招沈，使揖於衆，曰：「此我壻也。」蓋林之重沈，殆有二端：歲除治事不歸，有異儕輩；再屬易書，不涉躁怨，宜其後能成功如林也。

于丹九娶居玉徵

廣西于丹九，晦若侍郎式枚之父也，有才名，且能詞。張德甫方伯以粤東閨秀居玉徵爲可匹之也，爲作之合。居善畫花卉。婚夕，張即席出紈扇索繪設色牡丹一本，居應手而就，于乃填詞寫於上，蓋所以謝冰人也。

湯嘉民初婚即大歸

湯貞愍公貽汾寓江寧，女公子嘉民善畫，尤工仕女，贅河工同知某子某爲壻。彌月，壻挈之返清江，抵京口，方黎明，某不告女，先渡江，留書與訣，頌言其貌不颺，不與偕歸，恐爲人笑也。女不得已，遂大歸。

程劉老而成婚

山陽程允元，道光時人。少遊直隸，議婚於劉氏，未娶而歸，留玉環一雙爲聘，女父登庸即書庚帖付之，約三年而婚。允元抵家而登庸已前卒，女幼失母，至是益煢獨，轉徙天津，靡所依。鄰人妄傳允元死，將以爲利，女聞之，朝暮飲泣，誓以身殉，而苦無確耗。或諷令改字，則哽咽不食，毀容素服，屏居尼庵，以鍼黹度日。蓋南北音問斷絕者，至是三十餘年矣。

初，允元家居，父母相繼歿，久不得登庸耗，又極貧困，屢欲踐約而不果。中年以往，議婚者踵至，允元亦執義不納。久之，附糧艘課徒，因北上，至天津。聞有劉貞女者，隱跡尼庵，詢之，果登庸女，玉環猶在耳也。允元亦出庚帖爲證，鄰人皆喜，促議婚期。劉不可，曰：「吾守父命，吾矢吾心耳。遲暮之年，行將就木，豈有五六十老女子而作新婦妝哉？」天津守聞而異之，召劉入署，使眷屬勸慰，助奩具，備鼓吹，送歸允元所。合巹之夕，兩新人傴僂成禮，儐相扶持，鬖髮如銀，與花燭紅妝相映射，遠近觀者皆感歎，詫爲僅事。

周景芳與妻重婚

青浦重固鎮有諸生周景芳者，娶妻數年，伉儷綦篤。偶至上海，遇術士，曰：「相君之面，當剋妻。必再婚，始得偕老。」周言妻固無恙，術士曰：「我不妄言，來年鏡破矣。」周歸，忽命妻回父母家，復邀媒妁行聘，鼓樂親迎，蓋以重婚厭之也。

某中丞以嫁女爲市

嘉、道間，有某中丞者，樂與富人納交，恆以戚族之女認爲己出，與之締婣，乃大索聘金，輒累鉅萬。富人藉以獲光寵，惟自炫於人曰：「中丞爲我親家也。」雖或傾家蕩産，不之悔。

鄔三意外得妻

天津有鄔三者，父以沙船起家，死久矣。三嗜賭，耗其貲，田園皆歸他姓，惟屋猶在，與母居之。俄而母死。津俗喪禮尚奢，出殯尤甚。三賣屋治喪，遂無立錐地，寄居博徒家。有姑，嫁奚姓，頗富，以其姪不肖，亦久不與通。三年二十餘，尚未有室。某年，迫歲除，窘甚，無以爲生。有博徒與之謀，假以衣冠，使至其姑家求見。姑辭焉。則告閽者曰：「此來非有求，特以將成婚，不敢不告長者耳。」姑聞之，乃命入見。時衣冠楚楚，頗不藍縷。問頻年何在，以貿易對。問婚期何日，曰：「後日是也。」姑大喜，贈銀十兩爲婚費，且云屆期當來賀。

姑有子婦二人，各送津錢十千。津錢十千，合制錢實五千。三持銀錢歸，商於博徒。諸博徒喜曰：「然則尚有後惠矣。」乃即所居屋使工爲之標飾，覓一青年妓飾以荆布，使僞爲新婦者。及期，姑至，見婦，悦之。婦又善承迎，入廚作羹，跪坐而饋，姑欣然。食已，謂曰：「此屋隘，吾不能宿此，明日當復來，少有資助。」明日又至，出屋契一紙，曰：「此屋贈汝夫婦，可遷其中。」又出田契曰：「薄田百畝，粗供饘粥。」三驚喜過望。此妓之父亦博徒，因負人博進，暫以女爲錢樹子。既知三有田有屋，卽以女妻之。

程汪夫婦有別

徽人程某，以貲雄其鄉，累世矣。生一子，少而癡，及長，混混無所知，其家以二僕守之，饑飽寒燠，悉二僕爲之節度。或不受教，則痛笞之，乃帖然服其術，若馭牛馬然，遠近皆知之，無與論婚者。程氏故有質劑之肆在無錫，有汪氏者，世爲之主會計。汪有女，與程子年相若也。汪叟曰：「吾家自祖父以來，皆主程氏。今程翁有子，無女之者，吾何惜一弱女子，不以酬其數世之恩誼乎？」使人達其意於程，程初辭焉。汪固請，程重違其意，乃聘爲子婦。及成婚，纏雁之儀，牢羞之費，頗極輝備。青廬既啓，將行交拜禮，而程氏子蹩躠蹁躚，竟不成拜。已而入室，顧視室中羅屏繡幕，非平昔所寢處，則大驚，叫囂東西，隳突南北，無能近之者。不得已，仍命二僕推輓以去。

女自此獨處終身矣。舅姑語之曰：「吾子，非人類也，苦我新婦，幸善自愛。」次日，卽劃家貲巨萬與之，逾年，以兄弟之子一人爲之嗣。而女甚賢達，上事舅姑，下撫嗣子，旁遇娣姒，皆無間言。舅姑益善之。因爲子納貲得官，女遂受四品服。與夫異室而處者三十年，雖命婦，仍處子也。程氏子先卒，女又十數年乃卒。晚歲年齒既高，行輩又長，家中事悉稟命焉。女善料事，並能知人，事無巨細，經女處分，悉中竅郤。程氏子雖迷惘終身，然儀狀端整，肥白如瓠，中年以後，須髯甚美，望之若叢祠中所塑神像者然。且自程氏子之生也，其家日益饒衍，候時轉物，無不得利。程氏子死，稍稍衰矣。

成人婚姻

有富家子，所娶亦富家，奩具甚盛。婚夕，將就良席，婦忽長歎。子問故，婦曰：「吾初許嫁老儒子，老儒死，家益貧，吾父亦死，吾母悔焉，背其盟，改適於君。雖母命，而追念往事，不覺失聲，君勿罪也。」子瞿然曰：「老儒子今安在？」曰：「聞流落市井矣。」子遽出，謂其父曰：「吾家幸富厚，何患無婦！奈何奪貧子之妻？」即訪求老儒子，迎之以歸，衣以己之衣，掃除別室，使成婚禮，盡以婦家所裝送者畀之。居數歲，父使以太學生應鄉試。子雖自幼從師讀書，然日以嬉戲爲事，所作詩文，皆師代爲之，父固不知也。及入闈，執筆苦思，終日不得一字。疲極，假寐，有老翁搴帷而入，推之起，曰：「吾文已成，而卷爲墨瀋所污，無用矣。知子文尚未就，敬以相贈。」子大喜，錄之而出，以草稿示師。師曰：「佳則佳矣，二三場必不相副，奈何？」及入第二場，仍終日無一字。薄暮，内偪如廁，又遇此翁，哀之曰：「尚有以贈我乎？」翁笑曰：「諾。」出之袖中，經文五篇皆具，出以語師，師默然。至三場，又遇翁如前，師曰：「汝今必中式矣。」

榜發果中式，師乃告之曰：「汝所遇者鬼也，天下固無是好人。且第一場既以墨污遭擯斥，再入奚爲？汝於第二場相遇，吾已知其非人。不言者，恐子畏怖耳。汝不奪貧子之妻，固宜有是報，此翁必其父也。」衆以爲然，乃厚贈貧子。後貧子亦成名，兩家往還若姻婭。

姜渭以不娶報未婚妻

泰興姜渭，幼負雋才，工詞賦。李小湖侍郎聯琇督學江蘇時，按試通州，姜以經古冠通屬。姜居之對門有老吏徐某，生三女，皆中下姿。長女年及笄，見姜，悅之，姜亦心屬焉。一日，有間，相約爲夫婦，堅以誓，機不密，頗有知其事者。姜倩人執柯，徐惑於蜚語，不許，且有諷言。姜大怒曰：「吾士人，甘爲若壻者，惟女故耳。不然，豈無大家閨秀，而顧向鴉羣中求鸞鳳哉？雖然，不欲，則已耳。我欲矣，老牸胡能爲？」一日，女與其妹立門外，姜徑前捉其臂。妹遁，女嗔姜佻達，赧然返。徐微聞之，罵曰：「是酸子，欲辱吾女，使通州無問名吾女者，吾寧使女老閨中耳。」乃閉女幽室，不復出。

州小吏某偵其事，豔徐富，求壻徐。徐以憤姜故，徑許某。女聞之，斷裙帶自縊，帶絶，女墮，家人救，得活。徐曰：「汝求死，將背父從所歡耶？」女曰：「然。父舍鳳麟許豚豕，兒寧死。兒誠知違父不孝，私約不貞。然已誤於初矣，儻鮮克有終，將狗彘不食矣。」徐曰：「孩子抝至此乎？然婚以強合，吾恥之。」終不許姜。女曰：「不姜適，誰敢違親！親恤女，終不嫁，可矣。」徐笑諾。女自此閉門誦佛，雖親串，罕覯其面，人亦無與論婚者。

姜聞女求死事，感女甚，益思得之，遂渡江，謁李，李爲薦之浙江學使，校課卷。學使器其才，時與談話。一日，叩其不娶之故，姜詭言幼聘徐氏，以貧故，外舅中悔，女守貞不字，己以不娶報之也。學使義之，曰：「此事，我當任之。」因貽書乞江督札通州牧傳徐至，述督意。徐曰：「無父母之命，媒妁之言，何云聘？未聘，何云悔？一貴一賤，彼甘俯而就，我不甘仰而企，人各有志也。世無我女必令適姜之理，亦無不適姜即罪我之理。兒女婚姻，父主之，部院大人親至，且奈何？」牧不能強，詳督，督復學使，學使以書示姜，歎曰：「命矣夫，先生可勿復拘拘矣。」爲別議婚，姜終不就，竟鬱鬱死。女得耗，大悲，後竟老死。

九公主有夫唱婦隨之樂

文宗之九公主，下嫁某額駙，悉去一切繁文，夫唱婦隨，與普通家庭無以異。宮眷或嘲笑之，不爲意也。

葉潤臣嫁翁覃溪曾孫女

漢陽葉潤臣閣讀在都，聞翁覃溪學士方綱有曾孫女溷跡市中，貧無以度，引爲己女，擇名門子嫁之。

官文忠以婢爲繼室

大學士官文忠公文督湖廣時，有妾，時年甫二十餘。其始爲蜀人竈下婢，久歷磨折，官納之爲妾，嬖之甚，飲食起居，擬於王侯。不數年，立爲嫡室，甚畏之。胡文忠公林翼時方撫鄂，以欲結歡於官，認之爲義妹，令拜母夫人爲母，其後病瘵而卒。

袁忠節贅於薛

桐廬袁忠節公昶少極貧，嘗肄業杭州東城講舍。時掌教爲閩縣高伯平，憐而教之，所學具有師法，又爲之延譽於尊經書院全椒薛慰農山長時雨。慰農乃以兄子妻之，侍御淮生女也，遂贅於薛，居全椒數年。

杜憲英嫁周某

杜憲英，河南人，以勇略著於時。父爲名諸生，藏書數千卷，幼從少林學拳法，技擊絕精。及生憲英，愛之若掌珠，盡以藏書及拳擊進退諸法授之。憲英亦聰穎，自輯古今兵事爲一編，藏之枕中。父病，戒之曰：「吾晚得汝，不及爲汝訂姻事。汝母年老，須自具特識，決可否，百年事重，勿似人間小兒女羞澀不言也。」遂卒。母自外家見兩生，一周一鄭，才品相類，皆內親也。密商於憲英，憲英歎曰：「文武兼備，世罕其人矣。鄭當以文學進，而不能大成。周福較厚，特武功耳。」母曰：「年荒，盜賊四起，武功亦良善。」遂字周。既嫁，伉儷果甚篤也。

陳慰民嫁婢

陳慰民，來安人也。守滁州時，適大雨，遂成水災，鬻女之聲不絕於道，陳遣人購婢三人。一日公暇，至夫人室，見諸婢侍立。陳問曰：「此間樂否？」其二曰：「樂甚。」一悽然泣下，問之，始曰：「我祖爲某科孝廉，父亦諸生，今以孤苦，爲叔所強鬻，是以悲耳。」陳曰：「吾反汝至家，不索身價，願否？」女未及答，夫人曰：「彼既無依，反之，亦終爲叔所掠賣耳。今我膝下無女，不如繼爲螟蛉。」女喜，伏地頓首。夫人乃命之易裝，令婢僕等呼爲梅姑。越二載，府試，有某生，年十七，善屬文，未娶，陳遂以女妻之。

某女欲嫁陸某

常州有女子，佚其姓氏，幼爲父母鬻於妓船。女具絕色，船媪頗珍之。稍長，導以淫，不從，日楚撻之，卒不可。而客之見女者，豔其色，爭啗以利，冀當女意。故雖不薦枕席，而所得纏頭倍他妓。媪以故稍寬之，女亦私有儲蓄，欲陰自爲計矣。

咸豐己未，媪載女至湖州。市人陸某，溫溫然善伺人意，貌亦都雅。女年幼，於世情未閱歷，見之，以爲佳士也，遂與訂婚約。陸去，女白媪曰：「某日，陸郎以銀幣二百來贖兒，兒即辭母去，苟不見許，兒死，於母無益也。」媪知不可奪，諾之。女慮媪中變，遍詣鄰舟，告以故，且言別。至期，陸不至，使招之來，問爽約之故，陸言無貲。女出私蓄銀幣百五十畀之，期於明日來。陸得錢，即赴博場，頃刻而盡。他妓有知其事者，以告女，女猶不信。明日，陸仍不至，使招之，則徒手來。問昨所贈，曰：「罄矣。」女哭失聲，陸乘間亡去，女遂仰藥死。

張翠君以詩得夫

咸、同間，某邑有張姓者，富冠一鄉。有女曰翠君，年十七，美姿容，善詩賦。同里有曹氏子，名璧，聰俊工文詞，年十六，未娶，張頗屬意焉。曹以貧富自量，不敢啓齒。張設塾於家，召璧，使就讀。璧負笈而至，翠於花下窺之，念曰：「得歸此郎，足矣。」張亦默自喜，命璧宿於西軒静室。時值重九，張與塾師登高，璧兀坐書齋，已而牕外閒步，與翠相遇，璧整容前揖，翠亦不避。方敍話，婢報主人回矣，遂各散去。翌日，翠書詞於彩箋，使侍兒投之，中有「赤繩繫足」之句。璧以詩答之，末聯云：「昨夜嫦娥降消息，廣寒已許折高枝。」

一夕，璧獨坐，聞叩門聲，啓視，乃翠也。袖出花箋，上書四絶句，笑曰：「妾效唐人作迴文四時詩，請君改之。」其一爲春：「花枝幾朶紅垂檻，柳樹千絲緑繞堤。鴉鬢兩蟠烏裊裊，徑苔行步印香泥。」其二爲夏：「高梁畫棟棲雙燕，葉展荷錢小疊青。腰細褪裙羅帶緩，銷魂暗淚滴圍屏。」其三爲秋：「明月晚天清皎皎，凜霜晴霧冷悠悠。情傷暗想閒長夜，淚血垂胸鎖恨愁。」其四爲冬：「天冷雪花香墮指，日寒霜粉凍凝腮。懸懸意想空吁氣，夜月閒庭一樹梅。」璧誦畢，大贊之。翠曰：「家君新構別墅，名流題詠甚富，但無作迴文者，請君爲之。」璧亦成四絶，其一云：「東西岸草迷煙淡，近遠汀花逐水流。虹跨短橋横曲徑，石嶙嶙砌路悠悠。」其二云：「牆矮築軒當緑野，樹高連屋近青山。香清散處殘紅落，酒與詩懷遣日閒。」其三云：「溪曲繞村流水碧，小橋斜傍竹居青。啼鳥月落霜天曉，岸泊閒舟兩槳輕。」其四云：「歧路曲盤蛇裊裊，亂山羣舞鳳層層。枝封雪蕊梅依屋，獨坐閒牕夜伴燈。」翠讀之，歎其敏妙，時漏下二鼓，乃各歸就寢。張知之，乃倩媒贅璧爲壻。後遭粵寇之亂，伉儷同殉焉。

孫淇娶盜妹

蘇城孫淇賈於杭，美丰姿。一日，以完娶歸，過太湖，覓船以進。舟子兄弟二人，盜也。有妹，年十七八，美而武。孫登舟，見女少艾，心動，頻目之，女亦目注不已。少頃，舟子赴岸曳縴，舟中惟女與孫。女曰：「子何以視我？」孫婉答之。女曰：「子今夜恐不佳。」以手去板，出白刃示之。孫投地求救，女因問曰：「爾曾娶妻否？」孫答以回蘇完婚，女乃不言。

俄頃，舟子回，少憩，又登岸。孫哭泣求救，女乃問曰：「爾箱有多金否？」孫白以無。女爲設計，謂可佯病呼痛，付匙與舟子，開箱覓藥，冀免禍。迨舟子回舟，孫如其言，舟子開箱，以無藥告，孫自言誤記。二人又登岸，女曰：「子衣服甚華，恐終不免。」因授以刃，使伏暗中，俟其鑽首進，即手刃之。孫雖持刃，而戰栗不已。女乃進艙持刃。移時，其長兄果鑽首進，女手刃之。其次兄聞無聲息，疑孫有備，不敢入，趨至船頭。女躍上篷，持刀刺之，次兄亦死。孫欲逃，女含涕告曰：「事已如此，子將何往？吾當與爾同首官。」因手持一袱，中皆其兄所殺之人髮辮也。見官後，歷言其兄平日兇暴狀，涕泣請死。官既見辮纍纍，又檢查舊案，二人實爲江湖大盜。女雖有殺兄罪，然大盜因此而殄，功不可沒。憫其煢獨無歸，命孫妻之。孫自言有室，且見其手刃二兄，心惴惴。官諄諭再四，命攜女歸。孫之妻家聞之，遂解約，女乃隨孫至家，成夫婦。女事翁姑孝，德性柔順，伉儷亦得，頗以賢婦稱於里中。

胡漢卿娶盜女

胡漢卿，魯人，幼孤，貧甚。寡母蔡率之至母家，母家故富室也。漢卿之衿氏亦寡，有子曰繼宗，延師讀於家，漢卿從之讀。二人皆慧，一目輒數行俱下。繼宗年十八，漢卿年十五，飲食臥起罔弗俱，暱甚。繼宗好勇而躁，嘗毆辱人，漢卿諫曰：「勇力所以衞身，非以害人。兄反之，非保身之道。」繼宗韙之，然弗悛，性尤任俠，惡不平。

邑西有彌陀寺，寺僧法慧淫蕩。有士人妻往禮佛，被污，歸而自經。士人訟之官，僧懼，賄紳士張某求庇。張爲言於官，得弗治。繼宗聞而大怒，私屬其徒至寺，覓法慧，弗得，益怒，聚薪焚之。方燃，法慧至，呼救，鄰人畢集，救之。火息，乃執繼宗而送之官。官素聞繼宗富，無兄弟，大喜。即提鞫，繼宗侃侃述法慧罪狀，且斥官及紳受賄枉法。官大怒，杖而監之。繼宗母大哭，上下營謀，費鉅萬。官紳持之急，慾未饜，卒弗釋。漢卿日夜哭，忽遁去，徧覓弗得。去半月，漢卿寄書曰：「吾以兄事訟之省，未得當，將徧處設法，不報兄，必不復返。」察其書，發自省，急以人往，蹤跡之，不得。而訟事已有成議，破產贖繼宗。既出，繼宗聞漢卿遁，以己故，大哭，亦遁去，往覓漢卿，遺書曰：「不得漢卿，吾亦不復歸。」已而漢卿聞繼宗出，乃回。數日，或報繼宗死於外，舁之歸，有刀傷胸部二處。漢卿大哭曰：「兄以我死，我何生爲！」母恐其復遁，嚴禁，弗俾出。漢卿踰垣遁，方夜半，直入彌陀寺，叩法慧寢門。問爲誰，漢卿曰：「速啓，蔡繼宗案發矣。」法慧皇遽啓門，漢卿出所挾刃猛刺之。卽棄刃，返身奔，亟至張某家，覓得柴室，火之。衆畢集，救滅火。翌日，鞫訟之官，咸指繼宗家，而繼宗已死無人。官忽接書曰：「若以殘慝貪婪治民，而妄刑無辜，亦聞大俠徐某否？不速悛，旦暮且取爾首。」時有大盜徐某者，以義俠聞，所誅殺貪官污吏及無賴輩不可數計。官得書，氣餒，遂弗治。

漢卿之亡也，疾行數十里。天明，達一山，倦甚，藉茵卧。忽有人推之使醒，視之，則偉丈夫也。漢卿跪曰：「長者何人？」曰：「童子，而何爲者？」漢卿曰：「吾倦甚，吾夜行已數十里矣。」曰：「此間多盜，若孤身，不慮刼邪？」漢卿奇之，目灼灼視，未答。曰：「童子，爾毋疑。吾卽盜徐某也，亦聞之否？」於是漢卿長跪大哭，具告所苦。徐怒曰：「吾固聞彼等狼狽，旦暮且誅之，不圖其惡如是之甚。爾年幼，能行大事，能父事我者，必爲爾報仇。」漢卿大喜，跪拜稱父，而慮母衿被累。徐曰：「此都無慮。」俄有一人過，徐耳語之，其人匆匆去。徐挾漢卿行數里，至寨。居久之，漢卿復泣，求報仇。徐曰：「毋躁，微子事，吾亦不渠赦，姑待之。」未幾，有數人至山中，出書示漢卿。漢卿讀之，則母及衿手書也。略謂法慧、張某已授首，大仇盡雪，官以罣誤免，吾亦不能久居於此，已悉售業産，卜居某縣某村，若得請於義父，早圖聚合，實所深盼。漢卿泣謝徐，徐曰：「山澤非子居，子有老母，可速往奉養。吾無子嗣，有女頗慧，與子年相若，可挈之去。吾事敗，彼得弗及，則子之賜也。」呼女出，隨漢卿去。異日往探之，深箐叢密，杳無人矣。

顧秉藻冥婚

華亭顧秉藻幼而慧，父母皆奇愛之。咸豐辛酉，粵寇擾江蘇，與諸昆弟奉其母避於滬，得疾而卒。臨終，牽母衣，請以仲兄子禮樞爲嗣，母泣而許之。無何，母亦卒。及亂定，還里，諸昆弟將如母命，而以秉藻未娶，不得有嗣。適金山錢氏有女，未許嫁而死，與秉藻年相若也。遂媒合之，做迎娶之禮，迎其柩歸，合葬於秉藻之墓。

方某降妻爲妾

咸、同間，署某營都司方某，總兵而加提督銜者也。少爲粵寇所得，投誠後，從征江陰，略一雛女爲妻。詢女家世，父故明經也。美静而能，有大家風範，方甚重之，誓將老於是鄉矣。後以積功故，位漸高，或言女之歸也不正，無以承誥命而肅家人，乃别聘金陵某氏爲妻，而降女爲側室。女即以妾禮事其嫡，無愠色，無怨詞。而大婦卒不能容，誚讓谿刻，女惟背人飲泣，自歎實命不猶耳。未幾，方病卒，女之父至，欲挈以歸，而大婦兄弟輩不可，迫之居金陵，遂鬱鬱以死。

楊利叔成人婚姻

秀水楊利叔在蘇州書局時，一日偶閲市，見一少年哭甚哀，旁立一人與以金，不受。異而問之，少年曰：「吾幼聘某富紳女，彼以我家漸落而悔盟。今遣人持聘金見還，令我作退婚書。謂如不從，則以旬日持三百金來，方爲若婦。」利叔乃詢其里居姓名，語之曰：「子且歸，待我以一旬，庚帖勿還，退婚書勿具，聘金勿受，我姑爲子謀之，成卽幸也。」乃歷叩所交富室門，爲徧醵之，得三百金，持以贈少年，遂畢姻。

以寇亂娶妻致富

同治壬戌，粤寇難作，江南幾無孑遺，徽、寧、池、太等郡男丁百無一二，有婦女隨人不計一文錢而任人選擇者，且有潛藏金葉珠寶於身以購婦而致富者。先是，皖南山多於田，人習懋遷，重商賈，輕稼穡，俗尚奢侈，家蓄貲財，急金銀，緩穀米，歲恆仰給於外，稍歉缺，卽有錢無食。聞寇入境，戀家而不謀遠徙，坐以待斃，老幼男丁，非殺則擄，惟餘一二婦女，無所依歸，故擕其刦掠餘貲，以苟延殘命耳。

寇酋某姬嫁蜀人某

同治甲子，湘軍收復金陵，籍各酋家。某姬色極豔，挾重貲，曾忠襄欲以賞將士，姬言非顯官、才子、年少而美容儀者弗嫁。時蜀人某方筦糧儲，四者皆備，而未娶。姬慕之，遂委身焉。

陳統領嫁朱記室

多忠勇公隆阿自楚率師過荆紫關，召募長夫，有陳童，孤兒也，應募從軍，供炊爨飼馬之役。稍長，頗勇健，久之，得補勇額。每戰必奮勇争先，忠勇愛之，積功保至記名提督巴圖魯，統五營矣。忠勇薨，歷任總督皆委任如故。及左文襄公督陝甘，陳軍駐蘭州。皖人有朱紫光者爲其記室，年少而白皙，陳待之甚厚。一日，招與同卧起，同事者於黎明時見朱自陳帳中出，咸匿笑，以朱爲統領之孌童也。無何，陳之腹彭亨矣，大懼，與朱謀。朱教之言於文襄，取進止。文襄大駭，商之幕府，皆以爲歷歲既久，漫無覺察，且官已至極品，若據實上聞，恐以矇混獲咎，不如使朱娶之，即以朱襲其名位而統領如故。朱於是驟貴，而陳則鬱鬱不得志。朱復不禮陳，陳大怒，遂與朱反目，而自挾貲回陝。朱於是請歸宗，不復姓陳矣。陳居陝省時，其裝束不男不女，常挾三五健兒出郊游獵以爲樂，所生一子亦夭。後不知所終，聞者目之爲花木蘭第二。

易婦而婚

贛省某縣令慈惠愛民，而性拘執。有塾師爲兩家部署婚禮，鄉僻少士人，兩姓婚書，咸出塾師手。甲家以青年娶美婦，乙家則頒白衰翁，偶五十許老嫗耳。塾師書竟，以歸甲乙，既交换矣，始覺其互誤。翁雖老，好色特甚，徒以力薄不能致美婦，聞狀，大喜，以爲天緣，堅持書，不欲更正，遂涉訟。令曰：「老夫女妻，老婦士夫，於經義有合，夫復何悔？」卒強成之。縣故荒陋，無人能救正之也。

呂鳳梧因夢得妻

楚士呂鳳梧游姑蘇，一日泛舟，見他舟一女子，美而豔，來橈去楫，一瞬即過，然思之，盈盈在目也。是夕就枕，夢有人告曰：「舟中人，汝妻也。」呂固未娶，心不能無動，然無可蹤跡，亦姑置之。

明年，呂以貢入成均，遂如京師，偶於琉璃廠見一畫，畫有一女像，酷似舟中人。上有詩云：「新妝宜面出簾來，共數庭花幾朶開。我比敬君差解事，不曾輕去畫齊臺。」呂以青蚨一貫買得之。是歲，以知縣籤分江西，與同官沈某甚相得。沈，蘇人也。一日，至呂齋中，見畫，大驚曰：「此亡婦像，僕所手繪，昔歲在京師，亡一篋，遂失此幀，君得毋於都門市上得之乎？」呂曰：「然則僕曾見君夫人。」因告以吳門舟中相遇事。沈曰：「否，否，吾婦前一年已物故矣。」呂曰：「若然，何相似之甚？」沈曰：「此必吾姨也。吾外舅有二女，面目相同，雖家人不能別之。長者即亡婦，君所見者，其妹也。」呂因以夢中語告，沈曰：「吾姨固待聘，當爲君作蹇脩。」後竟宛轉媒合之。

吳某娶張桂姑

興化張某營米業，有次女，名桂姑，喜讀書，甚慧，十四五時通韻語。有中表周某者，長桂姑一歲，貌甚秀，時與討論詩詞，頗洽，旋請媒媪通意。張嫌其貧，不允，周自此不復來。

未幾，有吴某遣媒爲子求聘。吴家小康，子庸陋，好冶游，張利其貲，許之。既于歸，桂姑不得於夫，乃自號「艮心女史」，蓋隱寓恨字也。女紅而外，間閲《聊齋志異》、《石頭記》以自遣。吴子益游蕩，無何，置一妾。妾恃寵而傲，漸逼桂姑，詬誶時聞，憂鬱益甚，致成瘵。病劇時，周聞之，以戚串故，亦來問疾。桂姑微啓目，遍視室中諸人，及周，長歎一聲而逝。

張文襄續娶王文敏妹

張文襄公之洞視學蜀中時，石夫人已逝，求偶未得。及按臨龍安，王文敏公懿榮之父方爲龍安守，例充提調，辦供張。文襄視帳上畫折枝花卉甚妍，問文巡捕此出誰手。答云：「太守之女所畫。」卽文敏妹也。文襄丐吴仲宣制府振棫貽書於王，求爲繼室。王以文襄興居無節，不卽應。文襄乃丐在都戚友與王有連者再三言之，婚始就。及娶，賢而慧，文襄甚敬之。然亦早逝。

怨耦

杭人有娶婦者，合巹之夜，婦不與同衾，防禦嚴。如是者一月，壻不得近，恨甚。俟婦歸寧，出其衾，與所親者觀之，則以綫密縫，僅容一身。每臥，以足逆入，若蛇之赴蟄者，衆咸異之。外舅外姑知其事，咸勸其女，竟不聽。乃謂其壻曰：「必爾等成婚之日，適值孤辰寡宿，是以如此，當爲爾除別舍，擇吉辰，復行花燭之禮。」壻唯唯而已。會迫歲暮，人事紛紜，亦未遑及也。壻以將度歲，來迎其婦，婦泣涕不肯去，父母強之，乃歸夫家。

是夜，壻入室，婦避燈後，不與語。壻不得已，先就枕，婦則坐以待旦，雖寒甚，不顧也。自是，壻亦惡其婦，屢反目。一日，以小故忿争，壻痛哭竟夕，詳書婦來歸後情狀，揭之大門，竟去，不知所之。鄰比競集，讀其書，有云：「非入空門，即尋死路。」是其生死不可知矣。此豈所謂怨耦者與？

某士娶空中女子

同治庚午三月，紹興南門外自空墜一女，年十七八，貌娟好，問其姓氏，言語不能通，以手示意。索紙筆，即與之，自書爲蜀人，距成都三千里，隨母至田間，忽爲狂風吹入空中，瞬息至此。道旁觀者如堵牆，有一士、一農、一賈，皆欲得之以爲婦。里長聞於官，官命自擇所從，赬顔不對。固強之，乃指爲士者，遂以鼓吹送歸成禮。

岑襄勤與劉武慎聯姻

岑襄勤公毓英與劉武慎公長佑先後同官，敬禮武慎甚至。嘗欲聯姻，武慎以子亡女嫁辭。襄勤曰：「非也，聞公多孫，吾欲以小女字之耳。」武慎曰：「吾與公爲平交，若折行輩，與吾孫爲翁壻，何敢當？」襄勤固請不已，乃允之。襄勤嘗稱武慎官至一品而終身不二色，可謂偉丈夫。武慎之罷官也，襄勤無餘貲，贈以千金，而乞其所乘輿庋之，以志景仰焉。

德宗選后

列聖大婚之選后也，例由太后率皇上御便殿，自擇之。德宗選后時，初屬意於珍嬪、瑾嬪。孝欽后以隆裕后之貌雖亞珍、瑾，而莊重過之，遂定爲后。工書，左手能作大字。

賀某娶雪鴻

淮陽賀某本舊家子，美丰姿，工詞翰。幼聘中表女，以粵寇亂作，流離轉徙，不相聞。賀落魄，游雁門，僦僧寺以居。一日，雪霽，有騶從擁貴人入廟，詢知爲陝西李鎮軍。俄而夫人亦至，有侍婢，其一特慧麗，賀目注神移不能去。頃之，聞夫人呼雪鴻，令上殿爇香。竊喜，伺廊下，且往來遥尾之。地皆沙，玩其足跡，乃畫沙爲詩云：「玉梅花下影姗姗，仙步凌雲自往還。一點靈犀通不得，祇留香印在人間。」李過而見詩，疑之，顧問賀，賀不承。固詰，乃以情告。李雖武夫，而性好風雅，因與論詩，益奇之，延爲記室，且許以雪鴻贈，賀敬諾。挈之至署，具奩嫁之。婚夕，展邦族，則固所聘中表也。喜極，相持而慟。李聞之，亦喜，遂女雪鴻。後賀成進士，官知府。李夫婦老，無子，賀奉養之，終其身。

僧尼結婚

尼庵每爲藏垢納污之藪，要未若江蘇靖江之甚者。靖江尼庵最多，比丘尼與比丘僧公然結婚，發柬請酒，恬不爲怪。諸檀越亦登堂以賀，視爲固然。光緒初，葉某攝縣篆。一日，出署，道遇迎娶者，鼓樂喧闐，儀從甚盛，視最後端坐輿中者，則一禿鶖也，衣大紅袈裟，揚揚有喜色。葉異之，執路人而問，則以僧尼結婚對。葉大怒，回署，立命逮僧尼至，笞而下之於獄。即日，將城廂尼庵三十四所一律封閉，老少女尼百餘口均勒令還俗，蓄髮擇配。其年老無依者，酌予一庵，爲焚修之所，永禁收徒，並申請上臺通飭各縣查禁。一時人心大快。

劫婚

劫婚者，倉猝畢姻，不備禮，而強迫從事也。然亦有先日訂明，而出於彼此之自願者。張阿福，紹興人，寓於杭，自幼聘王氏女爲妻，年三十矣，貧不能娶。女亦年二十有七，其母屢託媒媪趣阿福婚。媪曰：「彼貧，奈何？」母曰：「彼無婚費，我亦無嫁資。無已，其搶親乎？」媪以告阿福，阿福大喜，乃期於某月日糾衆劫女去，母故招集比鄰至，張氏奪女，則合巹已畢，賀客盈門矣。媒媪勸曰：「事已至此，復何言！當令其明日來謝罪也。」母若爲悻悻者而歸。

蘇州葑門内有王七者，與富仁坊巷某姓有連，自其父在時，即呼某姓婦爲乾阿嬭。父卒後，某姓撫育之，視猶子也。婦有一女，與年相若，初意即以爲壻。及王年長，則一流蕩子也，婦乃悔前議，許嫁其女於胥門外某生。娶有日矣，王聞之，糾合無賴少年十餘輩劫其女歸。女至王家，閉門號泣，久之無聲，或自門隙窺之，則雉經矣。破門入，救之，復蘇。女遂絶食求死。事聞於官，官以王劫婚，非禮也，答之百，且諭之曰：「汝謂某姓先曾有婚姻之議，然空言無實據。女既誓死不汝從，汝又何愛焉？男子豈患無婦哉！」乃判某姓婦以銀幣五十畀王，使爲異日婚資，而全曩時撫育之義，女則歸之某生。

楊玉書娶妻多次

楊玉書，字賜賡，四川人。光緒丙子舉於鄉，旋以知縣分發粤東。探知有故官某，巨富而死，遺一女，乃僞爲喪妻者，遂謀娶之。已而居津之外妻偕其母至，楊大窘，乃乘其未至，往説之曰：「上司方督過我，若知我接眷至，必疑我有錢，汝輩宜別僦屋以居。」外妻許之。已而家中妻弟至，已而又有他處所娶之婦至，皆令別居一室。蓋楊誑娶之婦，非一次矣。然楊每日伺候上官外，又須至五處周旋，備極疲乏，未幾遂卒。以勦黎故，得邺典甚優。

賣糕得妻

光緒丙子、丁丑間，直隸大無，有兄嫂二人挈其妹至天津求食，行至紫竹林，日將暮矣，休於道左。有以小車載糕而鬻者，適在其旁，嫂饑欲食，兄乃出錢買糕，夫婦共食之，不與妹。妹旁坐啜泣，賣糕者大不忍，乃推車就女，曰：「糕垂盡矣，值無多，盡以食汝，不責直也。」已而三人皆食畢，兄嫂起，招妹偕行。女曰：「前路茫茫，將安往？往而無食，亦不得生。吾受此人一飽之恩，不如從之去，免爲兄嫂累也。」賣糕者喜，曰：「吾固無妻者，得爲妻，何幸如之。」轉求之兄嫂，兄嫂曰：「既彼此皆願，吾何間焉。」

賣糕者乃以車載女，并招兄嫂至其家。翌日成禮，掃旁舍，居兄嫂。其家固不甚貧，有騾二頭，分一與其兄，使賃於人，食其值。

望空交拜之成婚

北地嚴寒，冬日則水澤腹堅，舟楫不通，雖通洋諸口，不能不停橈以待，謂之封河，若南中則向無是也。光緒丁丑臘月大雪之後，氣候凜冽，河冰厚尺許，來橈去楫，停滯者旬餘。蘇城有某姓子，聘胥門外某氏女爲妻，期於是月初八日迎娶。乃至是而冰雪交阻，將由陸路，則雪深没脛，輿不能行；將由水路，則冰堅如石，舟不能進。兩家父母乃令新郎新婦望空交拜，以應吉時。越七日，而黄姑、織女乃得相見。

李珍誤婚致命

武昌李女士，名珍，其題畫自署曰「濳江女史」，蓋濳江人也。父小峰，以畫花卉名，因以畫法授之。性聰穎，繪事突過其父，求畫者踵接。逮長，富家士流多往求婚，顧小峯性貪鄙，欲結婚宦族，非者，輒謝不許。時有錢塘諸某者，江夏縣諸可權之疏族也。流寓漢陽，年十七，家貧至不能舉炊，有弟兄皆蠢陋。其母聞女名，心計若得爲婦，則舉家可倚以度日，因倩人求婚。小峯大喜，以爲自此可得出入縣署之榮耀，若捐一佐貳雜職，既有章服之榮，又可謀攝美缺，遂許之。

諸將娶而嗇於資，因請改爲贅姻，以錢五十千畀李，爲女服飾及雜用之需。李至此追悔莫及，因託媒氏請諸改爲百千，諸不可。李不得已，諾焉，遂擇期成婚。既婚，女見壻貌寢無能。未及月，隨壻至漢陽，妯娌頗相譴，或憎其貌之寢，或譏其足不纖，而體又弱，不任飪績，則羣笑其惰。未幾，諸促女至武昌，取畫具畫稿歸，冀得畫潤以給家用。女固恚之，而父又以畫由己教授，所得潤資應以泰半歸父，翁壻遂斷斷相争。女至是，既恨父夫之貪鄙，而夫家人咸俗陋難堪，日與相處，若履荆棘，遂忿然曰：「縱以大義責我，我以工藝養夫，足矣。今舉家皆責食於我乎？」乃盡棄繪器，誓不復畫，諸家中人益苦之。日夕之間，詬誶數作，女不能復忍，竟吞生鴉粟膏以死。

徐寶山爲雛妓主婚

光緒初，丹徒徐寶山方以販鹽爲生，嘗至仙女鎮，與其徒游於女閭，肆筵設席。酒闌，忽聞哭聲自內出，亟趨入覘之，則一垂髫雛妓方縛柱受鞭。爲解其縛，鴇母止之，謂：「此豸方習絃索，而未能工，故責之也。」寶山曰：「渠學唱，當使其循序漸進，何遽鞭之？」鴇強辨，寶山怒。瞥見其頸有針刺痕，令弛上衣視之，則黑色之烙痕，紫色之鞭痕，纍纍皆是也。寶山大怒，出手槍，擲几上，召院主至，使與鴇並跪於地而受鞭。其徒鞭之五百，復以刀犂其股者三，院主與鴇不敢呼痛也。事已，命備祀神之物，拽女拜神訖，寶山自端坐，復拽女使拜己，指之而語鴇曰：「此我之義女也，姑寄養於此，飲食起居，毋使纖毫不如意，否則罰。若其體視今爲瘠者，亦罰。敢有侵犯或強使接客，爾輩皆死。」月餘，鴇使院主哀於寶山，願遣女歸。不允。乃以具厚奩嫁良家爲請，始呼其父母至，爲主婚焉。

某氏女尋夫畢姻

阿勝，廣州人，逸其姓，少孤。游於美利堅國之舊金山，善貿易，居六載，積貲頗豐，航海而歸。將締婚，有某氏女及笄，因媒合之。女母聞其豐於貲也，許焉。既又懼其仍遠游也，曰：「吾女豈能相從於海外哉？」故使媒妁索重聘。阿勝鄙之，曰：「賣婚，非禮也，吾何患無妻？」遂已其事，復出游。女聞之，不直其母，竊附海舶至舊金山尋夫。一日，於途中遇之，連呼曰：「阿勝，阿勝。」勝顧之，驚曰：「卿閨中弱質，何爲至此？」女具告之。勝感其義，與俱歸旅舍，成禮焉。

長敍葆亨以子女嫁娶革職

光緒庚辰十一月，以侍郎長敍護理山西巡撫，布政使葆亨於聖祖忌辰爲兒女嫁娶，交部嚴議，皆革職。

張佩綸續娶李文忠女

豐潤張佩綸，以光緒乙酉中法之役督師馬江敗績遣戍，及赦歸，入李文忠公鴻章幕，信用之，倚如左右手。李有疾，張入内候之，忽見案有楷法端麗之詩稿，知爲女公子所作。展視之，中有詠馬關戰事之七律，頗爲張諉過於人者。張且讀，且佯哭曰：「不意佩綸乃獲一知己。」李笑曰：「此小女走筆爲之者，何足道！」張驚起曰：「女公子作耶？此誠佩綸第一知己。佩綸今日且感且慚，直無地自容矣。」乃跪而言曰：「佩綸今方悼亡，願終身事女公子，藉報知己。」李大愕，欲挽之起，則長跪於地，不稍動。李徐曰：「君起耳，此事自有商量之餘地。」張卽以外舅之稱奉李，李不得已，諾之。夫人大怒，責李曰：「吾女何人不可許，乃欲婚於麻子賊配軍乎？」李無言，太息而已。

苗喜鳳嫁被賺女

桐廬義賊苗喜鳳短小有力，能上五丈餘高牆，行城樓，輕捷如猿。嘗行竊江南，過某村，聞小屋有泣聲，陟屋窺之，見西廂殘燈尚炯，一女跪庭中，焚香瓦鼎，泣不可仰，方小語曰：「弟幼家貧，僅老母相依，願減壽增母。無力市藥，請以臂肉和血，爲母起病，求神鑒佑。」言已，出小刀。喜鳳知爲孝女，哀而敬之，捷下中庭。女大驚，欲號，喜鳳搖手，曰：「無恐，今來拯卿，無惡意。」探懷出銀，授之曰：「此三十金，可作醫藥資。數月後，我當復來，幸勿刲股傷身也。」言訖，一躍而逝。女驚定，知遇俠客，乘夜延醫，而母竟不救，女哀毀不欲生。喪葬已，有某戚家憐女煢獨，遣使來迎，女不可。數月後，喜鳳來探，則破屋塵封，杳無人跡，問之鄰，始悉顛末。

先是，女母傭城紳家，女亦時往助母操作，紳子涎女美，出金啗母，欲納爲妾，以有夫辭。公子怒，欲強逼之，母訴於紳，始得免。因以紡織度日，不復至紳家。公子恨未釋，比紳死，女母亦亡，公子乃授計家人，賺女至家，囚之密室。迨夜半，公子來，盡褫女衣，欲污之，女驚叫，則絮塞其口。間不容髮之際，喜鳳以探得女耗，至紳家，聞南樓有呼救聲，疾往覘之，大怒，破窗入，手刃公子，救女出。負女至野，謂之曰：「卿弟何在？可同往吾家避禍。」女告以弟所匿地，喜鳳往覓之，頃刻攜至。次早，僱船同返桐廬。女感甚，而欲委身事之。喜鳳曰：「我豈好色者？救卿復娶卿，人將謂我不義矣。」卒爲女擇一士人，備奩嫁之。女之弟依喜鳳爲活，得成立。

何女嫁尼姑妹

尼姑妹，泉州人。閩俗，往往以尼姑等字爲名，時見之於名刺、書牘，不以爲忤。有尼姑妹者，貌陋，兩足參差不齊，故其履厚薄不一，然猶不能掩其足之長短，終不良於行。少讀書，不甚了解，以買替入庠，益自驕，人咸稱之爲尼姑秀才。

泉州有故家何氏，祖父皆顯宦，某亦副貢，家居爲紳，性迂，諳占卜，所謂文王八卦者，尤自負。有一女，及笄矣，姿態明媚，頗聰穎。某爲之卜壻，初占曰：「當爲秀才婦。」既而曰：「當爲釋氏夫人。」某不解。問字者來，輒曰：「爲縣學生乎？」或曰然，或曰否。必又問曰：「頭禿乎？」蓋自意爲髮稀或爲釋氏之隱語也。聞者瞠目不知所對，怏怏去。既而聞尼姑秀才之名，則大喜曰：「文王之言，不我欺矣。」遂央媒妁，以女歸之。何之婢微諷於女，女曰：「休矣，吾聞庸庸者多福，君幾見禍慝雙修者乎？」既嫁，伉儷甚篤。而何女尤撫弄尼姑妹如嬰兒，尼姑妹甚畏之，事必請命而後行。女私謂其婢曰：「女願爲才子婦，孰若爲愚夫母耶？」聞者笑之。或曰：「福慧自古難雙修，彼世爲才子婦，又欲如何女之福者，徒自苦其不自足耳！」或曰：「爲之母，愚夫何患。」

馬女嫁吳某

山東某邑有鎮焉，約百餘家。馬某有少女幼字於吳，吳行賈十餘年無耗。武生李某，虎而冠者也。聞女美，强委禽焉，馬不敢違。居數月，吳猝歸，且攜多金謁馬。馬喜且駭，商於妻，妻曰：「女歸吳，何以拒李？且吳孤身，不如毒之，金將焉往？」馬然之，出市酒肉，妻呼曰：「市肉必於廣生堂。」廣生堂者，藥店也。女在旁訝之，會隣家火，妻出視，女急呼吳曰：「可速走，吾父母將毒汝。」吳曰：「天下多美婦人，不遠千里者，爲卿耳，捨卿去，不如死。」女曰：「然則偕亡耳。」遂開後户，攜金之半遁，而自成婚焉。

攝政王娶榮文忠女爲福晉

監國攝政王載灃當未婚時，頗屬意於江蘇巡撫奎俊之女，第以拳亂方熾，不敢以瑣事啓奏。蓋近支皇族嫁娶，例由太后指婚也。光緒庚子，兩宮西幸，王後至。孝欽后召見時，謂：「途中見榮禄女甚好，可與爾作伐。」王不敢逆懿旨，遂定婚焉。

曾伯爵不再娶

義夫曾伯爵，蜀南筠邑人。家殷實，年未壯而悼亡，誓不再娶。戚族或勸之，毅然拒之，曰：「娶，爲宗祧耳。余有嗣矣，何娶爲？」或疑其有狹斜行，乃經營商業，挾巨資歷京滬及通都大邑，雖楚館秦樓，歌筵徵逐，而守身固如玉也。年六十餘卒。子名肇坤，字次乾，以明經官永寧學正。光緒朝，爲伯爵請旌，於筠建義夫祠，建坊以誌不朽。

楊重雅選孫壻

德興楊靖伯中丞重雅撫廣西時，張建勛方爲諸生，應書院試，屢列高等。中丞奇賞之，嘗召入節署，與文讌。既謂其長子婦曰：「張秀才温文爾雅，前程未可量。若有女，曷以妻之？」長婦曰：「張乃某街糕餅肆子也，奈何以中丞孫偶餅師兒乎？」中丞乃繩張於次子婦，次婦曰：「翁謂可壻，即壻之耳，何敢違？」遂贅以女。楊氏子姓皆鄙侮之，張頗不能堪，中丞因資以金使歸。及光緒己丑，張以一甲第一人及第，而中丞已歸道山，不及見矣。中丞長子婦之女後適黄縣賈文端公楨家。其壻名位皆不顯，且夫婦俱早卒。張，字季端，臨桂人，後爲學使。

周平欲代子婚

句容農人周平早喪妻，勤儉自持，頗有儲蓄，遺一子，名壽，提攜撫育，年逾二十矣，爲之文定王氏女。及迎娶，新婦彩輿至，壽亦肅衣冠而出。將行結婚禮，平忽揮壽使退，口中呶呶自言曰：「老夫數十年辛勤，乃令彼先享此樂耶？」遂並新婦立，欲交拜。來賓聞之，亟曳之入内，婚禮始成。

愛女配癡兒

光緒中葉，協揆某夫人某氏，善詩文，工書法，所書某鉅公墓誌銘拓本，端楷大寸半許，結搆謹嚴，不類閨人手筆，撰文者卽協揆也，藝林目爲雙璧。其長公子癡甚，年及冠，猶無人與論婚，協揆夫婦頗憂之。適甘肅臬使某罷官歸，營謀起復，欲結協揆爲内援，自請以愛女爲子婦。協揆喜，卽促夫人挈子返里成婚。越三日，夫人詗諸婢媪，皆言新婦雖夜夜與公子同寢，似未嘗有所事。夫人自是屢以言諷女，女但微哂。一夕，公子忽自洞房排闥出，奔赴母所，大聲呼母曰：「新婦惡作劇，頃褫我衷衣，又壓坐我身。」婢媪皆匿笑，夫人叱公子去。自是女雖強顔爲笑，然歸寧，輒雙淚汍瀾。未幾，竟死。而某臬使仍待罪家居。

閻錫齡子娶木商女

光緒己亥，某道監察御史閻錫齡，山右人，爲子娶木商女。女曾認某福晉爲義母，迎娶日，妝奩多至百餘起，璀璨耀目，半爲福晉所贈，遠近爭羨豔之。壬寅，兩宮回鑾，張文達公百熙爲總憲，僦居中城，聞人言閻事，乃疏劾之，謂其巧於鑽營。閻落職，僑京師，以書畫自給。然其人實謹厚一流，爲子議婚時，木商女甫二齡，初不知其異時之母福晉也。

載濤娶崇禮女

滿洲、漢軍旗人之通婚，爲門第所限，而漢軍旗女指婚與近支王子爲福晉，郡主、鄉主下嫁於漢軍旗者，從無所聞。光緒朝，漢軍崇禮之女公子由孝欽后指婚，與貝勒載濤爲福晉，誠異數也。

王文勤續娶

杭州某閨秀壯而未有家，生平矢志非極品大員不嫁也。職是桃夭梅摽，芳期屢愆。迨後，仁和相國王文勤公文韶由樞相告歸，有續膠之舉，竟如願相償焉。文勤曾蒙賞用紫韁，結褵日，其公子某先意承歡，備極優禮，綵輿八座，特換紫韁，其他鹵簿稱是。旁觀者咸嘖嘖稱羨，新夫人尤躊躇滿志焉。

王崇烈續娶陳孺雲

王文敏公次子崇烈之繼室爲陳代卿之第二女孺雲。光緒己亥八月，既婚，至京師，文敏見之，極稱其淵源家學也。居京師二月，命隨崇烈需次於天津，既又令畫《伏生授經圖》，文敏大喜，謂不特畫非凡筆，卽書法，吾兒亦當讓婦出一頭地也。孺雲十餘齡時，父母將爲之擇壻，孺雲微聞之，語其姊曰：「兒女同受父母鞠育，女大則嫁，吾不堪也。願長依膝下，不遠離。」因涕泣不止，議遂寢。既長，文敏爲崇烈求婚，姊承父母意，語之曰：「女生有家，古有明訓。生女不爲計終身，親心何以慰乎？」孺雲曰：「父母命不敢違，顧依侍二十年，一旦置之數百里外，不復相顧，可乎？」姊慰之曰：「山東、天津，壤地相接，往返易耳，勿慮也。」其母送之北上，既成禮，母又送之津門。將返，母謂女曰：「吾聞汝翁甚稱汝善事翁姑，和妯娌，又言汝慧心如此，若得翁教汝讀書，其成就當突過文苑通人，無論女子。及至津，見汝夫婦靜好，有踰賓友，撫前室子女如己出，汝如此，吾心慰矣。」

孫寶琦女於王邸

光緒時，山東巡撫孫寶琦以女嫁慶親王奕劻之子爲婦，漢人之聯姻皇族者，此爲僅見。孫，字慕韓，浙江錢塘人。

太監娶宮女

李榮爲宮內太監，居積甚富。光緒朝，在宮服役，卽與宮女游承瀛結爲夫婦。後遂相繼出宮，而居室焉。

陳錦心嫁畢國華

陳錦心，宛平世家女。錦有伯母畢，工針黹，光緒中葉，曾蒙孝欽后召入內廷，派充供奉，教習宮嬪。錦心從畢習女紅，畢有猶子國華，見錦心愛之，丐畢作冰人，一言而成。時錦心年十八，國華少一歲，方肄業武備學校。國華家天津，有田千畝，肆數所。姻事成，國華約俟畢業始婚。無何，拳匪事起，津門擾攘，國華爲拳所略。亂平，而無耗，有言國華已死者。錦心聞之，暈絕。父母欲令更字，錦心曰：「君子之交，死生不渝，朋友且如此，矧已字人之婦耶？兒欲過門守志，以全貞焉。」父乃令女之友及戚族婉言譬喻，終弗獲，於是令人告之畢宅。畢宅大驚，擇日迎女過門。

是日，女服吉服，抱國華之木主行婚禮。禮畢，卽易素服，矢志柏舟，二年矣。一日，有客登門，翁姑出見，皆大歡喜，小姑奔入曰：「嫂，哥歸矣。我家哥哥蓋未死，速出見，速出見。」言未已，翁姑引一人入，其人見女素服，抱而大哭，視之，國華也。蓋國華爲拳匪所擄，迫之司會計，不一月而大沽失守，外兵入京，匪分隊四散，國華被脅出山海關，流徙至奉天，又至黑龍江，積二年之久，始得歸。於是舉家大喜，擇日與錦心成婚。

祝春海再世夫婦

重慶祝春海孝廉生而能言，八歲盡十三經，九歲游庠，十四舉於鄉。父母欲爲論婚，堅不願，固詰之，曰：「兒前身爲山左荷澤丁時鄉也。年十八，以刻苦力學，嘔血死。妻真氏，年十七，世家女，美而賢，臨死，誓來生仍爲夫婦。今兒臂上朱痣，即妻所志也。」父母驚駭，久之，曰：「果爾，妻年將倍於汝，且世家女安肯再適。」祝曰：「姑探之，不諧，當再議。」父母未能強，聽之。明年春，入都，應禮部試，紆道山左，謁其前生母，述往事，皆合。真避不出見，令婢持一函以詢之，祝乃於函之封面大書「願矢來生仍爲夫婦」八字付之，蓋果丁臨終時所手書之八字付之以爲證也。真乃大哭，祝旋丐冰人爲之媒合，真允之，遂爲夫婦如初。真年之長雖近倍，望之猶二十許人。祝著有《兩世緣傳奇》。

應素娟吟詩得夫

端忠愍公方撫蘇時，有丐婦蓬首垢面，詣轅請謁，自云本鳳翔大家閨秀，以水沒廬舍，父母諸兄俱溺死，孤身獨存，乞食至吳門，日得一餐之後，再不復食，因念中丞長者，故請有所賜給。端深疑之，命左右給紙筆，使自述。婦把筆成詩云：「蕭條行李此經過，只爲天災受折磨。踏破繡鞋埋雨濘，拖殘雲鬟入風波。沿門乞食推恩少，掩面求人忍辱多。遥念故鄉何處是，夕陽回首淚滂沱。」末書「難女應素娟拭淚作」，持紙呈閱，端深歎賞之。時飲馬橋士人黃幹，多才而新鰥，端命以配素娟，自製賀詞以寵之。

伶人同姓爲婚

伶人之同姓爲婚者頗多，張芷芳娶張二奎之女，陸小芬娶陸翠香之女，意殆謂同姓不同宗，婚覯無礙也。或謂孫心蘭與孫八十兩家亦有秦晉之好。

票友與伶人結姻婭

非自幼習戲至中年而始爲伶者，曰票友，許處、龔處、德處等皆是也。窮而售技，遂與伶人結姻婭，許處、德處皆以女嫁譚鑫培之子，張毓庭娶李順亭之女，王又宸娶譚鑫培之女。

恩曉峯嫁姜春桂

恩曉峯，京旗人，爲某相孫女，家故素封，其父行皆有周郎癖，暇輒弄絃索以爲樂。曉峯固聰慧，輒自屏後記其節奏，於闈中肄習之，似小叫天，惟嗓音較小，然曲折幽怨，雖巫峽猿啼，衡陽鶴唳，不能過也。光緒壬寅，始至津奏伎，稱一時獨步。兼唱武生，如《落馬湖》等齣，亦不落凡響。汪笑儂排《戲迷傳》，伶界皆展轉仿效，津門能此曲者，曰麒麟童、小桂芬。顧二伶喉皆瘖，不盡善，其能如初寫《黄庭》恰到好處者，曉峯而已。丹桂閉，曉峯遂南下，旋嫁姜春桂。姜初爲下天仙小生，自得曉峯後，月俸千金，遂安坐而食，不復操故業矣。

畫姻緣

南海朱星工六法，繪仕女尤精絕，人爭寶之。里女金翠芬亦善此，能吟詠，覩朱畫，輒歎曰：「得此郎嫁之，足矣。」家藏朱畫至夥，輒就其端，題以絶句，日夕自誦之。父以其及笄，將受王氏聘。翠芬聞之，絶粒食者二日，旋以一詩呈父。父令其母探意，翠芬不語，母遂辭王聘。時朱亦未婚，翠芬乃賦百韻詩寄之。朱賦詩以答，丐人爲媒，遂諧伉儷。及成婚，時有倡和，里人美之，謂之曰畫姻緣。

朱吉甫擇壻有約法

朱吉甫，光、宣間人。性奇僻，無子，有女二：曰婉珍，曰婉明。婉珍柔順靜穆，婉明性豪爽，處分家務，裕如也。然朱不之喜，曰：「女子無才便是德，是亦才也。」朱無子，擇壻苛，媒至，不待陳詞，輒止之，曰：「若姑弗言，試語若以三章約法：家不必富有，而歲人須逾萬金；才不必倚馬，而科名必一榜；行不必聖賢，然狂士，吾深惡也。」於是媒謝曰：「先生休矣。以先生門望，非此，誠不中乘龍選，僕不敏，惡足以知之？請弗復言媒事。」朱妻王氏，初頗贊其議當，然自此，媒妁絶跡於門，王知朱之議不可行，乃怒曰：「老匹夫寶藏兩女，將令以丫髻老邪？」而朱執拗，有王介甫風，亦大怒，遂無日不有訢誶聲。朱益厭苦之，因析其家爲二，而自居大廈，以小屋舍王，又曰：「珍兒，吾所愛，可留。婉明類母，吾滋弗願見，可隨去。」珍兒乃自歎曰：「阿妹得所矣。」

李方與拍爾利離婚

歐化東漸，競事獵取，而國際婚姻一語，尤爲留學青年所豔羡，望風附和，接跡國中。大理院推事李方者，當留學英國時，嘗娶英女拍爾利爲妻，旋以不愿，呈請離婚。茲録其原呈如下：「具呈大理院推事李方，遣抱家人李興，爲呈請咨行事。竊職係廣東長樂縣人，自幼留學英國，於光緒二十五年，在甘別立與英國人拍爾利結婚，三十一年畢業回國，遂將拍爾利帶回。現因拍爾利不守婦道，復於三十四年獨回英國，至今不歸，並來信言伊不歸，實係彼此情願離異。爲此理合取具同鄉京官印結，並拍爾利親筆來信，一併呈請尹堂大人查核，照例咨行外務部，轉咨英國公使館辦理，伏乞准予施行。」

官媒掌擇堂發配之事

官媒爲婦人之充官役者。舊例：各地方官遇發堂擇配之婦女，皆交其執行，故稱官媒。兼看管女犯之罪輕者，如斬絞監候婦女，秋審解勘經過地方，俱派撥官媒伴送。

清稗類鈔

門閥類

族長

合族之法，因其地而異。山西尉遲氏，自唐至今，未嘗分家。其法：於族中選有才行者爲族長，有事則至宗祠理之。有公案，有鈐記，凡族中事，皆聽其一言爲進止，無敢違。繼任者即由前族長自舉，他人不得干預。既舉，定三日受事。又蘇州范氏爲文正公後裔，巨族也。向推一人爲族長，設公案，聽斷一族之事。有鈐記，死或他故，則更以鈐記授後任。交替時必著公服，一若官之受代者然。

連江黄氏六世同居

黄成富者，連江農家子也，六世同居，男女六十餘，雍睦無間言，子弟各執其業。每出作田間，衆婦俱往，留一婦視家，卧兒於篋，飢則乳之，不問爲誰兒也。懸衣於桁，出則脱之，入則衣之，垢則澣之，不問爲誰衣也。遇客至，供具飲食，家長主之，家中不聞有争言。

九經孟家

山東章邱有九經孟家者，其家法：祖遺産業不得分析。每添男丁，由族長月致所應得之錢。婦喪夫者，必先問其志願，若欲嫁，則備奩具一份，由族中爲擇大家嫁之；若經三年不嫁，則贈以鴉片烟具一份，吸否亦聽之，月致金如故。男子令識字，讀《四書》，取粗通文字，不令作帖括，惟許武試，然亦得武舉而止。倘必欲仕宦者，亦聽其自由，惟不得分金。族人有小過由族斷之，犯大惡，即令出族而聽官處置。

崑山鉅族

崑山鉅族，明時推戴、葉、王、顧、李五姓，迨入本朝，則徐氏兄弟貴，而前此五姓少衰矣。邑人因爲之語曰：「帶葉黄瓜李，不如一個大荸薺。」以「帶」音同「戴」，「黄」音近「王」，「瓜」音轉「顧」，「薺」音近「徐」故也。

萬氏門風之雄

萬履安，名泰，充宗、季野父也。舉明崇禎丙子鄉試，入國朝，服道士服，隱居不出，文行爲通國模楷。有子八人，師事餘姚黄梨洲，各執一藝，務令精熟。梨洲嘗歎曰：「浙東門風之雄，莫過萬氏。」八子名斯年、斯程、斯禎、斯昌、斯選、斯大、斯構、斯同，世稱萬氏八龍。斯同名最高，崑山徐氏之《讀禮通考》，華亭王氏之《横雲史稿》，皆其所著，而爲徐、王所攘也。其解經論史之書，未經刊布者尚多。斯選，字公擇。沈潛理窟，師法梨洲，兼紹蕺山、陽明之緒。年六十卒，梨洲哭之慟，曰：「甬上從遊，能振蕺山之絶學，公擇一人而已。」斯大，字充宗。志操介持，邃於《春秋》之禮學，明張忠烈公煌言及父執陸符死，充宗皆持服葬之。李杲堂鄴嗣嘗言：「説經無雙，名擅八龍，昔有慈明，今見充宗。」斯構，字允誠。明劉宗周殉難，其遺書皆允誠爲之藏寄，全謝山稱爲蕺山之功臣。斯年，字祖繩。少從錢忠節公學，俄逢喪亂，劍戟弧矢，徧於城市，讀書不輟。既而避地屢遷，家具盡棄，悉載書卷以行。晚歲主教桃源書院，隨學者資性分經授之，由是來就者日衆。祖繩於二黨皆恩有意，忠節死海外，收其文集，爲之立嗣。斯程立學攻醫，當黄宗炎行刑日，父泰與高斗魁等畫策，潛載死囚代之，負宗炎冥行十里者，斯程也。斯禎，字正符。孝友性成，精研《周易》，旁治《毛詩》、《春秋》，書宗北海，詩有風人之致。斯昌負才早歿。

西林覺羅仕宦之盛

滿洲西林覺羅氏，自步軍統領鄂拜曾官祭酒後，鄂拜姪鄂爾奇、姪孫鄂容安、玄孫潤祥，皆相繼長成均。潤祥字補臣，有《四世司成》詩卷。西林氏自從龍入關，重侯累相，武達文通，在豐沛故家中，遺澤最遠。第一輩：福倫，一等男爵；鐵寶，副都統兼一等男爵；鄂爾泰，大學士一等襄勤伯。第二輩：天保，襲一等男；烏金，內閣學士禮部侍郎；鄂實，副都統，征葉爾羌陣亡，謚果壯；鄂容安，進士，官至兩江總督，征伊犂陣亡，謚剛烈。第三輩：鄂岳，散秩大臣一等伯；鄂津，伊犂領隊大臣。其餘中外一二品官不可勝紀，如後之盛京將軍都興阿，察哈爾都統三等男爵勇毅公西凌阿，江寧將軍穆騰阿，皆其族也。

范氏四世顯貴

漢軍范文肅公文程，首建入關之議，贊襄洪業，爵爲宗臣，列祖呼爲老祕書。文肅子爲忠貞公承謨、尚書承勳、侍郎承烈，孫爲總督時崇、侍郎時紀、尚書時綬、都統時捷，曾孫爲尚書宜恆，皆著名績。

陳氏一門九列

陳文簡公娶長洲宋文恪公女。康熙間，文簡由吏部侍郎巡撫廣西，賓客入賀，宋夫人獨愀然不悦者累日，曰：「一門羣從，咸列清華，我夫子乃出爲粗官，令我慚顏於娣姒矣。」蓋其時陳氏一門，宗伯清恪公、司空文和公、丙齋司寇、匏廬少宗伯，皆官九列，而夫人之姊妹夫太倉王相國、海寧顧侍郎、合肥李宫詹、長洲繆宫贊，亦同時以巍科清秩，比踵朝端，故夫人云然也。

安溪李氏功業

國初，功業之隆莫若安溪李氏，而族中尤以李文貞公光地爲最。文貞初生，族人即以偉器期之，然忌者亦時時有毁聲。族中某，與劇盗李金梁通，密糾黨與，據祠宇爲巢穴，且時與文貞父兆慶爲難。金梁以距城遠，四路通達，便於遁徙，欣然從之。盗入李祠後，知爲族某所爲，因集族衆善爲辭謝。時文貞方九齡，隨其父立稠人中，金梁適見之，趨摩其頂而愛之，笑謂兆慶曰：「我遷此，本無去意，今觀此孩好骨相，倘讓我，我便率衆去，永不相犯。」兆慶訝其言不類，正詫異間，而族衆乃慫兆慶許之，曰：「舍一兒以保一族，即此子他日貴達，仍當復歸生我，奈何不通權以濟變乎？」兆慶無計，姑以問文貞，文貞謂惟父所命。盗躍起曰：「公子言如此，事諧矣。」於是爇紅燭，設厚宴，讌文貞父子及其族人。族人即強兆慶領文貞行父子禮，時金梁與其婦已高坐廳事，下鋪紅氍毹矣。兆慶無奈行之。金梁受禮後，復出其所生子與文貞相見。盗子少文貞僅一歲，亦白皙文雅，不類緑林所産。酒闌，金梁命從者以肩輿送兆慶歸，留文貞偕返故地，與其子伴讀，並令文貞此後同以父稱，弗從，盗曰：「翁在已從，何忽改也？」曰：「父在從父，不在奚從？」金梁怒，閉之暗室，日給一餐，使人覘之，文貞殊無苦。如是餓凍殘虐者十數日，而恬静如恆，若弗覺也。其婦謂盗曰：「我相此子骨幹厚，福命不淺，一切困苦，人固不忍，天亦不容，盍招其翁來，領之歸，即以我子寄養。諺云：『没有強盗活八十。』假有不幸，我子以同族關繫，或可藉延一線，春秋超薦，若敖之鬼，其不餒爾也。」金梁然其説。越日，以柬延兆慶來，領還文貞，末以撫領已子諄諄懇請，翁慨諾之。不數日，金粱卽統衆盜去。頻年秋末，胥有金餽兆慶，報撫子之德，兆慶皆峻却，一介弗受。未幾，金粱以案發伏誅，時文貞已得科名，曳朱紫矣。盜子以附文貞故，得免於禍，遂亦以安溪世其家。迄今安溪李族，其譜系中有另支附後者，卽盜裔也。

杭州宦族

杭州閥閱，徐氏之外則有汪氏。汪氏在乾、嘉間極清華之盛，而學術亦一郡翹楚也。次爲許氏。許氏世居横河橋，其先有爲粤督幕僚者，以平一大獄，活千餘人，自知當大其門，厥後果科第赫奕，一榜眼，一傳臚，其門嘗懸七子登科額。至爲幕僚者，卽學字輩之先德，嘗以「學乃身之寶，儒爲席上珍」十字爲子孫命名次第。尚書乃普、巡撫乃釗，其第二輩也。尚書庚身，其第三輩也。之、寶二字輩寡顯者，然科第未嘗絶。其有留居番禺者，後亦顯貴，尚書應騤、布政應鏶是也。次爲吴氏。兩世宦蜀，而子修提學慶坻，烔齋侍講士鑑，父子入詞林。次爲高氏。高氏世居雙陳巷，科名亦盛。家素封，好施，治家有法，自乾隆至宣統，家業未嘗稍替也。

杭州徐氏

杭州徐氏，自康熙間文敬、文穆父子以科甲起家後，冠蓋相望，名德清門，著稱於浙。文敬公名潮，官至吏部尚書。文穆公名本，官至東閣大學士。文穆有弟杞，則任西安巡撫；有子以烜，則任内閣學士。他如翼燕、景憙、紹堂、紹基、昺、暐，亦皆奮迹科第，餘不悉數。且有以異途進者，如承恩之以監生官安徽巡撫，尤爲當時所僅見。及經咸、同兵燹以後，户口既希，科第亦稍替，僅有印香舍人名恩綬、花農侍郎名琪兩叔姪及舍人之子仲可名珂者，登第未久，而且廢科舉矣。至其前於文敬、文穆而爲士林所宗仰者，則曰元薦，以處州府教授分校福建辛酉鄉試，信爲同考官中之向所罕有者也。

父子祖孫宰相

本朝父子調羹之盛者，指不勝屈，如阿文端公蘭泰子爲傅文恭公明安，阿文勤公克敦子爲阿文成公桂，張文端公英子爲文和公廷玉，劉文正公統勳子爲文清公墉，皆父子宰相。馬文穆公齊姪爲傅文忠公恆，文忠子爲福文襄王康安；高文良公斌子爲高文端公晉，文端子爲參政公書麟；温文端公達孫爲温相國福，福子相國伯勒保；尹文恪公泰子爲文端公繼善，孫爲相國慶桂：皆三代持衡，爲昇平良佐也。

兄弟子姪宰相

東武陳氏，爲一邑鉅族。康熙朝，實齋相國清恪公以科第起家，其弟文洵，子文勤，相繼入閣。故時諺有「一門三閣老，五部六尚書」之稱。

文勤爲清恪側室所生。文勤通籍，生母尚未貤封卽謝世，以側室不得由正門出喪，雖文勤力争，未能通融允行。最後文勤乃言曰：「將來我死，應由何門出喪？」家人咸云必出正門無疑。文勤乃躍登母柩，堅卧不起，卒由正門而出。文勤生母棄養時，清恪夫婦久已安葬。是以文勤爲其生母别卜牛眠，第有母不可無父，因又爲清恪公鑄一金像，具衣冠，合葬於城東鄉之三水橋，俗稱爲金爺坟。

世爲河督

父子爲河督者：乾隆朝錢塘吴嗣爵、嘉慶朝子大學士璥。乾隆朝錢塘姚立德、道光朝子祖同復署總河。三世爲河督者：雍正朝無錫相國稽文敏公曾筠、乾隆朝文敏子相國文恭公璜、嘉慶朝文敏公姪孫二泉承志。乾隆朝漢軍李宏、子奉翰，嘉慶朝奉翰子亨特復任。叔姪爲河督者：雍正朝長白相國高文定公斌，乾隆朝文定姪相國文端公晉。

父子同官

王文靖公熙以順治丁酉擢弘文院學士。時文靖父文貞公崇簡適任國史館學士。世祖曰：「父子同官，古今所少，以爾誠恪，特加此恩。」

曾李一門節鉞

同、光間，漢人之一門節鉞者，以湘鄉曾氏、合肥李氏爲最。曾氏則文正公國藩、忠襄公國荃，李氏則筱荃制軍瀚章、文忠公鴻章而外，又有猶子經羲。

端方家世

端方爲托活絡氏，家世貴盛。其伯父正色立朝，有聲同、光間，卽內務府大臣桂清也。桂於同治中任內務府大臣，能以法制裁抑近倖，羣小側目，爭齮齕之，乃謝病去。其同列文錫、貴寶，始導穆宗微行，竟遇疾上仙。光緒初，某御史上疏，言：「上方初政，內府爲本原之地，當遠小人，親君子。小人謂誰？則文錫、貴寶是。君子謂誰？則前任大臣桂清是。」其疏一出，傳誦徧都下，孝貞、孝欽兩后乃褫文、貴二人職，而温旨起用桂。卒稱病不出，人益高之。端藉其餘廕，弱冠後，起家乙科，納貲爲郎，分工部。六曹風氣，惟工部最腐敗，以所司無關軍國要計，滿洲世祿子弟趨之若歸壑，車馬衣服酒食徵逐之外，無他好也。端在部，獨以博聞彊記、踔厲風發冠其曹列，不數載，遂躐登清檔房總辦。工部優差，皆遍歷之，當時輦下爲之語曰：「六部三司官，大榮小那端老四。」大榮爲浙江布政使榮銓，小那爲大學士那桐也。光緒戊戌之夏，端以京察一等，簡權霸昌道。於時德宗發憤變法，百廢俱興，端適以其時上疏，言考工事，上得疏，大稱賞，乃設農工商總局於京師，俾端領其事，開去道缺，加三品卿銜。同列二人，則吳京卿懋鼎、徐京卿建寅也。開局未幾，卽有八月之變，總局旋撤銷，端危疑甚，旋以他事獲解。自後，孝欽后意始大愜，命以臬司候簡。未幾，授陝西按察使以出。

彭氏甲科傳家

蘇州彭氏有南畇者，以孝友稱。其孫大司馬某復中魁，祖孫狀元，世所希見。司馬之子紹觀、紹升、紹咸，孫希鄭、希洛、希曾，曾孫藴輝，皆成進士。科目之盛，爲當代冠。

同祖兄弟三十一人應試

桐城姚元之嘗於嘉慶朝奉命督學浙中，按部湖州，歲試烏程。鈕氏廩增附與試者三十一人，皆同祖兄弟也。姚問送考教官何如此之盛，答曰：「除已登科出仕者外，本年大魁及拔貢入都朝考，皆同祖者。」因問究有若干人，答曰八十餘。其祖生子八人，子之子或十餘，或八九或七八不等。

兄弟翰林

灌陽唐氏薇卿名景崧，文簡公名景崇，禹卿名景崶，當同治朝，同懷昆季，先後入翰林。其封翁懋功猶應禮部試屢下第，輒憤懑無已。每值考試試差，封翁設几於門而坐焉，尼公子輩毋許赴試，恐其分校會闈，親父須迴避也。未幾，遇覃恩，膺誥命，封翁則盛怒，凡膺封誥者，毋得鄉、會試。索大杖杖三太史，亟走避，並浼鄉人數輩爲之再三緩頰，廑乃得免。

裴氏兩世以貲郎致貴

曲沃裴徫度由附貢捐納主事，雍正間，官至江西巡撫。子宗錫，由監生捐納同知，乾隆間，歷撫安徽、雲南、貴州。兩世均以貲進也。

阮文達門聯

阮文達公元退歸後，初署門聯曰：「三朝閣老，一代偉人。」下句蓋敬録天語，非自誇也。然文達終恐涉於炫耀，遂改對語爲「九省疆臣」。

珠子王家

京師隆福寺，每月九日百貨雲集，謂之廟會。有王翁攜十歲幼孫往遊，孫見一紫檀界尺，愛之，強翁買歸玩弄。偶擊几上，劃然一小抽屜脱出，中藏東珠十枚。翁狂喜，驟獲珠價，加以營殖，遂成巨室，都人呼爲珠子王家。

金頭朱家

無錫朱氏，先世業農，偶掘地，得一人頭，乃金所鑄成，不知何代物也。古時武臣效命疆場，或喪其元，往往以重寶爲首，配合軀體禮葬，鑄金琢玉皆有之，朱氏所得其殆是耶？朱氏因居積致富，族姓蓁蕃，號爲金頭朱家。

吴氏各房輪值典當

江西豐城白馬岩吴家，其所開典當之帳簿，以千字文編號，每月用一字。凡用千字文一周，則必大設酒食，請族人及諸司事會飲，已二百數十年矣。蓋吴氏祖制：凡當，皆不得分析，每房以次輪值一月，周而復始。值月者以時促，不能虧空作弊，故久存也。

史可法孫

《明史》可法殉節時尚無子，遺命以副將史德爲之後。及雍正初，聊城鄧東長宗伯督學江左，時有童生年四十餘，視其卷，署祖名可法，詢之，即其孫也。蓋督師赴揚，寄孥白下，有孕妾，滄桑後生一子，延史氏之脈，因家焉。鄧遍詢諸老生，對無異詞，閱其文，疵纇百出。鄧曰：「是不可以文論。」録之邑庠，而刻石署壁，以記其事，是史閣部固有孫矣。

宋王之後

宋荔裳卒後，止一幼女，祝髮中山爲尼，名道啓。王漁洋裔孫某，當嘉、道間在新城縣署爲皂隸。南昌諸生尚鎔賦詩哀之曰：「當年赤幟樹騷壇，寶樹盈庭尚可觀。名盛久如明七子，孫微今似魯三桓。誰將斐豹丹書爇，曾使華泉後裔安。寒食不須頻上墓，鶴歸華表恨漫漫。」

江焦之後

江慎修名永，婺源大儒也。其居處名江灣，地極秀異，而其裔設豆腐店。焦里堂名循，甘泉大儒也，其後人亦以賣餅爲生。或云此亦公羊賣餅家。

熊賜履無子

熊文端公賜履，漢陽人。相聖祖先後幾三十年，忠清剛介，崇尚理學，號爲賢相。薨時，家無儋石，賴族人本立治喪，始葬。暮年，始生子，名志契，文端甚鍾愛之，然才智庸劣，幼失怙恃，無訓迪，目不識丁。聖祖眷念舊輔，召見志契，欲賜科目，問曰：「汝何所慕？」志契童騃，遽曰：「我欲策蹇驢遊都市中。」上嗟嘆曰：「賜履無子矣。」因命歸。乾隆甲子，授翰林院孔目，命上駟院賜驢一頭，以遂其志。志契官四十餘年，以孔目終其身，丙午始卒，年七十餘。

福康安後嗣不振

福康安薨，封郡王，其子德麟，襲封貝勒，吸鴉片，日在京師南城娼家住宿。白晝貪睡，屢誤差使，仁宗命內侍在乾清門外痛打八十對頭板逐出內廷，終於淫蕩而死。孫慶敏，襲封貝子，亦游蕩，吸鴉片，奉旨革去職任。

海蘭察有子

乾清門侍衛安禄超勇公，海蘭察長子也。嘉慶己未川楚教匪之役，追賊陣亡，上深爲憫惻，諭稱「安禄甫至軍營，即能奮不顧身，海蘭察於九泉下亦當自喜有子」。並命將安禄新生一子賜名恩特赫默扎拉芬，即襲公爵。而其弟安成，襲騎都尉世職，邺忠之典，與大員殉難相同。蓋仁宗追念安禄之殊功懋伐也。

和珅門楣衰替

和珅賜死後，門楣衰替。子豐紳殷德，號天爵，善小詩，俊逸可喜，尚和孝公主，初賜貝子品級，因父獲罪，降散秩大臣。中年慕道，與方士輩講養生術，卒致喘疾，號數旬死，年未不惑也。珅弟和琳，有子名豐紳伊綿，號存谷，初襲宣勇公，嗣降襲其祖廕輕車都尉。善堪輿，貴家争延致之，間有驗者。後以瘵瘵終，惟餘一幼子，年甫四齡。

清稗類鈔

姓名類字號附

樓上層以詩句成姓名及字

乾隆季年，東陽有樓更一者，名諸生也，其名曰上層。蓋以唐詩「更上一層樓」句錯綜爲之，而姓名及字，皆在其中矣。

姓異名異

進士題名碑録，滿人中，有娃爾答和尚、豈他他八拜，俱順治乙未。白小子，康熙癸丑。五哥，康熙甲戌。常哥，康熙丁丑。騷達子，康熙丙戌。鑾子。雍正甲辰。漢人中，有王世甌，順治丁亥，江南鹽城人。惠霍嗣，康熙辛未，陝西富平人。李世傌乾隆丙戌，陝西三原人。諸名。榜花希姓中式見於榜者，謂之榜花。各姓，則有青伯昌，順治丙戌，河南洛陽人。侶鸞舉，順治己亥，直隷清豐人。賽玉紘，康熙丁未，山東靖海衛人。茆薦馨，康熙己未探花，浙江長興人。昂天斛，康熙乙丑，江南合肥人。戰殿邦，康熙乙丑，山東膠州人。雒倫，康熙甲戌，河南武陟人。須州，康熙乙丑，江南武進人。叱騮，雍正癸卯，陝西蒲城人。秘象震，雍正甲辰，直隷故城人。緱山鶡，乾隆甲戌，陝西鄜州人。拱翊勛，乾隆丁丑，廣西桂林人。侍朝，乾隆庚辰，江南泰州人。粘克昇，乾隆戊戌，福建晉江人。要問政乾隆甲辰，山西太谷人。諸人。其以地取名者，滿人有喀爾喀。康熙辛未。其名類閨秀者，廣東有佘豔雪。康熙己未。

康熙間，安邑縣有一人，姓名皆奇，姓爲山，音妾。名爲㐲。音厥。

同治間，錢塘孫子授侍郎詒經督學八閩，一日點名畢，入内，笑謂幕友曰：「今日見一姓名，真大奇。」幕友叩所以，曰：「其人姓出。」良久不語。一友問曰：「豈名『精』耶？」曰：「果然。」咸大撫掌。

姓名屬天文

咸豐朝，即補副將雷風雲，謚威毅。光緒中葉，鄂人有張翼軫者，工行草書，嘗游京師，有鬻字潤格在琉璃廠肆，其姓名三字，皆星名，與雷風雲屬對絶工。

姓名屬干支

錢塘丁氏家素封，富藏書，竹舟主事名申，松生大令名丙，爲同懷兄弟，其從弟頤生明經名午。姓爲天干，而名皆爲地支也。

以姓爲名

以姓爲名者，絶無僅有。而光緒中葉，山陰有幕客孫遜者，初名孫，以文童應府試，同學見其姓名之重文也，笑而嘲之，曰：「君對於吾輩，本已爲孫矣，今又名孫，是吾孫之孫也，君其爲吾輩之玄孫乎？」孫慍，乃改名曰遜。既入泮，幕游福州，人又曰：「吾孫南走閩矣，走者遜也，故宜加辵。」又光、宣間，有吳江葉楚傖者，亦以姓爲名，曰葉葉，善屬文。

滿族以名之一字爲氏

氏族之制，萌於夏、殷，而繁於周。夏、殷以姓統其族，有姓而無氏。周人以氏別其族，既有姓，復有氏，因時創制，妙具權衡，千祀相緣，遂成風尚。前宗之者有元魏，近宗之者有滿族大臣。順、康、雍、乾之朝，滿大臣有以姓之一字爲氏者，有以名之一字爲氏者，父子祖孫，相沿成習，猶有周人以地命氏、以名命氏之遺意焉。若石，若顧，若舒，若鄂，若尹諸族皆是也。茲約舉之。雍正朝，大學士徐元夢，本姓舒穆祿氏，舒與徐滿音略同，遂相沿誤。孫舒赫德，曾孫舒常，此一族乃以姓之一字爲氏者也。順治朝，鎮海將軍石廷柱，本姓瓜爾佳氏。子石琳，孫石文炳、石文晟。康熙朝，禮部尚書顧八代，本姓伊爾根覺羅氏，子顧儼，孫顧琮。雍正朝，大學士鄂爾泰，本姓西林覺羅氏，以父名鄂拜，遂以鄂爲氏。子鄂容安，孫鄂津。乾隆朝，大學士尹繼善，本姓章佳氏，以父名尹泰，遂以尹爲氏，其諸子尚有相沿不易者。此四族皆以名之一字爲氏者也。

其餘習俗相稱，亦輒以名之第一字冠於字號之首，哈剌庫不稱李，墨勒根緞不稱祖，從滿俗也。間有名爲滿文而譯漢姓以冠之者。

姓名作對

朱竹垞曾以古人姓名作對，葉調生賡其例，爲之補遺，其佳者如公孫丑，毋弟辰；鄭小同，楊大異；韓擒虎，李攀龍；陳萬年，張千載；直不疑，何無忌；張惡子，鄭善夫；殷開山，俞通海；張九思，胡三省；王十朋，陸萬友；李桐客，郭藥師；郭蝦蟇，王鸜鵒；劉黑闥，寇白門；郭芍藥，鄭櫻桃；張紅紅，薛素素，皆可與「祭仲足，鮑叔牙」等共稱佳話。文人遊戲，往往喜争奇鬬勝。昔東方虬自言後世必以己姓名與西門豹作對，有舉「西門豹」屬一九齡童對者，童舉「南宫牛」以應之。

同時同姓名

同姓名之在同時而皆著稱於世不愧爲名臣者，則有康熙朝之兩于成龍。一謚清端，山西永寧人，字北溟，官至兩江總督。一謚襄勤，漢軍人，由廕生知通州及江寧府，後官至河道總督。

道光壬午順天鄉試，旗生中有兩錫麟。一官卷，一民卷，彌封所誤以官卷包入民卷而中式，及填榜，始知爲官卷。而是科官卷，額中三名，且溢額，乃以中式第九十一名之旗官卷去之。去一官卷，則民卷缺額一名，匆遽間，以落卷補之。

丁乃一姓名五筆

姓名筆畫最少者，同治朝，有內閣中書丁乃一，三字僅五筆，不易有二也。

九名九姓苗

九名九姓苗，在獨山州。性狡獪，每僞造姓名，變換不已，常以種山爲務。

僻姓

僻姓至多，有一字者，俗曰單姓；有二字者，俗曰雙姓；又有三字者，且尚有四字、五字、六字、七字者。列舉如下：

單姓即一字姓，凡一千二百一十六。雲、昌、鳳、花、酆、廉、安、樂、于、時、和、穆、湛、明、伏、支、昝、賁、滑、於、麴、家、封、羿、邴、松、弓、牧、隗、仰、秋、鈄、音黈，才感切。幸、司、韶、薄、宿、懷、郈、從、鄂、索、咸、藉、藺、蒙、胥、能、蒼、雙、莘、扶、宰、酈、郤、璩、通、扈、燕、郟、農、別、充、連、習、宧、音怡。魚、容、古、慎、庾、終、暨、居、衡、步、都、滿、弘、國、廣、祿、闕、東、利、蔚、越、夔、隆、師、鞏、厙、音舍。勾、融、冷、訾、闞、那、簡、饒、空、母、乜、養、鞠、須、豐、相、後、紅、竺、逯、音錄。蓋、益、桓、公、言、揭、綦、繁、皇、鄺、逵、求、皋、官、多、苟、祭、帥、門、校、召、折、晉、鮮、過、隨、京、雒、展、海、覃、歸、密、渾、朴、原、諶、敬、彌、

疏、商、阿、郇、介、墨、辜、陽、到、漆、塗、弋、膠、練、線、鎖、萇、麥、檀、遲、笪、音亶。种、南、佘音蛇。真、祕、
亘、德、大、中、漢、回、藏、法、典、希、有、仁、義、載、道、堯、舜、慶、疆、稷、善、説、政、長、萌、服、邦、質、
霸、業、芳、香、襄、軍、楚、學、寒、惡、狂、暢、當、佴、音貳。肯、堂、崇、琴、倩、亮、征、操、北、蕃、汝、訓、吾、
抱、賞、興、椒、儀、嘉、美、算、靳、遆、炅、音桂。者、銀、盤、我、俸、閉、院、寶、雞、督、鞅、州、縣、鼎、革、錦、
延、抗、風、雅、才、寬、奇、忠、臣、孝、女、木、蘭、釋、仙、凡、野、佚、市、悦、求、酒、是、朋、友、詩、作、蹇、
修、行、素、順、世、守、愚、治、禾、弦、誦、靈、臺、好、問、聖、主、思、信、雕、開、望、推、哈、眭、音觿。定、六、
新、莽、横、渠、翼、圖、伯、夷、隱、謀、離、顯、夫、放、蕩、意、而、浮、占、超、偉、愛、曲、端、述、更、始、符、
生、鐵、鉉、沐、英、嫣、續、緱、城、鐘、年、君、迦、薩、塞、忒、貂、緑、承、恩、佟、客、牟、后、子、姒、重、書、悉、
帝、甲、托、拔、交、同、光、百、姓、復、偰、音屑。首、餿、音蒐。戎、衷、鴻、雄、蟲、庸、共、樅、麇、脂、茨、猗、眉、
縻、裨、絺、頤、尸、菑、感、茹、鉏、閭、如、組、漁、區、涂、徒、壺、臾、珠、邽、音圭。洼、音娃。哀、揞、頽、奎、輪、
彬、云、轅、爰、垣、敦、論、根、恆、番、軒、乾、邗、冠、莞、完、歡、環、藺、還、馯、牽、全、泉、宣、然、堅、玄、
繇、芉、編、蛸、纏、鱄、淵、顓、鉗、顛、賢、千、偏、便、涓、銚、要、昭、招、聊、鄡、朝、摇、匏、麃、桃、咼、河、娥、
夸、衙、蛇、倉、卬、將、芒、防、彊、涼、狼、良、荆、庚、名、營、嬴、滎、闓、瓶、稱、憑、僧、昇、歐、優、不、騶、
彪、句、稠、郰、黔、禽、欽、鐔、潭、郯、汜、奉、垌、音桶。勇、冰、士、杞、理、軌、俟、綺、弭、已、倚、以、蟻、里、
被、委、薳、音蔿。癸、起、履、纍、紫、邸、音底。蔿、所、巨、圉、序、旅、武、祖、浦、輔、鹵、午、吐、禹、虎、禰、
亥、盡、準、圈、苑、曼、偃、罕、莞、散、亶、棧、雋、展、扁、矯、蟜、繞、兆、棗、老、造、可、假、冶、樓、掌、壤、

訪、井、頴、靖、咎、邱、丑、壽、九、臼、峻、陜、匽、音偃。喊、痛、夢、冀、摯、刺、類、佽、駟、戲、異、自、喜、貴、既、諭、御、度、瓠、務、布、訢、庫、護、吞、隸、系、惠、慧、第、勵、賴、太、泰、噲、簣、蕢、炔、拜、代、賽、賚、贊、振、員、運、頓、艮、遜、灌、斡、睅、㸌、昣、豹、暴、漕、賀、柘、怕、諒、贛、碭、況、正、寧、寇、謬、鬭、豆、繡、念、監、谷、郁、麯、叔、濮、鹿、玉、肅、犢、虙、音服。縮、撤、鬻、蓼、目、竹、睦、福、束、沃、粟、淥、燭、卓、偓、濯、郅、栗、乙、悉、郄、恤、佛、骨、髮、謁、遏、頡、列、桀、翻、泄、渫、郝、出、山、音妾。莫、藥、鐸、博、約、落、柏、帛、赤、劇、格、額、錫、力、職、直、勒、息、隰、襲、沓、塔、納、拉、涉、接、撻、宫、桐、鬼、彤、恭、松、供、逢、岐、耆、宜、椅、騎、錙、卑、馳、池、資、爲、丕、同丕。皮、脂、危、之、台、睢、怡、旗、饑、頎、非、飛、肥、衣、威、初、朐、音劬。拏、杅、觚、三、烏、昂、呼、梧、孤、荼、豫、餘、輿、俱、禺、殳、巫、狐、鄔、且、輸、棲、西、泥、烓、音鼲。嵬、萊、鄰、鱗、春、倫、綸、豳、神、因、筋、屯、鈞、頻、縉、下、薰、芬、昆、尊、盆、懃、元、存、園、丹、干、但、槃、難、觀、菅、間、騫、先、磚、卷、开、船、肩、籛、訛、嫐、音然。拳、乆、音沿。梟、橋、譙、條、蛸、寮、巢、勞、刀、牢、蒿、瑀、渦、莪、音多。瑕、媧、牙、奢、把、棠、囊、杭、強、坊、笓、羌、琅、傷、阬、翔、并、嬰、苦、卿、盈、聲、鳴、清、星、登、徵、宏、乘、仍、陵、青、攸、令、瞜、舟、投、飂、幽、繆、謳、疇、猶、尋、鄩、罙、音森。侵、臨、鍼、郴、箴、陰、參、啖、聃、堪、曇、瞻、纖、苫、汎、函、劉、葎、寵、拱、紙、壘、邸、氏、止、水、只、吁、尾、虺、與、沮、莒、處、萬、羽、普、仵、舉、敍、緒、鄅、音禹。甫、府、柱、豎、仲、户、取、濁、濟、禮、底、晵、買、楷、改、采、近、菀、宛、短、洗、皎、表、紹、卯、杲、儋、保、射、仉、音掌。敞、鞅、罔、攘、曩、朗、汻、音酐，許朗切。永、郢、猛、秉、整、滓、音纂。庱、音纂。𨞪、音裴。斗、酉、茆、口、灸、音救。耦、雈、音韭。守、音纂。槷、音籌。、羑、厚、審、枕、品、㕣、井、音贍。檢、閃、減、衆、用、頌、統、絳、巷、智、懿、俟、器、賜、瑞、翠、次、未、吃、音氣。庶、據、署、譽、鑢、慮、絮、具、祚、蠹、孺、逗、音住。鑄、樹、麗、厲、計、毳、鋭、薹、音帝。棣、繼、慕、税、會、㙯、蒯、快、能、音耐。奈、逮、邃、待、徭、鄄、儁、獻、寸、健、鄮、炭、奂、諫、汗、硯、見、戰、薦、音林。淖、旺、叜、音報。耗、磨、妙、你、夜、晋、音亞。崋、音華。笮、象、亢、盎、諒、匠、曠、透、竟、救、廐、舊、宥、候、鄮、商、音陋。禁、淡、渴、鄐、音畜。鵠、蝮、夾、禿、樛、辱、尅、嶽、角、朔、映、室、戌、鬱、邲、音秘。茀、月、敦、音字。兀、忽、嗢、末、脱、跋、殺、窣、舌、聿、訋、音弔。恪、略、錯、鄚、音莫。婼、音綽。夕、握、鬲、虢、籍、澤、昔、掖、適、粺、糴、激、的、析、即、黑、食、則、式、棘、特、圂、音逼。殖、策、嗇、溼、及、戢、集、襲、立、給、闔、㢴、音掻。緤、俠、鄴、侶、叱、粘、侍、源、鐖、兒、踳、郃、音合。樹、茙、音戎。眷、裒、褎、克、乑、音覓。辰、丙、謨、晁、煞、一作薩。皃、一作皃。遇、額、卧、一作諤。柔、宇、權、咩、音乜，一作密。芭、乩。音伽。

雙姓即二字姓，凡五百零五。万俟、司馬、上官、歐陽、夏侯、諸葛、聞人、東方、赫連、皇甫、尉遲、公羊、澹臺、公治、宗政、濮陽、淳于、單于、太叔、申屠、公孫、仲孫、軒轅、令狐、鍾離、宇文、長孫、慕容、司徒、司空、王孫、叔孫、公明、穀梁、端木、子桑、壤駟、赤松、羊舌、子濯、主父、高堂、段干、公良、司寇、呼延、五鹿、相里、九方、新垣、甪里、屠岸、獨孤、少正、安邱、高陽、亓官、毋邱、微生、叔梁、達魯、達奚、宰父、巫馬、左邱、樂正、顓孫、胡母、漆雕、第五、北宮、百里、司城、子服、完顏、士孫、沈猶、提彌、右師、子家、僕固、師延、仲長、樗里、雍門、南郭、咸邱、行人、屋廬、盆成、東門、西門、北門、拓跋、夾谷、梁邱、鮮于、賀蘭、屈突、息夫、哥舒、安期、古冶、南宮、中行、閭邱、子車、言福、東關、東郭、東鄉、東宮、東陽、東野、東閣、公輸、公西、公儀、公山、公士、公伯、公祖、公仲、公族、公賓、公緒、公河、公王、公叔、公孟、公明、公皙、公子、公乘、公户、公齊、公都、公折、公旅、公旗、公之、公巫、公文、公建、逢門、弓里、龍邱、容城、甾邱、司鴻、師宜、綦母、綦連、伊婁、郿門、吾仕、虞邱、毋將、壺邱、胡非、豆盧、蒲盧、姑布、西鄉、西方、奚容、申徒、申公、真郭、孫陽、邯鄲、安邱、安國、延陵、廩邱、曹邱、陶邱、瑕邱、商邱、將鉅、將門、陽成、棠谿、章仇、羊角、京相、成公、青史、青烏、浮邱、浮屠、勾龍、由吾、林閭、南公、子州、于伯、水邱、爾朱、左人、古野、宰氏、尹文、老成、老商、老萊、仲長、待其、庫狄、務成、步叔、傅餘、第二、閉珊、契苾、太史、信都、浩星、賀若、賀婁、賀拔、洞沐、匠麗、上方、北人、北唐、斛律、斛斯、谷那、禿髮、赤將、室中、乙弗、屈侯、乞伏、閼門、列禦、洛下、索羅、霍里、石作、石户、伯成、柏侯、黑齒、墨胎、執失、翁承、翰公、季融、仲熊、巴公、潛龍、關龍、列宗、閭葵、侍其、祝其、鳩夷、目夷、圍龜、史龜、折龜、俟分、荔非、右歸、修魚、沮渠、辜用、信都、密如、復蒲、王夫、禍餘、沓盧、堂谿、餘推、陳哀、良臣、元鈞、三伉、伯昏、徒單、子干、子庚、越椒、鬬強、魯陽、尋梁、強梁、豐將、赤張、苑羊、秣陵、菟裘、東樓、邑由、鍼巫、沈瀸、音尖。飛廉、大李、事父、子稚、中野、鳩治、北野、運掩、巴郯、樓季、白寘、中駟、不第、艾歲、羌憲、東灌、答禄、恭叔、屋引、訾辱、少室、密茅、密革、密須、紇奚、石抹、末那、折屈、鐵伐、長勺、北郭、昨和、吉白、襄隰、薩孤、柘王、可達、拔也、乙干、賀遂、賀悅、折婁、車非、可頻、仇尼、徒何、谷會、拔略、俟利、莫者、莫侯、悅力、勑力、倍利、多蘭、賀術、胡掖、木易、者舌、植黎、茹茹、吐賀、悉居、可沓、醜門、庫汗、武都、普屯、折掘、斫骨、達步、叱列、郁朱、飽殂、鶻也、鶻奚、渠金、軍車、叱雷、駱雷、吐粟、都車、生耳、薄野、九盧、𦬶甞、李蘭、默容、三種、吐火、吐和、屋南、鶻野、烏延、奥敦、納蘭、加古、阿迭、抹撚、木年、雪泥、别速、察台、凱烈、薛亦、札魯、合丹、亦剌、桓答、乜先、曲出、帖尼、忽委、外剌、奴丹、明理、納哈、一作合。揑古、八達、斗奴、完者、昭剌、八里、的斤、巧歹、積寧、耶卜、族款、迦乃、昔里、耶律、秃伯、夯音杭。力、於彌、把里雜剌、一作察喇。都羅、訛留、一作額魯。訛羅、亦一作額魯。嵬啰、紐臥、一作紐鄂。咩布、一作蔑布。折逋、莊浪、浪訛、一作朗鄂特。嵬恧、一作威紐。恧恧、一作紐紐。臥落、一作錫鄂。嵬宰、一作威載。骨勒、一作古沁。訛啰、一作額伊。嵬名、一作威明。謀寧、一作穆納。麻骨、一作莽古。麻奴、一作瑪努勒。頁允、紐尚、一作諾爾桑。廼令、一作納琳。拽税、一作雅蘇。拽浪、孰嵬、一作舒威。吴啰、一作烏伊。野蒲、一作也蒲。龐静、一作巴沁。咩銘、一作蔑莽。野遇、一作葉里。囉啰、一作羅伊。折啰、一作哲伊。連都、一作連都敦信。梅訛、一作美赫。廼來、一作鼐爾。罔佐、習勒、一作錫勒。威赫、賞羅、美勒、一作妹勒。星多、如定、葉朗、鑄督、衛慕、野利、屈懷、密密、默藏、一作没藏。摩益、西壁、覓諾、撒逋、約囉、客藏、没細、淚丁、韓玉、弩涉、哩鼎、心牟、青唐、咩迷、多多、茄羅、兀臧、成王、紷如、米母、没移。一作没啰。

三字姓，凡七十三。巨辰經、季老男、壹斗眷、一那樓、紇豆陵、若口引、阿史那、阿史德、大利稽、末那樓、越質詰、邱目陵、於古論、兀林歹、阿兒剌、晃一作兀。忽攤、秃别歹、曲律吕、哈答吉、塔塔歹、散兒歹、乞要歹、列朮歹、兀羅帶、朮里歹、外兀台、外抹台、布兀剌、担古思、許大歹、撒朮歹、哈答歹、許兀慎、遜一作孫。都思、達達兒、脱脱忒、脱脱倫、答失蠻、罕禄魯、魯納只、束吕糺、徹兀台、别倫哥、土别燕、阿剌剌、答答丈、按赤歹、乞咬契、帖赤吉、酎温台、篤思剌、古麻里、忽都台、索羅真、哈迷里、拜葉倫、魯哈納、札只剌、朵兒只、木八剌、吾和理、迪烈糺、苦里魯、剌乞歹、赤乞歹、哈魯歹、火里剌、撒里哥、禿八歹、密赤思、苦魯丁、甘木魯、天藉辣。一作台楚嚕。

四字姓凡三十九。井疆六斤、目死獨膊、耨盌温都、列里養賽、郭兒剌斛、音歹。也里吉斤、札剌只剌、八魯忽剌、脱里別歹、顔不花歹、顔不草歹、散朮兀台、別帖里歹、那顔乞台、哈忒乞歹、末里乞歹、木温塔歹、扎馬兒歹、兀羅羅台、外抹歹乃、朵顔別歹、察里吉歹、闊里吉思、禿伯怯烈、脱脱里台、一作答答里帶。麥里吉思、一作蔑兒吉斛。燕一作衍。只吉台、兀速兒吉、斡剌納兒、列班塔達、達罕一作海。的斤、阿兀思吉、納思馬立、希台特勒、唐兀烏密、禿魯八歹、拙兒察歹、乞失迷兒、唐兀烏密。

五字姓凡十一。忽神忙兀歹、也可抹一作林。合剌、阿大一作塔。里一作力。吉歹、忽神塔乙兒、阿火里力歹、察渾滅兒乞、按攤脱脱里、察罕札剌兒、兀一作烏。里養哈斛、苦滅古麻里、哈剌吉答歹。

六字姓凡三。瓦只剌孫答里、列帖乞乃蠻歹、主兒赤臺烏祐。

七字姓一。卜領一作顔。勒多禮伯臺。

合姓

合姓，非雙姓也，以二姓併合而成，大率爲甥嗣舅、壻嗣翁而又不忍使本宗斬祀者也，不知者，輒疑爲雙姓耳。其著稱於世者，有浙江桐鄉之陸費瑔。瑔爲嘉、道間人，字玉泉，官至湖南巡撫。

尹姓爲伊無人

順治間，吳中有尹姓者，得罪於友，友作尹字謡以嘲之，云：「伊無人，羊口是其羣。斬頭筝，滅口君，縮尾便成丑，直脚半開門。一根長轎槓，打個死尸靈。」

聖祖詔賜朱姓復舊

康熙戊申，詔故明宗室子孫衆多，有竄伏山林者，悉歸田里，姓氏皆復舊。蓋明既鼎革，天潢貴胄轉徙流亡，無不改姓自晦，有改姓林者，並改名時益，改字確齋，隱居寧都，康熙間卒。又咸豐間，有會稽宗滌樓者，名稷辰，嘗爲御史，亦明之宗裔也。

陳文簡高文恪聯姓譜

海寧之陳，本出渤海高氏，相國文簡公官京朝時，嘗與高文恪公士奇聯譜，會都御史華野郭琇劾文恪怙寵納賄，並指目文簡交結狀，得旨一并休致。文簡奏辯：「謂臣宗本出自高，譜牒炳然，若果臣交結士奇，何以士奇反稱臣爲叔？」事乃得白。

任邱邊

直隸河間之任邱縣邊氏，世家也，累代科第不絕，故順天鄉試向有「無邊不開榜」之謡。

秦大士以姓得利得害

秦大士秦淮絶句，有「淮水而今尚姓秦」句，一時膾炙人口，則以其姓得利也。某年，偕袁子才游西湖，過岳王墳，覩秦檜像，人泥其題句，秦大不懌，子才爲代吟曰：「人於宋後羞稱檜，我到墳前愧姓秦。」大士以姓幾受奇窘，微子才，殆矣，是又以姓得害也。

葉芸潭以姓得督學

朱文正公之爲掌院學士也，仁宗嘗問以衙門中有學問最優者否，文正誤以爲内閣衙門，乃以葉雲素舍人繼雯對，又適忘其名，輒以字對。葉時爲内閣中書，充軍機章京，而葉芸潭紹本時爲編修。一日，忽奉督學福建之命，入謝。上問其官中書幾年，充章京幾年，典試幾次，同考幾次。時翰林中葉姓僅一人，上意朱所奏者，卽而人矣。芸潭至閩，已過歲試，例得留任，在閩凡五年。雲素由部郎改御史，後以言事降官。

舊林新林

左文襄入嘉應州，盡捕附和粤寇之嫌疑者殺之。東王支族有居嘉應州之丙村者，頗繁衍，幾數萬人，乃盡易楊姓，以木字易楊旁，悉爲林姓。故稱土著之林姓者爲舊林，由楊改姓者爲新林。

者貴得姓之原

光緒朝，李文忠督直隸時，有部將，姓者名貴，滇人也，生於合肥。蓋其高曾以事發配至合肥，遂家焉。貴幼失怙恃，不自知其姓。稍長，應募爲兵，主募者詢其姓，瞠目不能對，主募者笑曰：「無甚奇，之乎者也，皆可爲姓，爾可姓者名貴。」遂以者貴二字注册籍。從軍久，積功，洊至記名提督巴圖魯，借補直隸通州協副將。

宗室覺羅

本朝發祥長白，自太祖入關定鼎後，顯祖以下之本支子孫皆爲宗室，顯祖之伯叔兄弟各支子孫皆爲覺羅，皇子皇女及近支所生子女，每歲終，由宗人府記之於表，名曰《星源集慶》。次年正月，交入大內，每遇丁年，纂修玉牒一次。宗室與人私生子，則不入屬籍，賜姓曰覺羅禪，猶言非正支也。

那拉即納蘭

世人皆稱孝欽后爲那拉氏，謂其祖出自葉赫，實則那拉即納蘭也。崑山徐健庵納蘭性德字容若，初名成德，以避東宮嫌名，改曰性德。墓誌銘中有云「自明初内附中國諱星懇達爾漢，君之始祖也。六傳至諱養汲砮，君之高祖也。有子三人，第三子諱金台什，君曾祖考也。女弟爲太祖高皇帝后，生太宗文皇帝。太祖高皇帝舉大事，而葉赫爲明外捍，數遣使往諭不聽，因加兵克葉赫，金台什死焉。卒以舊恩，存其世祀。其次子即今太傅公即明珠。之考倪迓韓者，君祖考也」云云。

滿蒙漢八旗之姓

滿、蒙兩族之姓氏，不著於世，輒以其名之第一字相呼爲姓，流俗不察，遂以爲其祖父子孫不同姓矣。漢軍本爲漢人，有漢姓，其欲依附豐沛，以旗籍自炫者，亦效滿、蒙。

滿洲八大貴族之姓

滿洲氏族，以八大家爲最貴：一曰瓜爾佳氏，直義公費英東之後；一曰鈕祜禄氏，宏毅公額亦都之後；一曰舒穆禄氏，武勳王揚古利之後；一曰納喇氏，葉赫貝勒錦台什之後；一曰棟鄂氏，温順公何和哩之後；一曰馬佳氏，文襄公圖海之後；一曰伊爾根覺羅氏，敏壯公安費古之後；一曰輝發氏，文清公阿蘭泰之後。凡尚主、選婚，以及賞賜功臣奴僕，皆以八族爲最。

瓜爾佳氏以蘇完爲貴

榮祿係出瓜爾佳氏，而瓜爾佳氏以蘇完爲貴。榮官户部尚書日，遇一都統，展問氏族，則亦瓜爾佳氏，榮曰：「然則吾等乃同族也。」都統轉問有「蘇完」二字否，榮曰：「無。」都統搖首曰：「殆非也。」

蒙古族姓

蒙古族姓分二種骨：曰白，曰黑。白尊而黑卑，白主而黑奴也。白骨者二姓：曰博爾濟吉特，帝裔也；曰烏浪漢濟爾默，后及駙馬裔也。

蒙古色目西域人改漢姓

改從漢姓之民族，不自元末始，由遼、金而上溯之，姓氏譜中，班班可考。今就元代蒙人後裔之顯於國朝者言之，則沔陽陸氏其一也。有立夫制軍者，名建瀛，咸豐癸丑江寧失守時之兩江總督也。其始祖某，本元之蒙古人，元鼎革時，改漢姓曰陸，始著籍沔陽。蓋元季之亂，蒙古、色目投蒙古者曰色目。西域諸子姓轉徙流亡，其存者皆從漢姓，至國朝而相仍弗替，言其著者，則福建之薩爲薩都剌後，江西之揭爲揭傒斯後，江蘇之廉爲廉希憲後。又世所著稱之明人冒辟彊，爲如皐著戴，固亦與陸氏相埒也。

若合肥余氏，亦㓮族，實元末殉節安慶清水塘余忠宣公名闕之後裔。忠宣之先，爲唐古特氏，居河西武威郡，父沙剌藏，移居合肥，遂著籍焉。

回人之姓

回族之遷居内地者，亦標姓於名上，與漢族同，且亦有漢族之普通各姓，不盡奇僻。

湖南苗姓

湖南諸苗之姓，以吳、龍、石、麻、廖五姓爲本種；其楊、施、彭、張、洪諸姓，乃漢民入贅，久與之習，遂儕於苗。

夭苗姬姓

夭苗，在貴州陳蒙爛土夭壩，一名夭家，男女皆私奔，多姬姓，相傳爲周後。

仡佬之姓

仡佬居湖南，其姓之最多者爲張。相傳宋時有江西章姓，兄弟二人爲屯長，居此。其後子孫繁衍，分爲大章、小章，後改章爲張，又分散於各處。次爲符、覃、揚、謝、劉諸姓。

瑶姓

瑶族之姓，盤、趙最大，呂、楊、黄次之。

西康番姓

西康番人雖不知姓名，而考其稱謂，姓雖無而氏則有，如德格土司則稱德格家，孔撒土司則稱孔撒家。頭人百姓，亦以地居稱，遷居他處，仍以原地居相稱，此與漢人之稱氏同義。至於命名，或以官，或以神，或以山川，或以草木禽獸，取其吉祥者而名之，亦與漢人之命名相同。惟地居之名相同者衆，命名之義雷同亦多，往往高曾之祖，曾玄不知，亦不能辯族，故婚姻瀆焉。迨後改流，邊務大臣趙爾豐每於設官處所議百字爲姓，令民間將現在所知同宗之人共認一字，永遠爲姓，番人之姓氏，自此始正。

畲客之姓

畲客之姓，以藍、盆、雷、鐘爲同姓，同姓可以結婚，且可爲異姓後嗣。彼等之言曰：「我祖盤瓠，娶高辛氏第三公主，産三男一女，長盆姓，次藍姓，三雷姓，壻鐘姓也。」處州畲客最多，金華亦有之。

人名簿

林文忠有記人名簿四册，分題千、古、江、山四字，凡姓之第一筆爲丿者，入千簿；第一筆爲一者入古簿；丶者入江簿；丨者入山簿。名下兼註字號籍貫，亦略載其言行。

皇室命名行派

乾隆間，皇六子永瑢繪《歲朝圖》進呈孝聖后，高宗題詩，有「永綿奕載奉慈娱」之句，其後命取「永綿奕載」四字爲近支宗室命名行派，然未有明諭也。甲辰，親見皇長子定安親王生曾孫載錫，是爲皇玄孫，五世一堂，因於雍和宫後室及大内景福宫、避暑山莊，皆書揭「五代五福」堂額，誠古今帝王中所僅見者。道光丁亥，欽定續擬「溥毓恆啓」四字，其時溥字輩已命名奉字，皆令改之。咸豐丁巳，又欽定續擬「燾闓增祺」四字，均見諭旨。

孔氏命名之字派

曲阜孔氏爲孔子之後，命名皆有字派，其遷徙他郡縣者，但係孔子嫡傳，亦必同一字派。蓋自元代之五十四代衍聖公名思晦者起，於是凡五十四代孫，均以思字爲派。思字下爲克字派，克字以下，則爲希、言、公、彦、承、弘、聞、貞、尚、衍十派，再次則爲興、毓、傳、繼、廣、昭、憲、慶、繁、祥十派，又次則爲令、德、維、垂、佑、欽、紹、念、顯、揚十派。

蔣赫德自請於太宗而改名

蔣文肅赫德，初名元恆，灤州人。爲諸生，卽善望氣術。明天啓丁卯，蔣赴科場，夜聞明遠樓鼓聲，驚曰：「此頹敗之音，國安能久？」不終闈而去。游九邊，謂王氣聚於遼瀋，其間必生聖人。逾年，太宗入關，文肅杖策軍門，上閱其文，喜之，自請改名，遂攜出塞，不數載，大拜。

命名不合須更改

順治壬辰，諭：「臣民等如有以景字、泰字命名而下一字係齡、林等字者，兩字相連，兩音相協，如策丹玉福之原名者，自當更改。」其用景字、泰字命名者原不在敬避之列。丙申，諭：「聖諱二字，豈臣下所可命名？嗣後遇有此等命名，不合者，卽當留意更正。」

王撰以嫌名不獲首選

太倉王撰，煙客次子也，中順治乙未進士。館選日，某相欲薦之居首，及聞臚唱，「撰」字與「魁」音相近，世祖曰：「是負心王魁耶？」蓋小説家有王魁負桂英女事也。某相遂默然而止。

世祖爲陳廷敬改名

陳文貞公廷敬，字子端，號悦巖，山西澤州人。順治戊戌進士，選庶吉士。文貞初名敬，以是科有同姓名者，世祖特加廷字别之，遂改今名。

五字名

順治初，天津有吴自初上舍者，性好奇，蓄兩僕，皆通曉文字，一曰明白而易曉，一曰一覽而無餘。

師生同名

康熙戊戌榜眼張廷璐，桐城文端公英第三子也。長兄廷瓚，康熙戊午北舉，己未進士。初，海寧有張英者，康熙癸丑進士，出文端門，師生同一姓名，當時以爲奇。及戊午，海寧張英分校北闈，廷瓚又出其門，亦可謂會逢其適矣。

誤呼沈龕之名

吴江有廩生沈龕，順治中，江南督學御史某歲試點名，不解龕字，乃破龕而呼云合龍。

王綍不識自名

康熙間，蒲城王孝齋名綍，謁選縣令，唱名者讀綍爲梁，王不應。唱至再三，王趨進曰：「知縣名讀如京，而呼作梁，未敢應耳。」吏部哄然曰：「汝進士出身，即爾名尚不識耶？綍爲擊冠之聲，古謂之幘梁，故字書止有梁音。汝乃以偏傍讀之，謬矣。」

楊文定子名應詢

楊文定公艱於得子，康熙丙申，聖祖垂問及之，深爲焦慮，奏云：「臣弟廩貢生楊名世，今年可望舉子，即以爲臣後。」名世果以是年生子，乃撫以爲嗣，名應詢，蓋紀恩也。

臣工不避世宗嫌名

廟諱御名，前代懸爲厲禁，列聖諭旨，亦祇令敬避下一字。世宗見臣工有避嫌名者，輒怒曰：「朕安得有許多名字？非朕名而避，是不敬也。」

高宗惡滿人取漢名

高宗不喜滿人漸染漢俗，滿洲舊旗，有命名如漢人，以鈕鈷禄氏爲郎者，深鄙之，恐忘本也。

胡長齡以名得大魁

胡印渚，名長齡，乾隆朝，大魁天下。殿試時，胡卷本在進呈十本之末，時高宗春秋高，覩胡名，笑曰：「胡人乃長齡耶？」遂置第一。時和珅當國，胡會試時出和門下。胡本名士，重氣節，諗和不法狀，不趨謁，和銜之。胡爲翰林十年，未得一差，典鬻殆盡，其友憫之。適和壽辰，友以烏鰂墨仿胡體，書一聯爲和壽，又丐某侍郎致意曰：「胡貧且病，衣服不完，不能趨賀。」和笑曰：「胡蠻子貧乃至此耶？」閱數日，遂拜山東學政之命。友又以烏鰂墨書一刺，瞰和之亡而往謝焉，胡始終不知也。後和珅事敗，籍其家，朝臣中惟胡無片紙隻字，蓋烏鰂所書字，經歲卽脫，聯字澌滅久矣，由是胡爲仁宗所重，累遷至禮部尚書。

陳文恭改名避弘字

陳文恭公宏謀，初名弘謀，乾隆丁亥三月，授東閣大學士，始奏請將原名改用宏字，恭避御名。前此歷數十年，章奏書名，均與御名上一字同。

科爾沁王名十二字

高宗時，滿洲、蒙古大臣恆由上命之名，豐紳濟倫，本祇濟倫二字，豐紳爲上所加，豐紳，滿語，有福澤也。御前行走科爾沁王鄂勒哲依忒木爾額爾克巴拜，亦上命之名。鄂勒哲依，蒙古語有福也。哲依二字急讀。忒木爾，有壽也。額爾克，鐵也。巴拜，寶也。王爲大長公主所鍾愛，上幼時，期其有福有壽結實如鐵而又珍奇若寶也，故以是名之，一名至十二字，實爲歷來所未有。

法時帆改名

法式善，字開文，號時帆，原名運昌，蒙古正黄旗人。乾隆中，官庶子，奉旨改名，以示勉力上進之意。

朱白泉改名

朱白泉觀察朱爾賡額，爲海愚運使長子，原名友桂，納貲爲郎，入軍機，充滿章京。高宗雅不欲旗員命名與漢人同，乃改此四字，以漢譯之，卽好古也。

王廣心原名誰

王廣心侍御，原名誰，年十三入泮。宗師怪其名，王應聲曰：「取蕭何之義耳。」宗師大賞之。

沈冘與阮元

某縣文童沈冘應試，學使以冘字頗僻，詰其胡以取此，對曰：「古有伊尹，後有阮元，沈冘亦猶是耳。」學使笑曰：「若亦知冘字何義乎？」曰：「不知。」曰：「淫淫之行耳。」《説文》：「冘，淫淫行貌。」故引以爲戲也。

仁宗賜額威勇子名

額威勇公初有一子爲侍衛，早卒，額方治軍，得書不言亦無戚容，夜歸帳，乃哀。明日，治事如故。回京後，復生一子，仁宗賜之名。甫數月額薨，上親臨奠，取其子置諸膝，卽命襲封，逾歲亦卒。

仁宗賜百文敏子名

百文敏公壯年官京師，有子不育，屢荷仁宗垂廑。嘉慶辛未九月，萬壽之辰，樞臣面奏其得子，上喜甚，下詔曰：「百齡年逾六旬，望子甚切，連年任事，有裨封疆，故得上蒙天祐，老年生子。朕甚爲欣悦，可賜名札拉芬。」滿語長壽也。百奏謝，手詔優答，有「天賜麟兒」語。

嚴可均名其子曰六孤

烏程嚴可均字鐵橋，有一子，初墮地，自卜子六齡當孤，因命名曰六孤。

同兒命名之原因

道光中，有貝勒奕繪者，篤嗜風雅，著有《明善堂集》，自號太素道人。其側室顧春，字子春，號太清，世皆稱之爲太清春。太清常舉其族望曰西林，自署曰太清西林春。太清第三子名載同，在太素諸子中爲行九。載同以道光甲午正月初五日生，時太素方三十六歲，與太素之生在其父榮恪郡王三十六歲時同，且載同之生，與太清同日。太素有《生同兒》詩云：「先考三十六，生余頗憾遲。我年三十六，同兒生亦奇。生日同伊母，生年同我期。祝兒同父母，名同字同之。」是年十二月二十二日，以痘殤，太素、太清皆以詩哭之。

宣宗賜福錕名

國家二百年來，宰臣媚内監者，以福錕爲最。福本二十四門溥字行，其祖名奕溥，故特改名福，宣宗所錫也。

朱貞木改名應試

番禺朱貞木，未游庠時曾捐監生，後改名應童試，獲售，羣起訐之。督學姚文僖公愛其才，置不問。

孫慶咸改名應試

孫山麓，會稽人，初名某，困於春官，北上屢不售。值咸豐紀元，舉行恩科，乃易名慶咸，以應其瑞。

然當闈前訪友，猶用舊刺，其僕且不知有改名事也。試畢候榜，不作第二人想。揭曉夕，令僕往觀，已則秉燭以待之。已而報者紛至，同寓多獲雋者，而孫之捷音杳然也。無何，僕歸，默無一語，知已絶望矣，猶强詢之曰：「何如？」僕仍默無一語。孫曰：「然則會元何人？」曰：「亦孫姓，但其名爲慶咸耳。」孫聞之，忽躍起，因駡其僕曰：「王八旦，即我也。」蓋喜極語促，不覺脱口而出耳。

曾文正李文忠之原名

曾文正公國藩，初名子城。李文忠公鴻章，初名章銅。

勒少仲初名人璧

江西勒少仲中丞應拔萃科時，名人璧，及選貢，學使曰：「爾當改名。勒人之璧，非盜賊而何？璧又與逼同音，既勒人，而又爲人所逼，於義不可。」乃更名方錡。

游子岱初名於藝

湖南游子岱方伯智開，初名於藝，鄉試中式，主司喬勤恪公囑其改名。游問故，喬曰：「閲《日知録》當知之。」後閲至黄幡綽敬新磨故事，始大悟，乃更名智開。

譚某某初名二監

茶陵譚某某，初名譚二監，謔者遂謂其兄必名譚太監矣。

許景澄初名癸身

許竹篔侍郎景澄，浙江秀水人，初名癸身。時仁和許庚身方爲軍機大臣，或疑爲侍郎之兄，以令兄稱之。侍郎恚，乃易癸身爲景澄。

孝欽后惡王國均之名

江蘇王頌平大令國均，同治戊辰進士，殿試已列入前十本卷，進呈乙覽矣。及臚唱，孝欽后以王國均三字之音，與「亡國君」同，不懌，乃抑置三甲。以知縣發安徽，被議改教職，司鐸山陽二十年，始以卓異選雲南某縣令，未之任而卒。

裕德貴秀鐵良錫良之諱名

裕德多忌諱，最惡人觸犯其先人之名。光緒某科入闈，嘗以其父名崇綸之故，令各房官不准薦有犯崇綸二字之卷，卽拿破崙崙字，英倫倫敦之倫字，以與綸字同音，亦不得巧爲回護。又一日，閱稿有

「輪姦」字樣，囑司官改之。司官言此係律例應用之字，若大人欲改，請大人吩咐。裕不懌，卒亦無如何。

左都御史貴秀，以京師韓家潭有優伶小班曰「貴秀堂」，因飭差往諭，勒令改堂名，曰犯諱也。

京諺謂嘲笑人爲改人，新名詞有改良二字，衆皆習爲口頭禪。光緒中，鐵良長陸軍部，有某司員陳說軍機須改良，鐵怒曰：「你剛纔說改什麼？」某懼而謝罪。錫良亦最惡此二字，有人提及，必斥之曰：「改什麼良？簡直改我罷了。」蓋二人皆名良也。

試差取吉名

光緒間，某科雲貴試差，所簡四人，考差均非前五名，孝欽后特圈出李哲明、劉彭年、張星吉、于齊慶，合成「明年吉慶」四字。軍機大臣面奏于簡副考官，有所未便，改派吳慶坻。初因駱成驤之名有二「馬」旁，吳鴻甲又有「鳥」字，均未能合格也。

三撫名片易一字

光緒間，江西巡撫德馨既解職，繼之者爲德壽。德壽去，則繼之者爲松壽。皮鹿門嘗語人曰：「此三人名片，但須易一字耳。」

名亨而不亨

光緒間，有田世亨字子貞者，其先世以武功爲睢陽衞指揮，遂籍焉。幼喪父，復不慈於其母，凡冠婚諸事爲人道所當有者，輒齟齬不得當，年益壯而窮益甚。布政使某，其父之同年生也，乃以書屬世亨於州牧某，曰：「此吾年家子也，幸善視之。」州牧召世亨湯沐之，置酒食，備主人禮。飲未半，僕入報某左官，草草罷去。已而有一人按察中州，亦其父同年也。世亨上謁，慰問周至，問有子讀書否，對以有子且讀書，則曰：「學使者吾密友也，吾當爲游揚，隸若子於庠。」已而學使者遷去，遂不果。世亨每出，雖晴而中道必雨，歸則又晴。每訪人於附近村聚，其人必於前一二時許他出。或持錢入市，有所求，則所求之物適亡矣。如是者數十年，累試不爽，人皆笑曰：「君名世亨，何竟無一事之亨也？」世亨因自號鈍菴。

弟以兩兄之名爲名

長樂高氏昆仲三人，長名鳳岐，字嘯桐。光緒末，嘗權梧州守，被薦，試御史，名列第一而不用。次名而謙，字子益，官至雲南布政使。又次字夢旦，諸生也。則取長兄名之第一字，仲兄名之第二字，合而名之曰鳳謙。

漢人取滿名

漢軍取滿名者甚多，若漢人，則固絶無而僅有也。臨桂況夔笙太守周頤，嘗官內閣中書。在京日，得一子，甚慧，愛之篤，懼其夭也，爲命名曰額爾克。額爾克，滿語也。以漢文譯之爲鐵，欲其如鐵之堅固耐久也，然其後竟夭。

名重文

光、宣間，有主持君主立憲者曰劉少少，名爲重文，下流社會恆有之，士人以重文爲名，自少少始。

蒙人不得用漢字命名

內外札薩克汗王、貝勒、貝子、公、台吉、塔布囊等生子命名，均應取滿洲、蒙古字義，不得輒用漢字文義，違者以違制論。

麼些種人之名

雲南麼些種人無姓氏，以祖名末一字、父名末一字加一字爲名，遞承而下，以判親疏。

名字

名字於人，要有關係，命意取類，不可不審，自古及今，從無名士通人取俗陋不堪之名字者，此可見也。古人名字，意多相屬，如仲由字子路，卜商字子夏，馯臂字子弓，孟軻字子輿之類，不可勝數，漢、魏猶然，自晉以後，乃不盡爾。

名字所取，根於心意，沿於習尚，因時變遷。總而觀之，可分六種：唐虞以上爲一種，三代爲一種，秦、漢、三國爲一種，六朝爲一種，唐至宋爲一種，金、元至國朝爲一種。其間雖有小出入，然大較如是。且國朝人之於名字，固尤爲致意耳。

金聖歎改名字

金聖歎原名采，字若采，吴縣人。好飲酒。嘗於所居貫華堂中設高座，召徒講經，經史子集，縱橫顛倒，一以貫之。與王斲山最善。一日，斲山以三千金畀之，曰：「君可以此權子母，後日母仍歸我，以子金助君膏火資。」越月，罄矣，乃語斲山曰：「此物留君家，君適爲守財虜，吾已爲君盡之矣。」斲山一笑置之。及入國朝，絶意仕進，更名人瑞，字曰聖歎。或問以改字之義，則曰：「《論語》有兩喟然歎曰，在顔淵爲歎聖，在曾點爲聖歎，予其爲點之流亞歟！」

兄弟之名字號如一

宗室寶廷，字竹坡，光緒中官禮部侍郎。嘗典試福建，以道經浙江，納九姓漁船女爲妾，罣吏議褫職。有二子，一名壽富，號伯福，别號一二；一名富壽，號仲福，别號二一。

名字合一

衣冠中人有名必有字，名與字皆著稱於時。若名字合一，而名即爲字，字即爲名者，順、康間，有李君燦者，即字君燦；道光中，有陽湖錢季重者，即字季重；光緒中有黄孝覺者，即字孝覺是也。

同時同姓字

康熙朝，有二人皆邵姓，一名長蘅，一名陵，皆字青門，皆以文學著稱於時。

二堂

江都焦里堂循，與甘泉江鄭堂藩，皆以淹博經史爲藝苑所推，世有揚州二堂之目。

平艮仄艮

道光中，蘇郡有二人，皆字艮甫，以詞鳴於江南。一曹楙堅，吴縣人，官至湖北按察使，有《曇雲閣詞鈔》。一趙函，震澤人，有《飛鴻閣琴意》。一時有平艮、仄艮之稱，蓋以其姓之平聲仄聲别之也。

以天文數目之字合爲字

光緒中，粤西有秦書祥、于夔者，結友十人，講學論道。其取字甚奇，第一字皆屬天文，第二字皆屬數目。秦字雲五，取義於五色雲也。于字風八，取義於八方風也。有字雷一者，蓋取一聲雷之義也。有字星七者，蓋取七星之義也。其他多昉此，不悉憶矣。秦爲光緒丙午舉人，于嘗行醫於廣州，著一書曰《醫醫醫》。

小字

順、康間，徽人相稱好用小字，雖卑幼於長老亦然，曾不以爲忤也。

汪鈍翁程可則小字

汪鈍翁小字液仙，程可則小字佛壯。王阮亭有詩云：「佛壯談詩登祕閣，液仙趨府算錢刀。」鈍翁先除户部。一佛一仙，天然對偶。

號重文

沛縣閻爾梅，字調鼎，明之遺民也。入本朝，隱居不出，著有《白耷山人》、《汧罝草堂》等集。其號甚奇，曰古古，蓋重文也。與余㕡古文本字。之字曰生生者同一新穎，特閻爲號而余爲字耳。

高宗自號十全老人

高宗耄期倦勤，自號十全老人。

文宗自號且樂道人

文宗之季年，東南淪胥於粵寇，京津見偪於英艦，內憂外患，宵旰靡寧。駕幸熱河，乃以且樂道人自號，蓋有得過且過之意也。

石瑤辰自號民傭

翼城石瑤辰司馬家紹嘗曰：「父母保抱其子，蓋日爲傭而不自知也。」因自號民傭。

龔孝拱自號半倫

龔半倫，仁和人，爲定菴子。初名公襄，字孝拱，繼更名曰刷刺，曰橙，曰太息，曰小定，曰昌匏，晚年自號半倫。半倫者，謂無君臣、父子、夫婦、昆弟、朋友，而尚愛一妾也。

左文襄自號老亮

左文襄公雅喜自負，與友人書翰，恆於其末自署老亮，蓋以諸葛自況也。嘗謂胡文忠公曰：「千秋萬世名，寂寞身後事，人生數十寒暑，烏能謀及來茲？但得生前自謚忠介先生，私願已滿，公其許我乎？」

吴大澂自號愙齋

吴大澂，字清卿，自號愙齋。嘗爲潘文勤公祖蔭作篆，署號於紙尾，文勤奇之，不識也。此與某尚書謂章太炎所著《訄書》，曰那個什麼什麼字相同。

母以道人兒號其子

貞髦君，太原傅青主山母也。姓陳氏，父諱勔，忻州諸生。母周二十二歲，勵柏舟操，十七歲歸檀孟，爲傅氏婦。舅御家嚴，諸婦中，陳獨以勤慎著。生子三，長庚，諸生，先卒；次卽山，明崇禎甲申後以道人稱；三止，太學生。甲申後，山棄家而旅，隨所寓，奉母往，母絶不以舊業介意，沙蓬苦荁，怡然安之。順治甲午，山以飛語下獄，禍且不測，從山游者，僉議申救。貞髦君要衆語之云：「道人兒自然當有今日事，即死，亦分，不必救也。但吾兒止有一子眉，若果相念，眉得不死，以存傅氏之祀，足矣。」逾年，飛語白，山出獄，見母，母不甚悲，亦不甚喜，頷之而已。

人以避青先生號顧亭林

明社既屋，顧亭林誓不損節，每屆端午，輒於門楣懸紅色蔓菁一，内實以蒜青少許，並掛白布一片於後，書「避青」二字，意示不直國朝惡而避之之義，人因稱之曰避青先生。嘗步行至江寧明孝陵，哭弔數次，往返數千里，不辭跋涉之苦也。

人以醉公號塞勒

塞勒，睿忠親王曾孫。性爽抗，嗜酒，雖朝會，氣猶醺然，人呼爲醉公。然遇大事多直鯁。康熙戊戌，理王以罪黜，東宮虛位，聖祖命諸臣集議，時廉王覬覦大器，揆敍、王鴻緒左右之。塞憤怒，起於坐，大聲曰：「惟立雍親王，蒼生始蒙其福。」衆愕然。後世宗即位，召見，責之曰：「當日汝言，幾危朕躬，然忠鯁可嘉也。」塞免冠謝曰：「臣一時愚直，自不能遏抑耳。」

人以聖卵號朱耑侯

光緒朝，山陰有朱耑侯者，世家子也。中乙酉副貢，設帳授徒，究心濂洛關閩之學。里人迂之，以其效法孔子，具體而微，若已有孔子全體之一部分者。一部分爲何？睾丸是也。睾丸卽卵，遂以孔子之卵山陰、會稽本有此諺，於人之講道學者輒以此四字稱之。嘲之，呼曰聖卵。耑侯夙善八法，肖朱子，自是爲人作書，輒署款曰「聖卵朱某」。

清稗類鈔

稱謂類

滿蒙二族呼漢族爲蠻子

康熙丙辰，武定李文襄公之芳任浙閩總督，有德政，閩人感之，呼爲蠻子佛。蓋其時靖南王耿精忠叛，康親王率師南征，滿、蒙兵士四出，滿、蒙二族本呼漢族爲蠻子，閩人或襲滿、蒙之口吻而稱之也。

漢族呼滿蒙二族爲韃子

漢族對於滿、蒙二族，輒呼之爲韃子。蓋元代漢族所以呼蒙族者，至本朝而更擴其範圍矣。韃靼，本韎鞨之別部，唐末始見其名，後乃爲蒙古之稱。元亡，其宗族走漠北，去國號，稱韃靼，其可汗本雅失里，爲明及亞剌所攻，勢大衰。達延汗以後復起，屢擾明邊。及本朝興，諸部相繼降附。又爲地名，則以中古時，韃靼族侵入中亞細亞，故名。近世學者分爲支那韃靼、即東土耳其斯坦。獨立韃靼即土耳其斯坦。二部。或更用廣義，自滿洲、蒙古至歐洲之頓河、尼瓦河間，概與以此稱。以是之故，漢族之對於旗人，除確知其爲漢軍不復稱以韃子外，其他則不問其爲滿洲，爲蒙古，輒以韃韃一作達。子呼之。且以下流社會之人，但知有滿洲，而不知有蒙古耳。

漢滿蒙三族呼回族爲回子

回回，古國名，宋時據有中亞，爲元太祖所滅，即花剌子模朝也。然其種人於陳、隋間已入我國，金、元以後，蔓延滋甚。所至，輒相親，篤守其世傳之天方教，陝、甘、新疆最多。居甘肅撒拉爾等處者，曰回户，設土司轄之。其散居各省者，則列於民户，無所區別。然漢、滿、蒙三族之人對於回族，固皆稱之曰回子也。

滿洲之稱謂

滿語以天子爲憨，即古稱克汗，憨、汗音相近。貝勒爲王，昂邦爲臣，哈番爲官，馬德爲祖。譯以漢音，文義無他異。院子爲花，花、鰕同音，爲禁衛之稱，當即院子近身奉侍之義也。

新疆蒙古家屬之稱謂

新疆蒙古不講宗法，曾祖以上無稱，祖父曰阿布苦，祖母曰阿布苦哀吉，父曰阿博，母曰哀吉，伯父曰阿博喀阿卜，叔父曰阿博喀阿噶，兄曰阿哈，嫂曰畢里肯，姊曰阿格啓，弟曰底吕，弟婦曰底擺哩，子曰庫本，媳曰擺哩，女曰扣肯，孫曰阿奇庫本。

纏回之稱謂

新疆纏回之家族稱謂，有名無姓氏，父曰達旦子，母曰阿浪子，祖父、祖母則曰穹達旦子、穹阿浪子。穹者，大也。猶言大父、大母也。兄曰阿干子，弟曰伏干子，夫曰伊引子，妻曰和通。其伯叔舅姊皆以呼兄者呼之，甥壻妹姪皆以呼弟者呼之，餘則無尊卑長幼，概呼以名而已。

仲家苗之稱童男童女

卡尤仲家在貴陽、都勻、鎮寧、普安，隨處皆有，婦人多美好，謂處女曰囊，男未娶者曰羅漢。

獠伶侗之稱謂

諸蠻有獠、伶、侗、瑶、僮、俍數種。獠人，俗稱山獠，推其魁曰郎火，猶漢語夥伴也。伶、侗稱食曰饘飰，或曰哽餲，衣曰登革，謂父曰扶，自稱曰留，男謂女曰有助，女謂男曰友友，男女相屬意曰眉心眉意。然所作歌詞文字，則與漢族無異。

皇帝稱臣

冬至郊天，例有表文，焚表時，有漢大學士一人侍帝側。皇帝稱總理山河臣某，漢大學士稱協理山河臣某。

皇帝老爺

高宗南巡江浙，耆老婦女道左瞻仰，有稱皇帝老爺者，前驅衛士將執而治之。高宗亦驚訝，詢之江督尹文端公繼善。尹奏南方愚民，不明大體，往往呼天爲天老爺，天神地祇，無不得老爺之稱者。高宗大笑，扈從諸臣遂不復言。

阿哥

諸皇子皆稱阿哥，以行列之大二三四等數目冠之於上。皇帝與人言及，亦稱之爲阿哥，且有見之於諭旨者。

奴才

滿洲大臣奏事，向有稱臣或奴才者。乾隆戊子下諭：「嗣後頒行公事摺奏稱臣，請安謝恩尋常摺奏仍稱奴才。」所以存滿洲舊俗也。乃久之，滿臣奏摺無論公事私事，俱稱奴才，以爲媚矣。當未入關以前，滿洲曾貢獻於高麗，其表文，自稱後金國奴才。可見奴才二字之來歷，實爲對於上國所通用，其後遂相沿成習耳。

然不獨滿洲也，蒙古、漢軍亦同此稱，惟與漢人會銜之章奏，則一律稱臣。漢人之爲提督總兵者，稱奴才，雖與督撫會銜，而稱奴才如故，不能與督撫一律稱臣也。王公府邸之屬員奴僕，對於其主，亦自稱奴才。

筆帖黑答

滿語稱翰林院爲筆帖黑衙門，稱侍讀學士爲筆帖黑答，翰林院之長也。

文官上下之稱謂

屬僚對於上官之稱謂，稱人與自稱，京外不同。對於管理各部院之親郡王，稱之爲王爺。對於部院之尚書、侍郎，則稱之爲大人，而冠以姓，以尚、侍不止一人也。其自稱，則不論郎中、員外、主事，均稱司官，亦有稱章京者。章京初爲將軍之滿洲稱謂，世祖入關時盛京將軍自稱章京是也。繼而轉爲委員之滿洲稱謂，如軍機處、總理各國事務衙門之屬員皆稱章京是也。雖京堂道府爲章京，亦自稱章京。尚、侍對於司官、章京之無戚友私誼者，則曰某老爺，某，姓也。此就京曹官言之也。若在外官，則藩、臬、學各司對於督撫，自稱本司或司裹，巡、守、河、糧、鹽、警各道對於督撫自稱職道，候補者亦如之。知府自稱卑府，直州、散州之知州以及同、通、教佐，下至從九未入，則皆自稱卑職，無區別矣，現任、候補，皆從同。

先生大人老先生

明時，京官自閣臣以至大少九卿皆稱老先生，門生稱座主，亦如之，蓋稱謂之最尊者也。外省，則僉、憲以上悉以此稱巡撫。若稱按部使者，則止曰先生大人而已。康熙時，京官猶沿明舊稱，如內閣部堂，彼此曰老先生，翰、詹亦然。給事曰掌科，御史曰道長，吏部曰印君，曰長官。至同治初，所謂掌科、道長、長官者，絕無如此稱謂。惟印君，則六部掌印者皆然，不獨吏部也。而老先生三字，則貴賤上下，滿朝無一人稱之矣。

大人

大人之稱，始於雍正初，然惟督撫有之，康熙末，則施之於欽差大臣矣。嘉、道以降，京官四品以上，外官司道以上，無不稱大人。翰林開坊，六品亦大人。編、檢得差，七品亦大人。至光緒末，則未得差之編、檢及庶吉士，並郎中、員外郎、主事、內閣中書，皆稱大人矣。外官加三品銜或道銜者，無不大人。久之，而知府、直隸州同知亦大人矣。

張叔未稱人奴爲大人

嘉興張叔未名廷濟，精賞鑒，工篆隸，求書者踵相接。潤例甚苛，扇、對每件須銀若干，如署款欲稱大人者，必加銀若干。有友某，偶持對聯乞書，未加署款之潤，張遂不署大人。一日，張詣友，忽見友之僕侍側，手持一扇，甚精雅。友故問曰：「汝此扇，是何人爲汝書？」僕云：「是求張老爺書者。」友舉觀之，謂張曰：「汝亦太自褻矣，何至貪潤銀，乃稱奴輩爲大人？」張駭視之，果有某某仁兄大人等字，始知爲友所算也。

老師先生

弟子之於師，凡受知者稱老師，受業者稱先生，非若筆札之必稱夫子也。若後進之於先進，非父執，非平行，而不易加以稱謂者，亦曰先生，或加以其人之字，曰某某先生。

普通儕輩相呼，彼此亦各有以先生相稱者。

商業中，奴婢之於主人，稱先生。

光緒中，上海高等妓女，世俗所稱之書寓長三是也，亦稱先生而不稱小姐。

曾文正稱劉瑲林爲瑲林先生

咸豐辛酉春，曾忠襄公國荃圍攻安慶，粤寇陳玉成部下劉瑲林方據集賢關，爲城中犄角，曾文正致書忠襄有云：「勿使瑲翁逸去。」又稱之曰「瑲林先生」。繼聞鮑超攻破其壘，殺之，則大喜。文正素持正，不輕假人以辭，於玉成則直斥曰狗，於瑲林則尊之曰瑲翁，曰先生。瑲林殆亦當時粤寇之健者也。

大老爺老爺

明時縉紳，惟九卿稱老爺，詞林稱老爺，外任司道以上稱老爺，餘止稱爺，稱老爹而已。乾隆時，內而九卿，外而司道以上，俱稱大老爺。自知府至知縣，亦稱大老爺。咸、同以降，至光、宣間，知府無加銜者，以至知縣，皆稱大老爺。佐貳六品以上，即大老爺，舉貢生監無不老爺，甚至市儈捐六品銜，亦大老爺矣。

老爺之稱，又最爲普通，凡文武官吏之家中奴婢無不稱其主曰老爺，中堂且然，不若門外之人之須一一分別也。又俗以舉、貢爲有授官之基礎，故亦得受此稱。光緒末，老爺更多，偏僻之地，鄉人且稱生監爲老爺，即非生監，而家居平日著長衣者，亦皆稱之爲老爺矣。

太爺太老爺

太爺之稱，次於大老爺及老爺，以稱外官之佐雜，縣丞以下是也。函牘中有稱之爲太老爺者，則略尊矣。而乾隆時之舉人、貢生，亦稱太爺。

老大人老太爺

自身有官職，其封翁，大者稱老大人，小者稱老太爺。

爺

北人儕輩相呼，輒曰爺，以其姓氏加於上，曰趙爺，曰錢爺；以其行列加於上，曰大爺，曰二爺。光緒朝，都人每稱恭忠親王爲六爺，醇賢親王爲七爺。

少爺孫少爺

少爺、孫少爺者，官之子孫也。自身爲大人，子可稱少大人，孫可稱孫少大人。自身爲大老爺，子可稱少老爺，孫可稱孫少老爺。若自身爲太爺，則子孫亦僅稱少爺、孫少爺而已。晚近以來，富室固沿是稱，即稍有體面者亦然。

某官

凡年未及冠之男子，尊長及奴僕，或以其行列別之，曰大官、二官；或以其咳名即乳名，亦即小名。冠之，曰某官。此亦可見社會之熱心仕宦也。十齡以外，輒改稱少爺。

相公

咸豐以前，奴僕之於未仕者，如監生、諸生，皆稱以相公。以其姓或名或號或行列冠於上，曰某某相公。

大帥老帥

大帥之稱，初惟施之於大將軍或經略也，後且及於督撫。咸、同軍興，卿貳總軍務者，亦悉有此稱。光緒以來，督撫非軍務省分，亦稱大帥，其年老資深者或稱爲老帥，久之而實缺提督亦受此稱矣。

總爺副爺將爺都爺爺

大人、大老爺之稱謂，武官亦有之。就綠營而論，提督、總兵、副將、參將皆稱大人，游擊、都司皆稱大老爺，守備初稱總爺，後亦稱大老爺矣，千總、把總則皆稱副爺。平民於兵士稱之曰將爺，祝其由兵而將也。在國初，則稱都爺爺。

標下沐恩

武官對於受轄之官稱之爲大帥大人，其自稱則曰標下。標者，軍標、督標、撫標、提標、鎮標，言在其標下供職也。又有稱沐恩者，謂効力軍中，官職之遷擢皆受恩於上官也。

晚生侍生

京官有晚生、侍生之稱，軍機處、内閣、翰林院、都察院、吏部、禮部皆有之。大抵用之於同署科分或到署年分月分在前之人，間有用之於外官者，則督撫也。

范忠貞耿精忠互稱眷生晚生

范文肅公文程，耿精忠至戚也。先是，耿之祖歸順遼左，受封爲王，實文肅力也。時文肅官内院，方枋國，與耿交誼最厚，誓爲婚姻，至襲王，已第三輩矣。而忠貞公承謨爲文肅之子，耿之妹又嫁忠貞之姪，姻婭中於輩行爲長。凡書函往來，耿稱晚生，范稱眷生，無相間也。忠貞在浙久，念耿輩雖卑而爵已尊，同列封疆，受其晚生之稱似太過，因遜謝再四，自後耿稱侍生，范稱弟，亦無間也。

舊例，各省督撫移文，與平西、定南、靖南三王俱平行，銜封表面，僅書某官姓，公文遞至某王軍前開拆，來文亦如之。一日，耿公文至浙，傳鼓投進，銜封已變常式，表面大書年月黑簽，某日旁寫右照會浙江巡撫，背有靖南王封四大字。忠貞愕然，及啓私函，則耿仍稱晚生。札云：「新奉則例，王移文至督撫，俱改照會，故於私函仍用晚生帖。」忠貞佛然，答柬仍改書眷生，而晚生帖竟不璧還，函外僅寫王爺，書面授來使，而不用印信函封，以後來往悉然，嫌隙始於此矣。

吴陳炎自稱眷同學

康熙中，仁和吴陳炎寶崖以國子生供奉内廷，凡與京官往來名刺，書眷同學某，而無弟與晚之稱謂，都人乃呼爲吴同學。

老查少查

查初白編修，先以澤州相國薦起，命直南書房。明年，始賜出身，由庶常授編修。其族子昇，方以宫坊久侍直，宫監無以别之，乃呼初白爲老查，聲山爲少查。

稱謂避莊有恭嫌名

屬吏上大憲書，向用「恭惟大人」四字。乾隆朝，莊滋圃相國有恭總督南河，僚屬具禀，改爲「仰維」，或作「辰維」，避恭字也。

稱謂避左文襄嫌名

定例稱大學士曰中堂，左文襄公宗棠自陝甘總督入相，兩省官吏避宗棠二字之嫌名，皆稱伯相，比晉封二等侯，又稱爲侯相。

書札封面稱家大人嚴君

有京官某者，凡致信於同姓者，輒書曰家老爺、家少爺。有某某者，官某道，某不辨，而書曰家大人。又一日，致信與姓嚴者，書之曰嚴君。嚴閱之，走謝曰：「尊稱實不敢當。」

召見時稱兄曰家兄

粵寇之役，軍事繁興，各路將帥戰功卓著，保案大開，於是幕府中人多膺薦剡，而依草附木者不可勝數。湖北王某，有兄統兵屢立奇勳，某亦以隨營參贊功，歷保至道員，加花翎二品頂戴，賞巴圖魯勇號，時某年僅二十餘也。光緒初年，復以某督明保，送部引見。孝貞、孝欽兩后垂簾，孝貞問曰：「觀爾履歷，以隨營功保至道員，爾究隨何人立功得保此職？」王年幼，又在軍久，不知儀注，率爾對曰：「家兄營中所保。」孝貞聞之一笑，遂不復問。某既退，兩后謂軍機大臣曰：「此人年輕有功，似尚聰明能辦事，惟少閱歷，恐未能任地方官，可不必記名，姑照例發往，俟其歷練數年，可用也。」尋分發江西。

董文恭令人稱老表兄

董文恭公誥以詹事府右中允於乾隆己丑丁外艱回籍，每輿出，小兒羣譁曰：「董誥來矣。」一日，有所聞，呼而告之曰：「我之姓名，惟我父母君師得呼之，我與爾輩有戚誼，此後相見，呼老表兄可也。」

自稱弟爲令弟

海鹽陳子莊廣文爲金華教官時，有諸生數人請見，自稱其弟爲令弟，同座均目笑之，其人亦自忸怩。陳解之曰：「古人自稱其弟，本有令字，諸君特未留意耳。」衆咸求教，陳因誦謝靈運《酬從弟惠連》詩云：「末路值令弟，開顔披心胸。」杜少陵《送弟韶》詩云：「令弟尚爲蒼水使，名家莫出杜陵人。」是稱己之弟爲令者，亦猶行古之道也。言罷，衆俱粲然。

聖祖禁稱社弟盟弟

明季時，文社行，往來投刺者無不稱社弟。國初，盟會盛行，凡投刺無不稱盟弟。甚而豪胥市狙能翕張爲氣勢者，搢紳躡屐問訊，亦無不以盟弟自附。康熙初，朝廷以法律馭下，嚴行禁革，遂不稱同盟而稱同學矣。

粤人以契弟二字駡人

契弟之稱，初惟師之於弟有之，言其衣缽相傳，兩兩相契也。繼而避嫌不用，則以閩、粤之好男風者，每以此二字稱其所歡耳。粤中駡人輒曰契弟，其音略同開刣，蓋以龍陽譬之也。

丘丈勇爺

俗稱婦翁曰岳丈，婦之兄弟曰舅爺。而富貴人家得寵之妾亦有許其家屬往來者。或曰是宜去岳字之山而稱妾父爲丘丈，以勇字形似舅字而稱妾之兄弟曰勇爺。

太后之稱謂

光緒朝，宫廷自皇帝以次及於宫眷，均呼孝欽后以男稱，有時亦呼老祖宗，又或稱之爲老佛爺，德宗則稱之曰親爸爸。

至老佛爺之稱，則以孝欽時作觀音大士妝，以李蓮英爲善財童子，蓮英之姊爲龍女，用西法照一大像懸於寢殿，於是宫人均呼孝欽爲老佛爺。

皇室皇族之女稱謂

本朝公主有二稱，皇后所生曰固倫公主，妃嬪所生曰和碩公主。親王之女稱郡主，郡王及貝子、貝勒、輔國公之女稱縣主。然除公主外，雖有郡主、縣主資格，如未奉有正式封號者，皆統稱格格。大抵稱格格者，以次女以下之處子爲多。若其長女，未得正式之封號者亦罕。駙馬都尉稱額駙，亦因所尚主，加固倫、和碩等字。若宗室，俗稱黄帶子。若覺羅，俗稱紅帶子。若閑散八旗，若内府三旗，凡對於未嫁之幼女，皆稱妞妞。

福晉

本朝初入關時，一切稱謂悉隨漢族之音，例如福晉二字，即夫人二字之音。蓋初用滿文，而後從滿文改譯漢文，至有福晉二字也。

蒙古室號

《北史》，蠕蠕即突厥。號其正室曰可賀敦，《遼史》呼皇后爲忒里蹇。國朝之外藩蒙古，其汗之正室曰哈屯可賀敦。

太太

命婦稱太太，其夫自一品以至未入流皆然，無所別也。久之，則富人亦稱之。又久之，則凡爲人婦之可以家居坐食者，亦無不稱之矣。

老太太

婦之姑稱老太太，以別於己之稱太太也。進而上之，祖姑稱祖老太太。

少太太

婦有翁姑者，稱少奶奶，固已。然以其夫之顯貴而欲表示其尊，則稱少太太。若此者，其姑則稱太太，其子婦則稱少奶奶。

奶奶

婦人之稱奶奶，南北均有之，而作用不同。南方之稱奶奶者，其初大率爲中流社會不敢自比於宦族而稱太太，因以奶奶替之。北方不然，自王公以至士庶，婦年少壯而或上有翁姑者，均稱奶奶，惟以行列冠於上，曰大奶奶，二奶奶。

少奶奶

富貴家之子婦，翁姑及奴婢皆稱之曰少奶奶。或以其夫之行列別之，或以其夫之乳名冠之，曰某少奶奶。

孫少奶奶

孫少奶奶者，以婦之夫有祖父母在堂，而姑猶稱少奶奶，遂得此稱。

姨太太姨奶奶

富室貴家之妾稱姨太太。粤人類多姬侍，輒稱之以大姨太太、二姨太太，或僅一太字。其有爲大婦所抑而不得此稱，或年齡太稚者，均曰姨奶奶。下焉者，則但以本人之姓或名冠於姑娘二字之上，曰某姑娘。

凡姨太太、姨奶奶之稱，大率爲已有子女或崇尚體面者而設。

老姨太太老姨奶奶

尊長之妾，無論有無子女，均可稱老姨太太，或老姨奶奶，亦不問其卑幼之有無姬侍也。

姨少太太姨少奶奶

卑幼之妾，稱姨少太太或姨少奶奶者，以其家尊長之妾，稱姨太太或姨奶奶故也。

小姐姑娘

姐，姐兒也，輕之之辭也。而富貴家之女乃有此稱，且又從而小之，曰小姐。巨室閨秀反以此稱爲榮，大奇。

北方有稱姑娘者，旗人尤多，揣其意義，實較小姐爲尊也。然南方之妓女亦稱小姐，北方之妓女亦稱姑娘。既嫁，則稱姑太太，或姑奶奶。

太小姐

富貴家有在室處女，不嫁而年邁，其兄弟之女已稱小姐，而己之行輩已較高，遂得此稱。然不能改稱老小姐，蓋於此而稱老，一若有譏其老大不嫁之意也。

姑小姐

室女已無父母，而家長爲其兄弟，雖已字人尚未于歸，且年齡在三十以下者，輒稱之曰姑小姐，不必稱太小姐也。

孫小姐

孫小姐者，本人之父尚有在室姉妹稱小姐，奴婢對之，則稱之曰孫小姐，以示别也。

清稗類鈔

風俗類

全國習慣

我國上古，男皆束髮於頂。世祖入關，乃薙髮垂辮。女子多纏足，不輕出外。男子吸鴉片者甚衆，亦好賭博，煙管賭具，幾視爲日用要物。光、宣間，始有天足會、戒煙會之設立。至於食品，北重麥，南重米。而知書識字者，百人中不可得一也。

以物價覘俗

國初物價已較明爲昂。順治時，某御史疏言風俗之侈，謂一席之費至於一金，一戲之費至於六金。又《毋欺録》云：「我生之初，親朋至，酒一壺，爲錢一；腐一簋，爲錢一；鷄鳧卵一簋，爲錢二，便可款留。今非豐饌嘉肴，不敢留客，非二三百錢，不能辦具。耗費益多，而物價益貴，財力益困，而情誼益衰。」又晉江王伯咨嘗於其家訓中述往事云：「銀三錢，可易錢一百二十文，每日買柴一文，三日共菜脯一文，計二十日可用二十七文有奇，而足存九十餘文，可買米一斗五升，足家中二日半之糧。蓋此銀一兩，僅值四百錢，斗米不過六十文，薪菜之值尤極賤也。至康熙時，則斛米值銀二錢。雍正時，市平銀一兩，可易大制錢八九百文，米色雖有高下，每石市價以百文上下爲率。乾隆庚寅，斗米值三百五十錢，《武昌縣志》已列爲災異。道光以來，米價極賤時，一斗必在二百文外，昂時或千餘錢。銀一兩，從無千錢以內者。始知往日物輕錢重，官中所謂例價者，乃常價，非故爲抑勒也，特相沿不改耳。」

光、宣間，則一筵之費至二三十金，一戲之費至六七百金。而尋常客至，倉猝作主人，亦非一金上下不辦，人奢物貴，兩兼之矣。故同年公會，官僚雅集，往往聚集數百金，以供一朝揮霍，猶苦不足也。生計日促，日用日奢，京師、上海之生活程度，駸駸乎追蹤倫敦、巴黎，而外强中乾，捉襟現肘之内幕，曾不能稍減其窮奢極欲之肉慾也。且萬方一概，相習成風，雖有賢者，不能自異，噫！

開會

集會、結社，二者性質不同。集會爲一時聯合，歡迎歡送之類屬之。結社有永久性質，辦事討論之類屬之。而流俗不察，輒稱之曰會。光、宣之交，都會商埠盛行之。

發起人先以開會年月日時、名稱、地址及開議之原因，提議之辦法，印發傳單，登載日報，並發函通告同志，或即呈報當地官廳，以便保護。會場有開會秩序單，其提議之各事曰日程表。會場中央外向，設演説臺。當摇鈴開會時，由發起人登臺，布告宗旨，續行演説。或由他人主席，請其發言。凡所演説，均由旁坐書記筆録於册。辦理庶務者爲幹事員，招呼會衆者爲招待員，整理秩序者爲糾察員。

赴會人所須知者如下：一、繳券。至會場門口，以入場券交收券人。二、簽名。門口有一几，設簽名册，分會員、來賓二種，赴會者以己之姓名書於上。三、就席。有會員席、來賓席、特别來賓席、新聞記者席各種，於楹柱或椅或桌分别標識，赴會者當依招待員引導入席。四、發言。若會中有赴會人發言之特許，自可發表意見，惟須俟他人言畢，起立陳説。若應演説臺上之請，登臺演説，當登臺時，先向外鞠躬，立而發言。五、退席。將閉會，亦如開會時之摇鈴，赴會者聞聲即退。入場勿擁擠，出場須魚貫而行。勿私言，交頭接耳，易爲他人所疑。勿喧嘩，宜坐而静聽。勿涕唾，萬不得已，以手巾盛之。勿吸煙，煙霧薰蒸，易爲旁坐人所厭惡。

謁客

凡至官廳及人家，投謁答謁，由從僕以名刺交閽人。既通報，客即先至客堂，立候主人。主人出，讓客，即送茶及水旱煙。有須主人迓客於門而陪客入内者，則爲特别之客。

光、宣間，名刺之式不一，或紅紙，或西式白紙，均可。名片之背，則書名號與住址，西式名片之左角則書職業。女子亦然，惟已嫁者輒增夫家姓氏。男子有承重喪或父母喪者，則於白紙名片之四周以二三分黑色爲緣；或即沿用舊式，於姓之左角書制字；期服以外之喪，僅於姓之左角書期字，餘類推，女子亦然。若攜有介紹書者，於接見時面投。

三朝

俗所謂三朝者有二：一、兒生三日會客，設湯餅筵。一、男女成婚之第三日，亦肆筵設席以娱賓。

彌月

彌月，見《詩經》「誕彌厥月，先生如達」。謂姜源之孕后稷，滿十月之間，易生而無留難也。其後則以男子子、女子子之生滿一月者曰彌月，宗族戚友亦皆有所饋贈，以將賀意，必設宴以享之。或饋人以生麪及炒熟之麪，麪條長，取其縣縣不斷長壽之意也。

百禄

兒生百日曰百禄。杭有此風，必祀神，爲兒薙髮，曰百禄頭。「禄」讀如「羅」，因「百禄」二字與「不禄」同音。不禄者，死也，故避之。且不曰百日而曰百禄者，以人死之百日曰百日也。

周歲

周歲，小兒之生及一歲者也。古時，兒生一期，設晬盤於兒前，男則用弓矢紙筆，女則用刀尺針縷及珍寶玩物，置盤中，觀其發意所取，名之爲試兒，今亦有之。富貴之家至有演劇侑觴以娱賓客者。客皆有所饋，其豐者爲金銀飾器、綢緞衣料。

立嗣

我國重宗法，以無後爲不孝之一。凡年至四五十而尚未有子者，輒引以爲大憂，懼他日爲若敖之鬼也，他人亦爲之鰓鰓慮，視滅國之痛尤過之，蓋狹義滅種之懼也。於是有立嗣之事。其法：擇胞兄弟之子以爲嗣，次則擇從兄弟之子，復次則擇再從兄弟之子。兩者皆無，乃及於昭穆相當之族人。惟其中有應繼、愛繼之别。昭穆之最親者爲應繼，繼矣，而不當嗣父母之意，另擇一較疏之人，亦使爲後，曰愛繼。亦有舍應繼而取愛繼者，此皆以同姓爲斷也。

其取於異姓者，或出嫁姊妹之子，或爲女擇一壻，入贅於家，令其奉祀。或買一不知誰何之子，則以二齡至十齡者爲多。間有先期覓一在外之孕婦，而自飾爲有娠者，俟孕婦之將臨盆也，亦坐蓐，收生嫗亦侍於側，孕婦之子方墮地，亟攜以歸，由收生嫗奉之，以交飾娠者撫之，而别雇乳婦飼之焉，俗曰血抱。凡此者皆養子也，養異姓子爲己子者。五代之李克用、王建爲最多。明太祖初起時，亦多畜養異姓兒，稱爲某舍。

且尚有出嗣於神鬼者，光緒初葉，德清戴匡嘗官餘姚訓導，徐珂欲求戴子高明經望之遺著，以其同縣而疑爲一族也。就而訪求之，戴曰：「非也，寒家之得姓爲戴，從邑城隍廟神戴公得之。先代以得子屢夭，故出嗣於神，至僕已三世矣，不與子高同族也。」匡之子子田，以税課大使需次江寧孫靜齋，爲諸生。

乾兒

乾兒者，不論男子子、女子子皆有之。蓋於十齡之內，認二人爲義父義母，稱之曰乾爺乾娘。吳俗曰過房，越俗曰寄拜。乾爺爲其命名，冠以己姓，曰某某某，必雙名，兩字也。然姓不表而出之，卽其名，亦惟乾爺乾娘自稱之。通行於社會者，則仍本姓本名，此所以異於義子也。雖乾字有相假之義，與義字之訓假者略同，而義子則爲人後，乾兒則僅曰寄男女也。命名之日，由乾兒之父母率兒登堂，具饌祀祖，更以禮物上獻乾爺乾娘，書姓名於紅箋，於其四角並著吉語，媵以金銀飾物、冠履衣服、珍玩、文具、果餌。自是而年節往來，彼此輒互有所饋，長大婚嫁，乾爺乾娘贈物亦必甚豐。乾爺之母，卽乾娘之姑，則稱乾孄婆，蓋假用乾阿孄之名稱而變通之耳。兩家之父母，俗稱乾親家。對於他人，則曰某爲某之乾親。其結合之原因有二：一、迷信。懼兒夭殤，他日自爲若敖之鬼，因擇子女衆多之人，使之認爲乾爺乾娘。且有寄名於神鬼，如觀音大士、文昌帝君、城隍土地，且及於無常俗傳人將死時由無常勾魂。是也。或卽寄名於僧尼，而亦皆稱之曰乾親家。一、勢利。甲乙二人彼此本爲友矣，而乙見甲之富貴日漸增盛也，益思有以交歡之，且欲附於戚黨之列，得便其攀援於異日，誇耀於他人也，乃以子女寄拜甲之膝下，而認之爲乾親。其與人言，亦必曰某爲舍親。

壽誕之預祝補祝

人之生日曰壽誕，亦曰壽辰。至日，家屬、宗族、戚友皆拜而頌禱，曰拜壽。其前一夕亦有往祝者，曰預祝，亦曰拜生。初度之翌日，若有人往祝，則曰補祝。

冥壽

祝壽者，祝其人之長生不死也。乃有爲已卒之祖父母、父母稱觴祝壽者，曰冥壽，亦曰冥慶。人已前卒，何有於壽，豈果有鬼死爲蹔之事乎？至期，其子孫於宴客之請柬，收禮之謝柬，皆自稱追慶子、追慶孫，仍著綵服，設禮堂，宗族、戚友亦且相率往賀，甚有演劇以娱賓者。

溺女

溺女惡習，所在有之，蓋以女子方及笄許嫁時，父母必爲辦妝奩。富家固不論，即貧至傭力於人者，亦必罄其數年所入傭貲，否則夫壻翁姑必皆憎惡。迨出嫁，則三朝也，滿月也，令節新年也，家屬生日也，總之，有一可指之名目，即有一不能少之饋贈，紛至沓來，永無已時。又或將生子，則有催生之禮，子生後，則彌月、週歲、上學等類，皆須備物贈送。甚至壻或分爨，則細至椅桌碗箸，必取之婦家。女子歸寧，亦必私取母家所有攜之而歸，稍不遂意，怨恨交作，貧家之不願舉女，良有以也。或曰大賊人道，或曰方患人滿，此風宜提倡不宜禁革。

北人毀身求財

殘毀身體，最悖人道。北方風氣剛勁，好勇鬬狠，甚且不惜傷身以易金；或因小忿，自戕其體而爭勝，尤爲野蠻。光緒某年，歲將暮，京師琉璃廠西門餅店前，有少年裸上體臥地，不聲，店主舉桿麪大杖杖其兩髎，杖至五六十，突起而言曰：「如是，必喫矣。」店主曰：「任汝喫矣。」蓋臥地者積欠餅資，猶强取不已。故店主示以大杖，謂如不呼痛，免前欠，且自此不索直也。又一日，五道廟三岔路口，有黑衣快靴之羣惡少洶洶自北來，中有袒服而外衣不鈕者一人，面血淋漓，一目已劃，蓋喫寶局者也。喫寶局者，惡少日於賭館索費，任保護。然若輩衆多，必以甘心傷其支體者始得之。支體之傷，分等計資，果劃目者列上等而獲多金矣。

京畿一帶，此風尤盛。一日，有壯男至通州某典肆持敝衣求質，典夥卻之，男子呶呶爭。久之，詰夥曰：「貴肆果質何類物？」夥答曰：「凡物皆受，第必須完好者始合格。」壯男匆匆去，俄復至，出小刀，割一耳擲櫃上曰：「此亦物之完好者，若速爲估值。」夥大懼，立邀之入，予以重金，始出。又良鄉縣甲乙二人有所爭訟，經年不休，二人皆力盡，不復勝訟，乃相約曬烈日中，畏避者負。二人力適相等，繼更議定置一大油鍋，熾之令沸，中擲二鐵丸，能赤手取以出者勝。屆期，邀父老爲證人，一攘臂先取，皮肉盡脫；其一逡巡不敢動，遂敗北，乃以所爭者讓諸取丸人。然是人受毒過深，不數日卽死。

北人尚炕

北方居民，室中皆有大炕。入門，脱屨而登，跧坐於炕，夜則去之，即以薦卧具。炕之爲用，不知其所由起也。東起泰岱，沿北緯三十七度，漸迤而南，越衡漳，抵汾晉，逾涇洛，西出隴阪，凡此地帶以北，富貴貧賤之寢處，無不用炕者。其製：和土雜磚石爲之，幅寬五六尺，三面連牆，緊倚南牖之下，以取光；前通坎道，炙炭取暖。若貧家，則於旁端爲竈，既炊食，即烘炕，老幼男婦，聚處其上。詩家題詠，亦往往見之。《湛然居士集》：「牛糞火煨泥炕暖，蛾連紙破瓦窗明。」于忠肅《雲中即事》：「炕頭炙炭燒黄鼠，馬上彎弓射白狼。」宫友鹿有《煖炕詩》三十二韻，朱弁有《炕寢詩》三十韻。又《正字通》：「北方暖牀曰炕。」此炕之明見於載籍者。然考其著述時代，率在遼、金入主以後。遼、金以前，炕之義訓，皆動詞、形容詞；若以用爲名詞者，則絶未之見也。燕太子與軻同牀而寢。《高士傳》：「管寧隱遼東，坐卧藜牀，當膝處皆穿。」北魏賈思勰《齊民要術》：「臘夜令持椒卧房牀旁，養蠶法：土屋欲四面開窗，屋内四角着火。」孫氏註：「炭聚之下，碎末，令擣熟丸，以供竈爐種火之用。」皆言竈言牀，而絶不言炕，可見北方古代本未有炕。至如《左傳》「宋寺人柳熾炭於位，將至則去之」《新序》「宛春謂衛靈公曰：『君衣狐裘，坐熊席，陬隅有竈』」，《漢書·蘇武傳》「鑿地爲坎，置煴火」，庾信《小園賦》「嵇康鍛竈既烟而堪眠」。《水經註》「土垠縣有觀雞寺，基側室外，四出爨火，炎勢内流，一堂盡温」云云，要之，皆暖房而非炕也。惟《舊唐書·高麗傳》：「冬月皆作長炕，下然煴火。」馬擴第自叙：「金主聚諸將共食，則於炕上用矮檯子，或木盤相接。」《北盟録》：「女真俗環屋爲土牀，熾火其下，寢食起居其上，謂之炕。」觀此數條，乃不啻爲北方用炕者形容盡致，而宋人異而書之，以爲胡俗，益可見北方古未有炕，蓋其初本東胡之俗，自遼、金入，浸染既深，久之遂成習慣。然炎火蒸融，輒令人筋脈弛緩，腦氣昏沉。南人夏日寢之，土濕交乘，尤易成癱瘓之症。即北人體質素强，而炭氣濛騰，冬夜因之悶斃者，亦時有所聞也。

都人之酒食聲色

晚近士大夫習於聲色，羣以酒食徵逐爲樂，而京師尤甚。有好事者賦詩以紀之曰：「六街如砥電燈紅，徹夜輪蹄西復東。天樂聽完聽慶樂，惠豐喫罷喫同豐。衙頭盡是郎員主，談助無非白發中。除卻早衙遲畫到，閒來只是逛胡同。」蓋天樂、慶樂爲戲園名，惠豐、同豐京館名，而胡同又爲妓館所在地也。

北方婦女之奢佚

許周生駕部之配梁夫人德繩，著《古春軒詩草》，中有《北地佳人行》一篇，讀之可知嘉、道時京師婦女之奢侈驕佚也。詩云：「北地佳人少小時，養成性格含嬌癡。閨中行樂隨年換，世上閒愁百不知。日高睡起心情倦，草草烏雲盤翠鈿。玉裹珠圍替月姿，粉妝香砌呈花面。三春淑景麗桃花，百兩盈門御鳳車。舅姑貴顯通侯宅，親串經過衛霍家。麝帳雲深棲並翼，相愛相憐復相得。十三箏柱綴秦絲，八九鴛鴦圖繡幕。夫壻豪奢貴有餘，入園歌舞出瓊輿。吐金袛解憐舍利，識字從來惱蠹魚。高會晨朝連日積，瑪瑙杯深浮湩酪。刻漏徐看玉帶圍，貂蟬低映寒鴉色。華堂歡笑趁芳辰，頤指微聞促酒頻。侍女不曾拈繡譜，兒家那復羨鍼神？曲房宛轉連雲第，雕闌花鳥供流睇。無香最愛鳳仙嬌，多語生憎鸚母慧。紅肥緑膩裹香綿，舉動人扶忒自憐。綺閣莊嚴長似佛，瓊窗窈窕恍如仙。少愁多病長欹枕，玉葉人參當茗飲。青鳥丁寧浪目傳，銀釭深秘誰能審？無限豪華難具陳，酣眠薄醉過青春。寒門不少傾城色，翠袖空悲薄命人。」

京師之二好二醜

光緒庚子以前，京師有二好二醜。二好者：字之好也，相公之好也。進士之朝考卷殿試策，專重楷法，點畫匀淨，墨色晶瑩，分行布白，橫竪錯綜，期無毫髮之遺憾，策論詩次之，惟以字之工拙分甲乙，他試亦然。且紙墨筆硯，俱極精良，人争習之，此字之好也。都人所稱相公者有二：一大學士，極貴也；一伶，極賤也，而稱謂相埒。俗尚交游，如有慶弔事，以有大學士臨門者爲至榮；如有筵燕事，以有伶侑酒者爲至榮，此相公之好也。

二醜者：大小遺之醜也，制藝之醜也。通衢大道，矢溺滿地，當衆而遺，裸體相示，首善之地，乃至現形若是，此大小遺之醜也。晚近制藝，名曰墨卷，專以色澤聲調爲事，絶無真理，此制藝之醜也。

京城四大

新進士既點庶吉士，謁客名刺，非常偉大，較普通所用者約加一倍，而所印姓名，恰如其紙之大小，四圍不使留隙，蓋體制然也。既散館，卽不復爾。其制自何而起，命意爲何，老於詞林者亦不能言，殆亦一種習慣而已。都人士成一聯詠之云：「翰林名片棺材槓，襪店招牌窰子口。」謂之爲京城四大。蓋都中富人出殯，舁棺夫有多至六十四或七十二人者，槓之巨，亦無倫比，蓋以表示其闊也。襪店門首，往往懸一巨襪，以爲招徠。窰子者，都人以呼妓院，蓋妓女閱人既多，爲廣大教主也。

都人不談國事

京師酒館之各室，每有一紅紙條揭於柱，上書四字曰：「莫談國事。」慮有御史適在隔室，據所傳聞，登之白簡也。且或有言侵犯親王、貝子、貝勒及宗室、覺羅，至有後患耳。

柳邊俗尚

昔年行柳條邊外者，率不裹糧，遇人家，直入其室，主者盡所有出享。或日暮讓南炕宿客，而自卧西北炕，馬則煮豆麥剉草飼之。客去，不受一錢。他時過之，或以鍼綫荷包贈，則又煎乳豬鵝雞以進。其後則倉卒一飯或一宿，尚不計值，再宿必厚報之。而居者非雲貴流人，則山東西賈客，類皆巧於計利，於是非裹糧不可行矣。然宿則猶讓炕，炊則猶樵蘇，飯則猶助瓜菜，尚非內地之人所能及也。

俗尚齒，無貴賤之階級，呼年老者曰瑪法。瑪法者，漢言爺爺也。呼年長者曰阿哥。新歲相見，卑幼於尊長必長跪叩首，尊長者坐而受之，不爲答。首必四叩，至三，則跪而昂首，若聽命者然，尊長以好語祝，乃一叩而起，否則不起也。少者至老者家，雖賓，必隅坐隨行。出遇老者於途，必鞠躬垂手而問曰賽音。賽音者，漢言好也。若乘馬，必下，俟老者過，老者命之乘，乃敢避而乘。宴會，必子弟進食，行酒不以奴僕，客受之，亦不酢。往來無內外，妻妾不相避，年長者之妻呼爲嫂，少者呼爲嬸子，若弟婦。

卧時，頭臨炕邊，足抵窗，無論男女尊卑，皆並頭。以足向人，謂之不敬。惟妾則橫卧其主之足後，否則賤如奴隸，亦忌之。其頭不近窗者，蓋天寒，窗際冰霜曉且盈寸，近則衾裯常爲寒氣所逼，致不乾，故頭臨炕邊，亦不得已也。炕皆外高內低，但不甚闊，人稍長，便須斜卧矣。

吉林俗尚

吉林之俗，枕衾被褥必逢秋始浣濯，平時雖氣味腥羶，不之顧也。

嬰孩棲以摇籃，不置諸地，以索懸之，泣則扶而蕩漾於空際。至魚皮韃子多束縛襁褓兒懸諸林木間。

女子平生沐浴僅三度，即初生一度，臨嫁一度，瀕死一度是也。

嬰孩初生，枕以硬枕，枕實以豆。務平其後腦骨，以硬起欠美觀，習俗然也。燕、魯人之流寓者，亦多染此習。

炎夏甚熱，雖亦揮扇納涼，然卧土炕者，仍烘火不輟。蓋冬日之烘火以禦寒，夏日之烘火以祛溼也。甚至席焦背赤，一若炮烙横施，非此不能安寢焉，否則背脊痛矣。

闔家尊卑老少長幼男女共寢一炕，雖外來之親友，假宿之孤客，亦無上下牀之别。且卧必赤身，故相率不燃燈，中上之家，則稍施以間隔。

吉林多炕集，用代薪炭者，均棟梁材，而區區竹頭木片，竟有用以代手紙而去穢者。

婦女足鑲鞋，底層三寸許，着衫及踝，而兩端不開，無衣叉。頂盤高髻，惟手握三尺烟筒，頻頻吸之。

寧古塔以文人爲貴

寧古塔之滿人，呼有爵而流者曰哈番。哈番者，漢言官也。而遇監生生員亦以哈番呼之。蓋其俗以文人爲貴，文人富則學爲賈，貧而通滿語，則代人賈，所謂掌櫃者也。貧而不通滿語者則爲人師，師終歲之獲，多者二三十金，少者十數金而已，掌櫃可得三四十金。

山東沿海俗尚

山東即墨以南，民貧俗儉，僅以茅舍蔽風雨，未見有廣廈大屋如南方者。其人誠實不欺，服官吏之役，雖勞不怨。惟戀鄉心甚切，以耕漁畜牧爲業，罕有出外經商者。其北則民風狡猾，海陽尤甚，然長於經商，故商於京、津、旅、大者頗多。

甘人租妻

雍、乾以前，甘肅有租妻之俗。蓋力不能娶而望子者，則僦他人妻，立券，書期限，或二年，或三年，或以得子爲限。過期，則原夫促回，不能一日留也。客遊其地者，亦僦之以遣岑寂。立券書限，即宿其夫之家，不必賃屋別居也。限内客至，夫輒避去，限外無論。夫不許，即其妻素與客最篤者，亦堅拒不納。欲續好，則更出僦價乃可。

甘人重視餞别

祖道設餞，人之常情，而當康熙時，甘肅人視之爲尤重。宦游南去，賈客東歸，率皆擕挈樽罍，招邀於郭外之荒墩古戍間，紅氍密地，毳帳如鱗，人圍馬住，頗極纏綿。更時有密識妖姬，牽驢道左，偷啼背面，送面添杯。行者停車助其歎悼，登高望盡，惘惘歸途，此亦邊人之善俗也。

吴俗前後有三好

蘇州長、元、吴三邑之人習於安逸。王文簡公士禎嘗謂其俗有三好：鬬馬弔牌，喫河魨魚，敬五通神，雖士大夫不免，恨不得上方斬馬劍誅作俑者。其後則縉紳又有三好：曰窮烹飪，狎優伶，談骨董。三者精，可抵掌公卿間矣。五通神自蘇撫湯文正公斌焚燬後已絶。馬弔好者益衆，惟河魨魚食者尚少耳。昔葉訒菴因食河魨致病，陳其年尤酷嗜，在天津食之中毒，面目悉腫，不可辨識，皆烹製失宜所致也。

蘇鄉婦女之儉勤

世以蘇俗爲奢惰，實僅指城市言之耳。若其四鄉，則甚儉且勤，婦女皆天足，從事田畝，雜男子力作，樵漁蠶牧，挐舟擔物，凡男子所有事，皆優爲之。

今姑就光福言之，能織蒲鞋，繡神袍，而舁山轎亦爲職業之一。轎着於肩，疾走如飛，健男子瞠乎後也。嘗有人詢以兩肩能擔重幾何，則曰：「我不知也。惟城中某宦，軀體癡肥，權之，當在一百三四十斤，而我荷之越嶺登山，奔馳二三十里，氣不喘而面不紅也。」

上海俗尚

上海爲通商巨埠，廣土衆民，爲全國之冠。以宣統辛亥計之，實有人民六十餘萬之多，生活程度亦頗高，中人之產，支拄維艱。自其外觀之，固已備極繁盛，實則乘肥策堅，徜徉於歌樓舞館間者，類皆僑居之富豪。若土著之普通人民，恆以撙節相警惕，惟婚嫁喪葬，專尚外觀。其下等社會之人，類皆身無完衣，而飲酒食肉口啣捲烟者，相望於道，雖乞丐亦不免。至若近鄉農民，輒以所種蔬菜售之租界，所入較豐，亦染奢靡之習，北鄉尤甚。其能勤且儉者，惟浦東及西南各鄉耳。而民氣頗柔，俗尚迷信。西鄉則好械鬭，不如浦東之誠樸也。

樂平械鬭

樂平屬江西，人皆慓悍，輒以雞豚細故，各糾黨以械鬭，而東南兩鄉爲尤甚。其俗：凡産一男丁，須獻鐵十斤或二十斤於宗祠，爲製造軍械之用。戚友之與湯餅會者，亦以鐵三斤投贈。以故族愈强者，則軍械巨砲愈多，惟用硝磺鐵彈，無新式之火藥彈丸耳。

武穴淫風

咸、同間，粤寇亂時，湖北武穴有汪某者，知寇將至，先期召集各户，籌所以對待之策，皆無以對。汪曰：「欲使其不動吾鎮一草一木，誠易事耳。某有策在，特不知大衆願否？」衆曰：「惟先生之命是聽。」汪乃選擇婦人中姿色稍佳者百餘人，使其迎寇於數里外，且遍設行館，請其休憩。寇大悦，遂各擁抱婦女，恣爲歡樂，不復騷擾商肆，翌晨即去，全鎮賴以無恙。然此百餘婦女已爲其姦淫殆徧矣。事爲胡文忠公林翼所聞，以汪此舉有傷風化，非特無功，且有罪，立寘於法。説者謂武穴之淫風至今不衰，實當日遺傳所致也。

雅州俗尚

四川雅州一帶，民尚美麗，建南一帶，民尚儉樸。南方女子，天足爲多，其富厚之家，則多纏足。無論男女，好以藍白布纏於頭，雖盛暑不去。且皆能服田力穡，勤於農務。稍有家產，輒喜畜馬羊，建南尤盛。

昌化俗尚

浙江昌化居民好訟嗜賭，而其地少盜賊。惟女子尠貞節，男女私合，曰燒同鍋。且邑少巨室，有「富不滿萬，窮弗討飯」之諺。蔬菜穀類，大都自種自食，客此者欲乞其鄰，則價昂甚。冬日，人皆攜一火籠以竹編爲籠，內置火缽。以禦寒。

寧紹典妻

浙江寧、紹、台各屬，常有典妻之風。以妻典與人，期以十年五年，滿期則納資取贖。爲之妻者，或生育男女於外，幾不明其孰爲本夫也。

處人冒祖

處州居民，家各有譜，宗支頗明晰。本宗相承，筆以紅色；異姓繼嗣，筆以藍色。惟所序非族中合議，胥以私意出之，故流毒彌多。常有無賴覬富室產，富室乏嗣，筆祖若父以藍色，而自承爲富室正支；或指富室爲異嗣者。甘爲人後，恬不知恥。更有自移他族骸骨瘞諸祖塋，許人爲盜葬，或陰匿祖骸以實之。

開化俗尚

開化縣居浙、贛、皖三省之交，屬浙江衢州府，其地萬山聳峙，城中居民約千數百户，而庸中佼佼者，惟勵、謝、陳三姓而已。其餘婦女，無論已嫁未嫁，有夫無夫，罔不面首三十，惟卿所欲，女子自十四歲以上鮮有完人。浪男蕩婦，既相歡好，則男子恆具麵食分饋其鄰，自此便可公然往來，略無顧忌，即爲之夫若父母者，第有微利可沾，亦絶不加以干涉。男子對於所歡，每月約津貼以銀幣二圓，而在生活程度極低之處，即此區區，已足贍一身而有餘。故開化奸案極少，是蓋桑間、濮上，積久成風，多所見而少所怪矣。

閩廣以人爲鳥

閩、廣之人好械鬬。未鬬之先，嘗雇人於他村，使爲助，名曰鳥。先事立約，其約文云：「某某承雇某村鳥一百隻，鳥糧每隻日三百文。如鳥飛不歸，議完卹費每鳥一百千文，聽天無悔。」蓋諱死爲飛也。

鬭時以鳥充前敵，雖殺傷不惜。

閩人好名尚氣

閩人好名尚氣，而漳、泉兩郡爲尤甚。凡科第官閥及旌表節孝三類，必建石坊於通衢，墳墓亦必有穹碑。其墓與大道相距或過遠，則必立之道旁，俾行路者易見之也。

民多聚族而居，兩姓或以事相争，往往糾衆械鬭。然於交際之私情，仍不相戾。未鬭以前，必先議定數人以爲死者之抵償，抵者之妻子，給公産以贍之。故常有非兇手而甘自認者，貪死後之利也。

漳浦浪子班

漳浦有浪子班，專聚無賴少年，以待有械鬭時，受雇爲助。

石澳俗尚

由筲箕灣山行十餘里至於海隅，有邨焉。背山而面水，邨人多瀕海而居，五方雜處，築石爲室，藉茅作瓦，編竹成籬，男婦老幼悉棲息其中，語言鉤輈，不易了解。日初出，則各具糗粮，結伴呼羣，持釣竿筐筥，遠出而游於海。傍晚罷釣歸，將魚換酒，雜妻孥，團飲一室，佐以粗糲，醉飽後，跣足蒙頭，席藁而卧，來朝無米爲炊，勿問也。以水作田，無有豐歉，仰事俯畜，皆取給於海。晦，則相與叩缶而歌嗚嗚，與桃花源避秦人之樂處相彷彿，惟人情多狡詐耳。

村後有山田數十畝，咸磽瘠不堪，故可耕者少。婚嫁亦皆及時，男婦皆跣足，女之未嫁者則妹之，既嫁，則稱以姑娘。多登山薙草樵采，或遇少壯男子，輒曼聲高唱淫辭以相誘，或兩情相洽，卽以山林爲牀褥，夫與伯叔知之亦不問。

粤人有七好

粤人有七好：好名，好官爵，好貨財，好祈禱，好蓄妾，好多男，好械鬭。

粤有三大

羊城俗諺有三大之説。三大者：老舉大，粤中方言謂妓女爲老舉。轎夫大，燈籠大也。

粤人好鬭

粤人性剛好鬭，負氣輕生，稍不相能，動輒鬭殺，曰打怨家，非條教所能禁，口舌所能諭，嘗有千百成羣聚衆械鬭之巨案。蓋大姓多聚族而居，多者數千家，少亦數十百家，與他姓一言不合，卽約期械鬭，人數不足，則出重資雇人相助，如助鬭而死，給撫䘏金；因鬭傷廢，給養傷金，其費用則出自祖嘗，或按田科派。游手無業者多樂受雇，雖死不悔。鬭時，揚旗鳴鼓，鎗礮交施，如臨大敵，可數日不解。

地方官之恇怯者，不敢出而彈壓，亦不敢問兩造之曲直，惟飛禀大吏，請示辦理而已。械鬭既累日不解，或由兩造各邀公正紳耆評其曲直而裁決之，或由地方官傳諭董事爲之勸解而調和之。如兩造終不服，則先停戰，而控之於官，静候判斷，亦有兩方既分勝負而再興訟者，且有鬭死多人而絶不報官者。

粤人雖强悍而極畏官吏，每有兩方械鬭之後，此方如有鬭死者，即禀官訟之。官循例捕兇手，亦僅虚張聲勢，不果捕也。彼方乃匿兇手，以重金賄死者家屬，令遞禀和息。然家屬之慾壑不滿，差役之囊橐不盈，和禀亦不得遞也。故遇此等案件，縣署幕友、書吏以及刑差、門皂均有例規，即縣令亦有照例之餽遺焉。

粤人於外省人之感情

粤人團體堅固，對於同鄉之維護，無所不至。遇外省人，粤西而外，無論何省，均謂之外江佬，商店購物，輒增其價；舟車受雇，亦必故意居奇；卽妓院之中，亦以接待外江佬爲恥。故粤人與外省人之感情極不易融洽也。

粤人多妾

粤人好蓄妾，僅免饑寒者卽置一姬，以備驅使。且以其出身率爲侍婢，而烹調浣濯縫紉等事皆所慣習。一家既無多人，於是令其兼任梳頭、烹飪二事，甚者潔除圊溷之役亦令爲之，自可不雇女傭，以節靡費。其小康者，則置二妾或三妾，一切役務，均委之若輩。諸妾亦承奉周至，不敢少懈。蓋其意以爲烹調一役，雖爲庖人專職，然每一餚出，未必能食，多犯不潔之病。今以妾掌庖，則妾亦同案而食，斷不至有此弊，推而至於他事亦然。痛養既關，較外人之徒事敷衍者，自不可同日而語矣。

潮人多異姓亂宗

異姓亂宗，顯有功令，而潮人每有此弊，以丁多爲强，較之他郡尤甚，常乞養他人子，非獨單門然也。其有貌爲鞠育包藏禍心者，更多故矣。

粤有十姊妹

粤東處女，輒喜結合異姓儕輩爲十姊妹，聚相得者十人，敍齒，年長者居首，對神宣誓，歷久不渝。凡言動必以禮，女紅、妝束，均聽年長者指揮，無待保姆之教，自嫻閨範。惟出嫁必讓其居先，不敢攙越。或迫於父母之命，幼者先嫁，不與新郎宿。强之，則以死拒，如禦强暴，必待長於己者皆已畢嫁，而始成燕好焉。

或曰，小家婦及童養媳被虐，怨其父母何不於己爲嬰孩時溺死者，於是桀悍婦人遂創爲十姊妹，蓋欲逃夫家之威虐，求一生之自由。其規例：約共相扶濟，父母如强嫁之，必須設法私逃，且各謀生業以餬口，不仰他人。故凡娶十姊妹者，無論周防若何嚴密，必致逃遁，或爲其曹竄奪而後已。

或曰，十姊妹卽金蘭契，俗名誇相知，又名識朋友，不知始於何時。

或曰，始於絲廠之女工。粵省絲業，以順德爲盛，其所用女工常至數百人。女工之感情既日洽，遂有擇其平日素相得者，結爲金蘭之契，其數僅爲二，情同伉儷，後傭婦多效之，浸假而大家閨秀亦相率效尤，乃成風氣矣。其契約成立之手續，必雙方允洽，如雙方有意，其一方必先備花生糖、蜜棗等物，爲致敬品，若既已受納，卽爲承諾，否則爲拒絕。至履行契約時，或遍請朋儕作長夜飲，而其朋儕亦羣往賀之。此後坐臥起居無不形影相隨。契約既成立，或有異志，卽指爲背約，必被毆辱。若輩更擇有後代卽嗣女。以繼承其財產，其嗣女復結一金蘭契，若媳婦然，與血統之關係無以異也。

粵有不落家之俗

不落家之風，與金蘭契實有連帶之關係。既結金蘭契，遂立約不適人，後迫於父母之命，强爲結婚，乃演成不落家之怪劇。不落家者，卽云女子已嫁，不願歸男家也。金蘭契之風，以順德爲最盛。故不落家之風，亦以順德爲獨多。女子嫁期有日，粵語謂之知日。必召集一羣女子，粵謂之花枝羣。作秦庭七日之哭，如喪考妣，其金蘭友亦在焉。臨過門之夕，嫁者必以帶束縛，其狀若尸之將入殮者，復飽食以白果等物，使小便非常收縮。及歸寧後，其金蘭友必親自相驗，若束縛之物稍有移動，是爲失節，羣皆恥之，女必受辱不堪。故順德常有娶妻數年多不識其妻面貌者。歲遇翁姑壽辰，或年節，非迎迓數次，不能望其一來。至則翌日卽返，見其夫，若仇讎也。

大埔婦女之勤儉

我國婦女，向以徒手坐食爲世詬病，其實此惟富貴之家耳，若普通人家，則有職業者爲多。今姑舉廣東大埔一邑婦女之特點言之，則因向不纏足，身體碩健，而運動自由，且無施脂粉及插花朵者。而又日出而作，日入而息，自奉儉約，絶無怠惰驕奢之性，於勤儉二字，當之無愧。

至其職業，則以終日跣足，故田園種植，耕作者十居七八。卽以種稻言之，除犂田、插秧必用男子外，凡下種、耘田、施肥、收穫等事，多用女子。光、宣間，盛行種菸，將菸葉製爲條絲，每年運往各省及南洋者甚多，爲大埔出口貨之一宗。亦多由女子料理。種菸、晒菸等法，往往較男子爲優。其餘種瓜果、植蔬菜等事，則純由女子任之。又高陂一帶，産陶頗多，其陶器之擔運，亦多由女子承其役。各處商店出進貨物，或由此市運至彼市，所用挑夫，女子實居其半，其餘爲人家傭工供雜作者，亦多有之。又有小販，則寡婦或貧婦爲多。又除少數富家婦女外，無不上山樵採者，所採之薪，自用而有餘，輒擔入市中賣之。居山僻者，多以此爲業。又勤於織布，惟所織者多屬自用耳。

總之，大埔女子，能自立，能勤儉，而堅苦耐勞諸美德無不備具，故能營各種職業以減輕男子之擔負。其中道失夫者，更能不辭勞瘁，養翁姑，教子女，以曲盡爲婦之道，甚至有男子不務正業而賴其妻養之者。至若持家務主中饋，猶餘事耳。

粵西蕩子贈簪

廣西某縣女子之未字者，率有外遇，家人知之，不之禁也。凡蕩子與所懽訂交，如係室女，必贈以簪，或金或銀均可。懽愈多，簪愈夥，羣相稽察，不許假冒，嫁則攜以去。盛妝時，俱插之於鬢，妯娌親戚間競相誇示，以多爲貴，簪之多者，且可驕其夫。

旗俗重小姑

旗俗，家庭之間，禮節最繁重，而未字之小姑，其尊亞於姑，宴居會食，翁姑上坐，小姑側坐，媳婦則侍立於旁，進盤匜，奉巾櫛惟謹，如僕媼焉。

京師有諺語曰：「鷄不啼，狗不咬，十八歲大姑娘滿街跑。」蓋卽指小姑也。小姑之在家庭，雖其父母兄嫂，亦皆尊稱之爲姑奶奶。因此之故，而所謂姑奶奶者，頗得不規則之自由。南城外之茶樓、酒館、戲園、球房，罔不有姑奶奶。衣香鬢影，雜遝於衆中。每值新年，則蹤跡所到之處，爲廠甸、香廠、白雲觀等處，姑奶奶盛裝艷服，雜坐於茶棚。光、宣間，巡警廳諭令男女分座，未幾，而又禁止婦女品茶，此風乃因之稍戢。

蒙人俗尚

蒙人平日常洗面，而不浴身，小兒初生，亦僅拭而不洗。男婦胸前懷木碗，以方尺許之布包之，布即洗面巾也。腰繫刀箸。宰牛羊，不洗而煮食。所飲之水，腥羶觸鼻。終日捫蝨而談，王公亦多有如此者。

俗尚右，包房則以中爲上，右次之，左爲下。其坐卧均依次序，貴賓尊長至，則讓中坐，主居右，婦女爲下，居左。

賓主初見，貴官必互遞哈達。以最劣之藍紬爲之，兩端散披絲頭，平等所用約長尺四五寸，王公與佛前所用長三尺。其長短一視受者之階級而定，濫用則爲失禮。致送禮物，亦必附以哈達，示尊敬也。年節互相道賀，亦致送哈達。

蒙人喜鼻烟，凡男子，必具烟壺一枚。王公所蓄一枚，有價千餘兩者。常日，賓主相晤，接談之初，平等則交相遞送，彼此鞠躬，雙手捧換，向鼻端一嗅，璧返一如遞狀。卑幼遞於尊長，必一足跪獻，長者欠身，以右手接之。長者遞於卑幼，則反是。遞於王公札薩克，必跪獻，王不起坐，一嗅授還，不答禮。賓主初面，除遞哈達、請安、遞烟壺外，又有行裝烟禮者。裝烟：取客之烟筒，無論男婦，左脅下必插銅旱烟筒，後腰懸火刀鐮，鐮下墜紅綠色紬或布一寸。裝主之烟，而後以布拭烟嘴，遞送於客。遞送或雙手或右手，以等級而分。其遞之先後次序，亦以老少尊卑而定，平等則同時交遞。

蒙人起居

牛皮帳者，蒙古人所居，亦謂之蒙古包。率以牛皮爲之，木架雙疊鈎連，可舒而張之，圍如栅，聳其頂，牛皮數幅聯爲一，覆於架外，上下盤巨索兩道，木板爲門，四面不透風，其顛開天窗，以洩炊烟，周圍可四丈餘。行則解牛皮爲數卷，卸木架爲數束，以兩駝負之。一幨之值，價須兼金，可用數十年。

又有氈帳，則斲木爲門，空其頂，覆片氈於上，以繩牽之，晴啓雨閉。正中疊石作竈，上加鐵圜，而置釜焉。北置木榻，高尺許，其臥所也，衾褥皆以羊皮爲之。旁有木櫃，貯食用物。貧者并此無之，惟以茳襯氈，席地而已。

蒙人拾牲畜之糞，曝乾燃燒，以代薪料。東盟多森林，薪材易覓，燒糞者少。西盟荒蕪，無薪可覓，罔不燒糞。糞以出自牛駝者爲佳，燃之無臭味，焰大而烟易散。牲畜終日食草，不食穀類，所遺矢盡草渣，故無臭。馬次之，羊最劣，羊聚圈中，大小遺均在其中。夏間積聚，連土撻起曝之，備冬日薪料。烟聚不散，令人咳嗆致病。包中燒糞取煖，如遇有烟時，須就地矮坐，否則眩目刺鼻。待火勢既旺，烟被火力上衝，由包頂孔中散去。遇風，烟聚不散，呼吸維艱，非習慣者，難一刻居也。

蒙古婦女善騎

青海之蒙古婦女，出必跨馬，數里之遥，不常用鞍，輒一躍而登馬背焉。

青海蒙番雜居

青海蒙、番雜居，番族所用之物，蒙族無不用之；番族所食之物，蒙族無不食之。至番族所言，蒙族亦能言，而蒙族之服用、飲食、言語，則番族有不能兼之者。此則自然之習慣，不可强也。

青海蒙番之起居

青海風俗，南境似前藏，北境似西蒙，東與甘肅大邑交通，又畧同漢俗。而人習諷經，性耽佛教，事事學步喇嘛，則全境皆然也。平時逐水草而居者，論其暫則數遷其地，論其常則四時有一定之地。夏日所居曰夏窩子，冬日所居曰冬窩子。夏窩子在大山之陰，以背日光，其左右前三面則平曠開朗，水道倚巨川，而尤擇樹木陰密之處。冬窩子在山之陽，以迎日光，山不在高，高則積雪，又不宜低，低不障風，左右宜有兩硤道，紆迴而入，則深邃而温暖也。水道不必巨川，巨流易冰，溝水不常冰也。論者謂塞外秋後燒荒，每在曠野，具有深意。秋後，番帳羣徙於山内，平地薿草，最易召寇，焚之以絶匪蹤，一也。曠野無垠，不辨路徑，焚之則支幹可數，二也。草爲瘴癘所聚，焚之則雨雪易消，寒瘴不生，三也。秋草自枯自萎，一經霜雪，腐溼狼藉，下次荆棘必生，焚之以袪瀞穢，以除稂莠，四也。秋草高長，地氣易洩，焚之以培地脈，春芽可以滋長，五也。因此數者，是以付之一炬，視不甚惜。初冬時候，平地竟不見一帳，入亂山深處，則人煙稠密，畜牧充盈，恍如桃源世界。近邊蒙、番帳中，漢人每寄其子弟，令其服役數年，蒙、番之言語動作風俗，耳濡目染，久而習狎，以便行商番地。或充歇家夥伴，蒙、番視之，愛逾己出。亦有贅於彼族者，生子或還，或不還，惟其意也。

青海蒙、番眷屬，聚居牛皮帳中，親友至，亦羣居無猜。惟有客之夕，家主必後睡而先起。至夜，老幼男女横陳而卧，家主一一以短木棍隔之，兩人相倚處，其間各置一木，此爲防閑之器。界劃鴻溝，他族逼處，不得過雷池一步也。黎明，家主起，驗而去之。木棍不移，則色然喜；木棍易地，則艴然怒。倘或驗之有迹，則下逐客令矣。俗傳好事者與番婦有約，夜跨睡者而就之，睡者雖醒，亦不問。惟不得踐其木，踐則羣毆之，略不狥情。

沿帳挖溝以受水，帳中挖直坑一道以洩地溼，各帳皆然。坑之長短廣狹不一，而深必以一尺爲度，兩邊如低炕，坐可懸足。土人爲坑必深尺有五，坑中又横開一二孔，可以爇樹薪馬矢，人卧其上，如北地之暖炕也，他省人則不相宜。新開之坑，其下蘊溼未散，土經火灼，溼毒上升，人爲所蒸，易致嘔逆軟痺之疾。番地衛生要訣，凡遇風日晴和，必將帳篷拽起以驅潮瘴，旬必二三次。帳中多高竈，帳頂開窗，大徑二尺，以洩炊烟。平竈雖穩而易成，不可近人卧處，僅可掘於帳外，離帳愈遠愈宜。高竈方圓如常式。蒙、番爲竈，長而狹，如短牆。平竈則隨地掘坎，長約三尺餘，寬約二尺，約爲兩方形，掘其半，深尺餘，以容人。其半僅深四五寸，上鑿圓孔，種火加釜，釜蓋適與地平，下開小門，以通空氣。

至其頭人，則曰蒙長，曰番目。蒙長席地坐，必陳氈褥，或設矮几。番目惟設一帳，藉草而坐，陳物於地，不須几桌也。蒙長或用京蘇及東西洋貨，且曾至京師者，必以所購之物陳列滿帳，競相誇耀。番目之適用者，内地之五色粗布而已。

青海番族之起居

青海番族所居，皆黑羊毛帳，頂低而平，雨雪不透，中寬約四丈，深約二丈，可容三四十人，上供佛像，中設高竈，右居坐家僧，左居眷屬。客至相見，亦遞用哈達。尊稱人爲紅布，譯言大人也。地陳氈毯，婦女皆圍坐，半能漢語，大抵居近邊邑者，語言尚近，文字爲難耳。

青海蒙番之交際

青海蒙、番之交際，禮俗大異。番與蒙不同，番與番又各不同。有合掌爲禮者，有握手爲禮者，客須因其俗而禮之。

阿里克俗尚

青海有阿里克族，風俗良美，爲番族之冠，勝於北蒙。婚嫁喪祭諸事，以及衣服飲食之宜，皆類漢人。待人有敬禮。客至，隨所投，如舊主人，肉脯湩酪，啜且啖，無吝也。夜酣睡，主人代收，失則償。拾遺不匿，掛於帳外，以待失者往認。視内地之争衅搆訟、析産鬩牆、行百里者必腰纏、惠一餐者有德色，異矣。

郭密番俗尚

青海郭密番民，皆築屋以居，碉舍星羅，而牛羊繁盛之家，亦常攜鍋帳逐水草而牧，似游牧，非游牧；似城郭，非城郭，介乎居國、行國之間。每族百户一人，隸屬於千户。千户之下，有副千户。千百户理民事，有妻室，而削髮爲喇嘛。或蓄髮爲紅教僧，似僧非僧，似俗非俗，介於在家、出家之間。

青海生熟島番俗尚

青海有島，島番分生熟二種。熟番窰居，或帳居，且有架木爲屋者。編茆爲牆，墐以土，户樞高僅及肩，傴僂而入，避海風也。牲畜充塞，而肥壯不如大陸之種。翦毛採乳，冬時運出易糧。數日宰一羊，恣烹炙。婦人解女工，見客知敬禮。風俗與常番略等，惟服飾稍陋，言語略不同耳。生番類鳥獸之爲巢爲營窟，男婦皆不褌，冬披羊皮，結草爲長繩束之。亦蓄牛羊，恐其逸，以籐穿其脛，十數頭爲一聯，籐末壓巨石，恐爲野獸吞也。於枯樹之窩，四面列木如柵而圈之。不火食，茹毛飲血。多力，步如飛，能攫野獸毒蛇，生食之。或騎鹿握兩角，翻山跳澗，馳如風。從不出山，熟番入，不相犯，語啾啾不可辨，投以乾糗，則爲之指迷途。兩山有石洞，如蜂窩，每洞一僧，皆習禪定者。寺院大小十數，湫陋如民居，僧迹頗衆。

哈薩克俗尚

新疆哈薩克人無冠禮，嬰兒四五歲，父母擇日徧告戚友，延莫洛大誦經，行割禮，戚友餽物致賀。富家大族則殺羊馬饗賓客，爲賽馬鬬跤之樂。過此無恙，始得論婚。學騎馬，教之控縱坐踞諸法，故其部以善騎著名。縱馬疾馳，率能起立馬背，作盤旋舞，或俯身拾物於地。少不薙鬚，惟常翦脣髭，以便湯飲。十日一薙髮，三日一削爪，同於西人。

哈薩克不講宗法

哈薩克族不講宗法，無譜牒可稽，父業子受，無子者，繼親族兄弟之子爲後。「父死，則均其財產，子與女共分之。其俗與纏回大略相同，自祖以上，卽無稱述之者。回人之言曰：「厥初一人，生二男子，一子強狠好盜竊，不事耕作，其父逐之，是爲哈族之祖；一子巽懦畏事，是爲纏族之祖。」

哈薩克人強悍

哈薩克人之風俗習慣與內外蒙古人同，有總管而無王公。十夫有十夫長一名，百夫有百夫長一名，千夫有千夫長一名。其性極強悍，以能殺人搶掠者爲雄。

回人耐損

耐損，回人大慶事也。凡男子之年未成丁者，十五歲以下，必於其生殖器小割一刀，曰耐損。擇日，請阿渾至其家，爲割之，親友咸賀，有以禮物餽遺者，富家置酒饌，留賀客飲。

纏回俗尚

新疆纏回風俗甚淳，重信，敬老親仁，簡質循法，以醉酒爲恥，以貸貧民取息爲大惡。其俗信誓，誓者以足踏資而言，謂之昂無孫，重則抱經以誓，無不唯命者。其鄉各設百户長，曰玉子巴什，十户長曰温巴什，凡稽户籍，均差徭，催科禁姦詰譏諸事，皆以之。其司水利者曰密喇布伯克，司分水者曰扣克巴什，凡濬渠瀆，築杠梁，植樹木，計畝均水勸耕諸事，皆以之。其司盜賊者曰拔夏普，凡捕竊盜，守亭障，峙委積，聚榛授館迎送諸事，皆以之。其司禮拜寺者曰伊瑪木，凡誦經、講善、和訟、解紛諸事，皆以之。州縣官吏又於城中設總長一人，謂之鄉約。有大興作徭役，鄉約分檄各長，皆咄嗟立辦，蓋古鄉官之制也。

藏人生育

藏人以生女爲幸，不尚男。産時不浴，母以舌舐之。至三朝，以黄油塗全身，曝於日中。數日，即以炒麵調湯飼之，不飼乳。女産二日，男産三日，親鄰悉往慶，曰嗆酒。送哈達，以哈達一纏兒頭，餘與父母。

藏女勞於男

西藏有一妻多夫之俗，不合文明公例。婦主家事，男子輒惟命是聽，以是女權伸張。男子恆惰而懦，且不若女子之强健也。耕田採薪，負重致遠，修建房屋諸役，概以女子任之，男子惟相助而已。貿易亦多屬婦女，而家政之庖廚、紡績、裁縫、梳裝等，則更優爲之。

苗人男女之交際

辰州苗人所居之村，必設一樓，梯而登之，曰闌房。至夕，村中幼男女盡駐其上，聽其自相諧偶。夏日，男女浴於河。婦人見客，惟手護其兩乳，餘則弗避。漢人貿易者至其家，婦女不避，若與其女談，雖狎媟，亦悦之，謂豔其美也。與其妻若妾交一語，則艴然怒。蓋苗姓猜忌，慮漢人誘之逸，故如此。甚則縛呈諸茫。茫，苗稱官長也。

滇夷以木刻記事

滇夷無文字，以木板深刻記事，謂之木刻。每一事，即横刻一痕，剖而爲二，彼此各執，無論年月久暫，持木刻以比對，誓不悔，蓋卽古代結繩、合符之遺意也。

黔中倮俗

黔有倮，其土官之於土民，主僕之分最嚴，蓋自其祖宗千百年以來，官常爲主，民常爲僕，故於土官休戚相關。粵西田州土官岑宜棟，卽岑猛之後，其虐使土民，非常法所有，土民雖讀書，不許應試，恐其出仕而脫籍也。田州與鎭安之奉議州，一江相對，每奉議州試日，田民聞礮聲，但遥望太息而已。生女有姿色，本官輒喚入，不聽嫁，不敢字人也。有事控於本官，本官判或不公，負寃者惟私上老土官墓痛哭而已。雖有流官轄土司，不敢上訴也。

凡有征徭，必使頭目簽派，輒頃刻集事，流官雖有號令，不如頭目之傳呼也。土官見頭目，答語必跪，進食必跪，甚至捧盥水亦跪。頭目或有事，但殺一雞，瀝血於酒，使各飲之，則生死惟命矣。

倮以木刻爲符號

四川寧遠之倮，無文字，有報告，必預定一木刻之式，或弓箭刀劍，或禽獸魚介，且預約，若借銀錢，若有急待援，若被圍，若疾病，若約鬬，則於式之某處用刀刻木。或直畫，或横畫，或人或×，或十或一，以爲符號。

八番俗尚

八番服食起居，類漢俗，婦人直頂作髻，業耕織，男子頗逸。蓋八番徙自粵西，猶故俗也。婦免身三日卽出耕作，而夫坐蓐抱兒不出户。其穫稻，則和稭儲之。刳木作臼，曰椎塘，臨炊，舂稻而作食。燕會，則擊腰鼓爲樂。

打箭爐諸番之見官

打箭爐諸番之土司與漢官相見，先遞哈達，漢官亦以哈達賚之。次送奶茶，則答以塊茶及銀牌、綾緞。

西康番人相見禮

西康番人相見，以折腰張口伸舌伸掌爲敬禮，而拜鬼神及見土司、呼圖克圖則仍跪拜，拜則稽顙，曰碰頭，此爲至敬。番官相見，亦有以脫帽爲禮者。

臺番育兒

臺灣番人初產，產母攜所育之娩娶同浴於溪，不畏風寒，蓋其性夙與水習也。其乳兒時，見者與之相狎，甚喜，以爲人愛其子，雖撫摩其乳，不怒也。遇而不問，殊有怫意。

兒之襁褓，以布爲之。有事，則繫布於樹，較枝椏相距遠近，首尾結之，若懸牀然。風動，枝葉飄飄然，兒酣睡其中，不顛不怖，飢則就乳之，醒仍置焉。既長，不畏風寒，終歲裸體，而扳緣高樹，尤爲其特長。

臺番讓路

臺灣番人頗知禮讓，卑幼遇尊長於途，卻步道旁，背面而立，俟其過始行。若駕車，則遠引以避，如遇儕輩，亦停車通問以讓之。

臺番女勤操作

臺灣番女勤於操作，巨細各事，皆能任之，富者亦然。不若內地之漢、滿、蒙各族，凡中人之家之婦女，終日坐食而無所事事，至以廢物爲世詬病也。

清稗類鈔

方言類

八旗方言

阿媽，父也。額尼，母也。太太，祖母也。哥兒，公子也。妞兒，姑娘也。巴圖魯，坎肩兒。多鈕，背心也。額隆袋，長袖馬褂也。啞子嘎兒，密語也。溜杵格念，無錢也。招蘇務桂，無錢也。

天津方言

吃抖，猶上海所謂出風頭也。大茶壺，妓院傭也。茶壺套，妓女與傭之通名也。絃子套，妓女烏師之通名也。上勁兒，實心任事或獻媚也。勁兒麽得，見人之上勁，以此高聲揶揄之也。好傢伙，畏之、贊之二義也。糟和絡，猶糟糕也。敹，平聲譯音。言不佳也。没根，事之不能詳悉者也。有根，事之確曉者也。色氣，揶揄詞也。臉子那裏擺，揶揄之辭也。下，事之看勢不可爲者。去而之他，則云下也。窩了，猶坍臺也。聾子玩鳥，人不知好醜，猶聾子之玩鳥，不聞其鳴也。擰，弄壞也。八爺作揖，不急也。沈沈，不急也。十五歲姑娘縫襁，姑娘爲處女，十五歲卽縫襁褓，誚人性急也。滿不聽啼，不顧聞不入耳之言，掩耳而避之意也。問伏魔庵老道，伏魔庵在天津北門內，有老道士賣藥，婦女犯經痛症者皆趨之，故人言腹痛，即以問伏魔庵老道諷之也。別上斷絃，妓女有不滿於狎客，尚與之交好者，以此四字警之也。溜達，散步也。老壽星玻璃腦袋，言人之狡猾也。

廣州方言

此皆廣州最通用之名詞，其無字可註者，則依約其義，擇近似之字代之，讀者望文生義，應用時自能明瞭，不至隔閡也。

伯爺公，年老之男子鬚髮蒼蒼者也。伯爺婆，年老婦人也。老公，老讀作魯。正式之夫也。老婆，正式之妻也。阿奶，妾爲阿奶，如有數妾，依次序呼之，自二奶以至十奶也。梳頭媽，梳頭婦人，衣飾極華麗，年約二十，出入大家，家主多私之也。妹仔，仔讀作宰。婢女也。大妗，妗讀作肯。舊式結婚時所僱之伴娘，伺候新娘者也。婆媽，女僕也。倒屎婆，收糞公司僱用婦人，每日早間往各户倒馬桶者也。賣瘋女，麻瘋傳至三代以下，儼似常人，嫁時，先誘男子過瘋，僻處每貼「謹防賣瘋」四字以警人也。師姑，尼姑也。蛋家妹，以船爲家，亦或賣淫者也。盲妹，瞽女賣唱，夜遊街市，其最高等者不上街，粤人有娶作妾者也。番頭婆，夫死已久改嫁者也。契家婆，男子之姘婦，或所歡之妓也。契家老，女子之姘夫也。契弟，讀作開代。男子賣淫者也。老契，指姘頭也。老舉，妓女也。琵琶仔，妓女之未梳櫳者也。師頭婆，商店女主人也，老鴇也。自由女，女學生也。阿官仔，貴公子也。私仔，私自治游，惟恐爲父兄所知者也。爛仔，流氓也。賣豬仔，自賣自身，至外國充苦力，或受拐騙出賣者也。市頭，商店主人也。番鬼狗，執業洋行之職位不高者也。大番薯，罵人之無用，以實心僅可供食，無他用也。細老哥，小孩也。顛門仔，十歲以下之小孩也。白鼻哥，舊劇中之三花面，必以白粉塗鼻，故凡類似滑頭者，輒有此稱也。阿肥，肥碩之人也。外江老，外省人也。燒貴柴，罵外江老也。考其出典，昔日湘軍在粵省傳染麻瘋，若送回本省，恐有傳染，乃行火葬，必用柴燒之，而柴因之漲價，故以罵外省人謂之燒貴柴也。四大寇，猶言四大強盜也。外省人落魄者，結成團體，以乞食爲事，如有喜事，必來送喜，其實乞賞錢也。勾脂粉，看女人也。臘狗利，看女人也。撑鬼，猶言撞見鬼，作事不順手也。講鬼，妄語也。白厭，罵人之討厭也。衰鬼，罵人之倒運也。發癲，罵人之癲狂也。推石獅，罵人之作龍陽也。其源出於官署門外冇石獅，兩手推之，其後任人取樂也。弊嫁伙，猶言不可收拾也。蝎毒，罵人之有陰謀也。失底，喫虧也。白癨，罵人不知輕重也。失魂魚，罵人之作事錯亂，如魂不付體也。好彩，好運氣也。嘐吔，猶言什麼也。通勝，大家得利也。駕勢，華麗也。肉酸，猶言肉麻也。無米粥，無讀作冒。無資本之貿易，欲僥倖得之，猶言無米煑粥，作萬一之想也。抬吔，抬物也。睇野，猶言視物也。歎，快活舒服也。大吉利市，吉讀作格。過不祥之事，卽呼之也。掏枯井，半老徐娘，夫亡已久，遺財頗鉅，無人過問，可任其所爲，娶之可衣著不盡也。埋街，乘小艇過渡也。挖牆脚，暗挑友人所識之妓也。石敢當搬家，挖牆脚之別名也。爛棉胎換爛布，男子互相雞姦也。發豪，色慾動也。打砲，與妓女作片刻之歡也。出車，婦女上台基，與人野合也。嘸該，謙恭之詞，不敢也。利，舌也。舌舌與失同音。頭二字，與賭博不宜，故謂之利也。

鹹溼，譏人行爲之不正，如喜看女人等事，故有鹹溼先生、鹹溼伯爺公之名也。村佬，性情言語舉止衣服帶有土氣者也。賓個，何人也。公仔，小泥人也。吹螺，自誇也。廿五兩，妓女譴客之名詞，自言其從良也。曰廿五兩，因二十五兩乃一斤半。粵人云一斤九兩謂之斤九，限狗同音。猶言有二十五兩銀卽嫁，實含有跟狗之意義，譴之也。靚仔，美少年也。爛尸，逐客之詞也。嘐吔送，今日有何佳肴也，早晨恭敬之詞。如甲乙兩人，晨間初次見面，彼此均可呼之，如英語之 Good Morning 也。銀紙，鈔票也。毫子，小銀元也。仙，銅元也。一文，一塊銀元呼作一文，音作蚊。惟一元幾角，卽不作一文幾毛，而曰一個幾毫，整數用文，零數卽作個也。賤格，以言語行動輕薄之也。陰功，使人喫虧也。傾偈，談天也。

上海方言

南海，卽南面，居租界者稱南市爲南海也。北海，卽北面，居城內南市西區一帶者，每稱公共租界北爲北海也。地皮，未有房屋之空地也。搬場，移家也。碰和，鬭麻雀牌也，以四人爲一局。露天牌九，牌九，亦賭博之一，然露天牌九，非真在屋外鬭牌，實指男女之野合也。灘黃，灘黃者，以彈唱爲營業之一種也，其組織，集同業者五六人或六七人，不加化裝，素衣圍坐一席，箏琶雜奏，歌白並作，所演多彈詞，間以諧謔，猶京師之樂子，天津之大鼓，揚州、鎭江之六書也。特所唱之詞有不同，所奏之樂有雅俗耳。而以手口爲營業則一，婦女多嗜之也。老虎竈，設竈賣水售錢之肆，卽茶爐也。押頭店，小質庫重利盤剝，無所不至也。大湯，浴池也，日本謂之温泉。出水，浴畢而出水也。屁股裏喫人參，受人恩惠，當時無可酬謝，以報恩之事，期諸異日，多以屁股喫人參一語代之，其歇後語爲後補也。瘟孫，或作瘟生，此輩無社會交際之經驗，自作聰明，而動輒喫虧，冥然罔覺，猶京師之寃桶、寃大頭也。洋盤，凡事莫名其妙，受人欺騙而不自知者，與瘟孫略同。蠟燭，喻不知好惡、不受抬舉之人也。死蟹，喻外行也，有死蟹軋殺之諺。蹺辮子，人死也，雖對於無辮子者，亦有此言。曲辮子，土頭土腦，其狀一如瘟孫，猶文言之曰鄉愚也。壽頭碼子，狀如瘟孫，而聰明不及，木訥過之者是也。曲死，與壽頭碼子同意也。猪頭三，爲駡初至上海者之名詞，其源蓋出於猪頭三牲一語，呼爲猪頭三，歇後語則爲一牲字，牲生諧聲，言初來之人，到處不熟之謂也。今引申其義，以爲駡人之資，不必盡施之初來之人，殊失猪頭三之本義。近又有猪頭四之名詞，乃從猪頭三上孳生而來，已無獨立之意義矣。且又有作爲者頭三，者字起首三筆爲土字，譏其土頭土腦耳。飯桶，假借爲駡人無用之名詞，取其僅能盛飯之義，猶之駡人爲造糞機器也。阿土生，人地生疏一切不知之謂也。阿木林，懵懂呆笨，頑冥不靈之人也，猶紹興語之呆大也。其實阿木林三字，當爲呆木人之轉音耳。戇大，與阿木林同。猪玀，豕也，假借爲駡人無用與頑冥不靈之詞。江北猪玀，江北者，揚子江以北各縣之通稱也，假借爲專駡江北人之詞。連襠碼子，言人之狼狽爲奸，彼此相倚，如所著之褲，其襠相連也。格擋碼子，猶言此人也，下流社會習用之。衆生，猶言禽獸也，假借爲駡人之名詞。滬上英文教習於英文中之Animal輒譯之曰衆生。拆老，鬼也，假借爲駡人之詞。接眚，鬼也，假借爲駡人之詞，形容其凶惡也。癟三，蹩脚者之稱也，參觀蹩脚下注。或作癟生，猶言小烏龜耳。蹩脚，侘傺無聊，落拓不得志也，義與京語之没有樂兒相似，猶文言之落魄也。著底，言其人之流品最劣下也。鴨矢臭，矢，糞也。鴨矢臭本義甚簡單，今假借爲羞惡之名詞，凡人有不光榮之事實發現，或有不名譽之行爲，即謂之鴨矢臭，深鄙之也。或謂鴨矢臭，乃阿是醜之諧聲，其説頗能與假借之義相脗合，亦一别解也。喫區，喫虧之諧聲也。喫虧者，自身之權利被侵害或受障礙之謂也。嘸清頭，不知輕重之謂也。呀呀糊，糊塗也。馬馬虎虎，顢頇也，實即模模糊糊之轉音耳。混天糊塗，糊塗之至也。假癡假呆，以知爲不知，復矯飾茫昧之狀以欺人者，謂爲假癡假呆，猶京師之裝糊塗、裝著頑兒二語也。像煞有介事，自以爲能，故意裝腔做勢，復靦不爲怪者之謂也。神氣活現，與像煞有介事同。搭架子，亦裝腔做勢也。拆爛污，凡人有意令其事得不良之結果，或竟至於不可收拾，而遺累他人者，謂之拆爛污，或作撒爛屙。屙，糞也。瞎三話四，妄語也，猶京語之瞎撩，揚州語之嚼咀也。徵之《紅樓夢》第三十九卷回目村老之信口開河，信口開河四字，取以詮釋瞎三話四，最爲確切。熱昏，惛也，罵人之詞，猶京語之罵人爲渾蛋或洋小子也。小熱昏，取里巷瑣聞，編爲有韻小曲，擊竹板以爲樂器，沿門唱賣者，謂之小熱昏。邪氣，凡事之出人意料之外而成功，或驟然發達者，謂之邪氣。邪者，言其不由於正也。又社會上發現一種新異之事實，國民對之發生一種狂熱，亦曰邪氣，大之如光緒乙巳之拒美貨，小之如張園之開賽珍會，哈同花園之開遊覽會等，時滬上人士，皆曰阿要邪氣也。陰陽怪氣，喻人之對於種種事物，輒以冷靜態度對之也。垃圾馬車，不拘種類，兼收並蓄之代名詞也。故人之濫嫖濫交者，與夫妓女之濫結狎客者，咸以垃圾馬車謚之，狀其污且雜也。走油，所做之事不佳，猶京師糟了、不得了二語也。老門檻，凡精熟一項事業者之稱也。滑頭，虚僞狡詐，不顧信用之小人也，猶京語之琉璃蛋也。小滑頭，滑頭之幼者，或滑頭之身分地位較卑賤者，皆謂之小滑頭。流氓，無業之人，專以浮浪爲事，卽日本之所謂浪人者是也。此類隨地皆有，京師謂之混混，杭州謂之光棍，揚州謂之青皮，名雖各異，其實一也。擦白黨，與流氓同，專以引誘富貴婦女騙取財物爲事。女擦白黨，女流氓也，專以引誘男子騙取財物爲事。拆梢，以非法之舉動，恐嚇之手段，借端敲詐勒索財物之謂也，凡流氓慣以此爲生涯。拆梢之語，猶杭州語之敲竹槓，江寧語之敲釘錘兒是也。大好老，贊人之出類拔萃也，然微有譏諷之意。出風頭，出其所長，以炫於人，因而得美滿之讚譽，以自鳴得意者，謂之出風頭。例如妖姬艷女，明妝麗服，招搖過市，途人屬目，以及夜入劇場，翩然下降，光豔照人，一座皆驚，皆出風頭之謂也。他如偉人演說，全場鼓掌；文士屬稿，一時紙貴；狎客豪舉，千金不吝；名優獻技，四席傾倒，亦皆出風頭之謂也。是以出風頭爲最榮譽之名詞，亦人所極願自出，而深妬他人之大出也。白相，游戲也，娛樂也。摟白相，對於人行游戲之行爲，以自取樂之謂也，猶京語之開頑笑，鬧著頑兒也。寫意，適也，愉快也，蓋取樂之名詞也，卽快活舒服之義也。掉槍花，對於人故設疑陣以眩惑，或用空言以搪塞者，謂之掉槍花。掉槍花者，滑頭手段之一，社會上承認其爲不正當之行爲也。搭赸頭，對於與己毫無關係之人，或與己毫無關係之事，而臨時加入，隨意兜搭談話，欲使無關係而變爲有關係者是，猶揚州語之答話說話也。打棒，對於他人爲無意識之談話，或無意識之游戲動作，謂之打棒。打棒與搭赸頭雖相似，然有時因搭赸頭而得結果，打棒而有結果者甚鮮，此其相異之點也。罵山門，登門辱罵也。嚕哩嚕囌，言語煩絮也。嘰哩咕嚕，語言糾纏不清也。老鬼三，凡指一物而不明言其物之名，彼此以意會之，曰老鬼三。鬼讀如舉。搭漿，對於應盡之責任，不肯實力做去，僅以敷衍掩飾爲工者，謂之搭漿，猶京語之糊弄，江北人之搨些麵糊者也。照會，凡一切納捐之執照，俗呼照會，今更移以稱人之面貌，貌俊者謂之大英照會，亦稱特別照會，又法蘭西照會，普通照會，要皆區別貌之美醜也，最醜者曰包脚布照會。扳面孔，因種種事故發現，嚴辭正色，對於對手人以詰責之謂也，國際法上所謂嚴重交涉者是，揚州人謂之紅臉，以其聲色俱厲也，故扳面孔者，交際上、感情上不幸之現象也。扳差頭，故覓謬誤之點，以責難對手人之謂，卽吹毛求疵也。尋開心，調弄對手人，而自引以爲樂者，謂之尋開心。弗識頭，自怨所遇不遂之詞也。北人出遇不祥曰喪氣。南人曰晦氣。弗識頭，亦喪氣、晦氣之義也。蹙眉頭，眉皺也，所事不諧之狀，不滿意之名詞也。坍台，因種種事實之發覺，致貽笑於他人，或不齒於社會，無面目以對人者，謂之坍台，猶杭州語之倒楣，揚州語之丟醜，蓋極不榮譽之名詞也。三禮拜六點鐘，此爲醋字之拆字格，蓋每七日爲一禮拜，三禮拜爲二十一日，六點鐘爲酉時，今假借爲喫醋之義。喫醋者，妒也。喫生活，受人之笞責或詈罵也。喫耳光，被批頰也。五分頭，與喫耳光同，蓋批頰輒用手，手有五指，故曰五分頭，象形名詞也。外國火腿，外國人以足踢人，受之者，謂爲喫外國火腿，人力車夫恆喫之。光火，怒也，京語之炸啦也。嘸心相，鬱鬱無聊也。厭氣，煩悶而厭倦之謂也。也司，是也，然也，其源蓋出於英文之 Yes，今通用爲應諾之辭。叨光，受人嘉惠之謂也，且其中實含有感謝之意義焉。揩便宜，討便宜也，殆有獲得意外利益之義。揩油，與揩便宜同。温大拉，銀元一枚也。考其源，實出於英文之 One Dollar，販夫走卒咸解之。四開，兩角之小銀元也，粵語謂之雙毫。金四開，英幣之鎊也，以其大小與四開相等，乃有此稱。銅四開，銅元也，猶杭州人謂之銅板，江北人謂之銅角子，北方謂之銅子也。銅生斯，卽銅四開也，其源出於英文之Cent，卽一分也，值一分之銅幣也。八開，一角之小銀元也，京語謂之小毛錢，粵語謂之毫子。大塊頭，呼肥碩之人爲大塊頭。大讀作杜字音，形其肥碩而已，不含他項意義也。小開，店東之子也，其父開店爲老開店，其子自爲小開店。稱小開者，省去店字而已。剛白度，洋行之管事人，卽經手也，亦卽買辦也，英文曰 Comprador。洋行小鬼，執業洋行之職位不高者也。呼曰小鬼，卑之也。跑街，商店洋行所僱在外收賬之人也。式老夫，洋行所用，與跑街同，英文曰 Shroff。西崽，洋行侍役之稱也，一作侍者。掮客，無資本，無商店，專以口頭説合買賣，而居中賺取佣錢之一種商人也，猶日本之仲賣人也。白螞蟻，地皮房屋之掮客也，倚此營生，猶白蟻之慣喜蛀屋耳。地皮蛀蟲，與白螞蟻同。銃手，卽剪綹賊，汽船、汽車及碼頭上並鬧市中均有之。紅頭阿三，印度巡捕之稱也，以其首紮紅布，故云。世人每呼猴爲阿三，今移以稱印度巡捕，賤之也。二房東，以己所租之餘屋轉以賃與他人，己所處之地位卽爲二房東。家主公，卽正式之夫，蓋家主婆之相對名詞也，猶京師所謂當家的是。家主婆，正式之妻也。寡老，婦女也，爲下流社會習用之名詞。小姐，普通尊閨中未嫁之女子爲小姐，上海么二以下之妓亦有此稱。大姐，未嫁之女受傭於人家者。小大姐，與上同義，特專指年齡之十歲左右者耳。娘姨，女僕也，稱母之姊妹行亦曰娘姨。老蟹，婦人老而猾之稱也，其有年未老而手段老猾者，亦適用之，如江北所謂老口，京師所謂老手之類是也。特滬語之所謂老蟹，專適用於陰性，意以爲蟹狀女也。老槍，老於吸鴉片煙者之稱也，今假借爲老而無力者之稱，或又引申其義爲老妓之稱，其義以爲所吸者多耳。長三，妓之高等者爲長三。大先生，長三妓院稱妓曰先生，年長者曰大先生，又曰渾倌人。小先生，妓而猶處女者，北里謂之小先生，又曰清倌人。尖先生，妓女已有大先生之事實，而猶冒擁小先生之名號以欺客者，則爲尖先生。尖，象形也。北里中之先生，尖者多而小者少，瘟孫每誤尖爲小，遂令金錢作莫大之犧牲，此孫之所以爲瘟也。下脚，在妓家擺酒，以錢犒賞妓之男女僕者，曰下脚，蓋北里之專門名詞也。下手，在浴室剪髮，剪畢入浴，出浴後，復召原剪髮者加以櫛沐，堂倌則高呼下手，意蓋了其下半截之手尾也。調頭，妓女遷移住所曰調頭。調頭二字，普通人不能適用，亦北里之專門名詞也。燒路頭，長三妓院每值佳節，則燒路頭。燒路頭者，卽迎接五路財神之謂。凡遇收賬時之年節，舉行一次，曰開賬路頭，曰收賬路頭。燒路頭之日，客對於妓必以和酒爲慶，實則假借一種名義以博客之財耳。么二，次等妓亞於長三也。移茶，生客入么二妓院，院中諸妓皆出，聽客自擇，謂之移茶。叫局，喚妓侑酒也。擺酒，在妓院設席讌客也，普通讌客，不能用此名詞。打茶圍，熟客入長三妓院，與妓女茶敍小談者之謂也，粤妓謂之曰打水圍。野鷄，雉也，今喻妓之下等者爲野鷄，以其隨人求合，有類於雉也。又引申其義，凡營業之無行無幫，或無統系者，皆爲野鷄，如野鷄挑夫，野鷄東洋車，野鷄輪船等皆是。故野鷄二字，可隨意冠之各種名詞之上也。住家野鷄，野鷄中之最高等者，不上茶樓，無人介紹不得其門而入。碰和檯子，操賤業之婦女，闢精舍供客，爲碰和之場，謂之擺碰和檯子，實則高等之住家野鷄耳。檯子，棹也。湯排，似野鷄非野鷄之婦女，往往有老嫗爲之勾引也。花煙間，妓之下等者，又稱煙妓。釘棚，更下於花煙間之妓也。跳老蟲，下等之勞力者，挾少許金錢，投諸花煙間，以行樂之謂也。老舉，廣東妓女之上等者，猶滬妓之長三也，近年幾淘汰盡矣。鹹水妹，西人呼妓曰鹹飛司妹，華人效之，於接應西人之粤妓簡稱之曰鹹水妹，然有時亦接本國人，惟不能使與西人相遇耳。兜圈子，閒暇無事，遨游街市，以自娱樂之謂也，猶京師所謂遶灣兒，及溜達溜達者是也。弔膀子，男女相悦，眉目傳情，以相挑逗之謂也。其有由於一方面之挑逗，而相手方不表贊同者，則謂之弔不上，或曰弔弗著。釘梢，躡行人後，左則左之，右則右之，跬步不離之謂也，今則專適用於男子追隨女後之稱矣。半開門，祕密賣淫，非公然開門也。私門頭，與半開門同。小房子，男女幽會所賃定之祕密室也。台基，以房屋供人爲野合之所，於以取得租金者曰台基，營此業者，多老嫗。拉皮條，介紹雙方不相識而爲相識，謂之拉皮條，初僅適用於男女非正當之交際，今且引申其義，爲一般社會上介紹之代名詞焉。然高等社會之人，仍鄙而弗道。軋姘頭，男女以非正當之結合，而爲夫婦之行爲，且同居處飲食者，是也，亦有僅結合而不同居處者，亦曰軋姘頭。姘頭，男女於既軋姘頭以後，姘頭名詞，遂完全成立。男女雙方，固各自承認，而第三者亦加認可。如語云，某爲我之姘頭，某爲彼之姘頭者是。蓋姘頭者，猶文言所歡之謂也。京語謂之外家。特外家有固定家屋之義，而姘頭則不必有固定之家屋也，此其微有不同耳。拆姘頭，姘頭兩方面以事實上衝突而決裂，或因利益相反而解散，皆謂之拆姘頭，猶商業中股份公司之拆股是。姘頭既拆以後，相視如陌人矣。仙人跳，男女協謀，飾爲夫婦，亦有出之正確之夫婦者。使女子以色爲餌，誘其他之男子入室，坐甫定，同謀之男子以夫之資格猝自外歸，見客在則僞怒，謂欲捉將官裏去，客懼甚，長跪乞恩，不許，括囊金以獻，不足，更迫署債券，訂期償還，必滿其慾壑，始辱而縱之去，謂之仙人跳。紮火囤，與仙人跳同。

蘇州方言

天官賜，此即歇後語、縮脚詩之例，不言福字，以代之也。徐大老爺，鬼也。俗語每言今日碰着徐大老爺，猶言今日遇鬼也。王伯伯，凡作事之不可恃者，爲王伯伯。瓦老爺，獃子也。吴人謂瓦老爺與壽頭碼子同一意義，即京語之傻子也。纏夾二先生，喻人之對於事混纏不清也。淡老三，不知何許人也，以其行三，因而名之，與徐大老爺拆老皆同。老蘇鏟，喻人之老也，中含譏誚之意。大阿福，無錫慧泉山有設肆出售之泥美人，曰大阿福。美者固美，醜者不堪矣，今輒假借以譏男女之肥碩者。碰頭，與人相遇之義，文言所謂邂逅也。鬎鬎頭上搨漿，禿頭以漿塗之，可生髮，髮、法音同，喻人之得法也。得法，即得意也。鬎鬎兒子，人莫不愛其子，雖鬎鬎亦不爲醜，喻人之自以爲好也。扁面孔，紙紮之輿夫，面目手足無一不扁，故曰扁面孔。坐扁面孔轎一語，用以駡人，人坐鬼轎，其得生乎？戴仔箬帽親嘴，喻事有阻隔，不能如願也。仔，語助辭。親嘴，即西人之接脗也。歪嘴吹喇叭，喻人之一團邪氣也。打去牙子自肚裏咽，喻人之有苦惟自知也。空心湯團，本可獲有利益，而意外失之，猶所食之湯團，中空無餡也。背心浪捱胡琴，背心，脊骨也。浪即上，脊上拉胡琴，喻其捱不到我也。搭脚，主人與女僕有私，謂之搭脚。猢猻屁股，譏婦女之兩頰敷脂，紅如猴臀也。蒲鞋出租蘇，一場嘸結果。嘸，無也。蒲鞋破，則如人之有鬚。俗呼髭鬚二字之音爲租蘇，破則不能著矣，喻事之無好結果也。鄉下人弗識秀眼，秀眼，小鳥也。俗語讀鳥字如刁之上聲，因以喻人之刁也。鄉下人弗識走馬燈，鄉人見走馬燈旋轉，不知何名，惟見其人物之來而復來，故稱其名曰又來了，喻事之重複也。烏龜抬轎，龜有硬甲，轎亦硬物，喻事之硬做也。硬做者，不能爲而強爲之也。烏龜生發背，發背，疽也，龜生發背，其殼漲矣，諺有殼張二字。張音近漲，殼張者，猜度也。好馬弗喫回頭草，馬之喫草，必向前進，喫回頭草者非好馬，喻人之不可無決斷也。船頭浪跑馬，浪即上，船頭跑馬，必至墮入水中，喻人所處之境，狹隘已甚，無路可走也。騎馬弗見親家公，騎牛時偏遇親家公，騎馬時乃獨不遇，喻不欲人見之事，適爲人所見也。出馬一條鎗，喻人之初入交際場中，須力争先著也。老鼠跳在秤盤裏，秤盤，所以權物之輕重也。權，即稱也。鼠在秤盤，喻人之自稱自贊也。老鼠躲在書箱裏，鼠在書箱中，無物可食，僅可食書，俗稱書一册爲一本，喻商人之坐食資本也。羊肉只當狗肉賣，羊肉價較狗爲昂，今與狗同價，喻物之減價求售也。羊肉弗喫惹一身羶，羊有腥臊，今未喫而先惹羶氣，喻事未成而先受氣也。牯牛身上拔根毛，牛毛甚多，僅拔一根，喻事之細微已甚也。猪頭肉三弗精，精，細也。猪首之肉多肥，喻人之作事不精細也。姜太公釣魚，俗云，太公釣鉤，不彎而直，魚之上其鉤者，出於自願也，喻人之受欺，實出於自願也。打蛇打在七寸裏，打蛇之七寸，則致其要害矣。喻作事之須到恰好地步也。惡龍難鬭地頭蛇，龍雖惡，而自遠來，將爲當地之蛇所困，喻人地生疏者之不可強横也。打狗要看主人面，狗有主人，若打之，不啻憎惡其主矣，喻事之須顧全他人面子也。狗嘴裏無象牙，象牙爲珍品，非犬之齒可比，喻其人之不可與言也。猢猻戴帽子，猢猻，猴也，沐猴而冠，譏其徒具人形也。小鷄交與黄鼠狼，小鷄爲黄鼠狼所嗜，今以小鷄交之，必爲所食，喻人之不可誤託也。　黃狼躲在鷄棚浪，畜鷄之具爲棚，黃狼既至鷄棚，自必就而食之，喻事之不做不休也，浪卽上。　老虎頭上拍蒼蠅，虎喜食人，若其首有蠅而欲撲之，必爲所噬，喻人之有冒險性質也。　缺嘴咬跳蝨，脣之缺者，翕合不靈，嚙蝨而蝨必遁，喻事之不望成而姑以嘗試也。　螺螄殼中做道場，啓建道場，必於廣大之地，螺螄則甚隘，喻地方之局促也。　百脚喫油火蟲，百脚，蜈蚣也。　油火蟲，螢也。　蜈蚣食螢，螢尾有光，蜈蚣之腹亦有光矣，喻其人之胸中明白也。　老百脚，語曰，百足蟲死而不僵，其毒可想而知，今加老字以謚老鴇及老口之妓，意甚確當。　兔子弗喫家邊草，兔食草，必於遠處，喻大丈夫不可老死牖下，宜出外進取也。　熱石頭浪螞蟻，浪卽上，熱石之蟻，無路可走，僅可四周旋轉，喻人之走投無路也。　教化子喫三鮮，教化子，乞丐也。　三鮮，以三種美味之物合爲一肴也。　乞丐不常得食，欲於三種之外別有所得而不能，喻人之所如不合，動輒不能如願也。　教化子喫死蟹，蟹爲動物食味之鮮者，死則鮮味大減，乞丐不常得食，遇之，則更饕餮無厭，雖死蟹，亦甘如飴，喻人之不擇精粗美惡而一例視之也。啞子喫黃連，黃連味苦，啞子口不能言，忍而食之，喻人之有苦說不出也。　閒話多仔飯泡粥，閒話，言語也。　飯自飯，粥自粥，以飯泡粥，則既不成飯，又不成粥，喻人之語多無用也。　仔，語助辭。　冷鑊子裏熱栗子，鑊，鍋也。　炒栗須熱鍋，炒畢則鍋冷。　冷鍋忽有熱栗，喻事之突如其來也。　甘蔗老頭甜，蔗近根者味甜，喻物之以老爲貴也。　吳江菜心早上鬈，菜心，薹菜之心也。　鬈，壜也。　吳江之薹菜，收穫較早，醃之於壜亦較早，此有罵人夭壽之意，猶短棺材三字之謂不及長成而死也。　路倒屍，罵人之辭，謂其死於道路，不及壽終正寢也。　戳千刀，亦罵人之辭，謂其罪大惡極，非一刀所能蔽辜也。飯店裏回葱，回，買也。買葱宜於市，今向飯店購之，其價必昂，蓋飯店須得贏利也，喻人之明知喫虧也。油汆棋子，汆，以物置水中也。棋子已滑，復以油汆之，則更滑，喻人之浮滑已甚，猶京語之琉璃蛋，杭州語之油浸枇杷核也。肉骨頭敲鼓，俗以動物食品爲葷味，肉骨頭，牛羊豕之骨也。此專就豕言之，肉爲葷，其骨亦屬於葷，以骨打鼓，鼓聲鼕鼕，葷昏同音，懂懂二字音與鼕鼕近，卽作昏懂懂解，喻人之糊塗顢頇也。撑籬竹燒水豆腐，撑籬之竹最硬，水豆腐極薄而最軟，喻軟硬之不勻也。燒香望和尚，燒香自須入寺，寺有僧，既禮佛，自可順便訪僧，喻人之一事可兼二事也。和尚拜丈母，和尚不娶妻，今乃有妻之母而須往謁，豈非創例？喻事之第一次也。師姑養倪子，師姑，尼也。倪子，兒子也。養倪子，生子也。尼無唯一無二之丈夫，今乃育子，必爲公衆所盡力者，喻事之須大衆扶助也。扶小娘過橋，小娘，纏足之女也，過橋不易，須人扶之，喻事之須恃他人也。過橋拔橋，己已過橋而卽將橋拔去，喻人之專顧己不顧人也。趁水踏沉船，船將沉而踏之，若惟恐其不沈者，喻人之助人爲惡也。拔短梯，先已許人任事，繼而失約之譬喻也。板門，喻肥碩之人大如板門也。描金箱子白銅鎖，箱既描金，而又有白銅之鎖，外觀有耀，其內容實不堪問，喻人之外強中乾，猶言金玉其外、敗絮其中也。象牙肥皂，以皂浣物，日久而皂自日薄。象牙所製之皂，永不稍減，喻人之吝澀也。鞋子未著落一樣，鞋未著而鞋樣已爲人所得，喻事未成而反著痕跡也。黃連樹底浪操琴，浪卽上，黃連味苦，而操琴爲樂事，黃連樹下操琴，喻人之苦中尋樂也。油條，與滑頭意同。剪稻樹頭，稻已長成，自可收穫，而剪其頭，喻人之湊現成也。楊樹頭，喻人之宗旨不定，東風西倒，西風東倒也。牽絲扳籐，糾纏不休之謂也。蓋絲與籐爲最易棼亂之物，牽之扳之，如何能清？敲菱殼，喻房屋既售於人，再向需索也，與敲竹槓意同。黄落，謂事之終成畫餅，如木葉之黄落也。板板六十四，鑄造制錢之模，範土爲之，必有六十四孔，即一板也。每板必有六十四錢，此以喻人之不苟言笑，不輕舉，不妄動也。城頭浪出棺材，浪即上，柩須出自城門，今由城上出之，則必紆道繞越，喻人之赴事迂遠也。扛棺材弗下泥潭，泥潭，土穴也。抬柩者必送柩入穴，今委而去之，不下泥潭，是喻作事者之不負責任也。麻子搽粉，面麻則多凹，欲其光澤，粉多消耗，喻商業之多費資本也。瞎子擋稱，擋，以手執物也。稱，所以權物之輕重也。稱之銅釘曰星，所以區別斤兩也。星、心同音，瞽者目無所見，自不能知星之在何處，此以喻人之遇事不留心也。窩心，適意也。壳張，猜得到也。勿壳張，猜不到也。夾糊《金剛經》，糊，麵糊，所以粘物也。《金剛經》中夾有麵糊，喻事之混雜也。四金剛騰雲，騰雲，則足不著地，喻事之脱空不能有著落也。拆空老壽星，喻事之已成畫餅也。

上海語言分五類

上海五方雜處，語言龐雜，不可究詰，大別言之，約有五類：一、廣東話。西人由廣東北來上海，故廣東人最佔勢力。二、寧波話。寧波瀕海，開通較早，來滬亦最先。三、蘇幫話。由妓館孳衍。四、北方話。京、津、山、陝富商大賈及優伶一派所流衍者。第五、乃始及上海本地土話。蓋上海爲海濱小邑，生齒不繁，俗諺所謂十里洋場，其在昔日，固荒煙蔓草也。故上海語言，除城南城西一帶，尚有完全土著外，其餘一變再變。所謂上海白者，大抵均寧波、蘇州混合之語言，已非通商前之舊矣。純粹上海話，呼兒子曰後子，尋人曰梭人。自海通以來，不僅本國各地方之語，均集合於上海一隅，即外國語之混入我國語者，亦復不少，例如剛白度之爲買辦，密司脱之爲先生，引擎馬達之爲電氣用品，德律風之爲電話。有本國本有其名而習用外國語者，有無其名而不得不用外國語者，有無其名而新立一名，其效力仍不及外國原名者。至鹹水妹爲鹹飛司妹之省音，寓有美麗之意。鴉片亦唉柄之訛音，然社會上則竟不知其爲外國語矣。

上海洋涇浜話

洋涇浜話者，用英文之音，而以我國文法出之也。相傳業此者三十六人，曰露天通事，大抵均歇業之西崽、馬夫等集合而成，遇外國水手及初至上海之外人購買食物，則自願爲之嚮導而從中漁利者。其實匪類祕密之結合，自施耐庵《水滸》創爲天罡地煞之説，其後，遂率以三十六數爲其内部之組織。露天通事以無賴著名，滬上是否祇三十六人，無故實可徵，猶鄭子明、范高頭黨之亦以三十六著名，實則呼朋引類，無業流氓，要未可以數計也。

洋涇浜話爲不中不西之特别話，滬上盡人所知者。相傳外人初至上海時，尚有一種特别字焉。英文字母二十六字，當華人初與外人接觸之時，此字母之音，華人頗能學舌，其字形則屈曲旁行，難於摹擬。黠者因以中文部首之丶丨丿凵〇等，指定二十六式，以代英文字母之二十六字。此項字體，道光季年頗盛行，咸豐癸丑劉麗川踞城時，賊首暗與外人通，嗣經官吏多方偵緝，劉尚以此項字體致書某外人，以免華官窺破。上海縣署舊卷中，尚有此項字體也。

松江土音

松江土音與蘇州、嘉興同，間有小異。楓涇以南類嘉善，泖涇以南類平湖，泖湖以西類吳江，吳淞以北類嘉定，趙屯以西類崑山，卽境内亦自不同，大率均爲吳音而微别耳。

河南言語減縮

河南言語減縮，聲剛無回音，如一則讀如育，二則讀如略，一千五百文則曰吊五，蓋無言不減也。

成都方言

成都言語之發音多用尖音，故平仄每混爲一。如緑讀爲盧，米讀爲迷，福讀爲扶，曰讀爲曰，日讀爲日，吃讀爲池，實讀爲時，禿讀爲沱是也。然與普通官音亦頗相類。

廣東語言文字之奇異

粤語少正音，書多俗字，如謂平人曰狫，謂新婦曰心抱，謂父曰爸，謂母曰妳，謂子曰崽，子女未生曰⿰衤盡，衣一襲曰沓，稻一熟曰一造，禽之窠曰闘，禽之卵曰春。其字之隨俗自撰者，如安坐之爲㘸，音穩。人物之短者爲⿱不高，音矮。人物之瘦者爲奀，音芒。山之岩洞爲⿱不石，音勘。水之磯激爲泵，音聘。蓄水之地爲氹，音泔。通水之道爲圳，音浸。水之曲折爲乪，音囊。路之險隘爲卡，音汊。隱身忽出爲閃，音或。截木作墊爲𣎴，音墩。橫木上關爲閂，音拴。字異而音亦奇。至於士人書寫，亦多變體，以華爲華，以恨作狠，以閱作閲，以⿰貝兌作脫，以曷作曷，以聞作⿱亼耳，以隣作僯，如是者頗多。

廣東有客話

廣東之南雄州、韶州、連州、惠州、嘉應州五屬，及廣州之花縣、龍門、清遠，潮州之大埔、豐順等縣，均操客話。蓋土著以其後至，故稱其人曰客家，乃遂以其言爲客話。其語之節湊句度，較之內地不甚相遠，實與六朝音韻相合。

潮語

潮語，與泉、漳諸州略似，而大異於嘉應州。粵省土語略可分爲三種：一、廣州語。一、客語。即嘉應州語。一、福語。即潮州語。此種語言絕不相似，幾無一字可通，因語言之隔閡，感情亦因而薄弱，故時起抵觸，且因壤地相錯，利害密切，其抵觸較諸與他省之抵觸者爲尤甚。

桂語

粤人平日畏習普通語，有志入官，始延官話師以教授之。官話師多桂林産，知粤人拙於言語一科，於是盛稱桂語之純正，且謂嘗蒙高宗褒奬，以爲全國第一，詔文武官吏必肄桂語，此固齊東野言，不值識者一笑。然粤東劇場説白，亦多作桂語，而學桂語者，又不能得其神似，遂皆成優伶之口吻。

桂林正音

廣西自梧州以達龍州，言語皆粤東音。由梧州轉撫河，直達桂林，自昭平以上，皆桂林正音，柳慶亦然，蓋界接湘、黔也。又有客話、僮話，頗難索解，每遇土人涉訟，雖有傳供，官民終不免隔閡耳。

宣宗重滿語

滿、蒙人員之謝恩、請安皆用滿語，乃定制也。道光戊子，盛京副都統常文回京，謝恩時，以漢語陳奏，宣宗怒其忘本，即命革職。

滿語

滿洲語爲雙音語根，其時有更變者，爲連合語根之接尾語。例舉如下：安巴堅，大理也。伊喇，黍也。錫里，選拔也。希達，門簾也。色珍，車也。唐古百，數也。穆濟，大麥也。赫德，渣滓也。罕都，稻也。洛索，極溼難耕地也。貝勒，管理衆人之稱也。尼楚赫，珍珠也。布希，膝也，又去毛鹿皮也。鄂爾尼堪，漢人也。巴圖魯，勇也。拉里，爽利也。布達，飯也。呼沙呼，鵰鴞也。薩都拉，結親也。鄂爾多，宫也。圖喇，柱也。安圖，山陽也。巴延，富也。赫嚕，車輻也。斡，氣味也。果實，疼愛也。烏珍，重也。舒嚕，珊瑚也。霞哩，斜眼也。呼嚕，手背也。扎克繖，霞也。伊勒希，副也。按班，大臣也。烏珠，頭也。實勒們，鶻子也。愛滿，部落也。瑪，粗也。蘇庫，皮也。尼瑪哈，魚也。阿勒錦，聲譽也。和勒博，聯絡也。伊徹，新也。實納，亦新也。察喇，注酒器也。吉勒展恕泰費音，太平也。納，地也。巴納，地方也。沙克珊，狡猾人也。善延，白色也。索琿姜，黄色也。達勒達，隱避處也。瑪魯，瓶也。聶赫，鴨也。伯特，才力不及也。卓哩，指之也。和卓，美好也。愛新，金也。蘇赫，斧也。雅勒呼，肉槽盆也，亦大槽盆也。達，爲首之稱也。烏達，買也。烏嚕，是也。佛伸，柄也。準布，提撕也。達春，敏捷也。尼嚕罕，畫也。塔哈，客也。達掄，飲馬處也。錫津，釣魚絲線也。博勒和，潔浄也。琿楚，冰凚也。舍音，色白也。斡罕，袖頭也。瑠和海，白魚也。阿達奇，鄰也。尼雅滿，心也。齊喇，嚴也。哈蕃，官也。桂齊，善也。阿蘇，網也。

滿洲之索倫語

滿洲之索倫語則又異。衮，理事官也。迪里，頭目也。薩勒迪，甲也。珠克，房屋也。

滿洲借用漢語

滿洲必以其所有之物始有名稱，如珊瑚、瑪瑙、蘋果、橄欖、鶏樱，本爲其地所無者，卽用漢語。蓋亦如四方土音之稱名各異，齊以中原正音始可施之文告，福建、安徽土音，亦不可以對公府施文章也。是則以滿洲之稱加官號，豈非以土音施文字乎！

蒙古語

蒙語亦雙音語根，多形容詞，而動詞常多變更，且恒在語尾。例舉如下：特里袞，爲首之謂也。圖魯卜，形勢也。託果，釜也。舒蘇，高粱也。索多烏翅，大翎也。道喇，下也。諳達，夥伴也。特哩，齊整也。徹伯爾，廉潔也。保喇，雄駝也。巴圖，堅固也。鄂勒哲，壽也。錫寶齊，養禽鳥人也。集賽，輪流值班也。和爾果斯，牧地遺失也。齊蘇，血也。哈喇，黑色也。哈斯，玉也。達爾罕，凡有勤勞者免其差役之謂也。察納，那邊也。伊嚕，浄也。布哈犍，牛也。果勒，河也。特穆爾，鐵也。雅克，結實也。喀喇，黑馬也。庫庫，青色也。齊達勒，勤也。伊克，大也。德勒，衣也。丹，有也。岱，亦有也。台，亦有也。伊蘇，九數也。察罕，白色也。博囉，青色也。額森，平安也。阿爾，花紋也。尼格，一數也。納奇錫，絨綫也。羅卜科，淖泥也。博爾濟，二輩奴也。和必斯朵，器名也。都哩，式樣也。默色，器械也。博果岱，麥也。塔齊兒，瘠地也。和坦，城也。永和爾，絨也。和遜，空也。伊爾，鋒刃也。

圖裂圖，有柴也。阿穆爾，安也。烏蘭，紅色也。準，東也。阿薩爾，閣也。珠古，厚也。摩該，蛇也。博果密，包裹也。瑪勒圖，有牲畜之謂也。瑪勒，牲畜也。鄂齊爾，金剛也。達納，管也。色辰，聰明也。庫魯克超，衆也。布延，福也。格根，明也。特古斯，全也。布爾罕，佛也。察克，時也。蒙古臺，有銀也。烏德美，送也。多羅岱，七數也。筆且齊，寫字人也。札爾古齊，斷事人也。賽音，好也。袞，深也。巴克實，師也。濟蘇，顏色也。特爾格，車也。伊遜，九數也。岱爾，牡鹿也。札達，石也。札拉爾，帽纓也。特穆津，鐵之最精者也。奈曼，八數也。索諾木納木結，有福人也。噶布拉，天靈蓋也。諾摩罕，樸賓也。蘇蘇勒巴，敬也。達嚕噶齊，頭目也。鴻和爾，黄色也。拜珠，存也。索約勒，教化之化也。哈陶，剛也。阿賓克，利也。婁，龍也。都爾蘇，規模也。台哈，長毛也。圖們，萬數也。納琳，紬也。阿巴齊，行圍人也。多羅，七數也。尼古勒，罪孽也。珠格爾，閒散也。額蘇倫，梵天也。拜達勒，形像也。奇塔，漢人也。伯奇，堅固也。薩巴器，四也。呼喇楚，積聚也。浩爾齊，吹笳人也。和斯，雙也。茂，不善也。克呼，野外也。哈布爾，春也。克特，火鐮也。塔斯性，烈也。伊札爾，根源也。拜，不動也。諾音，官長也。實古納，審問也。達蘭，七十數也。阿嚕岱，山陰也。蘇嚕克，牧羣也。奎騰，冷也。都古爾濟，盈滿也。克埒，木牆也。諾，海犬也。阿固岱，寬也。烏蘭巴爾紅，虎也。哈喇婁，黑龍也。錫里濟，選拔也。

蒙語派别

蒙古言語，雖因地而彼此音韻不同，然仍分三種：一爲口扣滿恰語，一爲活通語，一即爲普通蒙古語。此普通蒙古語，各旗微有不同，尚無大異，惟口扣滿恰語，僅烏梁海人知之。其活通語，亦惟杜爾伯特親王旗下一部分知之。所有口扣滿恰、活通兩種語言，音極輕，極活便，與土耳其語又似是而非，或偶有一二相同者，其音亦必小異。故科布多各種人，因普通蒙古語盡人皆知，而口扣滿恰、活通兩種語言遂無習者。

蒙語無左右

蒙古語言不用左右兩語，僅以東西南北各語分方向，如言在我之東在我之西是也。又或趨東西南北，則又不以方向爲別，惟按河流上下分之，如言由此往上由此往下是也，蓋其語法如此。又距離之遠近不以里記，或問其地遠近若何，但以騎馬行幾日、騎駝行幾日相告。然而行者有緩急，則又以緩急二語冠於駝行馬行之上以別之。又或以距離有幾臺卽軍臺。之路語之。至兩臺相距遠近不同，則又以大小分之，大概平均每臺相離七八十里耳。此因蒙古無里之一語，是以路之遠近，輒以日或臺記之。

青海蒙番言語

青海蒙古王公常入京師值班，見聞較廣，語言交際頗能中禮，近邊者皆能漢語，遠者則非通事不能達意。然亦有不解蒙語而通番語者，蓋番語近西藏音，青海風土似西藏，土人喜效藏俗也。番族語言又有與蒙古語相混者，則聚族相處，習染所致也。

回語

回語有二大別，其在內地與漢族雜處已久之人，本音已變，居新疆等處者則否，至接近蒙、藏之處，則多用蒙、藏語。

藏語

藏語雜有梵音，東境多參用漢語，東北多參用蒙古語，南境多參用印度語。例舉如下：伊實，智慧也。達什，吉祥也。札實，亦吉祥也。多爾濟，金剛也。帕克斯巴，聖也。僧格，獅也。昌，酒也。通，飲也。諾爾布，財也。蘇隴，守護也。裕勒，地方也。綽爾濟，法師也。鄂特色爾，金光也。敏珠爾，無遠之謂也。額琳沁，寶也。佐特，庫也。淩，長也。藏布，美好也。雲丹，才也。索諾木，福也。策，壽也。貝實勒，琥珀也。衆密克，智慧眼也。足克戩，首飾也。古爾，帳房也。嘉勒斡，勝也。扎巴，徒弟也。默，火也。沙，肉也。明埒，好名也。棟，磚礫也。阿，五數也。年，妙也。圖沁，大力也。綽斯，法也。安布，不善之謂也。古拉，身也。納克楚，黑水也。嘉木陽，文殊菩薩也。

黔苗方言

拔，父也。罷，亦父也。蒙，母也。明，亦母也。的，孩也。努介食，食也。儂躲，亦食也。忽往，飲酒也。呵交，亦飲食也。努擬，食肉也。呵巴，飲茶也。呵應，吸煙也。賽，米也。歹，火也。沱，亦火也。瓮，水也。大送春，米也。介，雞也。拜，豕也。擬，牛也。訛商，亦牛也。麻，馬也。米巴，亦豕也。猛已，趕集也。大弄日，午也。條，漢人也。雅犇條，不識漢語也。雅務，不好也。雅道，不得也。躲婁，雨也。

或曰父爲包，母爲蔑，祖爲大食，食爲固脈，飲酒爲固悖，食肉爲固窩，啜茶爲固高，雞爲娑，鴨爲呵，馬爲虐，犬爲磨，一爲序，二爲瘦，三爲大，四爲布，五爲目，六爲逆，七爲索，八爲遮，九爲梭，十爲完，織布爲陶，傭工爲陶貢，趕集爲拜，其喪祭爲白號。

或又曰父謂之索，母謂之咪，兄謂之皮，朝饔謂之艮捱，再飦謂之艮林，夕飧謂之艮喬，飲酒謂之艮撈，吸煙謂之艮完，坐謂之壤，行謂之拜，揖謂之張，打謂之敵，畜豕謂之壥慕，傭工謂之果瓮，貿易謂之果介直，趕集謂之拜謁，雨謂之汶到，晴謂之汶艮，官謂之貫。

雲南東北苗語

人曰得熱，子曰禿，眼曰阿馬，手曰梯，豕曰怕，地曰替，河曰格利，銀曰裏，飯曰發，火曰特，風曰棋，去曰毛，一曰而，三曰及，四曰格老，五曰拍，六曰各老，九曰其，十曰口。

雲南西北苗語

人曰但南，曰潭明。子曰頭，曰潭通。眼曰開。馬曰美。手曰阿皮。豕曰豚。狗曰克利。地曰大。河曰廷。銀曰了。飯曰毛。火曰頭。風曰吹，曰清。來曰塔。去曰忙。一曰歐。三曰批，曰頗。四曰北，曰朴腦。五曰培。六曰仇。七曰心旦。八曰一。九曰球。十曰欺。

白苗語言

貴定龍里白苗之語，則呼父曰己，母曰賴，祖曰阿包。若一至十之數，其呼法，以貴陽音譯之，則一曰伊羅，二曰拗羅，三曰包羅，四曰卑羅，五曰別羅，六曰兜羅，七曰香羅，八曰易羅，九曰甲羅，十曰故羅。

苗通漢語

白苗、紅苗久與漢族相習，雖婦女孺子，亦鮮有不通漢語者，不若青苗、黑苗、花苗之無一能通漢語也。

倮儸語

倮儸亦苗類，呼門曰銀古，掩曰比杜，掩門則曰銀古比杜，盜曰婁樹逋，打曰毒，打盜曰婁樹逋毒。其語雖湊合單音而成，然亦似有變化。若與漢族有交際者，則能操漢語。

四川邊外番語

四川邊外諸番多用西藏語，而地名率與唐古忒字音不合，曾由國師章嘉呼圖克圖重譯之，如沃日則改爲鄂克什，斑斕山則改爲巴朗拉，日耳則改爲資哩也。

清稗類鈔

農商類

我國之農商

吾華以農業立國，爲歐美所稱道，吾人亦自認之。然以無農業教育之故，不用機器，不能合羣，豈惟不能爲大農而已，即以小農言之，視義大利之農人，猶有慚色。至於商，則雖有以信義爲外人所贊許者，亦以未受商業教育，於國際貿易，不能與歐美各國之商人競争於世界也。

牛太初且耕且賈

國朝定鼎，高平牛位坤棄諸生籍，混迹博徒酒人間，絶不復言科舉事。嘗慕宋陳同甫之爲人，晚年慕孫太初，因以太初自號。乃葺一亭，顏曰六宜，偃卧其中而讀書，且耕且賈以自食。

董邃學業農服賈

董邃學名懷書，穎悟絶人。年十一，瀏覽《左》、《國》、《史》、《漢》諸書，輒捉筆爲文，勃勃有奇氣。尋丁父艱，以貧故廢學業農，兼服賈。伯兄某出百金命往潤州貿易，數月傾其貲，垂橐而歸。兄大怒，遂學雅不屑意也，然緣此益窘。會值旱蝗，幾不能自存，乃更折節砥行，發篋陳書，晨耕夕讀，帶經而鋤，或采樵山中，高歌秦、漢人文字，尤嗜韓昌黎文，吟誦不少輟。里中課藝，常荷鋤以往，援筆立就，輒冠其曹，名震一邑，文士乃争與爲友。於是輟耕教授生徒，而所得脩脯輒沽酒，至隨手立盡。

農業

農業，農人之所有事也。栽種畜養有用之動植物，以産生人類所必需之物品者屬之。而土地、勞力、資本三項，其最要者也。

春耕夏耘，秋穫冬舂，固爲農人四時之所有事。然勤於農功者，一歲十二月，無不有事，且男女同任之，亦云勞矣。致力多而獲利少，固莫農人若也。今就寶山農人所述，而參以武進顧鐵僧之言，略述如下。雖籽種、氣候、人力各地不同，然亦可略見一斑矣。稻與棉花相間而種，以息地力，惟麥菜則頻歲可種也。

正月，棉花地翻泥。或以人督牛，或人自爲之。

二月，麥田菜地施肥料，種紫荷花草。

三月，撈水中草泥，撈時置之舟中。加泥於田塍，種菱養魚。

四月，穫麥，稻田布種，俗曰種秧田。種棉花，種芋。

五月，插稻秧，耘稻，人立於田中或跪，以手拔去其草，手或有套。稻田車水，棉花地削草，豆地削草，種黄豆，種芝麻。

六月，盪稻，盪，器名，一長方之木板也。其意義則移行也，動也。人持一器，立於田中，以器盪之，使泥悉平，有直盪横盪之别。稻田施肥料，豆餅菜餅及人畜糞也。如酷暑須加石膏。稻田戽水，棉花地削草，穫瓜。

七月，擱稻，此與陶朱公書所謂稻田立秋後不添水，曬十餘日，謂之擱稻者不同。擱稻之法，有盪扒之别，扒，器名，其形畧如梳，以梳之。稻田戽水。

八月，穫稻，穫棉花，穫緑豆，穫豇豆，穫芝麻，種竹，稻田有戽水者。

九月，穫稻，穫稷，種麥，種蠶豆，稻田有戽水者。

十月，穫稻，種麥，種菜。

十一月，捕魚，樵薪，墾桑地。

十二月，樵蒹葭，樵緑柴，爲染料之用。種薹菜。

農業有狹義廣義之别

我國古時之所謂農者，專言耕種之事業。《漢書》闢土植穀曰農，蓋此爲農家主業，實狹義之農也。然農之分類頗多，往往有以餘地餘時兼營他業者，爲農之廣義。栽培蔬果、蒔種花卉曰園藝，種植林木曰林業，飼養家畜曰畜牧，而養家禽，養蠶，養蜂，養魚等亦屬之。或取農家收穫物，加以人工，製爲精品曰農産製造，而釀酒及製茶，製糖，製藍等亦屬之，凡此，皆農家之副業也。園藝、畜牧諸業，視地方之狀況而定，不皆以一身兼營之。如地近廛市，宜於園藝；山陂荒瘠，宜於造林；平原曠衍，宜於畜牧是也。然此等地方之農民，不事耕種，而轉以副業爲主業者亦甚多。漁夫獵人大抵不復業耕，然此二事，亦所以增殖天然之利源供給人類之需用者，性質相同，故亦屬於農。

男女並耕

常言男耕女織，又言夫耕婦饁，似種植之事非婦女所與聞，則是未嘗巡行阡陌考察農事之故也。男女並耕之俗，廣東、廣西、福建最多，江蘇、浙江、江西、安徽亦有之，且有見之於湖南者。蓋其地之婦女皆天足也，常日徒跣，無異男子。世或視女子爲廢物，謂其徒手坐食者，實讆言耳。

稼穡艱難

大內太和門丹墀左之石闕儲嘉量，丹墀下之石匱儲米穀。每值大駕出宮，鹵部中之象負寶瓶，中儲五穀，蓋欲使聖子神孫觸目有稼穡艱難之警也。

孝欽后從事植牧

孝欽后時以養花種菜爲樂，躬自督課，園蔬成熟，輒命宮眷以小翦刀翦之，而監視於旁，勤者得賞。

孝欽又喜養雞，宮眷及妃嬪亦各有所豢，日須自飼之，清晨，則以所生之卵獻孝欽。天日晴和，孝欽恆游於廣場，監視太監在田工作。早春時遷移荷花，先去老根，再以新根種於活土。雖在湖西淺處，太監則有時須行深水中，水及其胸。孝欽坐於玉帶橋上指點之，或至數小時，約三四日而畢。

八月，園中斫竹，孝欽命宮眷鐫字畫於竹。

孝欽最愛菊，必先期移植菊花。日必率宮眷至湖西移植於盆，栽畢，日灌溉之，整理之，雨則覆以席。

孝欽又愛植葫蘆，離宮別院，蔓延遍地。至秋，則結實纍纍，有大於五石者，有細如指頂者，兼收並蓄，以爲玩具。都中遂有依樣畫葫蘆之諺。

德宗隆裕后勸農

春爲農事開始之時，德宗必祭先農壇，親耕耤田，以爲天下之勸。隆裕后親養蠶，日往視之，至夜，則有宮妃看守。及成絲，理之成束，呈孝欽后，其事始畢。蓋向例皇后必詣桑園，園門在金鼇玉蝀橋北，門南嚮，與蕉園門相對。親祀先蠶西陵氏之神，妃嬪二人，公主、福晉、命婦七人隨從采桑，皇后有事，或遣妃恭代。

色侍衛栽花

色侍衛，滿洲人。少曾駐防粵東，性嗜花卉，凡南方草木異種皆致以歸。老而退閒，深諳栽植之法，所居有精舍數椽，佛桑、茉莉、建蘭之屬，環繞其旁。又多取蝶蛋養之奩中，冬月梅花盛開，輒下簾放蝶，千百爲羣，飛舞花間。

傅壽髦日樵於山

陽曲傅青主布衣山有子曰眉，字壽髦，能養志。每日樵於山中，置書擔上，休擔則取書讀之。中州有吏部郎者，故名士，訪青主，既見問曰：「郎君安往？」青主答曰：「少需之，且至矣。」俄而有負薪以歸者，青主呼曰：「孺子，來前肅客。」吏部頗驚詫。抵暮，青主令壽髦伴之寢，則與敘中州之文獻，滔滔不置，吏部或不能盡答也。詰朝，吏部謝青主曰：「吾甚慚於郎君。」青主故喜苦酒，自稱老蘖禪，壽髦乃自稱曰小蘖禪。青主偶出游，壽髦輓車，暮宿逆旅，仍篝燈課讀經、史、騷、選諸書。詰旦，必成誦始行，否則予杖。

藍理濬天津水田

天津城南五里，有水田二百餘頃，號曰藍田，因田爲康熙時總兵閩人藍理所開濬也。河渠圩岸，周數十里。藍嘗召閩、浙農人督課其間，津人稱爲小江南。

洮南農事

奉天洮南，居民不滿七萬人，業種植者較多，畜牧次之，工商尤居少數。宣統時，已放荒地凡五十萬晌，每晌十畝。熟者僅四萬餘。蓋頻年荒旱，而近河之處又時被水災也。惟北境土壤膏腴，然領荒者多不開墾，必俟地價增漲時轉售。而農人自領之地，亦以貪多務得，無復餘財以充常年經費，故開墾之熟地絶少。植品以元豆、高粱爲大宗。其月亮泡之魚，每年可值銀二十四萬圓。

俞又申督僮治田

俞又申名綰，好學，嘗帶經抱史，行吟高歌。督家僮治田甚勤，盛夏日卓午，輒戴一笠，巡行畔閒，呼咤指揮，汗如雨，不倦，山居十餘年。康熙壬子，遘疾幾斃，秋稼被畝，螟食其心，公税私用無所出，乃至鬻産以給朝夕。

濰縣有小植物

光緒時，山東濰縣某生自歐洲考察農業而歸，乃發明一種植物法，使各種花果樹木，皆可令其生機縮小。芭蕉桃李各樹，最長者三寸餘即能生花結子。尤奇者，有如彈丸大之西瓜，如橄欖大之佛手，且可以酒盃種蓮花，小盆栽垂柳。

孫夏峯躬耕蘇門

容城孫夏峯徵君奇逢居蘇門夏峯村，清泉嘉樹，映帶茅衡，一觴一詠，翛然物外，躬率子弟耕耘其間。及門甚衆，亦授田使治，蓋謀道而兼謀食也。

顧亭林以墾田累致千金

萊州黄氏有奴告其主者，多株連，以吳陳濟生所輯《忠義録》指爲顧亭林作，首之。顧赴山東，自請勘，訟繫半年，獄始白。自是往還河北，卜居陝之華陰，置田五十畝供晨夕，餌沙苑蒺藜而甘之，曰：「啖此久，不肉不茗可也。」顧既負用世之略，所至每小試之，墾田度地，累致千金。

李雪木耕讀於鄜

李雪木茂才柏，陝之鄜人也。少讀書，且讀且耕。一日，負鋤出耘，家人饋之食，則見其依隴樹而誦《漢書》。又一日，驅羊出牧，則背日朗讀《晉處士集》，亡羊而不知。

左文襄闢荒於新疆

左文襄公宗棠督師西征，既出關，駐哈密最久。其時白彥虎已逃，天山南北路一律肅清，文襄恐兵士逸居無事，筋骨懈弛，乃仿趙充國屯田之法，責令開闢荒地，播種雜糧，並於駐節處闢菜園二十畝，躬自督之。天甫明，即往菜園眺望良久，然後回營接見屬員。七時早膳，膳畢批閱各處公事，至午後六時，又往菜園督看澆灌。勤者獎之，怠者訓之，每見青青滿隴，輒欣然有喜色。又在關外設立蠶桑局，教民養蠶桑。故駐節數年，漢、回之民皆仰之如父母，於其去也，至有痛哭失聲者。

新疆回人知蠶

回人惟在和闐者知蠶繅，他處桑樹雖多，食椹而已。

青海耕稼

青海風氣簡樸，治生道嗇，雖土厚水深，無有以耕稼爲生者。如植物類穀産一宗，前有大麥、青稞、粟、豆、菜子榨油之種。等種，後惟近東一帶耳，蓋蒙、番與漢人同化，亦知屯田樹藝也，穀産尚繁。北境與甘肅、新疆接壤處，已不多覯，自青海而西，則無復寸苗發見矣。

青海獵户

青海瑪沁雪山，東接車山、滂馬山，西接哈爾吉嶺、查哈噶順山。一帶高嶺，不惟産鑛，且以林木森蔚，兼產珍貴之野獸。獵者攜械裹糧，巖棲穴處，山谷爲滿，春夏秋三時常打散圍。散圍者，人各自獵，所得鳥獸私有之。朝出暮歸，或隔宿而歸，甲歸乙出，乙歸甲出，更迭守帳以造飯。冬令燒荒，則打大圍，糾合數十人，少或十餘人爲一支，張網設穽，以半合圍於外，其餘分入搜捕。此時鳥獸常蟄居一處，出不意掩之，所獲必多，無論居守者、出獵者皆均分之。歸帳不能限期，甚至兼旬始歸，歸則熊、犀、麝、鹿、狐、兔、雉、雕肩挑馱負，不可勝數。剝其皮而醃其肉，以待商人收買，有時獵者亦自運入關也。

狩獵之技，不僅在能耐風霜辨獸跡精槍法而已。習是業者，先練目，次練步。獵師教其徒，命人披獸皮伏於東，復繫一真獸伏於西，日變其形，令其晝夜遠望辨之，能辨者許出，否則恐誤傷人也。又命其徒日行於柯其之上，至無聲爲度，能行者許出，否則恐驚散羣獸也。學成者，槍把各有標記，老獵户驗明，方許入山。無標記，則當衆試技，技不精，則羣毆之去矣。其技備難，其規綦嚴也。

青海獵鹿

獵鹿者規約極嚴，山林樹幟爲界，越界者格殺勿論。如甲户用紅旗，乙户用藍旗，丙户用黑旗，紅圍擊傷之鹿而逸入藍圍者，甲户不准越界往捕，俟乙户獲鹿，而與甲户均分之。其或被傷於紅圍，又逸過藍圍而入黑圍者，丙户能獲，卽與甲户兩分之，乙户不得過問。稍有違言，輒以槍械從事。

又有所謂盜獵者，此種盜户必附獵者以行，亦標一色旗爲號。驗之鄰圍有鹿，黠而捷者，伺間探知口號。夜深，匍匐而進，尋得鹿穴，亦無力捕其生，蛇行入，力握鹿角而截之，負以還。途遇邏者，惟前奔，無返顧。出界，同伴擁之以去，其或力盡而踣，則一人先解其角，歸繫於桿而旋轉之。

蘇女賣花

蘇州花圃，皆在閶門外之山塘。吴俗，附郭農家多蒔花爲業，千紅萬紫，彌望成畦。清晨，由女郎挈小筠籃入城唤賣。昔人謂金陵賣菜傭亦帶六朝煙水氣，而吴中賣花女郎，天趣古歡，風姿别具，亦當求諸尋常脂粉之外。上海亦有之，則率爲移居之蘇人，賃地而自種自賣者也。

太湖有漁户

漁户以船爲家，古所稱浮家泛宅者是也。太湖漁人日居舟中，自無不肌粗面黑。間有生女瑩白者，名曰白囡，以誌其異，漁人户口册中常見之。其船亦延師課子，每四艘而延一人，脩儀必具白金二三鎰，船各供膳三月，所食皆爲水産品，極四時之鮮美。欲遊洞庭山之七十二峯者，必須就館於漁船三年，始能徧歷。康熙己卯四月初四日，聖祖駕幸太湖，漁户蔣漢賓網銀魚以獻，賜銀二十七兩，漢賓子孫，珍爲世寶。

盆景

蘇、揚之藝圃者，取梅、柳、梓、柟、松、柏諸樹栽之盆盎間，長者屈之短，大者削之小，或膚寸而結果實，或咫尺而作龍鱗。閒庭小院，高下羅列，襯以碧玉之苔，蔭以綠油之幕，能使書齋爲園林。此始於唐之平泉、宋之艮岳，蓋已古矣，元人所謂些子景者是也。

顧鐵僧耕於毗陵

顧賓，字鐵僧，武進諸生。光緒中葉，嘗客授上海之愛國女學校，學淹博，有文譽於時。足微跛，大布之衣，大帛之冠，四時不易也，而嘗自稱爲識字耕田夫。飲食異常人，珍錯滿前不下箸，惟以豆佐餐。晨起，必浴於冷水。家有田，其在鄉時，嘗雜傭保力作，雖擔糞庳水之事，亦樂爲之。且耕且讀，聞隴畔有樵夫之歌聲，牧童之笛聲，興到時，輒大聲吟誦，與之和答，怡然自得也。

陳璞完耕於海門

陳朝玉，字璞完，江蘇崇明人。壯膂有異力，幼不守繩墨，贅於劉。劉爲邑豪族，蓄奴甚多，見陳貧，且日事飲博，咸不禮陳。一日，陳出，奴踞坐不起立，乃返語婦曰：「奴輩輕我，我不可一日居。汝爲我婦，能共貧賤，則偕我去。」婦曰：「此吾願也。雖然，當白於翁媪。」翁固薄陳，許之。媪私以二百金與其婦曰：「壻負氣出門耳，其家無寸田尺宅，不久必自還。汝今不能獨居此，此金可作緩急助也。」明日，陳偕婦去婦家，盡斥奩具，挾敝衣數襲，負織具與犂鋤數事，慷慨上道。婦家之人，下及奴輩，皆匿笑曰：「去必復歸，否則寒餒死。」乃陳行數日，賃一椽以居，終日僵卧而已。婦乃出母所貽金，畀陳營生計。陳攫金，卽入飲博場，不數日復蕩盡。婦遂語陳以母別時所語，陳慨然曰：「吾家固無寸田尺宅，然吾有力，足自給，汝姑待，吾且作富家翁。」

時海門之地初出於海，斥鹵沮洳，事佃種者稀，陳乃請於某願爲佃。某父子俱孝廉，在鄉里以健俠稱，待佃甚苛。既許陳以佃，每歲徵所入踰常農。陳初亦俯首下之，久乃積不平，與某訟，遂繫獄。成其獄者，爲某之管租人，蓋言於縣，以陳逋租不償，當繫獄也。陳是時積貲亦小康，乃密告婦，析産之半，易金送獄中。復置酒，徧餉獄中人云：「吾罪本不應繫獄，訟了吾卽出，故治具爲一日懽。但吾有請於諸君，吾今夜須一還家，期以明晨返。」獄中人素感其惠，竟諾之。陳乃出獄，市刀，夜刺殺管租人，如時果復返獄。其刺殺人時，且大言曰：「吾陳某也。」既而管租人之家以殺人爲陳某，控縣令。然陳之離獄，縣令未之知，又殺人之地，離獄數十里，雖善走者，一日夜不能往還。久之，陳出獄，事稍洩，然因出獄復殺人，縣令亦當獲罪，故屢訊陳，無確供，且曰：「吾卽自承，恐繯首者不僅我。」縣令慴其言，獄遂寢。陳與某訟事後亦解。陳乃還所居，復造某氏家，乘隙挾某之父，潛登屋山，歷訴某虐佃之罪，曰：「殺管租人者，我也，今汝當爲之繼。」又曰：「吾繫獄年餘，訟竟如何？」某之家人環請貸其死。陳乃曰：「吾可貸其死，然所佃之田當歸我。」某既爲陳所挾持，乃呻吟俯語家人曰：「此當如約。」陳遂騰折由屋而下，立文契如法，拱謝而去。某父子雖健俠，懾陳有大力，且曲本在己，故亦不敢再訟陳矣。

自是陳治其田，日益闢，夫耕婦饁，恂恂如常人。鄉閭貧而無告者咸争歸之，在其鄉儼若爲地主。陳猶未厭，則時時侵據其隣之田。故事，隣田必以石鑿字爲界，埋土中。陳每於夜中潛易其址，負石卻走，至力盡，復埋於土。卽隣以争界訟，但驗履跡皆倒行，雖訟，亦不得直，隣皆憚之，不敢稍拂其意。陳亦折節，不復作少年跳踉狀。所生子，皆聘儒生爲之師，故其曾孫碩甫太史奂以明經聞於時。陳膚色黝漆，臍窪若臼，環腰有白文，其圜中規，且有黑痣，纍纍若聯珠。

林確齋耕於寧都

林時益，字確齋，明宗室，名儀霧，與彭躬庵同里。國初，江淮間數被兵，兩人謀卜居。躬庵與魏叔子一見定交，極言金精諸山可爲嶺北耕種處，乃變姓名，攜家往。先是，父統鑛以明崇禎丁丑進士令江夏，卒於官，嘗支帑金數萬修城，黠吏匿其籍。確齋覼縷追憶，條寫而目算之，無纖毫爽，然自是得嘔血疾。比遷寧都，已盡破其産，結廬冠石，傭田而耕，非其力不食。子楫孫，門人吴正名、任安世輩皆帶經負鋤，歌聲出金石。冠石宜茶，確齋以意製之，香味擬陽羨，所謂林岕者是也。

吴興錢氏善植菊

吴興錢氏善植花，兼精盆盎小景，一石一樹，宛有邱壑佳致，虎邱花園所售皆不及也。每歲蒔菊數本，尤得異法。有一本，根株較常菊大數倍，旁枝叢茂，大可百倍，高可一丈許，廣可圍六人，置之室中，一室爲滿，其花類世所稱金寶相者。開至六七百朵，遠望之，僅見花，不見有葉，儼若一大華蓋然，誠稀覯也。或喜而謂之曰菊樹。

力醫隱樵於陶江

力醫隱，名鈞，嘗官郎中，閩之永福芹漈人，與葉損軒先後居陶江。幼苦貧，隨父至李家山下，拾林中樸樕歸，供炊爨。頗有大志，語父曰：「異日若置田於此，至足樂也。」父呵之。時山下之田，皆爲陳氏數百年産，旋歸於葉，其後二十餘年，葉亦中落，遂悉爲力氏所有，人皆謂其力田逢年也。

臺番農事

臺灣歸化既久，有生番，有熟番。熟番頗知以稼穡爲重，社中之地，皆芟刈草萊，加以墾闢。有慮其旱澇者，效漢人築圳音酬，田畔水溝也。之法，自内山開掘，疏引溪流，以資灌溉。片隅寸土，悉成膏腴，所謂開圳也。耕田之事，以女任之。蓋番俗以女承家，凡家務悉以女主之，故女倡而男隨焉，且有襁褓而負子扶犂者，男則饁餉而已。

插秧在三四月。先日，獵生酹酒，祝空中，占鳥音吉，而後插種，親黨饟黍往饁焉。番地土多人少，所種之地一歲一易，故穎栗滋長，薄種廣收。其稻七月成熟，集通社，鬮定日期，以次輪穫。及期，各家皆自蠲牲酒以祭神，遂率男女同往，以手摘取，不用鎌銍。歸卽相勞以酒，酖餉醺醺，慶豐收焉。

臺番種芋

臺灣內山生番不知稼穡，惟於山間石罅刳土種芋。熟則刨地爲坑，架柴於下，鋪以生芋，上覆土爲竅。數日取出，芋半焦熟，以爲常食，行則挈以爲糧。

周竹卿耕於南海

南海周竹卿司馬炳麟旣舉於鄉，遂納貲爲令。光緒中葉，曾宰浙之餘姚。少時以家貧力田，帶經而鋤，咿唔不輟，與耦耕者之田歌相和答。久之，輟耒而歎曰：「大丈夫安能胼手胝足，終日勞苦，而猶不足以養妻孥耶？吾他日果爲官者，當致君澤民，加惠於農夫耳。」遂入塾，攻制藝。不數年，秋試果捷。

桂人惰於農桑

桂人惰於農桑。咸、同間，涂宗瀛任桂撫時，議勸蠶織，以課吏治，黠者乃購買野繭綢獻之，得優獎，桂人傳爲口實。光緒時，倪豹岑中丞文蔚曾議由邊關左近先辦屯田，以助軍儲，兼爲招撫游匪之計，卒以乏材中止。

醴陵農事

湖南醴陵農事甚勤，隙地皆墾，無棄壤，田所宜。惟稻有早晚兩種，歲兩熟，山阿之地以氣候寒冷僅一熟。其蒔稻也，早不過立夏，晚不過芒種，晚亦兩種夾蒔。早稻縫中者曰亞禾，別蒔，早稻穫後者曰翻子。農人終歲勤動，視他邑之歲一熟者尤勞苦。山谷則種藷、芋、豆、粟等雜糧，並植茶、麻以資食用。

穀稱石稱斗，不稱畝。有丈種，有時種。時種七八斗卽爲一石，俗呼喊種。價則視田之肥磽及穀之貴賤爲低昂，佃亦視種之多寡、田之上下以納租。

湘苗農事

湖南之苗人，男女並耕，山多於田，宜穀者少，燔榛蕪，墾山坡，種芝麻、粟、米、麥、豆、包穀、高粱、蕎麥雜糧。既種三四年，卽棄而別墾，以墾熟者磽瘠故也。棄之數年，地力旣復，仍墾之。腰背負籠，出入必具。其籠以竹爲之，旁有兩繩貫於兩肩，秋成以穫雜糧，平時以負柴薪。負重致遠，則先用背杠。背杠以木板爲之，形如半枷，置於項後，著於肩，貫繩以繫其首，然後背籠負物，肩與首並用其力。

婦亦知飼蠶，惟不知育種。春時俟漢人所育之蠶出，輒結伴負籠以貨物易之。育成，上簇成繭，抽絲染色，製爲裙被之屬，作間道方勝雜文。第不如永順、保靖峒錦作鶴鳳花鳥之更工緻也。亦能績苧織布。其機矮，席地而織，布亦堅厚耐久。

耕之外，亦事牧畜，牛、馬、犬、羊、豕、雞、鴨之類最多。所重者牛，恆爲人所盜，然不用以耕，惟供口腹、資貿易而已。

雅州耕牧

雅州以南，居民業農者多，男女均服田力穡，日出而作，日入而息。耕作法類與內地同，惟水田少而山地多。稍有產業者，喜畜馬、牛、羊三種，畜養多者則雇牧童，少者則數家共之。每日晨起，牧童以笳角一鳴，各家之馬、牛、羊均出，隨牧童入山以自牧，及夕則又以笳角一鳴，咸聚一處，隨牧童以歸。

道孚種植

川邊之道孚童山平原，一望無際。初冬之際，已冰凝雪積，莖草俱無。及夏，雖有種麥種青稞者，而僅十之二三。於是廣陌沃土，在內地視爲腴田者，居民概以石田棄之。其原因有三：一、地廣人稀也。合一家男女十餘人，併力以治，已覺有餘，而耕雖遍。人烟寥落，無人可傭，故與其鶩廣而荒，不若近求諸己。二、差徭太繁也。抽丁按户，不分男女，日惟運粟輸械，以補西北之缺陷。三、三年兩種也。間歲耕植，始獲收成，非盡人功未施，亦由地力不足也。耕耨之法，不用耰鋤，惟以鐵器淺挖之，薄耨之後，編竹樹條爲耒耜，上壓以石，用牛二頭左右輕拖，使泥稍平，隨卽播種，澆肥使沃者則絕無聞焉。九月，麥稞登場。

植木以松柏占多數。松林口縱橫八九十里，有大十餘圍者，有合抱者，惜轉運維艱，不能暢銷於內地耳。園蔬亦夥，大葱若水晶，與京郊所產者相伯仲。菌白者最佳，味勝蘑菇，然以出產少，故購食頗難，桑麻尤稀。

黔人豢虎耕田

黔多山，重巒深谷間時有虎跡。山居之農善捕虎，捕必生致之，以術豢養使之馴，能代耕牛之役。捕時，多設陷阱，誘以餌，使入。既得虎，縛其足而柙之，日按時投以食，食多穀類，稍雜以肉。虎初不欲食，飢甚，始稍稍食之。積數日，知其力已疲，乃以鐵錘敲其牙，去之務盡，復剪伐其爪，使平貼如牛蹄。遂緩其縛，而柙則如故。日仍按時給以食，久之漸習，而食有加。察其狀，至食盡若有餘求，則故弛柙門而縱之。虎既去，不三日，必復來，蓋爪牙既去，不能攫獲他獸；卽攫獲，亦不能啖食也。

農見虎之復至也，初不與以食，虎搖尾乞憐，乃以索繫其頸，以槖食食之。惟就食之地無定所，或屋前，或屋後，或屋左，或屋右。錫虎以名，每食，輒指置食方向，呼而與之。久之，虎與人習，解人意，偶訓之以簡語，則狀若傾聽，意若領會，前後左右各知其方。苟執名而呼之曰：「某來前。」虎卽趨而進。

曰：「退後。」虎卽慴而退，左之右之，固無不宜之矣。於是架之以犂，使習耕，初猶須人之董率也，繼惟坐而叱使之，無不如命。且力強而性奮，無牛之惰，有牛之功，故農不畏之而轉喜之也。日之夕矣，牛羊下來，耕虎雜其中，于于偕行，牛羊與虎，固耦俱無猜也。

蒙古種植

蒙古雖有沙磧，然僅一小部，餘均肥沃，宜於耕植，張家口附近五百里久已墾闢。光緒時，田每畝值銀五錢，所産以油麥、小麥爲大宗，稻及雜糧亦能成熟。油麥每畝可出六斗至一石，小麥每畝可出五斗至八斗，稻每畝所産在一石左右，惟粒較小。

農事甚簡，僅五六七三月。四月南風至，堅冰初解。五月驟暖，苗生盈尺。六月而花，七月而實，一歲之功，畢於此矣。八月以後，肅霜殺草，九月卽有冰雪，綢繆牖户，爲禦冬計。至明春，方可耕作。且亦以農功簡於内地，故耕田而外，能兼牧事，則一歲之間，無廢時矣。開墾者多晉人，終歲辛勤，尚有盈羨。居數年，恆率族偕來，成村落者已不少矣。

蒙人種田靠天

蒙古土民不講耕作，既播種，四出游牧，及秋乃歸。聽其自生自長，俗云靠天田。

河套墾務

朝廷之防閑蒙人，無所不用其極，既提倡喇嘛以減其生殖，又遮絶交通以封蔽其耳目，故蒙地雖廣漠，而定制不准其私自開墾。於是口内貧民時時有溢出者，大抵漢族蹤跡之至河套，始於乾隆時，至道、咸間而極盛。自光緒時，將軍貽穀奉命督辦蒙旗墾務，而墾務乃大壞。凡民墾之地，一切奪之入官，其放而租之民者，又各加以重租。於是蒙人失地，漢人失租，故漢、蒙皆反抗之，貽卒以敗。其後承譌襲謬，益復變本加厲，民力不支，往往棄地而逃。而天主教士遂乘機而起，各擅據地權以佔領之。計河西之地，有教堂四所，後套有教堂五所。賀蘭山東有市鎮名三道河者，則其總匯處也。合鎮皆教民，資力雄厚，雖蒙王亦俯首聽命。其主教常駐榆林，以時巡視諸處。諸處教堂各領蒙地數千百頃，有由蒙人租借者，有因鬧教賠款以地作抵者。築室耕田，宛成都邑，其徵發期會，皆由教士自主之，儼然爲無數之小獨立國焉。然套中輿論，每樂耶穌教人和易可親，而深憤天主教之專横，至有謂其把持渠利，强奪民田者，其是非難以一言定也。

宣統季年，河套已墾熟地，不及半數，彌望皆荒草。居民十之八九皆山西北部人，河之南岸則多榆林、神木、府谷諸縣人。每隔十數里乃見一家，其執業亦多半耕半牧。

王同春墾蒙地

王同春，邢台人。性任俠喜事。少時家赤貧，隨父覓食塞外，轉徙至河套，受傭於蒙人，助工作。其人眇一目，身雄偉，膂力兼人，勤於事，以是得稍稍積工資，乃賃蒙人牧地自墾之。河套界山河間，地層沖積，赤埴中兼雜白沙，得河水浸之，乃異常滋潤，水所不及，皆荒磧也。同春能識水脈，登高而望，即知畎澮所宜。又或馳馬巡行，凡山原高下，工程多寡，輒了了然不差累黍，雖精於測算者不如也。故其墾地歲穫滋多，乃益出資租蒙地，蒙人益信賴之。自南河沿岸以達北河，南北四百餘里，東西六七百里，凡鑿幹渠四道，寬深皆與大河相等，支渠旁達無數。晉、秦、燕、豫貧民爭趨之，日操畚鍤者常數萬人，歲穫穀類至巨萬，饋運口內，不可勝計。茫茫荒野，至光緒末，村落雲屯，富庶過於壯縣矣。

豫人陳四者，先同春至河套。豪俠尚氣，與同春埒，徒衆亦歸之。乃起與同春爲虞芮之爭，兩家械鬭，時有殺傷，同春遂坐繫薩拉齊獄中。廳官文鈞視同春無大罪，遽縱之去。已而陳四之黨迭上告，文因以落職，年老無子，退居綏遠城，無過視者。一日，忽來壯士數十人，急舉之去，不知何所爲也，繼知同春所遣迎者。既至家，同春則跪陳曰：「大人實生我，我即大人子矣，大人何用子爲？」遂奉養之終身，過於孝子焉。蒙古諸王公聞之，愈益多同春之義，蒙旗有違言，得同春片語，無不立解。居久之，將軍貽穀奉命督辦蒙旗墾務，知蒙人弗善也，乃羅致同春，欲以開導蒙人。同春既進謁，適陳四爲人殺於路，風傳同春實使之，貽穀從吏合謀借是以斃同春，分其產。乃勒令同春盡獻墾田，且誣之曰：「如此，則爲爾消案，不則私墾蒙地有罪，殺人有罪，兩罪並發，禍且及子孫矣。」遂出一紙迫之畫諾。同春不知書，手印之，其田盡沒，然終以陳四案囚繫之獄。宣統辛亥秋，北方騷動，獄中諸犯且謀越獄爲亂，同春密告之，得以無害。將軍堃秀嘉其忠，遂釋之，令往河套爲靖邊計。同春既歸，乃建大旗，使人周走而呼曰：「王老子出獄矣，且奉將軍命，爲若練鄉團，禦寇盜也。」於是漢、蒙之人爭集，旬日，部署井然，聲威重一方。

蒙古漁業

塞外多山水，而產魚之澤僅有三區，要以外蒙古京朋北克泊河爲最。周八百里，茫茫無垠，所產鰣子魚，肉肥刺細，大者盈尺，小半之，味甚美，惟不能釣。漁人張網須在春秋二時，恆有數百人併力合作，所得無算。冬則水深冰沍，臨流而羨，多有空手回者。沿河一帶，蟹渚鳧汀相錯雜，居民半業漁。兩岸山形環合，延接數十里，煙鬟梳曉，媚態向人，夕照明霞，殊不減輞川圖畫也。

多倫諾爾海之漁

多倫諾爾東北二百餘里有水曰海子，頗寬廣。春時聚而漁者數千家，咸以箯席數片支於岸上以爲家。魚甚多，故一尾才售錢十餘文，鯉鱠尤夥，惟鯽魚不食。有得魚少者，輒棄業爲盜。

漢人牧於蒙

漢人之業畜牧者，蒙旗草地，皆可任便縱牧。歲由蒙官收水草租錢，計牛馬一頭各約三百文，羊約三十文。又有分配於蒙人使代牧者，惟圖食其乳酪，不給工資，且自認爲佃户。主人至其家，婦女必盛飾以迎，老幼皆尊禮之。

青海蒙人重牧

青海蒙、回生計以牧爲主，牧以羣名，或百爲羣，或數百及千爲羣。有牛羊者，往往自炫其富，互相競勝，牧産幾何，商本幾何，問之必告。隱匿者，人輒非笑之，且亦不屑自爲隱匿。蓋銀錢秘藏，禾畜顯露，人之德性，視所操之業而異也。殷實之户，動曰有羊若干羣，牛若干羣。

蒙、回人之於畜牧刻不去懷。家主晨起，必呼曰：「多藍藍務拉。」家屬應之曰：「拉嚇。」多藍藍務拉，乃畜牧平安之謂。拉嚇者，是之謂。賓主相見問答，亦然。

阿里克牧務

阿里克牧務之盛，青海爲最。牧户殖産，率以畜之多寡計，牛羊馬駝以羣爲名。少以數十爲羣，多則千，巨室更以谷量牛羊。歲出皮毛毳革，豐腴光厚，推爲番産良品。其游牧之法較他處爲優，畜種之良劣，水草之美惡，休養孳生之種種習慣，雖婦孺亦知之。

其言游牧之法曰：牛羣可無羊，羊羣不可無牛。羊得秋氣，足以殺物。牛得春氣，足以生物。羊食之地，次年春草必疏。牛食之地，次年春草必密。草經羊食者，下次根出必短一節，經牛食者，下次根出必長一節。牛羊羣相間而牧，翌年之草始勻。牛羊馬駝性質不同，而食草之宜不宜則一，低地土帶鹹質，草含鹼性，食之肥。高地土質堅實，草莖粗韌，食之壯，春夏宜低，秋冬宜高。然草貴有鹼性，而牛羊馬所飲之水味不宜鹹。鹹水惟駝爲宜，柴達木駝種最佳，以水鹹耳。其餘畜種不及近邊之肥腯，亦地氣水味使然。故選擇水草，必當審之又審，爲游牧者所宜亟知者也。

西藏農業

藏中農務，地卑而氣候温者，歲產莊稼二次，如巴塘、鄉城、鹽井、河口、馬巖等處僅可種植雜糧菜蔬。地高而氣候寒者，如裹塘、德榮格、甘孜、三巖、江卡、乍了、昌都等處，則盛產藥材之屬。至於紅米，則巴塘産之，他惟産竹而已。

商業

商業，商人營利之業務也。凡買賣業，賃貸業，製造業或加工業，供給電氣、煤氣或自來水業，出版業，印刷業，銀行業，兑换金錢業或貸金業，擔承信託業，作業或勞務之承攬業，設場屋以集客之業，堆棧業，保險業，運送業，承攬運送業，牙行業，居間業，皆是也。

商業内部之三期

我國閉關時代之商業，其内部大勢可析爲三。一、商業養育期，爲康熙時代。蓋聖祖承世祖之後，務在與民休息，而革除一切病商之弊，如罷抽税溢額議叙例，嚴禁各關違例抽税，嚴禁商賈過關故意遲延捐勒是也。二、商業繁盛期，爲乾隆時代。蓋版圖生齒倍於雍正，且承平日久，内部少兵革而營業興，是以民力饒裕，工值廉，物價平，富商大賈滿於海内。三、商業衰退期，爲嘉慶、道光時代。蓋内亂漸作，湖北、四川教匪起，蔓延湖北、陝、甘，且十九世紀外人之膨脹力，方疾趨而東也。

商行爲

商行爲者，法律名詞，爲物品運轉之媒介，而藉以營利之行爲也。其範圍甚廣，爲此行爲之人，是商非商，皆不置問。例如賣買卽商行爲之一種，其他若運送，若兑换，若保險，若蓄積，若代存，若作工，若服勞，若借貸，凡藉此以營利者皆是。質而言之，賣者爲商人，買者亦爲商人，如販夫之所爲，固商行爲，卽賣者爲商人，買者非商人，如購物者之所爲，亦商行爲。其他各種以此類推。

信義通商

我國商賈，恆以缺乏商業道德爲外人所詬病。然以信義通商四字自揭櫫於木牌者，所在有之。

商店

交易之所曰商店，種類甚多，今略舉之。一、食料店。如米行，米店，雜糧行，豆行，蜜餞店，糕餅店，點心店，鹽棧，糖行是也。二、飲料店。如酒行，酒店，醬園，油坊，茶葉店是也。三、燃料店。如香店，燭店，爆竹店，柴行，煤炭行是也。四、染料店。如靛青行是也。五、建築用料店。如竹行，木行，甎瓦行，石灰行是也。六、衣飾店。如衣莊，帽莊，襪店，靴鞋店是也。七、妝飾店。如首飾店，珠寶店，香粉店，梳篦店，鏡子店是也。八、織物店。如棉布莊，夏布莊，綢緞莊，綿綢莊，顧繡莊是也。九、玩物店。如骨董店，幼稚游戲品店，象牙雕刻店是也。十、金類店。如金店，銅器店，鐵行，冶鐵店，銅絲鐵絲店，剪刀店，洋鐵器店，錫器店，錫箔店是也。十一、毛革類店。如羊毛行，鷄鴨毛行，皮貨店，牛皮行，皮梁店是也。十二、繭棉絲蔴類店。如繭行，棉花行，絲行，線店，麻行是也。十三、畜牧漁撈及種植類店。如猪行，猪肉店，羊行，羊肉店，醃臘店，火腿店，鷄鴨行，鮮味行，海味行，水果行，蔬菜行，水旱菸店，藥行，藥店，參號，漆店是也。十四、文房具及書籍書畫類店。如筆墨店，硯店，紙店，書坊，碑帖店，書畫店，裝潢店，顏料店是也。十五、竹木籐及其他製造類店。如竹器店，木器店，籐器店，瓷器店，大小缸罏店，樂器店，眼鏡店，燈鋪，蓆店，傘店，毯子店，枕墊鋪，箱子店，秤店是也。十六、雜貨店。如京貨店，廣貨店，洋貨店，北貨店，南貨店，山貨店是也。

商品

我國商品甚多，大别之則有七。一、農產品，爲米、麥、豆、高粱、棉花、麻、茶、果品、藥材、藍靛、漆液。米產地以兩湖、兩廣爲大宗。麥、豆、高粱產地以奉天、直隸、山東、山西爲大宗。棉花產直隸、山東、山西、河南、江蘇、江西、浙江、湖北、雲南。麻產奉天、安徽、江西、福建、湖北、廣西、貴州、四川。茶產安徽、江西、浙江、福建、湖北、湖南、雲南、四川，而緑茶以安徽之徽州、浙江之杭州爲著，紅茶以福建之武彝爲著。又有製作甎形者曰甎茶，出江西之九江府、福建之福州府、湖北之夏口廳。果品產南北各省，而直隸以蘋果著，山東以梨著，福建、兩廣以荔枝、龍眼著。藥材產南北各省，而吉林以人參著。藍靛產奉天、浙江、福建、廣西、雲南。漆液產安徽、浙江、兩湖、雲、貴、陝、甘、四川。二、林產品，爲竹、木、樟腦。竹產地南北不一，而紫竹則產江西之瑞州府，方竹則產浙江、湖南、廣西、雲南、貴州，椶竹則產四川之叙州府。木產地南北不一，而楠木則產廣東之肇慶府、貴州之銅仁府、四川之嘉定府瀘州府，花梨、紫檀則產廣東之廣州府，烏木、蘇木則產廣東之瓊州府、雲南之元江府。樟腦產福建。三、水產品，爲魚、海味、珊瑚。魚產瀕海瀕江及多河流之各省。海味產南北瀕海各省，而海參產奉天之鳳凰城、廣東之廣州府。魚翅產福建之福州府。珊瑚產廣東之廣州府、高州府、廉州府。四、畜產品，爲羊毛、駱駝毛、鷄鴨毛、皮貨、牛皮。羊毛、駱駝毛產山西、陝西、甘肅及直隸之張北縣外。鷄鴨毛產地南北不一。皮貨產直隸、山東、山西、陝西、甘肅、新疆。牛皮：黄牛皮產河南、陝西、四川；水牛皮產湖北、湖南。五、蟲產品之大要，爲介蟲產品、卵蟲產品。介蟲產品爲珠與玳瑁。珠產吉林、廣東、雲南，而東珠則產吉林。玳瑁產廣東之連州、高州府、廉州府。卵蟲產品爲蜜與白蠟、黄蠟。蜜產湖北之安陸、廣東之潮州府。白蠟產山東、福建、湖南、雲南、貴州、四川，黄蠟產山西、福建、廣西、貴州。六、礦產品之大要，爲金屬品、非金屬品。金屬品爲金、銀、銅、鐵、鉛、錫、銻、鎳、錳、鋅、水銀、硃砂。金產直隸、奉天、吉林、廣東、廣西、甘肅、四川。銀產河南、廣東、廣西、貴州、甘肅。銅產山西、福建、湖北、廣東、廣西、雲南、陝西、四川，而白銅以雲南著。鐵產直隸、山西、福建、湖北、湖南。鉛產安徽、湖南、廣東、廣西、雲南、貴州、陝西、四川。錫產湖北、湖南、廣東、廣西、四川。銻產湖南及廣東之廣州府、貴州之大定府。鎳產四川之會理州。錳產直隸之天津府、江西之袁州府、湖北之武昌府。鋅產四川。水銀產湖南、廣東、甘肅、貴州、四川。硃砂產湖南、廣西、貴州、四川。非金屬品爲玉、寶石、大理石、金剛鑽、瑪瑙、琥珀、水晶、硇砂、硝、硫黄、礬、石英、石膏、石棉、石墨、煤、煤油。玉產陝西之西安、雲南之澂江、新疆之莎車和闐州。寶石產直隸之宣化府、新疆之和闐州。大理石產雲南之大理府。金鋼鑽產雲南之順寧府。瑪瑙產直隸、山西、湖北、陝西、甘肅、四川。琥珀產山西、陝西、雲南、四川。水晶產直隸、湖北、廣東、貴州。硇砂產甘肅之蘭州府、新疆之庫車廳。硝產山東之青州、新疆之精河廳。硫黄產山西之太原府、湖北之施南府、陝西之西安府。礬，白礬產山西之解州、安徽之太平府；緑礬產山西之大同府、湖北之宜昌府；青礬產山西之太原府、湖南之衡州府。石英，紫石英產浙江之紹興府、貴州之安順府；白石英產浙江之嚴州府、廣西之梧州府。石膏產湖北全境及山東、山西、浙江、甘肅、雲南。石棉即石絨，一名石灰木，産直隸之承德府宣化府、山東之登州府、山西之潞安府及四川。石墨産江蘇之鎮江府、江西之吉安府、廣東之南雄州、陝西之鳳翔府。煤産直隸、山東、山西、湖南、四川，而以山西爲第一。煤油産山西、浙江、廣東、陝西、甘肅、四川。七、工産品之大要爲紡織品、書寫品、製造品、消費品。紡織品爲布、絲、綢、緞、絹、紗、羅、綾、錦、繡貨。布産南北各省，而江西、廣東以夏布著，福建以葛布著。絲産江蘇、安徽、江西、浙江、湖北、湖南、廣東、雲南、四川。綢，繭綢産直隸、山東、河南；綿綢産山東、河南、安徽、四川；縐綢産河南、浙江；寧綢、紡綢産江蘇、浙江；而潞綢則産山西之潞安府；甌綢則産浙江之温州府；巴綢則産四川之保寧府；盪綢則産新疆之疏勒府。緞産江蘇、浙江，而巴緞則産四川之成都府，盪緞則産新疆之疏勒府。絹産直隸、山東、山西、河南、江蘇、浙江、福建、廣東、四川。紗産江蘇、浙江、廣東。羅産江蘇、浙江、四川。綾産江蘇、浙江、湖北、四川。錦産江蘇、浙江、四川。繡貨産京師及江蘇之蘇州府、浙江之杭州府、湖南之長沙府。書寫品爲筆、墨、硯、紙。筆産浙江之湖州府、湖南之長沙府。墨、硯産安徽之徽州府。紙産江西、浙江、福建、四川，而宣紙則産安徽之寧國府。製造品爲竹器、木器、籐器、皮器、漆器、瓷器、玉器、金銀器、象牙雕刻器、燒料器、琉璃、玻璃、爆竹、錫箔、扇、草帽緶、毡、毯、席。竹器産江蘇之嘉定縣、浙江之温州府及江西者佳。木器産江蘇之蘇州府上海縣、浙江之寧波府者佳。籐器産山東之德州府及廣東、廣西。皮器産關外及貴州。漆器産安徽、浙江，而以福建爲尤佳。至嵌銀漆器則産山東之萊州府，嵌竹漆器則産江西，嵌螺鈿漆器則産廣東。瓷器産江西之景德鎮者佳。玉器産江蘇、浙江。金銀器産江蘇、浙江、廣東。象牙雕刻器産江蘇、廣東。燒料器産京師。琉璃產直隸之順天府、山東之青州府、雲南之永昌府。玻璃產山東之博山縣、江蘇之徐州府、湖北之夏口廳、廣東之廣州府。爆竹產廣東及湖北之夏口廳。錫箔產浙江。扇產江西之建昌府、浙江之杭州府、廣東之潮州府。草帽緶產直隸之滄州及山東。毡絨毡則產直隸之宣化府、新疆之和闐州;紅毡則產河南之開封府及山西;毛毡則產陝西之延安府、甘肅之秦州府。毯,花毯則產山西之沁州;毡毯則產山西、陝西、甘肅;毛毯則產江蘇之唯亭鎮。席產江蘇之揚州府及滸墅關、浙江之寧波府及廣東。消費品爲酒、菸、油、鹽、糖。酒,高粱酒則產奉天之牛莊、直隸之天津府;汾酒、潞酒則產山西之汾州府潞安府;紹興酒則產浙江之紹興府;葡萄酒則產山東之煙臺、山西之太原府、新疆之吐魯番廳。菸產直隸、福建、廣東、甘肅。油產南北各省,而豆油則北部爲多,茶油、菜油則南部爲多。鹽產直隸、江蘇、浙江、河南、雲南、四川。糖產福建、廣東、四川。

市招

商店懸牌於門以爲標識廣招徠者曰市招,俗呼招牌,大抵專用字,有參以滿、蒙、回、藏文者,有用字兼繪形者,更有不用字,不繪形,直揭其物於門外,或以象形之物代之,以其人多不識字也。如賣酒者懸酒一壺,賣炭者懸炭一支,而麵店則懸紙條,魚店則懸木魚,俗所謂幌子者是也。

公司及機器

倡導爲凡事進步之母，外人之商務膨脹於我國，而吾人營業有保守無進取，利權喪失，何可勝言。晚近商智漸開，大資本家之思想知非保守兼進取不可，於是以外人之營業爲倡導，而新發現於商界者如左。

一，組合公司。　公司者，外人之均利主義，日本人稱爲會社者是也。公司合資、附股，合資，數人合資。附股，衆人附股。性質不同，而皆有無限有限之別。無限者，資本無限也。有限者，資本以若干爲限也。我國所組合，多係附股而屬有限者，至其宗旨，則在抵制外人，而以收回利權爲目的。今大別各項公司，爲製造商品公司與非製造商品公司二種。

製造商品公司。　一、服用品製造公司，爲紡紗、織布、繅絲、呢、革諸公司。二、食用品製造公司，爲麵粉、紙煙、罐食、榨油諸公司。三、需用品製造公司，爲瓷業、玻璃、燭、皂、火柴諸公司。四、建築品製造公司，爲鋸木、甎瓦、洋灰諸公司。五、教育品製造公司，爲圖書、儀器、印刷、造紙諸公司。

非製造商品公司，爲鐵路、輪船、礦務、墾務、樹藝、電話、電燈、自來水、水火保險、人壽保險諸公司。

二，機器之使用。　機器發明於外人，我國近有各公司之發現，使用種種機器，可謂有進步矣。顧皆購之外洋，無能出意匠以自造者，是利權之猶爲彼所攬也可知。然則我國商業之發達，其必在機器學大興時乎？今姑就各公司製造商品機器與非製造商品機器備列之。

製造商品機器。一、服用品製造者，爲紡紗、織布、繅絲、織呢、製革、軋花、製麻、織巾、縫衣、織襪機器。二、食用品製造者，爲磨粉、捲煙、榨油、碾穀、打米、軋豆機器。三、需用品製造者，爲玻璃、燭、皂機器。四、建築品製造者，爲鋸木、甎瓦、洋灰、鉋木機器。五、教育品製造者，爲印書、造紙機器。

非製造商品機器，爲汽車、汽船、采礦、開荒、挖泥、電話、電燈、電報機器。

商標

以繪畫圖樣作商品之標識，依法律於官署註册，禁人假冒者曰商標。既經註册，有冒用之者，得依法律懲罰。

商會

商人組織之團體，省城商埠及其他商務繁盛區域皆得設立。設會長、副會長各一人，會董若干人，經費由會員擔任，無定額。各省城並設商會聯合會，以全省各商會舉出之代表組織之。

商董

商會之會董及各項商業中公舉之董事，皆謂之商董。

客幫

客商之攜貨遠行者，咸以同鄉或同業之關係，結成團體，俗稱客幫，有京幫、津幫、陝幫、山東幫、山西幫、寧幫、紹幫、廣幫、川幫等稱。

商用簿記

西人簿記有學，其簿記法分單式、複式，謂單記式、複記式。但原理非可以一言罄也。總之，簡單之帳單式爲宜，繁複之帳複式爲宜。我國素無簿記學，而商人之司帳者又無特別智識以改良之，以故商業簿記未盡完全，至一般所用之簿記則如左。

各商店普通簿記，一曰暫記簿，記未決算之帳也。一曰流水簿，記每日帳也。一曰進貨簿，記進貨若干也。一曰出貨簿，記出貨若干也。一曰存貨簿，記進出存貨若干也。一曰總清，記已勘定之帳也。

我國簿記，以銀錢各業爲重要，以此業乃市上銀錢之所流轉，而其出納帳項亦甚繁雜，較之各商店精密爲過之。以下所列，雖各業略有不同，然大率增減之間而已。

銀錢各業簿記，一曰銀錢登記。爲查洋，爲查銀，爲洋匯，爲銀匯，每日入滾存簿，即流水簿。爲洋草，入洋總也。爲錢草，入錢總也。爲行情，逐日鷹洋折息數目也。爲日記，銀行市面及仙令行情也。爲便查，爲零併，爲找頭。一曰往來銀錢登記。爲往來送摺，送摺，立摺留底也。爲往來送銀，同業送銀也。各號送銀，送元寶留底，元寶進水，元寶出水，元寶加水也。爲往來劃帳收解，遠期劃帳，各路劃帳，到期收解也。爲往來信底，各路信底也。一曰夥友銀錢登記，暫記也。一曰銀錢生息登記，子金也。此外尚有各項月結，各項歲結，即總清也。

其抵代現銀而與簿記相關聯者，則爲銀錢各業發行之票，頗能爲社會所信用。一曰銀錢各業發行票，爲本票，本店票也。此票各商店亦有之。爲來票，本地及各地來票也。爲匯票，本店匯出及各地匯來之票也。爲拆票，拆用銀行及同業餘銀之票也。爲長期票，商店預計價款不足，欲得若干貸出金而立此票，以六個月爲期也。此票爲商店所立。爲短期票，五日十日不等，期至，可取銀也。爲即期票，即日取銀之票也。

以上所論簿記，欲加整理方法，非研究複式不可。且我國組織公司日多，尤宜採用西國簿記法也。

商業有花紅之獎

花紅，本果名，林檎之屬。林檎之別有六，花紅亦林檎之一種耳，而俗呼林檎曰花紅。又移作獎勵金之別名，例如營業有贏餘時，取其一部以獎勵出力者，俗稱花紅。蓋因我國舊俗，人有喜慶事，插金花披紅。其有功者，亦以此獎之，以表其榮譽。亦因宋張叔夜招安梁山濼榜文，有拏獲宋江者，賞錢萬萬貫，執雙花紅；獲李俊義者，賞錢百萬貫，雙花紅；獲關勝、呼延綽、柴進等者賞錢十萬貫，花紅有差；

是花紅之名所由來也。花紅，亦稱紅利。

國内商務

京師固爲百貨所集，而各省都會之貿易亦盛。其他水陸通衢，及有特别大宗物産之地，亦皆商賈所争集也。

三十六行

三十六行者，種種職業也。就其分工而約計之，曰三十六行，倍之，則爲七十二行；十之，則爲三百六十行；皆就成數而言，俗爲之一一指定分配者，罔也。至三百六十行之稱，則見於宋田汝成《游覽志餘》，謂杭州三百六十行，各有市語也。

閉關時代三大商

運鹽者曰鹽商，開質庫者曰當商，售木材者曰木商，此三者之在閉關時代，皆爲大商。

鹾業招牌

凡鹾業，必以招牌貿鹽鬻販。道光以前，每塊值六七百金，可販鹽五六十引。每引爲二包，每包爲二百斤，加包索二十七斤。

典質業

典質業者，以物質錢之所也。最大者曰典，次曰質，又次曰押。典、質之性質略相等，贖期較長，取息較少，押則反是。所收大抵爲盜賊之贓物也。

骨董業

骨董，古物也，亦稱古董，蓋即古銅之音轉。凡設肆列攤以古物出售之人，杭人嘗目之曰鬼。錢塘梁晉竹孝廉紹壬謂其將贋作真，化賤爲貴，而又依附權勢，憑藉貴人，以鬼蜮之謀，行鬼狐之技，往往創爲不經之論。言彝器必商周，言磚瓦必秦漢，言字書必晉唐，謂之爲鬼，誰曰不宜？且若輩所售，半皆邱壠中物，非人器也，鬼器也。

爐房

爐房，亦稱銀爐，專鑄造馬蹄銀，京師、天津、上海、漢口均有之。亦兼營錢業，發行紙幣，流通市中，其效力與莊票同。自銀幣通行，爐房之業遂衰。

雜貨店

有設肆陳列百物以待售者，飲食服用之所需，無論貧富皆有所宜，曰雜貨店，亦曰一料店。大抵以僻左之村鎮爲多。

信局

自同治初粵寇亂平，而信局之業乃大盛。其主其夥大都皆寧波人，東西南北，無不設立。水路以舟，陸路以車，以急足。南北交通最早，故設局尤夥。大而都會，小而鎮市，皆有其足跡焉。書函之外，銀物亦可寄遞，遺失者償之。至於資費，則每一函少則錢十文，多則錢五六百文，蓋視途之遠近通塞以定其多寡也。

森昌信局

自設郵政以來，各省信局漸歸淘汰，間有存者，郵局以民局目之。惟邊省如川、滇、黔、桂各地，商民寄遞銀貨，猶須借重信局，故各商埠之信業，得維持於不墜。其營業較盛者，當首推森昌局，以其於邊省僻區皆設有聯號也。

賣婆

户口繁盛之都會商埠，富貴之家，所在多有。雖珠寶首飾，列肆通衢，而輒有小家婦女，手挈箱篋，滿儲珍物，登門求賣者，俗名之曰賣婆。往來巨室，常得婦女歡，奇珍寶物，皆可立致。蓋市上商賈利其爲女流，易於出入閨闥，而恆樂與之，彼亦從中漁利，多有藉致巨富者，然奸邪之事，亦皆若輩爲之媒介也。

京粤商肆善於交易

京師、廣州各肆，凡值交易而不成者，亦怡悦其顏色以對之。如交易已成，則於買主臨行時，必致聲道謝，雖數十錢之微，亦然。其意殆謂吾既設肆以求利，則無論買者出錢購物之多寡，皆爲我獲利之源，衣食之本，故雖一錢之貿易，亦不可不謝也。

圓明園有商店

和孝固倫公主爲高宗幼女，甚鍾愛之，以其貌類己，嘗曰：「汝若爲皇子，必立汝爲儲。」性剛毅，能挽十力弓。少嘗飾男裝，隨高宗校獵射鹿，其後下嫁和珅子豐紳殷德。未嫁時，公主常呼和爲丈人。一日，上攜公主遊買賣街。買賣街者，設於圓明園福海之東，大小商店莫不具備，且有攜小筐售瓜子者，肆主人皆内監。上步行周衢間，顧以爲樂，茶館有譁笑聲，飯肆有高呼點肴聲，上至前不避也。時售估衣者，有大紅呢夾衣一領，公主悦之，適和入直，上因語公主曰：「可索之於汝丈人。」和亟以二十八金買而進之。

嘉慶己未，停止圓明園商店。

京師小市

京師崇文門外暨宣武門外，每日晨雞初唱時，設攤者輒林立，名小市，與江寧之城南二道高井附近所有者同。又名黑市，以其不燃燈燭，憑暗中摸索也。物既合購者之意，可隨意酬值。其物真者少，贋者多，優者少，劣者多，雖云貿易，實作僞耳。好小利者往往趨就之，稍不經意，率爲僞物，所得不償所失也。且亦有以數百錢而得貂裘，以數十金而得惡衣者，則以穿窬之輩夜盜夜售，賣者買者，均未詳審其物也。後由有司禁之，遂絶。

京師錢市之沿革

光緒庚子以前，京師錢市通行之物凡四種。一、生銀。銀錠、碎銀。二、大個兒錢。雖有當十字樣，實不過抵制錢二文。三、銀票。四、錢票。蓋當時銀錢雖通行於津、滬間，而京師則以國庫出入俱用銀兩計算，雖有外人旅居，絶少商人，故於金錢上之勢力，甚爲薄弱。銀錢二票，爲票號、錢店、香蠟鋪京師香蠟鋪亦兼兌錢，故得發行錢票。所發行，其數多寡無定，而勢之所趨，咸以多發紙票爲擴充營業之張本。幸而獲利者，其營業愈盛，而所發之票信用益著。一旦拙於調度，營業失敗，則受其害者，不知其幾千百萬矣，源豐、盛義、善源倒閉後之情形其最顯者也。錢店、香蠟鋪之資本大者，率在京松秤千兩左右，小者僅一二百兩，而發行錢票之金額往往以萬計。錢票寬二寸許，長約五寸，中記錢額，蓋方印，左角又蓋發行各鋪之圖記。票額至不等，都凡七種，有一吊者，二吊者，三吊者，四吊者，五吊者，六吊者，並有十吊者。吊者，等於南方之所謂百。一吊合大個兒錢五十枚。錢票充塞，奸商多藉此獲利，每屆年終或端午、中秋前歇業潛逃者，往往而有。雖其影響不如各票號濫發紙幣倒閉之甚，然於貧民，實有切膚之痛。當時每銀一兩，無論票銀或現銀，可易大個兒錢或與大個兒錢相等之錢票十三四吊。若易次等之錢，如俗稱沙巴兒者，沙板錢也。則十六七吊，是當時錢票，除因歇業潛逃外，與現錢固無差別也。

自庚子後，外國銀行漸設分行於京師，南北交通亦便，而銀圓之勢力日漸膨脹。合銀行鈔票及新鑄之銅圓與銀圓附行之毛錢銀角也，即小洋也。並上述之四種銀錢紙票，而京師錢市，共有八種流通物。至宣統時，銀圓之勢力，幾駕現銀而上之。至於錢票，則因上述之弊端，且當政府濫鑄銅圓，日漸消滅。銅圓既充塞於市，大個兒錢、沙巴兒錢亦歸淘汰。致票號之銀票，雖有關兌匯，不能掃除，然既有銀行之鈔票，則其範圍亦自縮小矣。是時也，可稱銀圓與生銀、鈔票與票號銀票消滅之時代也。時每銀一兩，易錢十四五吊，銀圓一枚，易錢十一二吊，毛錢每毛一吊一百。百者等於南方之十文。

京師最初通行銀圓時，站人式之價值最高。次爲有鷹者，而龍圓價格最低，然相差亦僅三四十文耳。至通用龍圓，大率爲北洋龍圓，若湖北、江南所鑄者，市不通用，偶有收用者，價較北洋差二三十文。毛錢以奉天所鑄爲多，次之如廣東、吉林、湖北三省，他省所鑄殊不多見也。

京師四大恆

京師某錢肆初無赫赫名，而營業日盛。四大恆忌之，乃散布謡言，謂某肆將倒，於是凡藏某肆錢票者，相率往取，如是三日，某肆從容應付，絶不支絀，謡言乃息。後某肆知四大恆之算己也，乃發巨金徧收四大恆票，四大恆聞之，懼，乞人關説，乃已。蓋某肆有實錢四百萬，每發一票，必貯一票之貲本於肆中，不出空票，故不爲人所窘。四大恆則雖名震一時，而未盡實，故一聞某肆收票，卽惴惴也。光緒庚子聯軍入京，車載其銀去，三日乃盡。四大恆者，京師有名錢肆也，凡四家，其牌號皆有一「恆」字。

京師書肆

京師正陽門外有琉璃廠，以琉璃瓦窰爲名，亦謂之廠甸，實遼時海王村故址也，東西可二里許。乾隆時，已爲書肆薈萃之所。未入廠東門，路北一鋪曰聲遥堂，書皆殘破不完。入門爲嵩□堂，名盛堂，皆路北。又西爲帶草堂，同陞閣，皆路南。又西而路北者，有宗聖堂，聖經堂，聚秀堂。路南爲二酉堂，文錦堂，文繪堂，寶田堂，京兆堂，榮錦堂，經腴堂，宏文堂，英華堂，文茂堂，聚星堂，瑞雲堂。二酉堂者，明代卽有之，謂之老二酉。而其略有舊書者，惟京兆、積秀二家，餘皆新書，至其裝潢，紙劣而册薄。

又西而南轉至沙土園北口，路西有文粹堂。肆賈謝姓，蘇州人，頗精目録之學。益都李文藻曾購多書，鈔本如宋《通鑑長編紀事本末》、《蘆蒲筆記》、《麈史》、《寓簡》、《乾坤清氣》、《滏水集》、《吕敬夫詩集》、《段氏二妙集》、《禮學彙編》、《建炎復辟記》、《貢南湖集》、《月屋漫稿》、《王光庵集》、《焦氏經籍》之屬。刻本如《長安志》、《鷄肋集》、《胡雲峯集》、《黄稼翁集》、《江湖長翁集》、《唐眉山集》。又北轉至正街爲文華堂，在路南，而橋東之肆盡矣。

橋西賣書者僅七家。先月樓在路南，多內板書。又西爲寶名堂，在路北，本售仕籍及律例路程記，忽購得果王府書二千餘套，列架而陳之。其書裝潢精麗，均鈐圖記。文藻於此，得梁《寅元史略》、《揭文安集》、《讀史方輿紀要》等書，皆鈔本。《自警編》半部，《温公書儀》一部，皆宋槧本。《方望溪》原稿往往有之，更有鈔本《册府元龜》及明憲宗等實録。又西爲瑞錦堂，在路南，亦多舊書。其地即韋叟之舊肆，本名鑑古堂，又西爲焕文堂，又西爲五柳居，在路北，舊書甚多，與文粹堂皆歲購書於蘇州者，船載而來。五柳居多潢川吴氏藏書，嘉定錢大昕言，即吴企晉舍人家物也。又西爲延慶堂，在路北，其肆賈即韋叟，前開鑑古堂者也。韋頗曉事，而好持高價，查編修瑩、李檢討鐸日遊其中，紀文達公昀買其書，日費數十金。書賈之曉事者，惟五柳之陶，文粹之謝及韋。韋，湖州人。陶、謝皆蘇州人。其餘不著何許人者，皆江西金谿人也。

正陽門東打磨廠亦有書肆數家，皆金谿人賣新書者也。內城隆福等寺，遇會期，多有賣書者，謂之趕廟。散帙滿地，往往不全，而價值甚廉。朱豫堂日使子弟物色之，積數十年，蓄數十萬卷，皆由不全而至於全。蓋不全者，多係人家奴婢竊出之物，其全者固在，日日待之而自至矣。韋年七十餘，面瘦如柴，竟日奔走朝紳之門。朝紳好書者，韋一見，諗其好何等書，或經濟，或詞章，或掌故，能各投其所好，得重值，少減，輒不售。文藻性好書，朝食後即至廠，披覽至晡，或典衣買之。而積秀堂有楊萬里《洪盤二集》鈔本，索錢三十千，庋數日仍還之，而不能釋念也。又西爲博古堂，在路南。其西爲廠西門，門外無鬻書者矣。

以上皆乾隆前之狀況也。後惟老二酉仍在，且自咸豐庚申以後，兵燹累遭，舊書散亡。而爲值至廉，宋槧本所在皆是，洎同治後而漸昂。沿及光緒初，承平已久，富貴之家附庸風雅，羣思著書，意謂築室藏書，既及身而得美名，又得傳貽子孫，并可如田宅之轉鬻。相習成風，價乃大貴，至以銀塊計值，宋槧本以葉計，葉五錢。殿板及孫、錢、黄、顧所刊，均以册計，册需銀一二兩。康、乾舊板亦以册計，册五六錢。其新梓各書之值，悉視板紙之美惡，道途之遠近以定之。甲午以還，降至戊戌，則新學大興，坊間遂多譯本矣。

京師書攤

康熙朝，京官皆至慈仁寺買書，且長年有書攤。王文簡公士禛晚年名甚高，往訪者率不值，惟於慈仁寺書攤訪之，則無不見。

光緒辛丑，孝欽后率德宗自西安回鑾，都中街市蕭條，惟琉璃廠出賣舊貨之書攤甚多。有以錢六十文得明《永樂大典》兩本者。又一攤，有一護書，製作精妙，二金龍踴躍面上，內夾秘戲圖數頁，活躍紙上，小角下方具有英玩二小字，或以錢二千文得之，羣謂爲李蓮英物，蓋皆聯軍入宫所刼以售之於市也。至甲辰，始稍稍有好古朝士，驅車至海王村坊肆而問書價矣。

京師文具店

琉璃廠爲文具總薈之所，舉凡書籍、紙、墨、文玩、骨董、碑帖、圖畫等類，文人學士之所需，率多取攜於是。而松竹齋寅生所鐫之墨盒尤精美工緻，入京者恆購以自用，或攜歸以作贈品。宣統朝，因百貨昂貴，而文具之筆墨各項，用者日以普通之品從事，精良者日稀矣。

京師藥鋪

京師藥鋪之著名者爲同仁堂。堂主樂姓，明已開設，逾三百年矣。外省人之入都者，無不購其硇砂膏、萬應錠以爲歸里之贈品。東安門内有賣靈寶如意丹者，定價不二，先與銀，乃付丹。每以紋銀之重量若干，易丹如其數，錢則每百易丹一錢。治病神效，故人争市之。屋僅一廛，懸額爲青囊一卷，其人以此起家，傳數代矣。由是争相仿效，或書清囊一卷，或誠囊一卷，或菁囊一卷，或精囊一卷，以此相混攘利，而不知其意義不通也。一巷之中，殆有數十家，門面宏敞，點綴鮮明。客至，殷勤延坐，奉茶奉煙，先與丹而後付值，銀不必紋，錢不必足，而丹不甚佳。青囊之門，客仍滿焉，其對客也，亦落落不爲禮。惟關東豬販至，主人出櫃迎揖如不及，其人皆履關東履，俗所謂踢殺虎者。不襪而纏邪幅，泥漬没脛，衣藍布大袖之衫，首戴鴨尾毡帽，腰纏整匹大布袋。面深墨，聲如牛如鵝，手指如木魚搥，握煙筒，長不盈尺而粗如棍，斗大如酒杯。迎入櫃，延上坐，主人執禮甚恭。手捧茶，自吸煙，一一遍奉已，客乃各解其腰纏傾之，則皆纍纍大白鏹，内外櫃皆布滿，爲之目眩。蓋豬服丹則不病，故争購之也。

京師雀兒市

京師宣武門有雀兒市，珍禽咸集，蓋京人呼百鳥爲雀兒也。百靈尤爲人所嗜，以其能作各種鳥獸聲，然非馴養數年不可，與教八哥、即鸜鵒也。鸚鵡等。佳者一頭值數千金，宫人多蓄之。

京師鍼刀翦鋪市招

京師前門有鍼刀翦鋪，門豎高坊，上大書三代王麻子。而外省多有冒之者，所懸市招，猶大出矢言，言「近有假冒者，男盜女娼」云云，而不知其實自道也。

緞子王名於京師

乾隆時，京師有王翁者，初爲丐，宿於鷄毛房有年矣。一日，與同宿之旗人某結爲兄弟，誓各圖生計。某歲元旦，分手去，王乃傭於典肆，以勤慎爲肆主所重。是年除夕，主者核計簿，屢舛，王旁睨而笑。主者詰之，王曰：「此無難。」主者曰：「子試核之。」王持籌一核，符合。主者大喜曰：「吾不能早識子，屈子久，明年當令子司廟市。」廟市者，隆福、護國諸寺各有定期之市，典肆縑帛之屬，期滿弗贖，則設攤售之也。屆期，王售速而利三倍。

有太監某往購貨，談甚愜，曰：「以子才，宜爲大賈，何小就爲？汝明日辭居停，我居東華門內南池子，汝來，我當與汝合爲賈。」王曰：「諾。」歸，乞假於主者。交代清理既訖，越二日，訪太監，太監畀以萬金，俾設緞肆於東華門。王雖驟得志，然不改其度。時乾隆乙未也，海外各國歲有例貢，一日，高宗問日本、高麗諸使臣曰：「汝觀我國風俗何如？」稽首而對曰：「中華沐大皇帝教化，不僅士大夫讀書明理，雖市賈亦知信義。如某緞肆王某者，陪臣與交易，海外遐荒，坦然賒與。且約觀劇，饋食物，厚意深情，有加無已，實大皇帝時雍之化所致，非海國所敢望其萬一也。」奏畢，復稽首稱賀。高宗大悅，以國體所係，默識王某之姓名矣。

翌日，高宗召見王。王以布衣奏對，稱旨。越日，由內務府撥銀五十萬兩，命王司之。王辭太監，而自設緞肆。時內務府司員咸與往來，王亦極意交歡。越三載，郎中某向之借貸，偶未應，銜之。郎中司內務府緞疋庫，以庫存老緞五千餘箱，奏明發商變價，以付王。緞皆朽敗，實欲以害王也。啓箱，則緞色如漆，質如灰，惟每疋各捲金葉若干，蓋明代籍没魏忠賢之物，當時大吏藉以媚魏者，閱兩朝，竟無人知也。王以此益富，業鹽於豫東長蘆，引地四十八處，鹺務中推巨擘焉。後王以查引地至河南，問巡撫爲誰？則旗人某已以筆帖式洊擢而簡河南巡撫矣。具柬往謁，啓中門迎於堂。王與握手而言曰：

「猶記在鷄毛房語乎?」巡撫曰:「唯,不敢忘。」各大笑,留讌數日而别。都人以王之起家由於開設緞肆也,因以緞子王稱之。

京師槓房

京師有所謂槓房者,即儀仗店,專辦人家舉殯之事者也。有永利號者,其主人王姓,都人咸呼爲槓王。顯宦出殯之事,皆槓王主辦,然所費殊不貲。相傳光緒時榮文忠公禄出殯時,耗萬金。李文忠公鴻章之喪,由京運柩至通州,初索一萬九千兩,文忠之公子輩欲減一千金,槓王遂不承辦。徐相國郙柩由東城至長春寺,亦索價至三千兩。聞其值昂何以至是,則以靈柩由槓王主辦者,無論所經之路,有階級多少,其柩必兩端俱平,絶不斜側。柩上置水一碗,若傾其一滴,則不取值。

德宗梓宫奉移至觀德殿,相去雖不數里,惟宫廷地多級,且甚高,稍有傾側,即蹈大不敬之咎。先是,大興、宛平兩縣對於此事不敢率意,當未奉移前,先令習練數日,謂之演槓。至奉移時,可始終無失事。主辦者亦槓王也,而所費則五千餘兩。

京師逆旅

京師逆旅有二種,一則備飯不備肴,肴須客自擇,别計錢,飯兼米麥而言之,無論食否,必與房資合算。一則僅租房屋無飯肴,即水錢亦須由客自給。李鐵拐斜街三元店,房屋甚多,茶水亦備,飯菜外喚。回、漢兩館，隨客所欲，故旅客多喜就之。是店本爲回教徒所開，羣呼爲在教店。

京師紅果行之專利

京師紅果即山查紅也。行僅在天橋者一家，以呈部立案故，他人不得開設。然乾隆時，有兩行，皆山東人，争售貶價，各不相下。繼有出而調停者，謂：「徒争無益，我今設餅撑於此，以火炙熱，能坐其上而不呼痛，卽任其獨開，不得争論。」議定，此設於天橋之主人卽解衣坐之，火炙股肉。須臾，兩股焦爛，卽倒地死，而此行遂得獨設，呈部立案，無異議。餅撑，烙餅之大鐵盤也。

京人争牙行

京師有甲乙二人，以争牙行之利，訟數年不得決，最後彼此遣人相謂曰：「請置一鍋於室，滿貯沸油，兩家及其親族分立左右，敢以幼兒投鍋者，得永佔其利。」甲之幼子方五齡，卽舉手投入，遂得勝。於是甲得佔牙行之利，而供子尸於神龕。後有舉争者，輒指子腊曰：「吾家以是乃得此，果欲得者，須仿此爲之。」見者莫不慘然而退。

争燒鍋

燒鍋者，北方之酒坊也。京郊有争燒鍋者，相約曰：「請聚兩家幼兒於一處，置巨石焉。甲家令兒卧於石，則乙砍之。乙家令兒卧於石，甲砍之。如是相循環，有先停手不敢令兒卧者爲負。」皆如約，所殺凡五小兒。乙家乃不忍復令兒卧，甲遂得直。

京師小販之打鼓

京師細民有以打鼓收買敝物爲業者，持小鼓如盞擊之，負箱籠巡行街巷中。無論破敗殘缺之物，苟有所用，即以賤值買之，而轉售諸肆，可得微息。然都中夙多巨室，所藏珍物每爲奴婢所竊。更有世家中落者，不知愛惜，急於易錢，舊書古器，塊金礫珠，時或出售，打鼓者往往以薄值而得至寶。故京師語云：「怕甚苦，且打鼓。怕甚餓，日檢貨。」蓋相傳操是業者，歲必有一暴富者也。

京師達子館貿易

京師御河西岸之南有達子館，蓋蒙古人年例入都所居，攜土貨於此，貿遷焉。賈肆櫛比，凡皮物、裘褐之屬。毳物、氈絨之屬。野物、麅鹿之屬。山物、雉兔之屬。茴物、茹茵之屬。酪物乳餅之屬。列於廣場，而求售焉。冬來春去，古之鴈臣也。此爲裏館，安定門外爲外館，則更大於此矣。

范芝巖商於張北

介休范氏有至剛者，明初，自城徙居張原村，七傳而至肖山，家大起，賈於邊城，以信義著。世祖開之，召至京師，授以官，力辭，因命主貿易事，賜産張家口，卽張北廳也。爲世業，歲輸皮幣入内府。子德淵繼之，中歲慼疾歸。孫毓馥代之，卽德淵之子也。

毓馥，字芝巖。卓犖瓌偉，忠實能任事。承祖父遺業，諳悉邊地阸塞險易，蒙古諸部長往往知其名，謂爲魁傑才。族戚藉其衣食者，數十百輩，芝巖一見，悉知其人之敏鈍，程才而授之事，事無不舉。口授指畫，察虛實，燕、楚、兩粤諸大都會，數千里外無遁情，蓋坦肝膈示人，人樂爲用也。

康熙丙子、丁丑間，聖祖又親征噶爾丹。官軍餽餉率以百二十金致一石，且或後期，苦不繼。辛丑西征，官運視前值爲準，芝巖熟籌之而曰：「三之一，足矣。」遂以家財運饟萬石，贍察漢廋爾軍。費一如所計，剋期至，無後者。

雍正己酉，世宗以領侍衛内大臣三等公傅爾丹爲靖邊大將軍，出北路；川陝總督三等公岳鍾琪爲寧遠大將軍，出西路，往征準噶爾之噶爾丹策零。時籌餉孔亟，怡賢親王夙知芝巖運饟有成效，以芝巖名薦，立報可。感知遇，乃悉力自任。計轂多寡，差道路遠近，以次受值。曰洪郭爾鄂倫，曰鄂爾坤推河，曰塔木爾，曰查克拜達里克蒙古爾拖羅海，曰烏里雅蘇泰白格爾，曰察漢廋爾，而以科卜多爲最遠，其值自銀十一兩五錢至二十五兩有差。先後籌運米石，有請於察漢廋爾官倉所存，借支補運者，有請於直隸、山西州縣及湖灘河所倉粟支給而輸其值歸司庫。俾出陳易新者，有頓遞於羅鄂波沿途支給者。擘畫精詳，悉中機要。計臣如所請，不稍掣其肘，於是益自展布，車輪駝負，所需人工、牲畜、器具、資裝、芻糧、鞅靽，率先期集辦，臨時咄嗟應手，得經窮荒沙磧不毛之地，崇山沮澤，接軫銜尾，幕府所在，儲胥充裕，軍得宿飽。前後十年，運米凡百餘萬石，所節大司農金錢六百餘萬，較最先所定值不啻百億鉅萬矣。己酉，特恩優予太僕寺少卿銜，再加二級，章服同二品，前所未有也。

辛亥、壬子間，寇犯北路，所失米十三萬餘石，牛馬橐駝稱是。世宗下詔責令據實報銷。芝巖以軍興亟，不可懸待，復補運如所失數，費白金百四十有四萬，不以上計部。至大兵既撤，所運科卜多米，胥改輸近地。計臣概以近值覈銷，運户前所受遠值，當追繳。芝巖曰：「運户悉窶人子，所受值，隨手罄，改運已無力，況追所受值乎？且追亦何可得也？」即如所改地，償其值，而代輸所應追者二百六十二萬餘兩。先以歷年應領米鉛價九十餘萬兩扣抵，餘立五限輸户部。癸丑，以部案牽累，削職，而所供辦悉如故。

乾隆戊午，奉命採辦洋銅，運京局，以抵分限應輸之數。又奉命採參烏蘇里綏芬，歷三年，所入視前爲多，迄不敷成額。癸亥，部議以應折參價及所逋運值，凡百十四萬兩有奇。悉辦洋銅，輸陝西、直隸、湖北、江西、江蘇五布政司，備鼓鑄。銅産日本長崎，賈舶出没洪濤巇嶼中，日人居奇留難，承辦官羈十餘年，不得如額，視爲畏途。芝巖曰：「吾受恩深重，此吾分也。」立遣人駕巨舟赴洋採辦。

營口銀市之變遷

營口之爐銀，卽過帳銀也，以爐房爲過帳機關，故名。營口開埠之初，商界交易均用營平現寶。其後市面日盛，進出口貨交易日鉅，現寶求過於供，不敷周轉，特行此爐銀以代之。惟定每年三六九十二四個月朔爲結碼變現之期，卽曰卯期。到卯，凡有爐銀，一律變成現銀收付，商民稱便。相沿既久，遂成一種習慣。及小銀幣通用，營市金融爲之一變，小銀幣日漸見多，現寶遂日漸見少。爐銀到卯變現，自不能不因時勢之所趨而隨與轉移。於是定有每爐銀一錠計重五十三兩五錢，到卯變爲現小銀幣八十一元之價格。光緒庚子拳匪之變，甲辰日俄之役，奉天商號倒閉頻仍，皆由爐房藉口商業受損，任意操縱，到卯不能變現應付，以致爐銀信用漸失。雖歷經當道整頓，終未克規復八十一元之定格也。然爐銀一錠，市價尚在小洋六七十元之間。

洮南商情

洮南商務，輸入貨以布疋爲大宗，土貨以懷德縣八面城之粳米，新城縣及索倫山之木，烏珠穆沁之鹽，暨棉花、茶葉、蔗糖爲大宗。輸出之貨，每年元豆約六千石，牛馬皮二萬張，羊狗狐狸等皮二萬張，牛馬一萬七八千頭，牛馬往黑龍江省，餘銷奉天。城中有燒鍋三家，並無經過貨品，本地行銷各貨，日本占十之六，各國十之二，土產十之二而已。惟索倫之木，係蒙人之産，採伐無多，不能作爲有定之林業也。

寧安人易貂以鍋馬

魚皮韃子不貴貂鼠而貴羊皮，凡貂爪袿合縫鑲邊處，必以黑羊皮一線飾之。寧古塔卽寧安。梅勒章京以下，皆著貉猁猻狼皮褂，惟帽則用貂耳。貂鼠喜食松子，大抵一松林中，或土窟，或樹孔，捕者以網布穴口而煙熏之，貂出避，輒入網中。又有縱犬守穴口，伺其出而嚙之者。色紫黑而毛平理密者爲上，紫黑而理密者次之，紫黑而疏與毛平而黄者又次之，白斯下矣。康熙初，易一鐵鍋，必隨鍋大小布貂於內，滿乃已。後且以一貂易兩鍋矣。易一馬，必出數十貂，後不過十貂而已。馬良者乃十四五，亦不以上貂易也。上貂歲至寧古塔交易者二萬餘，而貢貂不與焉。寧古塔人得之，七八月間販以鬻京師者，歲以爲常。京師往往賤挹婁而貴索平聲。倫，蓋以索倫貂毛深而皮大也，然不若挹婁之耐久。

呂晚村後裔商於龍江

呂留良，字晚村，以文字之禍獲咎於世宗，時已死矣，猶發塚破棺，全家縶虜。其裔有曰重軒者，隱居黑龍江之齊齊哈爾，即後之龍江府也。世爲商賈，不敢自言其家世。

龍江之市招

同治以前，黑龍江南大街招牌皆用滿文，後無之。西站回民招牌必用回字，亦可見回民毅力之足以自存也。

汪長公主鹽筴於汴揚

汪長公業賈，敗於汴，於揚，又敗於訟，由是金立盡。有吴某者知長公，委金累數千，俾主鹽筴。人言汪長公窶矣，奈何？吴不聽。長公爲之經紀，卒以贏歸之。

山西多富商

山西富室，多以經商起家。亢氏號稱數千萬兩，實爲最鉅。今以光緒時資産之七八百萬兩至三十萬兩者，列表如左：

姓	資産額	住址	姓	資産額	住址
侯	七八百萬兩	介休縣	曹	六七百萬兩	太谷縣
喬	四五百萬兩	祁縣	渠	三四百萬兩	祁縣
常	百數十萬兩	榆次縣	劉	百萬兩内外	太谷縣
侯	八十萬兩	榆次縣	武	五十萬兩	太谷縣
王	五十萬兩	榆次縣	孟	四十萬兩	太谷縣
何	四十萬兩	榆次縣	楊	三十萬兩	太谷縣
冀	三十萬兩	介休縣	郝	三十萬兩	榆次縣

山西票號

票號，以匯款及放債爲業者，其始多山西人爲之，分號遍各省，當未設銀行時，全恃此以爲匯兑。

人以其資本雄厚，多以鉅資存放號中，深信之。給息存簿，甚有無息者，故獲利頗豐，後乃改依銀行之例矣。相傳明季李自成擄巨資敗走山西，及死，山西人得其資以設票號。其號中規則極嚴密，爲顧炎武所訂，遵行不廢，故稱雄於商界者二百餘年。

其法，集鉅資，擇信義尤著者數人經理之。出資者爲銀股，出力者爲身股，必俟基礎確定，而後從事開拓。且擇齒近弱冠之年少略知寫算者使習爲夥，歷數載，察其可造，酌予身股，不給工資，惟歲給置備衣物之資。三年結帳，按股分餘利，營業愈盛，餘利愈厚，身股亦因之以增。以此人人各謀其私，不督責而勤，不檢制而儉。其發起之人及効力年久者，於其身後，必給身股以贍其家。子孫而賢仍可入號，未得身股以前不得歸。毫釐有差立擯之，他號亦不録用，以是作姦者少。其在蒙古者通蒙語，在滿洲者通滿語，在俄邊者通俄語。每日昏暮，夥友皆手一編，習語言文字，村塾生徒無其勤也。

山西票號之沿革

山西票號雖創於明季，乾、嘉以後，始漸發達，同、光間，則爲鼎盛時代。宣統以前，姑置勿論，其在宣統時，票號凡二十二，此中有天順祥者，其主人爲雲南幫，餘二十一皆山西幫。二十一家之中，又分爲三幫，三幫者，祁、太、平是也，祁爲祁縣，太爲太谷，平爲平遥。

三幫之中，平遥爲最先。其規章一切，亦較祁、太兩幫爲嚴。試以存款論，平遥幫之存款利息至高三釐，祁、太兩幫可由三釐至四釐，甚且有得四釐半者。以放款論，平遥幫放出之款，多僅六釐，至多亦僅七釐而止，甚且有僅取五釐者。若祁、太兩幫，則往往多至一分，平均之數，亦七八釐。此其大較也。蓋山西票號向重信用，不重契據，不做押款，此爲各幫所同。至以博取重息，懸爲大禁，則爲平遥幫所獨也。祁、太兩幫亦非專取重利，不過就比較上言之耳。就各幫之大端言之，其執事者種種固執不通之處，不勝枚舉，每因是而爲世所詬病，然其所以能歷百年而不敗者，亦未始非固執不通四字之效也。

祁、太、平三幫之中，祁幫六家，太幫五家，平遥幫十家。祁幫爲大德恒、大德通、存義公、合盛元、三晉源、大盛川。太谷幫爲錦生潤、志一堂、即志成信。協成乾、大德川、大德玉。平遥幫爲日昇昌、協同慶、百川通、寶豐隆、天成亨、蔚泰厚、新泰厚、蔚盛長、蔚豐厚、蔚長厚。其牌號之名，皆三字也。

日昇昌爲票號中之創設最先者。最初營業爲顔料行，西幫人名之曰西緑。其在漢口、重慶等處者，尚售西緑，買賣批發，不忘本也。道光初，改匯兑業，至同、光間，營業遂爲同行之冠。設立分號，有二十四處之多，各省幾無不有日昇昌招牌。其中堅在漢口，蓋亦經營於南而不於北也。

山西行商有車幫

晉中行商，運貨來往關外諸地，慮有盜，往往結爲車幫，此即泰西之商隊也。每幫多者百餘輛，其車略似大古魯車，達呼利之車名。輪差小，一車約可載重五百斤，駕一牛。一御者可御十餘車，日入而駕，夜半而止。白晝牧牛，必求有水之地而露宿焉，以此無定程，日率以行三四十里爲常。每幫車必挈犬數頭，行則繫諸車中。止宿，則列車爲兩行，成橢圓形，以爲營衛。御者聚帳棚中，鏢師數人更番巡邏，人寢，則以犬代之，謂之衞犬。某商鋪所畜之犬尤猛，能以鼻嗅，得宵人蹤跡，遂以破獲。

陝有木廂

陝西岐山三才峽，有木商集於老林，伐木作薪，貿易山外，謂之木廂，傭作者多無賴子也。

青海商務

青海交易，以貨易貨，向不通行銀錢，亦不識銀色之真贋、銀量之重輕。漢人入境辦貨，無物不收，即非經商，而飲食之料，駝運之價，在在有其交涉，輒以貨物相抵。牛羊爲此之所需，糖、茶、布疋爲彼之所需，以物易物，事誠兩便。即以馱價而論，內地行程，每日每馱銀七錢，兩馱需一兩四錢，番地兩馱僅費二號茶甎一封，已足相抵矣。茶之重僅三斤，計價僅七錢，是兩馱僅發一馱之價也。至老販户有以糖一斤抵一馱、粗布一疋抵數馱者，則又例外矣。倘不以物而以銀，雖數倍之，而猶視乎彼之願否。近邊一帶或有之，遠則絶無用處矣。

沿途商人之收貨者，數人或十數人爲一起，所在皆是，以最賤之布、茶、糖易其珍貴之金玉、氆氌、茸角、香黄、藥料、材木、犛毛、良駟。蒙、番甘以利權相讓，而遐方遠陬，所入者僅衣食粗賤品，無銀錢分文之浸灌。至蒙婦、番婦頭耳之飾，鬭巧争妍，寧以珍物易銀，不願以土産易銀。千百年來，習俗不變，適體養生之具，吉凶嘉賓之需，無不仰給於外來。癒惰偷生，脂膏罄竭，强賓奪主，生計益艱，番地之不能繁富，實以此也。

青海商隊

青海層冰峨峨，飛沙布滿。有冰坎未合者，水勢淵然渟蓄，遇風卽合。有凝結成阜者，或高或下，如蒼海之島嶼，冰山也。海中央之山，如琉璃屏，瑩然眩目，蓋峯巒已積雪矣。島番蔽地而來，牲畜隨隊行，有氣如霧以護之，蓋沍寒相迸人畜呼氣凝合所致也。窮目力之所及，覺蠕蠕然者，遠如蟻之陣，近如雁之陣，天然圖畫，瞬息千變，奇觀哉！及入口，迫而視之，有僧有俗，或騎行，或徒步，人持一竹杖，蓋踏冰時必不可少之物也。初僅有東來者，一旬以後，有東來者，有西還者，至臘盡春來，僅有西還者矣。其形貌衣冠與常番無甚差別，特身材短小，鮮有頎而長者。

島番數萬人，資游牧以生，竟有不穀食者，茹毛飲血，能終其身。若輩不輕上岸，其常人內地者，每至冬，結伴驅駝馬牛羊，使負島中物產，踏冰而渡，赴邊邑購買糧茶與布疋，足一歲之食用。行不攜鍋帳，自山口至岸邊，一日不能達岸，中途須露宿一宵，披毳衣，拳手足，倚牲畜而假寐。飢則啖羊脯，牛馬吮冰而飲，無食也。不可一處宿，不敢通宵睡，且行且止，夜數易其卧處。每起，有一二熟地理識冰性者爲前導，驗有水淺冰堅之處，令衆卸裝休息。相距務疏，占地務廣，有人更番巡邏。若遇冰融水淹，呼衆起，行一程，再息。否則人畜氣聚，冰塊易泮，不陷溺亦僵仆矣，否則牲畜因飢而橫逸，匪類乘機而伺竊也。駝馬之常往來冰上者，亦識冰性，息片時，便仰首長鳴，驚人醒而他徙。如自內地還山，人畜負重，行程滯頓，或於冰上行三日而兩宿焉。還山之期，務在立春以前，遲則東風解凍，盈盈一水，不得渡矣。或於入口之後，貨物寄頓於歇家，先赴寺院朝佛，事畢，忽忽過冬而不能返者亦有之。斯時則寄食於寺院，否則行乞道路，流落一年而後得還。

羌海歇家

羌海沿邊要邑，有行户，曰歇家。蒙、番出入，羣就之卸裝，蓋招待蒙、番寄頓番貨之所也。完納賦稅，歇家爲之包辦，交易貨物，歇家爲之介紹，漁利甚多，蒙、番安之。而寄居之漢族多與通聲氣，旅行出關，必令代辦駝馬，乃可沿途暢行，得其一紙護符，且可邀蒙、番之保護也。

歇家之赴番地也，彼族待爲上賓，不敢稍拂其意。其家屬能操蒙、番語，常衣蒙、番衣，亦有私相結婚者。其人在不蒙不番不漢之間，雜於毳衣革履中，指爲蒙，若亦蒙，指爲番，若亦番焉。丹城歇家都凡四十餘户，若欲開設行棧，必得同業互相作保，青海辦事長官再給予執照。亦有與蒙人合股謀利者，户口詞訟，由長官直接管理。故其挾制商户，刻待遐氓，無所忌憚。向例，内地員役自青海入關，無論車馬騾驢，盡歸馱户承僱，出關則由歇家代僱。馬騾鮮有出界，車行尤非所宜，惟健驢可送出境，而馱負又不過數十斤。行過界口，遇有插帳之蒙、番，卽行交卸接替，易以駱駝犛牛，每馱重在二百斤以内。復送至下站之番帳，再用牛駝更換。沿途以次遞運，往返皆如之，馱價較内地幾昂兩倍，又必持有長官信牌，若輩始克承認。然長官信牌實不若歇家憑證之可恃，有其憑證，處處可得蒙、番優待，行程不致遷延，駝價不致昂貴也。

孫春陽設肆於蘇

蘇人講求飲饌，無不推蘇州孫春陽店之小食爲精品。孫春陽者，寧波人。明萬曆時應童子試，不售，遂棄舉子業，爲懋遷術。始至吴閶，設一小肆，在吴趨坊北口，地爲唐六如居士讀書處。有梓樹一株，其大合抱，僅存皮骨，舊物也。鋪中辦事分六房，曰南貨房，曰北貨房，曰海貨房，曰醃臘房，曰蜜餞房，曰蠟燭房。售者由外櫃給錢，取一小票，自往各房領貨。而總管者掌其綱，一日一小結，一月一總結，一年一大結。自明至乾隆間，凡二百餘年，子孫尚食其利，無他姓頂替者。吴門户口繁盛，五方雜處，爲東南一大都會。羣貨萃聚，何翅數萬户，而惟孫春陽著聞於海内。所售之物，歲入貢單。其店規之嚴，選製之精，合郡所未有也。

蘇有陸稿薦熟肉店

蘇州熟肉店所售爲豬、魚、鷄、鴨之已熟者，其市招無一非陸稿薦。相傳陸氏之先設肆吴閶，有丐者日必來食肉，不名一錢，主人弗責償也。後且寄宿店廡，亦不以爲嫌。丐無長物，惟一稿薦，一日，忽棄之而去。久之，店偶乏薪，析薦以代，則燔炙之時，香聞數十里，因以馳名。繼此凡營是業者，即非陸姓，亦假託其名以冀增重於時。

蘇人阿昭賣薰燒食物

蘇人有售薰燒豬、魚、鷄、鴨等物之名阿昭者，日持盤往來玄妙觀前之萬全酒肆，其所售豬魚精美異常，人争買之，晡時便盡。然阿昭所作有恒度，或勸何不多作，日有贏餘，亦可經營致富。阿昭曰：「人之所以爲人者，須有生趣。吾不多作，使得有餘閒，足以自娛。且於其時可承歡於吾母，得敍天倫之樂也。又天下生計，須天下人共之，何可恃己之能，奪人食耶？」噫！士大夫之能若是者有幾人耶？

蘇滬有雷允上藥店

蘇州、上海有雷允上藥店，素以治喉疾之六神丸著名，行銷中外。檢查海關貿易册，六神丸一項，每年出口價值銀數十萬元，蓋皆販運至日本者也。

葉成忠爲滬上商雄

葉成忠，字澄衷，商雄也。世居鎮海沈郎橋，六歲而孤，貧無立錐地。有倪某者，薦至上海法租界雜貨肆習業。時海禁大開，帆船汽船麕集於黄浦江，成忠每於黎明掉扁舟，就番舶貿有無，隆冬盛暑不稍間。歸則糞除炊爨，一以身親。如是者三年，肆主頗頽不治事，成忠思别就。而肆主又重其去，則靳其行囊以羈之，成忠卒辭去。獨駕一舟，仍就浦濱貿易作苦，一如在肆中時。久之，益與外人習，漸通其語言，默察商務盛衰之故，思有以收其利權。同治壬戌，始設小肆於裏虹口。是年冬，又移肆於外虹口。然資本既微，獲利亦薄，顧與人往來，一出以誠信，人故樂就之。嗣是規畫商業，日益擴張，其分肆殆遍於通商各埠，北達遼瀋，南暨交廣，東渡渤海，西極巴渝，凡滬上之雄於商者，羣推成忠爲祭酒焉。

上海金市

我國之在漢時，黃金甚多，賜予臣下，動以斤計。自後或塗佛像，或製首飾，或造金箔，遂有種種之銷耗。明洪武乙卯，每赤金二兩，當銀四兩；乙丑，當銀五兩。萬曆時，漲至七八兩。崇禎時，漲至十兩。道光朝，當十三四兩。光緒初年，僅當十七八兩，嗣則繼長增高，不啻倍之，其故由於出洋之太多也。檢查海關貿易册，光緒己丑之出洋者，值銀一百六十二萬五千餘兩。癸巳之出洋者，值銀七百四十五萬九千餘兩。甲辰之出洋者，值銀一千二百五十餘萬兩。外人以貨來，以金去，民安得而不困窮哉。

上海信義銀行

光緒時，銀行業大興，私立者亦漸多。於是丹徒馬良、尹克昌等合同志，集巨資，創立銀行於滬。始惟發行兑換券，繼有公債票，他處亦設之，不數年，以破産歇業。其取名信義者，固欲以信與義昭示大衆也。

石印書坊始於上海

石印書籍之開始，以點石齋爲最先，在上海之公共租界南京路泥城橋塊。其石印第一獲利之書爲《康熙字典》。第一批印四萬部，不數月而售罄。第二批印六萬部，適某科舉子北上會試，道出滬江，人購五六部，以爲自用及贈友之需，故又不數月而罄。書業見獲利之鉅且易也，於是甬人有拜石山房之開設，粤人有同文書局之開設，三家鼎足，壟斷一時，誠開風氣之先者也。

夏粹方倡商務印書館

我國書肆向無以鉅萬資本，且營印刷事業並延聘通儒編譯書籍者，有之，自上海商務印書館始，蓋青浦夏粹方觀察瑞芳所創也。粹方爲上海清心堂學生，故通英文，知印刷業爲文明發達之利器，而我國輒沿劃劂舊法，間有聚珍板，亦窳敗繁難，乃始以西字法式，施之國文，以日本爲此事先導，躬往考察，歸而仿行之。光緒辛丑，德宗復行新政，廣設學校，粹方以國民教育宜先小學，而尤以教科書爲亟，遂於印刷所外，復設編譯所，延聘通人主之，規畫宏遠，而教育界之受其影響者大矣。

商務印書館

商務印書館爲全國書肆之冠，始於光緒丁酉正月，創辦人自夏粹方外，尚有鄞縣鮑咸恩、咸昌二人。發行所在英租界河南路，印刷所、編譯所在閘北寶山路，各省皆設分館。戊申又設藝術學校，募集少年生徒，教授印刷繪畫彫刻各術。設商業補習學校，教授中外書算及貿易事件。又招募近地數百貧童，資以食宿，令習淺近之印刷裝訂。編譯所亦時招募生徒，供校勘、繕寫之用。丁未，創辦師範講習所，由編譯員擔任教授，並附設尚公小學，以備編譯員師範生實地試驗之用，並設養真幼稚園。今以丁酉至辛亥所已編譯出版之圖書計之，則圖一百數十幅，書一千二百餘種，爲四千餘册。

其印刷、編譯兩所之分部辦事則如下：印刷所，設總事務部，校對部，中文排字部，西文排字部，紙版製造部，鉛印部，鑄字部，單色石印部，五彩石印部，鈔票印刷部，照相部，繪畫部，電氣銅版部，木版雕刻部，銅版雕刻部，鋼版雕刻部，凹凸版製造部，裝釘部，留影版製造部，機器製造部，儀器文具製造部，凡二十一。並附設木工廠，重要品棧房，書棧房，紙棧房，療病房，消防駐在所。

編譯所，設總編譯部，國文部，算術部，理化部，政法部，辭典部，地圖部，英文部，東文部，小說部，雜誌部，出版部，交通部，庶務部，凡十四。並附設圖書館，收藏中外圖籍，額題曰涵芬樓。又有花園，曰懌園。

上海畫錦里之女舄店

上海爲我國商埠之首，市廛之盛，爲全國所無，巨細精粗，百物具備。但就畫錦里言之，而市廛陳設物之良窳，足以覘社會之風尚，亦足以驗人民之勤惰。蓋商界貿易，全視社會之意思以爲進退也。晝錦里在英租界，即山西路，由九江路口至漢口路口。自南至北，亦僅四十餘店，而出售婦女裝飾品者，自香粉外，以女鳥店爲首屈一指。初惟榮秀齋營業發達，繼遂有榮寶齋與之並駕齊驅。後則日盛一日，望衡對宇，已二十餘家矣。然趨之若鶩者，初惟絲廠之女工，妓寮之女伶。一則鎮日繅絲，無暇刺繡，一則日夕侍客，難及女紅，適市買履，猶是抱布貿絲以羨補不足之常情，於生計上尚無影響也。厥後則中人以上之家無不出資競購，以入市爲尋常之事，以縫繡爲不急之端，而女鳥店遂日多矣。

上海土業

上海販售烟土之華商皆潮州幫。蓋道光時，有隨同洋商初至滬販土之潮州郭姓者，能英語，又得洋商信用。來滬，初代洋商出售烟土，如洋行之買辦然。繼則設棧設號，作私人之營業，曰鴻泰號。又未幾而其親族同鄉亦均治土業，於是販土之人日夥。自光、宣間內地烟禁加嚴，而租界新開之土棧以鴻泰名者，不計其數，然十六七皆冒名也。

上海掮客

上海商業有所謂掮客者，處於供給與需用者之間，古曰牙郎，亦曰互郎，主互易市物，日本稱之爲仲買人者是也。不設肆，惟恃口舌腰脚，溝通於買者賣者之間，果有成議，即得酬金，俗稱用錢，亦作佣錢。其數之多寡，各業不等，大抵以百分之二爲常，俗謂之二分用錢，有歲得數千金者，而以地皮、房産之掮客，爲尤易獲利也。

上海洋行之買辦

上海租界洋行所延華人總理其事者曰買辦，於商法實無確當之意義。蓋吾國海通以後，租界之一種特別職業也，英文譯音爲糠擺渡。一作剛白度。咸、同間，名人筆記不知譯音之本難索解，乃就糠擺渡三字以國文爲之解釋。謂買辦介於華洋人之間以成交易，猶藉糠片爲擺渡之用，既以居間業許之，而又含有輕誚之詞。此實從前仇視外人因并鄙夷代外人介紹商業之華人之常態，作爲未開化論可也。惟「買辦」二字究作何解，歷史上因何有此制度，則嘗聞之老於滬事者矣。

西人之來我國，首至之地爲廣州，彼時外人僅得居於船，不准逗遛陸地，間有登陸居住者，則以澳門爲安插地，明時即然。而貿易往來，全憑十三洋行爲之紹介。遇洋船來，十三行必遣一人上船視貨議價，乃偕委員開艙起貨。及貨售罄，洋人購辦土貨回國，亦爲之居間購入。而此一人者，當時即名之爲買辦，意謂代外人買辦物件者。蓋此係我國商號雇用，以與外人交易，與上海之所謂買辦完全受外人之雇用者，性質尚異也。惟買辦之名，則沿襲由此矣。洎上海開埠，外人麕集，彼時中西隔絶，風氣錮蔽，洋商感於種種之不便，動受人欺。時則有寧波人穆炳元者，穆係英人，陷定海時被俘。及英艦來上海，則穆已諳悉英語，受外人指揮矣。頗得外人之信用，無論何人，接有大宗交易，必央穆爲之居間。而穆又別收學徒，授以英語，教以與外人貿易之手續。及外人商業日繁，穆不能兼顧，乃使其學徒出任介紹，此爲上海洋商雇用買辦之始。然一宗交易既畢事，則雇用關係亦遂解除，猶延請律師辦案者然。最後，外人之來滬者日多，所設行號與華人之交往亦日繁。行號所用之通事西崽人等，對外購買零物及起居飲食必需之品類，支付款項及種種往來，頗嫌煩瑣。於是新開行號，每當延訂買辦時，并以行内瑣務委任之，而買辦與行號，乃遂有墊款及代管行事之職務矣。

上海小商

吾國商人，雖無商業教育，而頗以信義著聞於時，爲外人所稱道。然非所論於都會之小商，而在上海租界者爲尤甚。蓋上海五方雜處，良莠不齊，且人人心目中視所居爲傳舍，商賈尤甚。以爲吾儕於此，小住爲佳，何必作久遠之規畫，失目前之利益。於是遇有顧客，遂百出其計以欺之，攙售低貨也，高擡價值也，混用僞幣也，種種伎倆，匪夷所思。至禮貌疏脱、語言侮慢之怪狀，則尤數見不鮮。凡此現象，尤以花園、車行、戲館、西餐飯館、酒館、茶館、妓館爲最。蓋若輩託跡租界，恃洋人爲護符，偵探巡警，無不勾通。初至者尤易受欺，稍與齟齬，卽遭詬詈譏諷，或且曳之送官，官惑於先入之言，無不曲直倒置，而深受其害矣。

張其煒鬻缸缶於青浦

張孝廉其煒爲崑山教諭，有氣節，遇事輒與縣令爭，積不相能，遂乞病歸。旋偕其婦流寓青浦，鬻缸缶爲業，日持籌，夜運甓。有友訪之，或促坐，講《左傳》、《史》、《漢》文一二。則聲朗朗然，旁若無人。

鎮江江綢業

江綢爲鎮江出産之大宗，往年行銷於北省及歐、美、日本者，歲入數百萬。開設行號者十餘家，向由號家散放絲經給予機户，按綢匹計工資，賴織機爲生活者數千口。晚近銷路頓滯，號家歇業者已大半矣。

善子健以旗人而經商

善康，字子健，京口駐防之蒙古旗人而商者也。定制，駐防旗人無故不得出所在地三百里外。嘉、道以來，駐防生齒繁，糧額少，欲治生計，輒爲例所格。粤寇擾鎮江，善方七齡，隨母王夫人避地至江北。父春鳳池署丞元方佐幫辦江南軍務將軍魁玉幕，時以軍事至丹陽張忠武公國樑軍，因與陽紳荆某徒紳文某合營醬業於陽之金斗鎮，乃使善往習徒，未告以己家合股所設之肆也。在陽三年，勤苦倍至，雜傭保操作，於貨物之製造，材料之選擇，出入貿易之消息盈虚，靡不研究有得。久之，微聞合股事，歸以詢母，母以實告，不欲往，母諭之曰：「曩以爾年幼，故不告，慮汝惰也，且欲汝親知其中之商況耳。今學成，且將任大事，何不悦爲？」乃再往，佐理會計。曉起夜作，事必躬先，執事諸人，無敢怠荒。未及數年，荆文諸設次第歸併，由是而鎮江之春懋、元源，江北之廣豐相繼設立，復置市産十餘處，舉家婚喪日用諸費咸取資焉。光緒壬辰，以疾卒。有子四，長桂芳，字漱秋，浙江鹽大使。次桂城，字仲藩，宣統辛亥殉難於秣陵，賜謚剛愍。次桂琛，字獻侯，師範科舉人。次桂駿，字驥良，卒業於京師農商部高等實業學校。

溧陽潘鐵廬賣香筆

溧陽潘天成，字鐵廬。年十三遭家難，與父母相失。就塾讀書，未卒業即出，求其父母，然未嘗廢書。既歸，無以爲養，乃市香爲業。往來荆溪、瀨水間，暇則讀書，歌吟之聲達於道路，人皆笑以爲狂。已而以市筆爲業，常手擕筆囊行村落中，叩鄉塾求售，每聞其塾師講解經書，輒側耳聽之。

揚州之場商運商

揚州爲兩淮鹽商薈萃之所，鹽商其總名也，有場商焉，有運商焉。場商由各場産鹽收聚集堆，以待票商運往引地銷售。場商所收之鹽，則堆集於十二圩，鹽船均停泊於此，淮鹽總棧亦設於此。運商并無鉅厚資本，亦惟憑票運鹽。先繳鹽價一小半，餘俟運至引地，銷售畢，始以全數算給場商。場商收鹽，必先給價與竈户，故成本甚重，必賴市面之流通。及年終，運商必與場商算結清楚。場商收鹽款，乃存於錢莊，輾轉流通，此歷年相沿之辦法也。

吴雲翀恥爲鹺賈

吴雲翀，名瑞鵬，歙人。父以鹽筴起家，而雲翀恥爲賈。性跌宕，不治生產，家遂稍落，無以爲親歡。於是折節業鹺，然頗赴人之急，卽質劑取母錢應之，亦無德色。恒太息曰：「士不得已而賈，寄耳。若齷齪務封殖，卽一錢吝不肯出，真賈豎矣。」

安麓村爲明珠鬻鹽

國初有收藏家安麓村，名岐字儀周者，本相國明珠家僕也。查初白以康熙丙寅館於明邸，揆愷功兄弟皆從之游，時麓村尚給事書齋，躬執洒埽之役。初白後入翰苑，直南書房，數年，乞假南歸，而麓村已爲明鬻鹽於淮南，聲勢赫奕，督撫監司莫不與抗賓主禮矣。丁亥，聖祖南巡，初白與弟查浦侍讀嗣瑮迎鑾淮上，道出廣陵，麓村聞其至，謁見於舟中，執禮甚恭謹。初白不爲稍下，亦不命坐，但曰：「汝今發跡甚好，惟當小心貿易，勿在地方生事，爲汝主人累而已。」麓村唯唯而退，初白僅起立頷首，亦不出送，而查浦則已潛遣人持眷弟刺往拜矣。故麓村餽初白僅三百金，而查浦則倍之，蓋銜其倨也。

然麓村實恭慎守法，且以好士稱。江淮間文士之貧而不遇者，多依以爲生，麓村始終禮遇之，不稍懈也。時鹽法沿自明季，麓村爲商，以明之勢，多所更張，無掣肘者，積弊爲之一袪，民困得少蘇，則其於淮鹽亦非無功者。廣陵新城内安家巷安公店，其故宅也。

甘泉李濱石習賈

甘泉李濱石孝廉鍾泗少孤，從黃大令洙讀四子書，黃以其聰穎，甚愛之。忽棄而習賈。一日，以誤碎肆中玻璃，爲主者所責，濱石大哭。黃適過之，曰：「所碎之器，我償汝值。」主者遜謝。乃攜濱石歸，謂其母曰：「此子能讀，不能買而使之賈，何哉？」母曰：「家貧不能供脩脯。」黃曰：「第從我讀，何脩脯爲？」其後學大成。

楊舜華設肆於興化

興化鉅富，首推舜華楊氏。楊，句容籍。康熙朝，其高祖某遷興，無長物，寄居族姓家謀生。初販豆腐、豆乾等貨，設攤於北城外某南貨店門首。性儉約，積錢百文或數百文皆儲蓄於南貨店，歲終無所問，閱數歲，皆如是。適是店以虧累歇業，遂邀入與語曰：「汝所儲蓄，除利不計外，已達千金。汝雖不急於索償，然及今不給算，復俟何時？店中貨物用具，一切算給汝，汝爲本店之主人可也。」某由是營南貨業。時乾隆甲子，至舜華已數傳矣。舜華藉先業，僅中人產，閱數年，幾不能自立。至粵寇亂時，江西之紙張、桐油各莊恐被蹂躪，悉先期豫約以賤值存萬順號。後路梗，附近鄰邑皆缺貨，價因以漲，利市逾三倍。舜華由是起家，累貲數十萬。舜華性沉靜，不苟言笑，終日默坐，肆中之同事一舉一動，均了了於心。初不出口，年事畢，卽懸牌於肆，或存或去，無一不當者。然宅心仁厚，每歲慈善費且不下千餘金也。

周子固賈於通州

貴筑周霽樓宰如臯，遂家焉。有女公子不笄而弁，出與士大夫修相見禮。本名貞，加木曰楨，字子固。長於綜覈，出納胥聽之。創建通州栟茶場掘港諸質庫，賓從奉令維謹。厥兄子迪方伯開藩閩嶠，既歸，子固尋歿，治喪如品官儀。

以一文錢二百錢商於南昌

南昌有布肆，號一文錢。聞其創始之主貧甚，惟餘錢一文，乃以購麵糊，拾破紙雞毛於市，范土爲兒童所玩之雞狗等售之。久之，積錢漸多，乃漸作小本經紀。勤苦貯蓄，遂設布肆，以資財雄於會城矣。又傳有某商者，經營折閱，歲除，僅餘錢二百，而債主畢集，走叢塚間，欲自縊。見先有人在，知爲與己同病者，急救之，相與慰勞。其人問商所苦，商告之故，其人笑曰：「異哉！有錢二百而猶覓死邪？」商告以無事可爲，其人又笑曰：「子視世間若無事可爲，此子之所以困也。二百文猶在囊乎？請以畀我，我爲子經營，子但坐享其成可也。」又謂商：「請少待，吾爲子販貨來。」乃持錢去。須臾，其人至，攜酒一甌，豚肉一方，小兒玩具數十事，拉商同至一古廟中，兩人席地飲噉。天明，商寤，其人已先起，授以昨所購小兒玩具曰：「今日新年，士女相率嬉遊。汝持此向市上售之，遇大人來購者，廉之；其攜有小兒牽衣索市者，昂之。」商如言，獲利倍蓰，喜甚，返見某曰：「子策善哉！明日請再販小兒玩具售之。」其人大笑曰：「此子之所以折閱也。昨尚歲暮，市中玩具價較廉，故販售之，可以獲利。今已新歲，市中玩具價亦漲矣，吾儕成本無多，利貨速售，方足以資周轉，非若多財善賈者流，可居奇貨以待善價也。」

周輿則賈於吳越

錢塘周輿則，名軾。性聰敏，小時了了，讀書輒數行下。以長兄輿載爲師，輿載愛之，嘗語人曰：「吾家千里駒也。」輿則聞之，夷然不屑，曰：「大丈夫貴行其志耳！何事尋章句作蠹魚爲？」會其父疾，中夜起，歎曰：「誰承吾業者？」輿則蹶然應曰：「兒請當之。」時十四歲，遂至蘇，治産居積。初婚七日，即繭足走沿山，輾轉吳越間。算緡精敏，狙儈不能欺。

杭州有朱養心藥室

明天啓時，餘姚朱養心布衣志仁以醫游杭，外科所用膏藥至有靈驗，銅緑膏、雞眼膏爲尤著。因倚胥山以構廬，設藥室於大井巷曰日生堂，卽棲眷於中。其後子孫蕃衍，雖有以仕宦商賈外出者，晚歲歸老，無不返其故宅，聚族而居，歷三百餘年之久，且自天啓至光緒，未嘗析𡑞，實爲海内所僅見。咸豐庚辛間，粵寇擾浙，藥室毁焉。亂平，硯臣提舉大勛規復之，且令族姓仍居於内。營業之事，則各房輪日經理，無或紊也。

塘栖姚致和堂痧丸

仁和有塘栖鎭，其居民姚氏，自明即設致和堂以賣痧丸，堂額爲董香光書。蓋其先世得丸方，能治痧，累代製以施人，國初猶然。其後力不能繼，乃始取値，而塘栖姚致和堂痧丸遂名聞天下，南至閩、粤，北至燕、趙，無不購之。業益盛，舉族蒙利。乃規定章程，族人之婚嫁者，死喪者，孤寡失養者，皆有助。子弟能讀書，自入學至成舉人成進士，皆有贈。祖宗施藥不取値，而子孫食其利，逾數百年而未已也。

錢塘毛叔成學賈

毛叔成，名應鎬，錢塘人。年十三而孤，其母張氏乃擕五百金，挈之以依宗長者學爲賈。宗長者待叔成嚴，訶怒扑責隨所加，受之無怨言。數年，學成將去，母欲言向所攜者，叔成曰：「宗長者供我母子衣食，又婚我訓我，使知賈，是終身業我者也，遺金可復道耶？」即拜謝宗長者而去。

杭堇浦設荒貨肆於杭

杭堇浦檢討世駿以言事罷官。高宗南巡至杭州，杭迎鑾，玉音垂詢里居何以自給，杭叩頭，以設荒貨肆對。上問荒貨云何，杭以收買破銅爛鐵對。即日御筆書「買賣破銅爛鐵」六字以賜之。

嘉興周簹谷賣米

嘉興周簹谷布衣篔，賈而儒者也。丁時亂，棄舉子業，受廛賣米。有括故家遺書鬻於市者，買得一船，每日中交易，筐筥斗斛權衡堆滿肆，讀之稴秔中。

鄭翁以煙葉致富

鄭翁，鄞人也。幼失怙恃，孤苦零丁，行乞至餘姚。姚多木棉，棉熟時，主人雇貧家兒收花，鄭亦與是役，藉以餬口。棉田之左爲市街，有烟肆焉。肆主爲老者，常手烟管臨街坐，見收花之諸貧兒多有以其花易糖果者，惟一兒則採花盈筐卽交主人，未嘗染諸兒惡習。肆主見之久，心嘉之，詢其里姓，曰：「汝願爲吾肆傭乎？」曰：「吾一窶人子，有噉飯處足矣，傭云乎哉？」肆主喜，卽招之入肆。

鄭操作無懈，暇時常就主翁習書數及簿記法，主嘉其勤，亦樂教之。鄭質敏，未歲，卽能代主司會計。主媪喜其勤信，欲壻之，謂主翁曰：「吾等衰年，僅有一女，宜贅一壻以養老。鄭某少年勤信，必非終貧者，可妻也。」翁善之，以語鄭，鄭不敢辭，翁媪皆喜，卽擇日成禮，贅鄭。女亦善治生，翁媪以年老，肆中事均委鄭夫婦。鄭多心計，嘗運烟葉泛舟至某處，同業約遲日上山，使種烟家久待，得因以減價，違者罰演戲置酒。約定，衆烟客多爲牧豬奴戲。鄭夙不習此，在舟中無事，乃獨行入山。人以烟商久未開市，見有一客來，皆歡迎之，咸問市情。鄭對以近來銷行不暢，烟客多停業，予以舊業，故勉爲一行也。

種烟者聞訊，争以烟葉與鄭，大減其值，收之。及交易券定，諸客上山，則烟葉已盡爲鄭有。不得已，向鄭轉購，責鄭違約，鄭以此時利市三倍。歸家後，即演劇置酒，延請同業以如約。由是業日益興，不數年，積資巨萬矣。

泉州有九如當

福建水師提督李潤堂廷鈺既致仕，遂僑居泉州。年七十五歲，猶有九妾，生子十八人，女二十三人。九妾各出私蓄二千金，於泉郡東門内合設一當，名九如。各妾每月輪值管理一月，餘及閏月所得子錢，則充當中公用。故其讓利常至九月，蓋逐月争期多當也。其名九如者，亦取《左傳》如夫人之義耳。

何心安爲小販於閩

台州何心安，咸、同間人。綜理縝密，有億中才。商於閩，至延平界，乘舟東下，欲趨福州。夜泊小村，盜忽至，舟人慴伏，何屏息艙中。盜搜括行李貨物既盡，叱何起，搜其身，得小荷囊，亦攫去。盜既遠，何檢視舟中，惟布被一，及外衣夾袋内小錢十餘而已。坐不寐，天明，至延平，捨舟登岸，投逆旅。

是夕爲除夕，旅客皆沽酒市肉，相約謀醉。何展衾欲睡，忽聞鄰房有悲泣聲，咽而悽，思其人殆亦流寓異鄉，感歲序而自悲淪落者。傾聽良久，忽動相憐之念，因叩門請見。則其人爲范幼銘，徽人，亦舟行遇盜，昨夕來此者。范轉詢何，何亦自述所遭，二人患難相同，遂有親暱意。何問范何計，范曰：

「吾此地絕無故人，今囊中僅餘一金，此金盡者，卽吾生之末日至矣。」何曰：「君勿作拙計，吾此地豈無故人，然當此歲除，人方儲甘旨，擁妻孥，團聚爲卒歲計。吾以難人投之，不斥爲不祥，卽謝不見耳。」范曰：「然則奈何？」何曰：「吾固不求人，亦不使遭難事久縈吾心，亂我計畫。吾適自念，身中僅有十餘錢，欲卽於此錢中闢一生路，思之未得，故且少逸。若君尚餘一金者，事儘可爲，何必自困。」范以與何同在難中，故接談之間，卽吐胸臆。今聞其言，頗疑何，非大言欺人者，卽欲攫此金，故作諷語耳。然觀其色至誠懇，又非妄言者，乃不疑，請畢其說。何曰：「君且移居吾室，君居守，吾出，將羅物事。若困倦者，請卽安臥，恐今夕尚不得眠，明日出門易倦也。」范諾之，至何室，出金授何，擁衾而臥矣。

范自遇刼後，憂思悲戚，通夕未眠，擁被卽寐。既醒，不知何時，見何甚忙，烹肉治飯，案堆竹片竹枝及五色小紙無數。見范起，笑曰：「君睡足乎？飯將熟，請共食。俟飽吾腹，吾尚教君治藝也。」范亦喜，起助料理。既食，何拗竹爲骨，以紙糊之，五采絢爛，作爲雄鷄形。復以竹枝爲小笳，綴其尾，以口吹之，聲似鷄鳴。范效之，終夜成三百餘頭，明日，分持入市。時民俗樸陋，奇伎淫巧之物，非居通商地者，幾於老死不一見。何所製雖未奇巧，然在當時，固足以覓利。笳聲吹動，小兒聞者爭出競購。不較值，日未晡，何所持者已盡先歸。少頃，范亦返。出錢數之，凡得七千餘，大喜。復製數百頭，約於未售處賣之。如是數日，何知購者已遍，不再變，人且生厭。乃至碎綢店，購雜綢，歸翦爲人，實以棉，縫之。點畫眉目，意態生動，價視鷄三倍。復售十餘日，得錢百餘千，二人共議，買舟東下。至福州，於南台臨衢地，列一小攤，賣洋貨。積二年，獲利千餘金，易爲棧。其置貨，自與西人接，約期歸貲，不稍爽，西人信之，任其揀取，以故海外新至物，他棧所無者，何棧莫不具備。又數年，獲利數萬，起樓閣，置奴婢，迓其妻子來，兩家皆寄籍於閩，世爲婚姻焉。

廣州市肆可入覽

粤人之設肆貿易者，於營業之方法頗能講求。如國貨、綢緞、洋貨諸肆，均任人觀覽，不問爲誰，皆可逕入，肆人絶不加以白眼也。故著名之洋貨公司，自晨至夜，終日喧闐，游人極夥。蓋舶來品皆爲奇技淫巧之物，必使人詳觀之，方足以引起其購買之興趣。苟珍襲櫝中，不令他人瀏覽，則人且不知某肆之有某物，又何論於購買也。吾國僑商之旅外貿易者，以粤人爲最多，勢力亦以粤人爲最盛。粤人之營業思想，固較勝於他省人也。

廣州銀角交易

廣州之貿易，初用碎銀，其成圓者，亦皆鑿有小孔，如火爐之蓋然。亦有劖薄者，其重量大率爲五錢八九分，六錢一二分。故用銀買物，分釐皆須計較。迨張文襄公之洞督粤，改鑄小銀角。售物品者，無論其物不及兩角、一角、半角之值，亦僅知索兩角、一角、半角之銀，市中幾無畸零之數矣。買物者又恐找換受虧，雖不必買兩角、一角者，亦買足兩角、一角矣。

南海伍氏以商致富

粵東富人，有南海伍氏。先是，嘉慶時，廣州十三行有開怡和號之伍某，本閩人而居粵。故事，西人至廣州通商者，必由十三行交易，額定餉銀，皆由十三行承認，十三行有中落者，由他數家分認其餉。時諸行多衰落，伍獨巍然存。有伍敦元者，爲其疏族，自閩來，伍之家長謂之曰：「汝來殊不幸，不能有以潤汝，姑居此可也。」

無何，制軍阮文達公元以欠餉故，召伍入見，憚不敢入。敦元自請代往，乃入見。阮詰欠餉故，敦元曰：「非敢欠餉也，實以商業方疲，而上督餉益急，則力益不支，是官商兩困之道也。」阮曰：「既如是，免汝家數年餉，好自爲之。」敦元歸，以報。時伍商既屢困，有厭倦意，乃悉收故業，而獨以商號畀敦元。敦元既得之以營業，業大進，不十餘年，可千萬，遂大富。

敦元歿，傳業於子紫垣名崇耀者，富益盛。適旗昌洋行之西人乏貲，即以巨萬畀之，得利數倍。西人將計所盈以與之，伍既巨富，不欲多得，乃曰：「姑留汝所。」西人乃爲置上海地及檀香山鐵路，而歲計其入以相畀。紫垣死，以其子子笙像寄西人，曰：「是乃吾子，以後金皆寄彼。」子笙死，又以子垣孫像寄西人，而屬其寄金焉。垣孫益奢侈無節。然西人既未寄交鐵路股票，又未以號數相告。已而旗昌倒閉，時某方爲招商局總辦，私以崔某屬存局之銀存旗昌，旗昌既閉，某欲以被倒之款劃歸局，而某觀察不可。時局屋初租之於旗昌，乃措不付租，旗昌西人曰：「局屋實伍氏產，久存案於英領事署，安得不付租？」乃使律師率數人往封其屋。某觀察乃令招商局南棧馬頭夫役數百人踰垣入，啓門而謂西人曰：「吾非不付租也，請以金存江海關道，訟畢乃付。」時英人已調兵船入黄浦江，兵已登舢板，而夫役在局前者數百人甚譟。西人之有識者，懼果啓釁，乃急止兵勿登岸。其後垣孫至香港，或嗾使延律師與西人訟，乃得反其産，旋仍以其地售與招商局及他人。迨垣孫死，西人金又不至，伍遂式微矣。

佛崗招牌

佛崗之汾水舊檳榔街爲最繁盛之區，商賈叢集，闤闠殷厚，沖天招牌，較京師尤大，萬家燈火，百貨充盈，省垣不及也。惟街衢狹窄，有僅容二人並行者。

潮人經商

潮人善經商，窶空之子隻身出洋，皮枕氈衾以外無長物，受雇數年，稍稍謀獨立之業，再越數年，幾無一不作海外巨商矣。尤不可及者，爲商業冒險進行之精神。其贏而入者，一遇眼光所達之點，輒悉投其資於中。萬一失敗，猶足自立，一旦勝利，倍蓰其贏，而商業上之揮斥乃益雄。

粤西商況

粤西土産，以藥料爲大宗。潯桂田三七，其最著也，餘如桂枝、桑寄生之類。大舟捆載，有同柴薪，分向廣東、湖南兩路而去。外則米糧接濟廣東，每年出境，約值銀二百萬兩，地方生計，賴以轉輸。凡日用所需之斤鹽尺布，皆由湖南、廣東二省販運。梧州一關，扼左、右江之衝，百貨往來，征榷極重。其市廛繁盛，帆檣林立，幾與湘潭、漢口相埒焉。

劉興泰勤於營業

湘鄉劉興泰，初爲窶人，未冠，喪父母，閉户獨居。以織布自給，而甚勤，凡風晨雨夕，沍寒酷暑，常人所不能堪者，獨不輟。如是二年，竟積貲至百千，乃自經營一染坊，其勤勞如平時。一二年，業大昌，夥友至十數人。劉持躬刻苦，而待人甚厚，每得利，與人共之，以故人樂爲之盡力。又數年，支店至六七，擁資數萬，且素封矣，時年未三十也。顧仍不改其昔，冬夏常衣一布袍，飯粗糲，所居纔蔽風雨。嘗因事往寶慶，家去寶慶百三十里，天未明而起，飽餐以往，躡草屨，荷雨蓋，蓄冷飯一甌，巾裹之，手提以行。中道以一錢就村人沽勺湯沃之，食已復行，竟日卽至。其往還皆如此，至老不倦。

劉有子數人，皆誠樸如其父。子年既長，見父冬衣緼袍，爲購一羊裘以進。劉見而大怒，擲不受，且撻其子。性尤好義，嘗斥歲入十之七八投諸公共事業，以是業雖昌而家富不少進。素不識字，而知教育，於學校尤多輔助也。

朱紫桂業茶致富

湘鄉朱紫桂，初赤貧，讀書村塾，三月而輟，以樵採營生。成童，執爨於米肆，甚勤。巨商劉某委之司店事，尤幹練。越數年，以所得薪資紅利自設一肆，積千餘金，遂業紅茶，歲盈萬金，時同治丁卯也。紫桂既小康，卽以少年失學爲憾，而補讀。既而逐歲貿茶，積資近百萬，湘皋、漢滸，幾無不知有朱紫桂名矣。

醴陵人缺市民性

醴俗安土重遷，子弟難於耕讀，多習工藝及星卜等技。商賈出外貿易者少，閒亦有揚帆外出者，然不久卽歸，鮮流連。其富村民性而缺市民性者，亦地勢使然也。

辰苗交易

辰州苗民與漢民交易，輒以牛馬馱載雜糧布絹之物，以趨集場。糧以四小碗爲一升，布以兩手一度爲四尺，牛馬以拳數多寡定價值，不計老少。其法將竹篾箍牛之前肋，定寬窄，然後以拳量竹篾。水牛至十六拳爲大，黄牛至十三拳爲大，曰拳牛。買馬亦論老少，比以木棍，至鞍處自地數起，高至十三拳者爲大。齒少拳多則價昂，反是者爲劣，統曰比馬。屆期畢至，易鹽，易蠶種，易器具，以通有無。初猶質直，後則操權衡，較錙銖，甚於漢人矣。與親黨權子母，以牛計息，利上加利。歲長一拳，至八拳則成大牛，至數十年卽積數十百倍，有終身不能清償者，往往以此生衅。雖父兄子弟伯叔甥舅，見利必争，且有愛重賄而相賣，爭財產而相殺者。

川鹽官運商銷

光緒己卯四月，從丁文誠公寶楨奏請，四川鹽務改辦官運商銷。初，文誠任川督，以川省鹽務積弊甚深，改爲官運商銷。富廠竈戶以爲不便，捏詞呈控。時尚書恩承、侍郎童華查事在川，遂據以入告，諭令文誠確查具奏。文誠奏稱自上年開辦官運局後，本年奏銷核計各額引已全數銷清，復帶銷積引一萬餘張。所收稅羨截釐及各雜款至一百餘萬兩，商人從前一切無名使費悉予刪除。民皆食賤，私梟潛蹤，實屬商民皆便。旋恩承等又以弊少利多爭奏，乃命戶部酌核具奏。至是，戶部覆奏：「請飭文誠妥籌辦理。」因諭文誠：「官運商銷各事，悉心區畫，慎始圖終，不可動於浮言，亦不可操之過蹙。」蓋中旨頗利文誠變法之溢收，又不欲顯斥阻撓者，故爲此調停之詞也。

打箭爐商務

四川打箭爐爲漢、夷雜處入藏必經之地，百貨完備，商務稱盛，在關外可首屈一指。常年交易，不下數千金，俗以小成都名之，惟繁華不及鑪城。關外商務銷品以雅州各屬所產大茶爲大宗，因此茶爲夷人日所必需之要物。哈達旗布夷人印佛經於上，豎高杆揭之。針、棉線、繭油、風帕、布疋、菸葉、水煙之屬，皆暢銷夷人者，至綢緞食品器具等，則售與旅邊之漢人，夷人亦兼購之，此皆內地之輸出品也。至輸入品，則以鹿茸、鹿角、麝香、黄白金、狐皮、羊皮、豹皮、冬蟲夏草、貝母及藏商輸入之紅花、藏香各食物等爲大宗。漢、夷交易，或以金錢，或以貨物。關外各處市況，視鑪城行市之高下爲標準，夷人惟以藏元重量爲不易之標準。輸出者有漲疊，輸入者無貴賤，貿易關外者皆獲巨利，以是故也。

道孚商務

川邊番夷嗜利，錙銖不遺，然貪細微而昧遠大，習商業者絶少。以道孚縣論之，惟販牛、羊、毛革與買换茶葉之商賈爲鉅。茶店設鑪城，夷人攜土産或重資赴鍋莊，莊主介紹與雲南暨雅各、雲天諸茶棧相交易，以篾包裹，或用皮箱護其外，雇烏拉運回，其利可三四倍。至麝香、鹿茸、沙金、狐皮各項，因收採不宏，故出口者較他縣爲少。惟販蠻鹽暨貝母、冬蟲夏草諸藥品，隨收隨售，則由資本不充也。

道孚漢商頗多饒裕，皆陝人。當爐文君，罔非蠻婦，匪特樂爾妻孥，兼賴交通蠻僧耳。綢緞、布疋及海味、麯酒、洋貨、燭煙運自關内，且有開設大餐館、酒館與衛生茶館者，然夷人不入也。

大理商業

大理北控吐蕃，西界驃國，東有若水，南扼昆彌，一大都會也。其商業以羊毛毡毯及藥材爲大宗，藥材一項，年約有一百餘萬元之出口，運銷地點以香港、上海及湖北、湖南爲多。其富人稱貸權子母而不好賈，賈皆自他方來，貿易繒綵，以致厚蓄。故水土之利，多歸客商。

黔苗捉白放黑

黑仲家苗在貴州之清江，業種樹，多富。漢人之爲商賈者貸其貲，約券須以富鄰爲保，有折閱，以直告，可再貸。遇奸欺負券，則掘保人祖骨，謂之「捉白放黑」。保還所貸，乃歸其骨。

赴蒙商販

赴蒙商販皆以牛車載貨赴庫倫、科布多二城，輒聯數百輛爲一行，晝則放牛，夜始行路。一人可御十車，鐸聲琅琅，遠聞數十里。御者皆蒙人，暇則唱歌。

蒙人貿易

蒙人不知商術，大率以物易物。與漢人交易，惟通事之言是聽，通事遂得上下其手，以獲厚利。奸商復有與蒙人共同經商者，蒙人出資本，不敢張揚，蓋恐王公等豔其富名致多需索也。歲一結帳。漢人習知其性，第一年縱有虧折，輒言獲利以紿之，藉求益其資本。次年不損不益，再次年略有虧折，不數年本利全没，蒙人亦無可如何也。

蒙人之外出者，其往來均就素所交易之商店以謀食宿，飲食費用均爲供應。蒙人貪小利，樂就之，而漢人乃多因以致富。

漢人貰物於蒙，不立券，至期無爽約者。如以牲畜質物，指定某畜由原主代爲飼養，數年後取之如攜，若有死傷，原主指他畜以爲償。近邊一帶蒙民則狡詐侈頑，外懦内悍，均習漢語。漢人如不能蒙語，不僱通事，則必故意留難焉。

烏蘭察布商務

内蒙古烏蘭察布盟之商務，輸出貨以牲畜爲主，皮毛絨次之，蘑菇藥材，漢人自行採運，蒙人絶不過問。輸入貨以布疋、茶磚爲主，雜貨次之。歲出駝馬牛約十餘萬頭，以羊爲主要食物，多不外運，羊皮歲出約四十餘萬張。歲入糙米二萬餘石，油麥八千餘石，磚茶二十餘萬方，布疋雜貨則由小商零沽，無可稽核。食鹽則運自錫林郭勒盟之烏珠穆沁旗。

科布多商務

科布多之商有京莊、山西莊二大别。俄商亦前往貿易本國行銷之貨。以磚茶、洋布爲大宗，其他綢緞、銅鐵、瓷木各器及日用所需一切雜貨食物無不備。而磚茶、洋布則由張家口、歸化城購辦，至於雜貨則購之於京，亦有在張家口及歸化城採辦雜貨者。自張家口用駝載貨，約行百日始能運至科地，自歸化城發貨者，亦同。至俄商所銷之貨，以糖、鐵器、布疋爲大宗，餘如鋼瓷各器及他種貨物，均無不備。未幾，科城俄商嫌雜貨利微，資本稍厚之家均以俄幣收買牛羊獺皮、駝羊毛等物，輸之於俄。

而科城俄商之仍售雜貨者，僅一二家，其他俄商均不售雜貨矣。

西藏商業

西藏居民有自克什米爾移往拉薩而經商者，然僅從事於布帛、金銀之貿易。容貌秀麗，不改固有風俗，戴土耳其古帽，蓄長鬚，言語莊嚴，仍奉回教。

西藏茶務

藏人嗜飲茶，以平日皆食牛羊肉，不飲則腹脹也。甚至牛馬亦必飲之，故茶之銷耗甚多。康熙時，有歙縣李遴，字選卿者，向業販茶。本辦安徽腹引，改邊引，至其地，遂爲商首，各商國課，皆交李完納。茶每引五包，包二十斤，共百斤，每引脚課稅約銀二兩有奇。

咸豐朝，瞻對作亂，頗阻茶務。駱文忠公秉章患之，欲發兵，而道遠，且兵士不習水土。知遴之裔名贊元字伯華者，頗習藏事，因令其措置。贊元偕藏兵平瞻對亂，茶運如初。然以停銷數年，各商遂欠國課，鹽茶道患之。贊元建議，請每引加茶一包，抽包作課，限年清款，文忠嘉之。贊元以平瞻對事，自捐賞犒銀數萬兩，駐藏大臣移鹽茶道、藩司存案，擬請獎，會文忠卒，事遂已。同治時，藏茶漸旺，引不敷銷。蓋藏中向例，有三子，則一子娶妻，其二子皆爲僧，故生齒不增。後僧律漸弛，有多蓄婦人者，故人口日蕃，飲茶亦漸多。有黠者獻策鹽茶道，請於引外別行票茶，而少其稅，則茶銷愈旺，是公私兩便也。鹽茶道用其策，遂行票茶，有稅無票，每引僅一兩有奇。時運茶者率爲老商，價有定程，不低售。自票茶行，課既減於昔；於是無貲本之商遂相率運茶，茶務日壞，贊元乃請於鹽茶道，停票茶焉。已而贊元以知府官直隸。至光緒初，復行票茶，茶最高者，每九包售銀五十兩，其最下者，則須二十餘包而售五十兩。自此，諸商以本輕爭跌價，奪老商之利。鹽茶道亦利多售票，運到之茶，反過於銷數，貨多則滯銷，滯銷則價更跌，甚至折閱而不顧。每百包僅售五十兩，商不勝其窘，乃攙樹葉於茶中，形式與真茶同，不可辨。川南一帶，樹葉皆得售錢，幾無有用爲薪爨者。藏人服之亦頗消食，然久之多致病。於是英屬印度偵其狀，乃亟種茶，五年而成，使人運至藏，時光緒壬辰也。藏人初疑不敢飲，英商乃大減其值，少於華茶三倍，印茶漸銷，內地茶漸減矣。

先是，贊元以老牌不肯攙僞，然力不能支，光緒壬午，遂虧倒，凡折本三十餘萬，尚欠官課八萬，依故事，當監追。時張元普爲鹽茶道，以李姓自康熙以來，歷二百餘年，經手完國課，未嘗虧欠，意良不忍，因使贊元之姪景衡字寶卿者，籍其産，暫歸官管理，限八年繳清。至癸巳，尚未繳，時存官之産每年田租屋租亦可五六千，然多爲胥吏侵用，不能償官項，官催頗急。時贊元之孫石君頗爲川南道張華奎所賞識，華奎問石君完茶課狀，石君因言，同治時，其祖勷辦滇匪藍逆，力解雅州府城圍，自捐餉銀萬餘兩，粵寇石達開竄川，督辦糧臺，平瞻對，墊發賞犒銀萬餘兩，川南道署、藩署皆有案可查，請以此爲抵。張言之川督劉秉璋，劉謂：「前未咨部，恐部駁。」張問石君，石君言：「光緒初復行茶票，定章爲彌補藏餉，今藏餉補清數年，約可餘三十萬，請以此爲抵。」元普行查鹽茶道，始知約贏三十餘萬，然以抵州縣欠款者不少，元普乃曰：「此鹽務所贏，顧令地方官挪用，而茶商乃不得過問，此豈公理！」乃言之劉，即提前贏款爲石君彌補，還其產。

國際貿易

各通商港之新關，以外國人爲税務司。監督之權，本在督撫，而督撫輒委附近之道員代之。亦有以總督兼之者，如粵海關、閩海關是也；或設專員，如津海關、亞東關是也。其已開及豫定之水陸各商埠，列表如左：

埠名	所在地	關名	開放年分	駐有領事各國	開放事由
營口	奉天營口廳西遼河口	山海	咸豐戊午	英德日瑞俄美法荷	英天津條約
連山灣	奉天寧遠州東北		光緒戊申		自開
秦皇島	直隸臨榆縣南	秦皇島	光緒戊戌		自開
天津	直隸天津府	津海	咸豐庚申	英法德俄美日奧義比葡	英法北京條約
煙臺	山東福山縣芝罘島內	東海	咸豐戊午	英法德俄美日奧	英天津條約
青島	山東膠州勞山港口外	膠海	光緒戊申		雖爲德國租借地而我國有海關設於此

海州	江蘇東海縣之臨洪口	海州	光緒乙巳		自開
上海	江蘇上海縣	江海	道光辛丑	英法德俄美丹奧日西葡比瑞荷義	英南京條約訂開沿海五口之一
吳淞	江蘇寶山縣之吳淞鎮	江海分關	光緒丙申		光緒庚辰德國續約允作停泊處至乙未奏明改爲江海分關
寧波	浙江寧波府	浙海	道光壬寅	奧英日	英南京條約訂開沿海五口之一
溫州	浙江溫州府	甌海	光緒丙子	奧英日	英煙臺會議條約
福寧	福建福寧府		光緒丙申		自開
三都澳	福建福寧府三沙灣內	福海	光緒戊戌		自開
福州	福建福州府南台	閩海	道光壬寅	英德法日荷葡瑞俄西美	英南京條約訂開沿海五口之一
廈門	福建廈門廳	廈門	道光壬寅	英日	英南京條約訂開沿海五口之一
汕頭	廣東澄海縣	潮海	咸豐戊午	英法	英天津條約
北海	廣東廉州府城南	北海	光緒丙子		英煙臺會議條約

以上海岸商埠十七

埠名	所在地	關名	開放年分	駐有領事各國	開放事由
重慶	四川重慶府	重慶	光緒辛卯	英日美法	光緒丙子煙臺條約訂明由英派員察看商務至辛卯開
萬縣	四川萬縣		光緒壬寅		光緒壬寅中英續議通商行船條約允開
宜昌	湖北宜昌府	宜昌	光緒丙子	英日美法	英煙臺會議條約
沙市	湖北荆州府南	沙市	光緒丙申		光緒丙子煙臺條約訂明歸入長江輪船停泊處至丙申開
岳州	湖南岳州府	岳州	光緒戊戌		自開
武昌	湖北武昌府武勝門外		光緒庚子		自開
漢口	湖北夏口廳	江漢	咸豐戊午	英法德俄比日西瑞荷義	英天津條約訂開長江三口之一
九江	江西九江府	九江	咸豐戊午	法(漢口兼)英日荷俄美(均上海兼)	英天津條約訂開長江三口之一
安慶	安徽安慶府		光緒壬寅		光緒丙子英煙臺會議條約允作停泊處壬寅英約允開
蕪湖	安徽蕪湖縣	蕪湖	光緒丙子	英美日奧	煙臺會議條約

江寧	江蘇江寧府下關	金陵	光緒丁酉	英法德	咸豐戊午法約訂開嗣因粵寇亂起遂寢至光緒丁酉自開
鎮江	江蘇鎮江府	鎮江	咸豐戊午	英美日(上海兼)	英天津條約訂開長江三口之一
長沙	湖南長沙府	長沙	光緒甲辰		光緒壬寅中英續議通商行船條約允開
湘潭	湖南湘潭縣	湘潭	光緒乙巳		自開
常德	湖南常德府	常德	光緒乙巳		自開

以上揚子江商埠十五

埠名	所在地	關名	開放年分	駐有領事各國	開放事由
廣州	廣東廣州府沙面	粵海	道光壬寅	英美荷葡法德日俄比義奥	英南京條約訂開沿海五口之一
三水	廣東三水縣	三水肇慶德慶屬之	光緒丙申		光緒丁酉中英滇緬約附款允開
江門	廣東新會縣北	江門	光緒甲辰		舊爲三水分關光緒壬寅中英商約允開口岸甲辰始設專關
甘竹	廣東順德縣	甘竹	光緒丁酉		舊隸三水關光緒丁酉中英滇緬約附款允作分關
香洲	廣東香山縣前山		宣統己酉		光緒戊申由地方紳商稟請開辦

九龍	英屬香港北		光緒戊戌		雖爲英租借地而廣州分關設於此
新寧	廣東新寧縣		光緒戊戌		光緒戊申自開
惠州	廣東惠州府	惠州	光緒壬寅		中英商約
梧州	廣西梧州府	梧州	光緒丙申		光緒乙未英立中緬附款專條訂允丙申開
南寧	廣西南寧府	南寧	光緒丙午		光緒戊戌預定至丙午始勘界開放
龍州	廣西龍州廳	龍州	光緒丁亥	法	續議法越商務專條

以上珠江商埠十一

埠名	所在地	關名	開放年分	駐有領事各國	開放事由
濟南	山東濟南府	濟南	光緒甲申		自開
周村	山東長山縣南		光緒甲申		自開
濰縣	山東濰縣		光緒甲申		自開
鄭州	河南鄭州		光緒乙巳		自開

以上黃河商埠四

埠名	所在地	關名	開放年分	駐有領事各國	開放事由
蘇州	江蘇蘇州府	蘇州	光緒丙申	英日	光緒乙未日本馬關條約
杭州	浙江杭州府	杭州	光緒丙申	英日	光緒乙未日本馬關條約

以上運河商埠二

埠名	所在地	關名	開放年分	駐有領事各國	開放事由
彰德	河南彰德府		光緒戊申		自開
洛陽	河南洛陽縣		光緒戊申		自開
雲南	雲南雲南府	雲南	光緒乙巳		自開
蒙自	雲南蒙自縣	蒙自	光緒丁亥		續議法越商務專條
河口	雲南安平廳南	河口	光緒丁酉	法	光緒乙未中法條約訂定
思茅	雲南思茅廳	思茅	光緒乙未		中英改訂中緬附款專條

騰越	雲南騰衝府	騰越	光緒丁酉	英	滇緬條約
嘉峪關	甘肅肅州		光緒辛巳	俄	中俄改訂條約
張家口	直隸宣化府西北		咸豐庚申		俄續約
買賣城	卽恰克圖外蒙古土謝圖汗北境		雍正丁未		是年與俄立恰克圖條約准通商後禁止乾隆壬子復約互市
庫倫	卽烏爾憂外蒙古土謝圖汗境内		咸豐庚申	俄	俄續約
塔爾巴哈臺	新疆塔爾巴哈臺廳		咸豐辛亥	俄	中俄伊犂塔爾巴哈臺通商章程
伊犂	新疆伊犂府		咸豐辛亥	俄	中俄伊犂塔爾巴哈臺通商章程
烏魯木齊	新疆迪化府		光緒辛巳		俄改訂條約十二款
喀什噶爾	新疆疏勒州		咸豐庚申	俄	俄續約
吐魯番	新疆吐魯番廳		光緒辛巳	俄	中俄改訂條約
亞東	後藏靖西廳英人稱春碑	亞東	光緒丁酉		光緒乙未中英會議印藏條約訂允至丁酉開
江孜	後藏江孜城		光緒丙午		印藏新約

噶大克			光緒丙午		印藏新約

以上陸路商埠十九

埠名	所在地	關名	開放年分	駐有領事各國	開放事由
奉天	奉天奉天府		光緒丙午	俄德日	光緒癸卯中美通商條約及中日通商航海條約所訂
安東	奉天安東縣		光緒丙午	美日	光緒癸卯中美通商條約及中日通商航海條約所訂
大東溝	奉天安東縣南		光緒丙午		光緒癸卯中美通商條約及中日通商航海條約所訂
鳳凰城	奉天鳳凰廳		光緒丁未		中日協約
遼陽	奉天遼陽州		光緒丁未		中日協約
新民府	奉天新民府		光緒丁未		中日協約
鐵嶺	奉天鐵嶺縣		光緒丁未		中日協約
通江子	奉天康平縣東俗稱通江口		光緒丁未		中日協約
法庫門	奉天法庫廳治		光緒丁未		中日協約

吉林	吉林吉林府		光緒丁未	日	中日協約
長春	吉林長春府治俗稱寬城子		光緒丁未	日	中日協約
哈爾濱	吉林濱江廳		光緒丁未	俄日	中日協約
寧古塔	吉林寧安府		光緒丁未		中日協約
琿春	吉林琿春廳		光緒丁未		中日協約
三姓	吉林伊蘭府		光緒丁未		中日協約
龍井村	吉林和龍縣西北六道溝左岸		宣統己酉	日	宣統己酉七月中韓界務條約第二款所訂
局子街	吉林延吉府		宣統己酉	日	宣統己酉七月中韓界務條約第二款所訂
頭道溝	西北至延吉府約九十里		宣統己酉	日	宣統己酉七月中韓界務條約第二款所訂
百草溝	南至延吉府約百里		宣統己酉	日	宣統己酉七月中韓界務條約第二款所訂
龍江府	黑龍江龍江府	卜奎	宣統己酉		中日協約
海拉爾	黑龍江呼倫廳		宣統己酉		中日協約

愛琿	黑龍江愛琿廳	愛琿	宣統己酉		中日協約
滿洲里	黑龍江臚濱府	滿洲	宣統己酉		中日協約

以上東三省開放各埠二十三

以上各埠商務，推上海爲第一，實爲中外貿易之中樞。揚子江貿易以漢口爲中樞，南部貿易以廣州爲中樞，北部貿易以天津爲中樞。今調查光緒丁酉至宣統庚戌十年間之海關貿易册，比例如左：

年份	洋貨進口	土貨出口	共計價值
光緒辛丑	二、六八三〇、二九〇八兩	一、六九六五、六七五七兩	四、三七九五、九六七五兩
光緒壬寅	三、一五三八、三九〇五	二、一四〇八、一五八四	五、二九五四、五四八九
光緒癸卯	三、二六七三、九一一三	二、一四三五、二四六七	五、四一〇九、一六〇〇
光緒甲辰	三、四四〇六、〇六〇八	二、三九四八、六六八三	五、八三五四、七三九一
光緒乙巳	四、四七一〇、〇七九一	二、二七八八、八一九七	六、七四九八、八九八八
光緒丙午	四、一〇二七、〇〇八二	二、三六四五、六七三九	六、四六七二、六八二一
光緒丁未	四、一六四〇、一三六九	二、六四三八、〇六九七	六、八〇七八、二〇六六
光緒戊申	三、九四五〇、五四七八	二、七六六六、〇四〇三	六、七一一六、五八八一

宣統己酉	四、一八一五、八〇六七	三、三八九九、二八一四	七、五七一五、〇八八一
宣統庚戌	四、六二九六、四八九四	三、八〇八三、三三二八	八、四三七九、八二二二

觀右表，可知國外貿易年盛一年，而輸出土貨之價值絀於洋貨八千數百萬。輸出品中最重要者爲絲茶，絲之輸出價值占總額百分之三十五分，茶則占百分之二十分，綢緞、牛皮、豬鬃、羊毛、草帽緶、米、棉花等次之。輸出地以香港爲第一。輸入品則洋布、鴉片爲大宗，洋布占總額百分之三十七分，鴉片占十九分，即謂我國以絲易布以茶易鴉片可也。次於洋布、鴉片者爲金屬軍器、機器、鐘表之類。及石油，水產物、毛織物又次之。輸入地亦以香港爲第一，凡占輸入額四分之一，英吉利爲最，日本次之，印度又次之。是則我國國際之貿易固以英國爲主，香港、印度皆英屬也。然因內地自種鴉片，機器、紡紗、織布等廠亦次第加增，洋布、鴉片之自外洋輸入者，銷路較前稍滯，而鴉片則近已禁種矣。

寬定出洋經商之例

舊例，凡內地商人赴外洋者，必戚里具結狀，限往返期，逾限者連坐。長洲沈起元守福州時，謂「出洋者生死疾病無常數，貨物利鈍無常期，此豈戚里所能料乎？但令商人自具狀，過三年不歸者，不聽回籍足矣」。議上，督撫皆從其言。

太祖與明互市

本朝肇基於明季。太祖時，以勢招徠各路，明亦遣使通好，歲以金幣聘問。太祖因闢四關與之互市，以答其意。一、撫順，卽奉天興京廳之撫順城。二、清河，卽奉天之西北邊門。三、寬甸，卽奉天鳳凰廳之寬甸縣。四、靉陽，卽奉天之東南邊門。滿洲本境所産東珠、人參、紫貂、玄狐、猞猁猻諸珍異之物，悉聽貿易，概無所禁。而長白山之鴨綠江路尚有抗阻者，太祖乃遣兵招撫之，盡收其衆。時天命辛未春正月，滿洲與明固尚對峙爲敵國也。

茶葉大黃之互市

西北游牧諸部咸視茶爲第二之生命，蓋以其日食羶酪，甚肥膩，非此無以清營衛助消化也。喀爾喀及蒙古回部無不仰給焉。西洋賈舶來華，所需之物，亦惟茶是急。俄羅斯則又以我國之大黃視爲珍藥，其入口處曰恰克圖。政府曾以其渝約，禁止大黃出口，後復如初。

古瓷書畫之出口

自中外互市以還，吾國出口之貨大抵皆原料也，製造品不經見。而古瓷之銷於歐美、書畫之銷於日本者，良亦不鮮。光、宣間，則歐美人士亦購我國之古畫矣。

髮爲出口之貨

髮之行銷歐美者，雖各國皆有，而要以法蘭西爲最。法人以販運我國髮爲生活者，以濱地中海之瑪色勒城爲淵藪。瑪色勒城每次進口之船除搭客外，所載者皆我國髮。然泰西婦女所用之假髮，我國之髮不甚合用，率由法國布一潭尼省暨噢歪尼省運至，其價常較我國之髮爲昂。我國之髮，僅爲西國婦女裝飾蓬頭鬈髮之品，此外則概銷於戲園，如鬍鬚、髮網等類皆是。惟此等用途，須先以硫磺水浸洗數次，然後再用機器劈開。頂上之髮一根可劈作數根。其所以經如此之手續者，一、硫磺浸過，則髮變爲黄色，與西人髮色相彷彿。一、我國之髮太粗，不合用也。他若製造廠，有時亦用我國之髮以織地毯，亦有以我國之髮爲經，以絨爲緯，製成種種貨物者。髮所織之物堅韌耐久。髮之價分二等，普通者一基羅斤數。值一百五十佛郎，下等者值十五佛郎。

張弼士經商南洋

張振勳，字弼士，廣東大埔人。壯年尚赤貧，至南洋羣島，不二十年致富千萬，爲南洋巨商。某歲，乘英國某公司輪船航行檳榔嶼、新嘉坡間，舟中無事，手《海國圖志》一册入休憩室，同舟英人某就張手取視，以圖繪糢糊，意甚鄙夷，且嘲我國人不知學問。其人操巫來由語極熟，巫來由語，爲麻六甲羣島所通行者，故張亦操巫來由語詰之曰：「子，英人也。來此，非經商乎？」曰：「然。」曰：「然則子必於商業學校畢業矣。」曰：「然。」曰：「子必於大公司有資本。」曰：「然。」曰：「余於學問，固非所知。且凡爾等之經商於海外者，所得國家種種之權利，吾國人皆無之。不若爾等今日近則有領事之保護，遠則有兵艦爲後盾，卽遇虧折，政府尚有所補助，宜子之目無吾國人也。雖然，余甚願以經商之贏絀戲與子博。今請與子約，各以銀二十萬圓爲資本，舍開礦以外，各任擇所宜爲貿易，期以五年。倘吾業絀而子業贏，余誓仰卧通衢，任車馬之碾吾腹，死以謝子。如子業絀而吾業贏者，則何如。子若許余，同舟人皆可作證，卽訂合同以從事，子意云何？」當張言時，英人瞠目弗語，不能置答。適船主自外入，與張酬酢，執禮甚恭。英人私詢之，知其爲張也，亦謙和其詞色而謝之。張侃然曰：「世界强盛之國，毋易視吾國人。夫吾國之衰弱，非吾國人民自爲之，乃吾國國家政治不善故；英之强盛，亦非英人民自爲之，而英國國家政治之善故。」時同船尚有他英人與他國人，聞是言莫不謂然。

西人收買珍珠

珍珠向無出口者。宣統庚戌，始有三千一百五十兩之價值，見於海關貿易册，辛亥，增至六萬六千九十二兩。蓋歐洲婦女妝飾盛行多寶串，以真珠貫串，如佛珠，圍在項上。故真珠之需要大增。西人之來我國設肆於滬而收買者，如利華，如達興，如羅森泰等，商標廣告觸目皆是，以收買出口，獲利不止倍蓰也。

清稗類鈔

工藝類

工藝之祕術

吾國之工藝，頗有祕術。造紙處之工程，有相竹者，漚竹者，揭紙者，其法與其程度皆不肯質言。又景德鎮燒瓷，其用油、造胚、畫花，各有專行，而祕不示人。山東博山燒料及各色玻璃，皆專業，所製黑色玻璃，能使黑暗不透光，玻璃杯能斟沸水不裂，西人亦不及之。然其法極祕，僅傳其子，卽工匠亦必用其本邑人。凡商人欲定貨者，先與金若干，彼卽在山中製成，始送出，其製法不使他人得見。至用藥料時，則帷其屋，雖工人亦不得見矣。又西人游歷粵東某縣，見有化礦質者，怪其未嘗習礦學，而化煉頗得法，問之亦不告。又如粵之竹扇，精者僅一老嫗，嫗死，他人卽不能繼之。福州漆器亦然。

陳子宣勸人興工藝

海外華僑凡數百萬，以閩、粵人爲最多，其在南洋羣島者尤以富稱。雖率以工藝起家，而僑居旣久，於祖國之振興工藝諸端，鮮或措意及之。且以醉心虛榮之故，頗有被人愚弄，而至傾家蕩産者。

陳子宣者，熱心工藝者也。嘗游新嘉坡，語華僑許某曰：「比年以來，國民生計日益艱絀，實由工藝萎縮所致。君慷慨好義，正宜投資祖國，延聘技師，歸興工藝，勿再爲人所紿，徒使有用之財，一往而不復也。」

吴吉人教部卒以工藝

吴吉人總戎杰常言：「國家招兵易，退兵難，解甲而欲歸無田者，無以爲生，必悍者跳梁，弱者凍餒而後已。」心恆憫之，乃延治銅、治木、治錫諸技師，居於營，使部卒於操練之暇，兼習工藝，人精一技，待退伍，咸能各就所業以治生。吴嘗掀髯曰：「此吾爲同袍諸昆弟籌備之穩固養老年金也。」

青海工藝

青海柴達木之特別出品，如氊毺、氈毯、毛布、乳酥等，久已著名。産鐵之區，土人尤能鍊純鋼，所鑄刀犀利無匹。毛布昔以木鍼穿織，後則已有紡機。毛絨昔以木鎚搥成，絨之精者至三四搥，後則已不搥而彈。氈毯鋪於板，層層堆垛，沙質不浄，後則仿用竹簾，渣滓已可下漏。且能築土爲爐，斫木爲薪，拾石燒之而爲灰，靛草之汁拌以石灰而爲靛青。至若皮帽、皮韡，費省而工速。又有麻布、麻繩、帳幕、魚網，皆以本地麻製之。有連緜草，長數尺，縷細而強韌，搓成巨細繩索，爲用更多，此皆漢人之工藝也。

青海女工勤巧

青海蒙古女工勤巧，如鞣皮毛，織氈布，製乳湩酥酪，半出於婦人之手。家多畜牧兼製造工者，則招番民任放牧之役，番婦任烹飪採汲之役。傭工論值不以錢，畜牧布疋惟其欲，飲食衣服與主家同。

拉薩工藝

西藏人民有自湼泊爾、不丹地方移住者，多居拉薩，專業金、銀、銅、錫、玉石之細工。凡金、銀、銅、錫、珠玉、縫箔及婦女之首飾，均極精巧，人物花卉，無不逼真。

萬年少多材多藝

淮安萬年少孝廉壽祺多材多藝，自詩文畫之外，琴棋劍器，百工技藝，細而女紅刺繡，麤而革工縫紉，無不通曉。唐叔升歎曰：「我輩十指雖具，乃如懸槌，君具何種慧性，乃能至此！」

黃履莊能作諸技巧

黃履莊少聰頴，尤喜出新意，作諸技巧。七八歲時在塾，嘗背其師，竊匠氏刀，錐鑿木人，長寸許，置案上能自行走，手足皆自動，觀者詫以爲神。十歲外，因聞泰西幾何比例輪捩機軸之學，而其巧因以益進，嘗作小物自怡，見者多競出重價購之。體素弱，不耐人事，惡劇嬲，因竟不作，於是所製始不可多得。

戴文昭嘗見其作雙輪小車一輛，長三尺餘，約可坐一人，不煩推挽，能自行，以手挽軸旁曲拐，則復如初，隨住隨挽，日可行八十里。作木狗，置門側，卷卧如常，惟人入户，觸機則吠不止，吠之聲與犬無二，雖黠者不能辨其爲真僞也。作木鳥，置竹籠中，能自跳舞飛鳴，鳴如畫眉，悽越可聽。作水器，以水置器中，水從下上射如線，高五六尺，移時不斷。所作之奇如此，不能悉載。

鄒文蘇仿製古器

嘉慶辛未，鄒文蘇循資充新化歲貢，而絶意進取，以鄭、賈之學教授鄉里，自闢精舍爲古經堂，其制悉依《周禮》，與弟子肄士禮十七篇於中。嘗屈竹篾爲渾儀，製綸帊爲古弁冕，深衣禮服。又苦車制之難明也，與其子漢紀依江永、戴震所圖古制，以寸代尺，製爲假車，窮十晝夜之力成之。於是鄉曲學徒，始稍稍知有捎藪菑蚤輢軹轂股之目。

戴文開製軍用品

戴文開學士梓，仁和人。少有機悟，嘗製子母礮，極精巧。一礮中包孕七層，其力可及百步外，每震一聲則破一層，敵人遇之無不糜爛。康親王南征時，戴以布衣從軍，獻連珠火礮法，下江山縣有功，王承制授以道員劄付。聖祖召見，喜其能文，命以學士銜直尚書房。戴能作銅鶴，高飛雲間，按時長鳴。又能作木偶人，飾以衣服，客至則捧茶獻客。

戴善天文算法，與西人南懷仁詰論，懷仁爲之屈，忌之，因誣其通日本。上大怒，遣戍黑龍江。後赦還，卒於旅邸。

徐雪村製軍用品

光緒初，有以格致理化專精製造名者，爲無錫徐雪村封翁壽。其人質直無華，幼習舉業，繼以爲無裨實用，遂專究格物致知之學。討論經史，旁及諸子百家，積歲勤搜，凡數學、律呂、幾何、重學、化學、鑛產、汽機、醫學、光學、電學，靡不窮原竟委，而製器尤精。江督曾文正公以其深明器數，博涉多通，奏舉奇才異能，以賓禮羅置幕下。文正嘗憤西人專攬製機之利，謀所以抵制之，遂檄委雪村創建機器局於安慶。乃與華蘅芳、吴嘉廉、龔芸棠及次子建寅潛心研究，造器製機一切事宜皆由手造，不假外人，程功之難，數十倍於今日。同治丙寅三月，造成木質輪船一艘，長五十餘尺，每小時能行二十餘里。文正勘驗得實，激賞之，錫名黃鵠。

既而文正奏設江南製造局於上海，復令雪村總理局務。時百事草創，雪村於製造船槍礮彈藥等事多所發明，自製鏹水、棉花藥、汞爆藥，並爲化學工業之先導，而塞銀錢出海之漏巵。

山東機器局之成，不用洋匠一人，餘如大冶之煤鐵，徐州開平之煤鑛，漠河之金鑛，四川之機器局，皆由雪村擘畫規制，以是購機選匠，莫不合度，爲遠近所宗仰也。

徐仲虎製軍用品

徐建寅，字仲虎，壽之仲子也，從壽精研理化製造之學。壽與華蘅芳謀造黃鵠輪船時，苦無法程，日夕凝想，仲虎累出奇思以佐之，黃鵠遂成。旋於上海製造局助成惠吉、操江、測海、澄慶、馭遠等船，及以道員奏留湖北候補，乃督辦保安火藥局。時外洋火藥不入口，鄂督張文襄公之洞慮告匱，仲虎慨然任之，指授衆工，自造機器，摹倣西製，越三月告成，燃放比驗，與來自外洋者幾無以辨。

漢陽故有鋼藥廠，製造棉藥，嗣因洋工離廠，成藥無期，文襄復檄仲虎兼辦。仲虎感知遇之隆，忘危機之蹈，期取材本地，以免仰給於外人，日手杵臼，親自研鍊。光緒庚子春，造成棉質無烟藥，試驗之，可與外洋之藥相仿，至是而喜可以大造也。日督工人，自爲指授，乃於配合時，藥燃而轟，遂遇害，同殉者員弁工人凡十六，肢體均裂。功在垂成，身忽慘殉，是可傷已。此二月十二日事也。

華若汀製軍用品

咸豐辛酉，金匱華若汀太守蘅芳從曾文正公於安慶軍中，領金陵軍械所事，與徐壽繪圖，自造黃鵠輪船一艘，推求動理，測算汽機，實爲我國自造輪船之始。同治初，文正奏設江南機器製造局於上海，則爲之建築工廠，安置機器焉。製造局之火藥廠設於龍華，若汀監理之，自製鏹水以節漏卮，朝夕巡視。一日，將至研藥廠查工，途遇西匠，立而小語，轟然一聲，烈焰上騰，相距纔數武耳。以隔牆堅厚，幸免於難，然卒不以是恐怖而巡視少懈。

若汀之在天津東局也，駐德使臣購歸新式試彈速率電機一具，譯者莫知其用，若汀以微分之理解之，理明而用亦明。其在天津武備學堂也，德國教習購得法越交戰時所用行軍瞭望之巳敝輕氣球一具，欲令學生演習試放，而教習居奇，久之而功不就。若汀乃督工別製一徑五尺之小球，用鏹水發輕氣以實其中，演放飛升，觀者贊歎，德教習內慚，工遂速竣。

漢冶萍製鋼

胡寄塵曰：光緒初，恭王奕訢柄國，創自建蘆漢鐵路之議。時張文襄公之洞督粵，謂必先造鋼軌，又必先辦煉鋼廠，乃先後電駐英公使劉芝田中丞瑞芬、薛叔耘副憲福成，定購煉鋼廠機爐，委之英機器廠名梯賽特者，令其承辦。梯廠中人答之曰：「欲辦鋼廠，必先將所有之鐵石煤焦寄廠化驗，然後知煤鐵之質若何，可煉何種鋼，即可以配何樣爐，差之毫釐，謬以千里，未可冒昧從事也。」薛據以復張，張大言曰：「我國之大，何所不有，豈必先覓煤鐵而後購機爐？但依英人所用者，購辦一分可耳。」薛以告梯廠，廠主唯唯而已。蓋其時，張雖有創鋼廠之偉畫，而煤在何處，鐵在何處，固未遑計及也。張在粵督任時，創議設廠煉鋼，意欲位置於粵東，迨機爐已定，而調任兩湖。繼兩廣之任者爲李筱荃制軍瀚章，不以辦廠之議爲然，而所購機爐瞬將運華，乃議移廠於湖北。會盛杏蓀尚書宣懷以事謁張，言及近議煉鋼，尚無鐵礦，盛乃貢獻大冶鐵礦於張，而移廠湖北之議遂定。大冶鐵礦者，於光緒初發明於盛扈之英礦師某，盛以廉價得之，不知其可寶，故舉而贈之不惜也。

張既得冶礦，乃擇建廠之地，有議設爐於大冶者，張嫌其照料不便，久之乃得地於龜山之麓，襟江帶河，形勢雖便，而地址狹小，一帶水田，不得不以鉅資經營之。又各處尋覓煤礦，四出鑽掘，如大冶之王三石、道士洑、康中等，最後，乃得馬鞍山煤礦，所費又不貲。既得煤矣，不知煉焦，又懸賞徵求煉焦之法。掘地爲坎，終日營營，而不知馬鞍山等處之煤，灰礦並重，萬不合煉焦之用。不得已，乃購德國焦炭數千噸，與馬煤所煉土焦攙合。巨舶載來，寶若琳琅，自始至終，實未煉得合用生鐵一噸，而鋼軌更茫無畔岸矣。

當張請款設廠時，謂得銀二百萬兩即可周轉不竭，户部允之。至款盡而鐵未出，計臣責言，日以撥款爲難，左支右吾，百計羅掘。自光緒庚寅至丙甲止，凡耗母財五百六十餘萬兩，其中馬鞍山及各處煤礦耗數十萬，廠基填土耗百餘萬。廠中共用洋員四十餘人，華員數倍之，無煤可用，無鐵可煉，終日酣嬉，所糜費者又不知凡幾。官力斷斷不支，於是有招商承辦之議。會盛以某案事，奉旨交張查辦，張爲之洗刷，而以承辦鐵廠屬之，盛諾，集股一百萬兩冒昧從事。初以外國焦價太昂，改用開平焦，然每噸尚須銀十四兩，成本太巨，知非得廉焦不能辦。又四出搜覓煤礦，據礦師報告，謂萍鄉之煤足合煉焦之用，驗之而信。遂又集股一百萬兩，開挖萍礦，既得煤矣，居然煉成鋼軌。而各處鐵路洋員化驗，謂漢廠鋼軌萬不能用，以其含燐多，易脆裂也，費千回百折之力，而所製之鋼不能合用。其時盛所招商股二百萬實已罄盡，所負之債倍於股本，焦急無策，乃禮聘李一琴郎中維格到廠，籌畫補救之法。李謂非出洋考察不得實際，盛允之。遂攜大冶礦石、萍鄉焦炭及鐵廠所製鋼軌零件偕洋員彭脱赴歐，由英倫鋼鐵會介紹會員中一鋼鐵化學名家，將冶礦萍礦化驗，謂二者均係無上佳品，可以煉成至佳之鋼。而漢廠所煉之軌，前含燐太多，實爲劣品，惟所帶零件，又係極佳之鋼，再四攷求，始知原定機爐，用酸法不能去燐，而冶鐵含燐太多，適相反，惟所有零件則鹽法所煉，可去燐，故又成佳品。蓋梯廠初定機爐時，以不知我國煤鐵之性質，故依英人所用酸法，配置大鑪，别以鹽法製一小鑪滕之，其意不過爲敷衍主顧而已。而我則已糜十餘年之光陰，耗千餘萬之成本，方若夜行得燭，回首思之，真笑談也。李回國建議，謂非購置新機，改造新鑪，不能挽救。盛諾之，而憂無款，乃設法定預支礦石價金三百萬圓之約，即以此款爲改良舊廠之用。著手甫竟，而全球馳名之馬丁鋼出現，西報宣布，詫爲黄禍，預定之券紛至沓來，其時預支礦石三百萬圓早已用罄，後以重息借債，頻歲積累，又不能支，乃定改爲完全商辦公司，赴部註册，加招商股。於是漢冶萍三字合併爲一名詞，正如千里來龍，結爲一穴，其始願固不及此也。

綜計官辦時代，用銀五百六十餘萬，除廠地、機鑪可作成本二百萬餘兩外，餘皆係浮費，於公司毫無利益，而每噸一兩之抽捐，則永永無已也。

製火藥

乾隆朝，阿文成公桂平定伊犂時，捕一瑪哈沁，問其何處得火藥，曰：「蜣螂曝乾爲末，以鹿血調之，可代硝磺，惟力少弱。」又一蒙古台吉云：「鳥銃儲火藥鉛丸後，再取一乾蜣螂，以細杖送入，則比尋常可遠出一二十步。」文成試之，均驗。

製炸彈

炸彈爲西人所發明，外國暗殺家輒以之爲制勝之具，吾國初固無之也。光緒丁亥，上海製造局曾以新式爆藥供水雷之用，國人之善製者，首推無錫徐建寅，後因製藥不慎，爆死於湖北保安火藥局。其弟子郭道殷及其子某，皆擅是術，然亦惟製爲軍事用品，與政治無關也。乙未，粵人張某以研究西藥，遂及此，顧第精於銀爆藥之普通製法，尚未精深也。史堅如習其術，用以轟粵督德壽而未成。至壬寅，日本留學生大唱革命，始欲藉此以暗殺政府人物，然無人悉其製法，乃祕密謀之於日本社會黨，卒因警察干涉，無從購取原料，僅得其製法而試驗之，又以手術未純，不甚合用，黨人大懊喪。癸卯春，始有李某至東京，以製藥法授留學生。李某者，横濱中華學堂理化教員也，此爲日本留學生習製炸彈之始。

至實用於暗殺，則始於吴樾之轟五大臣。留學生以樾一擊不中，深扼腕，益謀所以改良之者，而未得其術。會日俄開戰，日購春日戰艦於英，潛藏智利國大爆藥家某於艦中，載至日本。智利者，硝礦産出地也，故擅此術者頗多。其藥之製法有五十餘種，試驗最良者則以流質爆藥爲最。傾藥出瓶後，與養氣化合，有逾十分鐘爆發者，有由十五分以遞至五十分者。其他如銀汞、牛乳、雞卵諸原料所製者，尤稱善品。既至東京，留學生聞之，競往學，然得其傳者僅二人，其一卽建寅之高足弟子，曾學於横濱李某者也，故成績最優，然未嘗一用。在炸彈史上有名者，爲徐錫麟。錫麟習警察於日本，以其暇研究理化學，後遇日人某，授以銀爆藥之簡易製法，錫麟苦心孤詣以習之。

自錫麟案出後，黨人之用炸彈者乃羣趨於銀爆藥一途，製法既簡，取攜亦便，卽彈面之包皮，亦畧有進步。至丁未、戊申間，黨中急進派有與俄國虛無黨聯合者，探得彼黨所製炸藥，亦以銀爆藥爲佳品。最佳者爲牛乳藥，黨人嘗至津滬一帶演馬戲，津滬黨人間有習其製法者，其後汪精衛、黄某之炸攝政王，及廣東之李準、鳳山兩案，均用此藥。卽辛亥三月二十九日廣州之役，轟督署之炸彈，亦銀爆藥所製也，有用牛乳製者，則未收效。

製鹽

鹽以滷成，無論爲煎爲晒，不能自由製造，竈户持有舍帖，版户持有版照，以爲製鹽之憑證。

製糖稈

出義烏城而西，至佛堂鎭，迤邐三十里，彌望皆糖稈也。糖稈爲甘蔗之别種，莖幹較細，水分亦多，其所含糖分不及唐棲及廣東之所產者。惟土人種作殊勤，四月下種，十月刈之，以菜餅爲肥料。其地以溪流近旁爲適，蓋土多沙質，輕鬆柔軟，地下莖易於發育也。刈時，婦孺均出，削其尖端及外包之葉，捆送於製糖之廠。廠屋極樸陋，且塵滓滿地，不加潔除。器皆木造，以堅木製螺旋之二軸，外附以活動之木孔，糖稈自孔中入兩軸之間，用兩牛之力，旋轉其軸，軸動則稈被壓，糖汁下流，導之入溝，灌注於埋土之缸中，盛滿入於尖底鍋，煎熬成糖。糖色紅褐，味亦不惡，土人常以雜物羼之。其煎鍋不用平底，且深逾尺半，故蒸發較難。而竈又劣，旁無煙囱，以至炭養氣不能排出，旋繞鍋底，而徒耗燃料也。

製花梅

兩浙所屬引地歲銷，向以梅鹽爲大宗，蓋全國通行之糖梅必先經過鹽製而成，專門製造者均至自蘇州，設作坊於杭州艮山門外之半山鎮，以其地爲出產之中心點也。極盛時代，常年營業價銀五百萬元，宣統時銷數減，遂停製矣。花梅以女工雕刻，式極精，專供祭品及朝會之用。

釀葡萄酒

烟臺張裕釀酒公司主人，風雅士也。光緒乙未，創公司於烟台，自赴歐美，採購葡萄佳種運至烟臺，闢地數千畝以栽之。於是構廠屋，置機器，設地窖，並建玻璃廠，自造瓶盎。聘奧國著名技師駐烟臺之奧國領事哇務男爵駐廠，按西法製造，貲本凡二十餘萬。宣統己酉，赴賽南洋勸業會，得有超等獎憑，並向政府註册，准免稅釐三年。

製汾酒

汾酒之製造法與他酒不同，他酒原料下缸，七八日之醖釀，一次過净，酒糟齊出矣。汾酒醖釀最緩，原料下缸後須經四次，歷月餘，始能完全排出。且其性最易揮發，存積稍久，則變色減秤，暗耗不貲。

製緑茶

緑茶之製法，將採下之嫩葉入蒸籠蒸之，或置釜中炒之。至葉帶黏而發香時，即取出平鋪，以扇扇之使冷，復入焙爐，且焙且揉，使漸乾燥，再移於火力稍弱之焙爐，反覆揉擦，至十分乾燥而後已。祁門、婺源、建平三縣向産緑茶，其製法之順序凡五：一晾青，二搓揉，三發酵，四焙烘，五篩分。

製烏龍茶

烏龍茶，閩、粤等處所産之紅茶也。當生葉晒乾變黄後，置槽内揉之，烘之使熱，再移於微火之釜而揉結之，以布掩覆，使醱酵變紅而成。香味濃郁，爲茶中上品。

製麪粉

上海所用麪粉，自通商以後，固悉購之於海外也。德商某見我國北部農産以小麥爲最富，而麥食亦最多，雖麥質不若美産之色白而味厚，然以國人購用國貨，且機粉較磨粉色澤已較舊爲佳，無慮其不發達。於是購機設廠，命名增裕，而上海始有麪粉廠矣。厥後營業日上，歲有盈餘，華商涎之，而壽州孫氏乃有阜豐廠之出現，後且全埠有十餘廠矣。

製烟草

凡種烟草，其地土肥者，可高四尺，直榦無枝，每本可收葉十餘片至二十片不等。及其未萎時，採之曝之，去筋，以清水、菜油拌勻，切爲細縷，若其色紅黄者，非佳品。蘇州之杜切者，雜以紅土及烟草根，磨爲細粉和之，蓋得清水、菜油之力，色卽紅潤。若色黄者，去紅土，則易萎黄耳。大抵真正之閩産，製造亦佳。若衡烟，則縷極粗硬，味亦不美。濟寧烟粗縷黑色，稍可口。蘇州杜切色俱紅黑，北方乾絲油絲，皆粗而黑，惟松江有曰淡黄者，縷極細軟，味淡，性平和。康熙時，蘇州亦有香絲一種，殊似淡黄，而香味過之。然煙草實不香，其有香者，雜以蘭花子也。北人或逕取乾葉揉碎，燃以吸之，不經製造，云如此方得真味也。

煙葉被風雨所傷及蟲蝕傷者，味皆不佳。若製成而經潮濕或受霉鬱之氣，亦不可吸。故其大致有二，一種非峻火不爇，既爇又易滅者，性潮濕，且油水重也。一種觸火便燃，不俟呼吸，自能不滅者，日久乾燥，又有硝也，久之能令人喉痛。

製紙

紙爲人工所製造，爲用甚廣。相傳爲後漢蔡倫所創，以破布魚網等廢物爲之，硬黄匀碧，歷代相仍。其後乃用楮、松、杉、桑、梧桐等樹皮及稻藁與竹，製時先煮沸，搗爛和成粘汁，匀置漉於筐中，使結薄膜，俟稍乾用重物壓其上，即成。産地以江西、浙江、福建爲最多，湖南亦有之。

吾國之紙，大抵缺乏堅韌及光澤，製造純用舊法，不求改良。輓近科學昌明，凡植物類纖維質之柔韌者，悉可取爲原料，不僅向時所用之數種植物而已。

新法製紙，均以機器造之，尤注重於化學藥品。其能使原料速爛者，輕養化鈉之力也。使潔白者，緑化鈣、硫酸之力也。夏日不至腐敗者，硫酸亞鉛之力也。使堅韌有光澤者，靛牛膠松香之力也。上海有仿造者，質頗佳，惜出品未盛耳。

製炭磚

四川太平縣有炭磚，蓋貧家冬日取煖，無篋籠，多用鐵盆，其燃料爲炭磚。法用煤炭舂碎，加黄泥和水調成，作長方形，有似於磚。每盆以數塊或十餘塊累之而成，上糊以稀炭，用一日，炭可不加。無煙無硫磺氣，價亦廉，每塊長四寸，寬厚約一寸，值制錢一枚。

製火柴

火柴，以細木條蘸取燐硫等易燃之物，藉化學作用，摩擦而生火也。十九世紀之初，歐人製此者頗多，其通用之品二。一、奥人潑來歇耳所製。其法，以木條蘸已熔之硫磺，外覆以用燐質、綠酸鉀及膠水、紅料製成之糊，隨處摩擦，即能生火，如市肆所售之紅頭火柴是也。一、瑞典人倫特斯脱路姆所製。其法，以硫化銻易去糊内之燐質，加入重鉻酸鉀、鉛丹，必與匣面所塗之紅燐及硫化銻摩擦，始能發火，謂之安全火柴，如市上所售黑頭火柴是也。日本人稱之曰燐寸，輸入我國者甚多。宣統時，已有人於天津、上海、杭州、長沙設廠自製矣。

製糠燈

寧古塔無燭，所燃爲糠燈。其製以麻梗爲本，蘇子油渣及小米糠拌勾，粘於麻梗，曬乾，長三四尺，横插木架，風吹不息，然此乃就順、康間而言也。

製料絲燈

料絲燈者，煉石成絲，織之爲燈也。其法，用瑪瑙、紫石英諸石搗爲屑，煑腐爲粉，以北方天花菜點之使凝，然後繅之爲絲，織如絹狀，上繪人物山水，晶瑩可愛，價亦昂。蓋以煑料成絲，故謂之料絲。舊産滇南之金齒衞，其後，丹陽人潘鳳得其法，歸而仿之，於是丹陽有料絲燈。海寧查初白太史慎行有《料絲燈》詩。

製霞棚

霞棚出蒙古，蓬梗爲幹，穀糠和膏傅之，以代燭。燃之，青光熒熒，煙浩如雲。

京師之搭棚裱褙紮彩

搭棚匠，裱褙匠，紮彩匠，所在有之，而以京師爲精。棚雖縱横十丈，可以平地立起，絶無隻木寸椽，僅見洞然一宇而已。其尤奇者，爲大工三脚手架。光緒甲午，重修鼓樓，其架自地至樓脊，高三十丈，闊十餘丈，庋木數十層，層凡百許，自下望之，竟不知其何從結構也。若裱褙之工，尤妙者爲屋宇，自承塵至四壁，無不一色瑩潔，謂之四白落地，梁棟凹凸，皆隨形而曲折，紙之花紋，平直如一綫，不稍參差。紮彩，則宫室、器物、禽獸、鱗介，無不惟妙惟肖。

製水泥

水泥，譯稱塞門德，又稱水門汀。製法，以黏土與苛性石灰相和，水澄洗之，燒爲堅塊，復用機器碾之成粉。用時，更於其中和入細砂，加以水，既乾，堅硬如石，經水愈固，土木工程多用之，橋梁道路尤宜。初由歐美各國輸入甚夥，其後則湖北、直隸、廣東等省設廠製造，行銷漸廣矣。光、宣間，啓新洋灰公司以製造精良，得南洋勸業會奏奬者，卽水泥也。

製風箱

風箱以木爲之，中設鞲鞴，箱旁附一空櫃，前後各有孔與箱通，孔設活門，僅能向一面開放，使空氣由箱入櫃，不能由櫃入箱。櫃旁有風口，藉以噴出空氣。用時，抽鞲鞴之柄使前進，則鞲鞴後之空氣稀薄，箱外空氣自箱後之活門入箱。鞲鞴前之空氣由箱入櫃，自風口出。再推鞲鞴之柄使後退，則空氣自箱後之活門入箱，鞲鞴之空氣自風口出。於是箱中空氣噴出不絕，遂能使爐火盛燃。

製水機

水機，高岸之田用以取水者也。以一寸五六分厚竹爲輪，堅木爲軸，再用鐵箍，中抽雙眼，安車心，其輪圈以竹片爲之，復以粗竹筒斜置輪外，每距三尺，置一筒，水激輪轉，每筒起水二三斤，自高而下，水卽傾入别製之木槽，以轉瀉於田。

製水磨

水磨，水勢湍急之處藉水力以轉磨也。其制，建矮屋跨於水上，下鋪木板穴之，中貫鐵柱，柱端施木盤承磨，柱下作鐵輪置水中，磨旁爲木櫃，以機器持籮篩，磨行，則籮篩自與櫃相觸，較之用驢者爲便。

以大豆製煙筒

首先發明大豆之用途者，爲高陽李石曾煜瀛，文正公鴻藻之子也。光、宣間，嘗以大豆製成肴饌，並製爲煙筒，則以大豆中之一種元素造成，能不著火。

王盧仿周製

周製之法，惟揚州有之。明末，有周某者始創此，故名。其法以金、銀、寶石、真珠、珊瑚、碧玉、翡翠、瑪瑙、玳瑁、硨磲、青金、石綠、松石、螺甸、象牙、蜜蠟、沉香，雕爲山水、人物、樹木、樓臺、花卉、翎毛，嵌於花梨漆板之上，大而屏風、桌椅、窗户、書架，小而筆牀、茶具、硯匣，五色陸離，真未有之奇玩也。乾隆時，有王國琛、盧映之者精此技，映之之孫葵生亦能之。

製漆器

江西之龍南，僻處萬山中，與廣東連平接壤，交通艱阻，風氣蔽塞，其民碌碌無所長，農事而外，飲博嬉戲而已。惟數千年以來，有一工藝爲其邑之特色，髹漆之煙盒、果盒、帽筒是也。其漆色之光膩，雕鏤之精緻，雖三吳巧工，無以過之。其製法，爲内實泥沙，裹以絺布，而外加以漆，漆成，則與木製者無異也。

製四棄香

太和殿元旦視朝，金鑪所爇之香曰四棄香。清微澹遠，迥殊常品，蓋以梨及蘋婆等四種果皮曬乾製成者也。

製安息香

安息香樹之脂，堅凝成黄黑色塊者可爲香，並可製藥。今通用之安息香則多以他種香料合木屑作線香狀，但襲安息香之名，實無安息香料也。

製蕨根杯

蕨根色黑而嵌空，形如蛙蚪之石，鏤其中，磨之使光，薦以白金，可爲器。長洲戴延年曾製一杯，較犀觥、玉碗，雖華樸不侔，而獨饒雅韻。

製翠花碗

蒙人胸次所懷之木碗以樺木製成，貴者以札批野楠木根有翠色花紋。製之，曰翠花碗。製時，須以核桃油擦摩使潤，鑲以銀。碗中鑲銀約三錢許，佳者值銀二十餘兩，樺木者值數兩。

製金箔

成都城外有隙地數十畝，附近居民專以金葉鍛紅搥成金箔，計金一兩，所成金箔，可闊如三畝之地。無論何官鹵簿經過，砰礴之聲，未嘗或輟，惟總督過，則停讓三搥以致敬。

吳尚賢開茂隆山銀廠

吳尚賢，雲南石屏州人也，家貧，走徼外之葫蘆國，其酋大山王蜂筑信任之，與開茂隆山銀廠。廠例，無尊卑，皆以兄弟稱，一人主廠，次一人統衆，次一人出兵，而尚賢爲廠主。時華人赴緬者甚衆，廠既旺，聚至數十萬人，有警，則兄弟全出，尚賢身自臨陣，蠻人見者輒驚走，廠徒多財力，爲連弩，共以手挽而發之。凡在緬開廠者，相互聯絡，有蠻人欲攻某廠，而憚爲茂隆所阻，用重幣假道，尚賢陽許之，而陰告某廠使爲備，蠻大敗，歸途過茂隆，截之無一脫者，所獲不可勝計。衆大歡，飲讌間，尚賢大哭不止，衆驚請故，尚賢曰：「吾與衆兄弟忍饑寒開此廠，一旦有此旡妄之災，父母妻子，我一人能支乎？爲蠻有矣」」諸人各被酒爲豪舉，探懷中所掠者棄之淵。其操縱人皆類此。

乾隆乙丑，尚賢説葫蘆王蜂筑以茂隆廠獻中朝，抽課報解作貢，又自以銀介我耿馬宣撫司獻之，且言茂隆山銀廠自前明開採，至今興旺不一云云。未幾，尚賢之黨黄耀祖襲據葫蘆國，與尚賢分雄邊外，而茂隆出銀不可思議，公私大充。當是時，羣蠻最畏者，尚賢及桂家宫裏雁，桂家與緬構戰，尚賢欲和解之，不聽。癸酉，尚賢説緬人入貢，貢馴象、塗金塔，尚賢亦來滇，謀請命於中朝，給以葫蘆國王劄付，不能得，已辭大吏而返廠矣。滇吏忽令人追回，餓死之，羣蠻自是輕漢人。

製景泰藍

景泰藍者，始於明代宗景泰時，今都人能製之。其製法，銅器之表面塗以琺瑯質，燒成花鳥人物等種種花紋，花紋之周廓，或界以細銅絲，或否，日本謂之七寶燒，因其光色璀璨，若有各種寶玉雜於其中也。

劉貞甫製準提像

國初劉貞甫，碭山人。造銅器精巧絶倫，嘗爲彭城萬壽祺造準提像，高二尺許，三年而成。臂十八，手中各有所持，一手擎七級浮圖，每級四面各有佛一尊，法象莊嚴，無毫髮遺憾。

蟹鉗製銅

有蟹鉗者，初不詳其姓氏，嘗往來於黄山、白嶽間。善製銅，右手僅存食將兩指，以指鉗物，伸屈自如，若蟹螯然，遂以是得名。

王某仿製古銅器

鐵匠王某居敗屋半椽，一爐一錘，鑢刀鉗夾之屬，樊然雜列。貌黧黑，衣鶉衣，首如囚，終日孜孜，工作不輟。經歲所入，豢妻子有餘輒蓄積之，人無不以巧匠呼之。有新奇詭怪淫巧之物敝，不能自理，則往修之，巧匠無不井井焉，如未敝者，雖極巧之物，曾未足以難巧匠也。間能僞作古銅器，篆刻花紋，尺度形式無一差者，且詭於衆曰：「此某地掘土所得物也。」不知者或受其愚，所作古戈几能亂真。

鐵匠以巧故聞名於西洋某教士，教士以西洋最新之槍一語之曰：「若能拆之而後合之，則酬以重金。」蓋此槍爲最新式者，雖工藝專家，或未能明其構造也。鐵匠若無事然，盡拆之，不終日，復合之，並能言其構造之理。某教士無以難，而心折其人，許以重金，邀置西洋某工廠。鐵匠聞之，訑訑然曰：「我華人也，安能爲外國用？雖萬金，不屑也。」某教士亦無如之何。

張弼士論仿製洋釘

李文忠公鴻章督粵時，張弼士方辦粵漢鐵路，以張善經商，進謁時，詢以粵可興利之事，張對以「興利事甚多，第空談無益耳」。必欲強之言，乃對以「粵省營造房屋，以及大小木器裝貨板箱，近皆不用自造鐵釘而用洋釘。香港已設廠製造，每日出釘若干，獲利甚厚。計省中銷數若干，倘亦設廠製造，國中產鐵甚富，省城工值較廉，購機建廠，應需幾何，事輕易舉，利可倍蓰」。言之滔滔，文忠喜之。於是文忠擬即撥款委辦，張乃力辭，詢其故，則以不能獲利對。文忠詰其何以前後矛盾，張謂：「今必舉辦，當未興工製造之前，設局之款需若干，購機之款需若干，度地建廠之款又需若干，總辦也，會辦也，提調也，收支也，司事也，所需薪費又若干，速則一二年，遲或三五年，未成一釘，而資本去其大半矣。加以折扣浮冒，種種積弊虧耗，尤不可以數計，如何能獲利耶？」文忠以其言之切直也，笑頷之。

黃元吉製茶具

黃元吉，國初錫工也，所造茶具，種種精巧，其色晶瑩，與銀無別。

製草珠

草珠，假珍珠也，爲廣東之細工品。其製法，以鯉魚鱗浸漬研碎，和入魚膠，成糊質物，以玻璃之小珠加適宜之温度調合之，而包其外，狀如真珠，婦女多用以爲飾品。

製瓷

瓷器爲我國之特產，其原料，用瓷土、黏土或長石、石英等，研細沈澱，製以爲坯，入窰燒之，始成粗瓷。再加釉，入窰重燒，器之表面乃有光澤。

瓷之製法，先以白泥、陶土。石砂長石、石英之粉末。與水相和作漿，而後範以模型，或刻以轆轤，置日光之陰處乾之，乃敷油設色。此時依所製之種類而異其先後，大別之有三。一、先設色而後敷油者，二、先敷油而後設色者，三、油色同投者。凡敷油後，即須投燒，浮花之瓷，必經火而後設色，復須投燒。瓷有四要素，曰質，曰色，曰畫，曰式，欲鑒辨古瓷者，必注意於是。質以堅厚而重或輕薄而透亮者爲佳。我國瓷色，當以翠綠爲最古。宋成宗尚藍色，猶不過油面藍而已，底粗，微帶黃色。至明，則紅、白、黃、紫、黑等色均用，而彩釉亦以是始。康熙時，各色較光亮分明，茶褐色、棕色漸多採用，無論瓶盤，其緣輒有光耀之棕色。然是時尚無黑、紅彩釉，故康熙之黑地，常敷綠油，與乾隆之黑釉截然不同。胭脂紅色彩，雍正時始有之，其影由淡紅入紫，亦有用全紅色作釉者。瓷所常畫者，爲長壽老公、八仙、西王母、三真、三寶佛、十八羅漢、觀音佛、二十四孝，雜件則簫、劍、花籃、笛、葫蘆、卍字蓮花、八吉鯉魚、火毬、蝙蝠、仙菰桃、壽字戟瓶、文房四寶、七星八寶、八卦太極等。又佛手捲書畫軸香爐亦常見，並有笙、琴、鼗、磬各樂器，外如麒麟、龍、獅、牛、馬、雞、鴨、鹿、羊、兔、鶴、鳳凰、雀、蜂、蝶、松、竹、梅、菊、荷、牡丹、葵、玫瑰等，亦入畫，又如山、水、花、木、亭榭、魚蝦、蟲類等皆有之。我國古瓷，惟大內或外人定製者始有新様。康熙時，嘗聘法人 Belleville、意人 Gherardim 專司御窰繪事，但所作不常採用，瓷之種類不一，式亦各殊，其特異者，回教徒所用之三式是也。

瓷之御窰

江西景德鎮原有御窰一所，創始於明萬曆時，專造進貢瓷器以供皇室之用，歲費國帑十餘萬金。吾國瓷業，乾、嘉前多精品，道、咸以降，日漸退化，其間能保持歷代古瓷之精華，流傳不絶，使得摹仿者，皆御窰之力。蓋美術古瓷，成本甚巨，商辦者無此厚力，御廠非營業，乃絶對以美觀爲目的，故花様不厭精良，成本不計輕重也。

瓷之官窰民窰

廣州許守白，名之衡，研究瓷學最精，嘗曰：「自宋以來，已有官窰民窰之分。官窰者，由官撥款支銷，設專官監督之，以進上方，備賞賚者也。民窰又名客貨，民間所通用之瓷器出焉。官窰之中，更有御窰，所畫龍，必作五爪，專備御用，下不敢僭，然達官貴人亦得享用官窰器物。」

瓷之年窰臧窰

許守白曰：「年窰者，雍正時大將軍年羹堯督造之瓷也。青花五彩皆有之，而市肆中人，但以一種積紅小瓶小杯等物呼爲年窰，其他則不省也。年窰之紅，較之郎窰之紅爲黑而實，且不開片，其聲價亦遠遜於郎矣。又有臧窰者，爲雍、乾間臧應選所督造，然無甚特異之點。」

瓷之繪畫

許守白曰：「本朝之瓷，康熙花卉人物似華秋岳、陳老蓮，雍正花卉純似惲南田，而人物則遜於康熙。至乾隆，研鍊瓷質勝於康、雍，而繪畫則古月軒外，稍未之逮。其官窰多作錦地，參入泰西幾何畫法，雖窮妍極巧，錯采鏤金，然視康、雍之渾雅高古，雅人視之，殆不如矣。及於道光，則別開一派，雖屬小家法，亦有足觀者焉。若夫咸、同，殆卑之無甚高論，而光緒時之仿康、乾諸製，往往逼真，魚目混珠，識者憎之，然不能不謂其美術之精進也。

「康熙專以名工製瓷，名手繪畫，殆純入於美術範圍，而高穆渾雅之氣，猶未盡掩。至雍正，則昳麗勝矣。至乾隆，則華縟極矣。精巧之至，幾若鬼斧神工，而古樸渾厚之致，蕩然無存，故乾隆一朝，爲極盛時代，亦爲一代盛衰之樞紐也。政治文化如是，瓷業亦然。嘉慶雖猶存典型，然僅虎賁中郎之似。道光畫筆出以輕倩，而物料美盛，遠遜前朝。咸、同一蹶不振，雖美術退化，亦時勢使然也。光緒稍稍復興，然有形式而乏精神矣。」

瓷之仿色

許守白曰：「紅爲最難仿之色，光緒初及中葉，所仿者惟薄施淡抹而已。其後則大紅、深紅，與夫胭脂、水豇、豆紅諸難仿效之色，均無一不有，雖專家，亦往往受其欺。然是等物品，色澤縱足炫人，而細辨之，瓷質瓷胎，終有不類之點耳。緑之難仿，更甚於紅，純色釉之緑者頗足亂真，然仍乏深黝之致。至於仿康熙彩之硬緑，則最難形似，釉每混而不清，或發黑，或發黄，參入洋料，其迹顯然，故凡新物見有硬緑之處，莫不用砣去光以掩其迹。

「黄色之新者，其匀也，足與舊相類，而病在過鮮。若夫深黄，其釉亦略混，以較天然之金珀黄，其光潤透亮迥乎不同。至蛋黄色與舊者較，亦未免有差池之别也。

「紫亦爲最難仿之色，薄則黯淡，厚則發混，且亦紫中發黑，顯由他色配合而成，比於舊瓷之紫，瞠乎後矣。

「藍之一色，乃仿舊之最有成效者也。光緒時所仿者，或藍而帶黑，或藍而帶灰，均不難於判别。其仿康熙藍者，竟得七八，最足亂真，且亦能深入胎骨，所尚能認别者，恃質地及畫片耳。

「白爲本質，研究最要，識别又甚難。大抵新者其釉近糠，火氣宛然，求如舊瓷之美質，渺不可得，或就發青發黄之點以判時代之高下，又不盡然。最近新發明者，光緻之極，幾似乾隆矣，獨稍欠缺者，一則光由内發，一則光由外鑠，相去終有逕庭也。

「新製之黑，與舊者最難相混。舊瓷之黑釉與彩渾成一片，新者之黑不但浮光宛然，且細辨之，釉與彩顯有迹象，固未能水乳交融也。

「新仿之品，以光緒朝爲最多，若咸、同間所仿者，皆易於識别。蓋彼時一朝有一朝之面目，雖仿舊製，亦不脱當時面目也。惟光緒時不然，襲歷朝之形式，無所不仿，且亦一一皆得近似，今於仿製中可分其沿革先後焉。初年所仿者，以宋、元及純色釉等品爲多，蓋當時物品，不甚難得，而朝士好古者，喜講宋、元，藉供考訂，故宋、元物仿者最多。中葉所仿，殊屬尋常，彩繪既不甚精，遂遞入仿明一派，蓋以明畫粗率，易於藏拙也。末葉所仿，最有進步，一由官窰良工四散，禁令廢弛，前所不敢仿之貢品，今則無所不敢矣。一由近年西人輦金重購，業此者皆知競争，美術因有進步，研料選工，仿舊精者，輒得八九，而五彩冒乾隆款者爲尤多，以易投時好也。至純色釉冒明代暨康、雍款者，亦極仿舊之能事，雜出其途以相炫焉。」

製瓷上釉

許守白曰：「製瓷上釉有二法。一曰蘸釉，以皿入缸，盪匀其汁，蘸釉者，其釉厚，故均、哥諸器，往往有若堆脂，所蘸不止一次也。一曰吹釉，截竹爲筒，嘘氣匀之，吹釉者，其釉薄，故舊瓷中有玻璃釉等名目，薄者且若卵膜也。

「掛釉之法，古時以筆搨釉，病在不匀，後改爲以皿入缸，用蘸釉法，匀矣。而屢有不到底者，旋又改爲吹釉之法，有三四次吹至十餘次不等，斯匀且浄矣。」

瓷之開片

許守白曰：「瓷器有紋者謂之開片，有大開片，有小開片。小片之細碎者曰魚子紋，大片之稀疏者曰牛毛紋，曰柳葉紋，曰蟹爪紋，皆形容其所似也。

「瓷之開片，其原因有二。一曰人爲之開片，一曰自然之開片，多屬漿胎。當入窰時，已預使之開片，或開大，或開小，配合藥料燒之，則出窰時成開片形，一如人意之所欲出，是等開片似龜坼，開在胚胎者也。自然之開片，則歷年既久，其釉漸内裂，或成魚子，或成牛毛諸形。其坼也，純與胚胎無涉，是等開片，痕不深入，開在釉汁者也。」

瓷之疵

許守白曰：「瓷有雖疵而不得謂之疵者曰縮釉，曰短釉，曰麻癩，曰黏釉。縮釉者，謂入窰之際，火候驟緊，往往斂釉露出胎骨也。短釉者，謂隨意掛釉不到底足，此等蘸釉法，病在不勻。黏釉者，謂釉汁未乾，兩器相並而爲一，擘之使開，若黏片礫然。麻癩者，謂入窰時黏有火炭，釉汁稍縮，成堆垛形。此數者，皆宋、元所常有，且有因是而證製作之確據者，故曰雖疵而不得謂之疵也。

「瓷有小疵而不掩大醇者曰窰縫，曰冷紋，曰驚紋，曰爪紋。窰縫者，謂坯質偶鬆，爲火力所迫，土漿微坼，厥有短縫。冷紋者，謂器皿出窰之頃，風力偶侵，一線微裂，不致透及他面。驚紋者，謂瓷質極薄，偶緣驚觸，内坼微痕，表面卻無傷損。爪紋者，謂器有裂痕，略如爪狀，或由沸水所注，或由窰風所侵。是數者，皆疵類極微，無傷大體者也。

「瓷有視其疵病之淺深以定其有礙無礙者曰串烟，曰傷釉，曰崩釉，曰暴釉，曰沖口，曰毛邊，曰磕碰。串烟者，謂燒瓷之頃，偶爲濃煙熏翳，或類潑墨之狀，或呈果熟之形，若是者，視其濃淡多少以定優劣。傷釉者，謂器用日久，案磨布擦，細紋如毛，色呈枯闇。崩釉者，謂硬彩，歷年既久，遂至崩坼，彩色剥落，墜紛殘紅。暴釉者，謂釉質凸起，形如水泡，手法欠匀，火力逼之，遂呈斯狀，若是者，視其地位多寡，以判低昂。沖口者，謂器皿之口，或觸或震，口際微裂，成直縫形。毛邊磕碰，均謂器皿口邊微有傷損，傷處甚小，而捫處畧有稜者曰毛邊。傷處較多而胎骨少缺，但邊際尚未露稜者曰磕碰。若是者，亦視其受病之大小以增減其價值焉。

「瓷有人工造作而成疵者曰磨邊，曰磨底。磨邊者，謂瓶具口際，曾經缺損頗巨，因將邊磨平，或鋸去頸項改成罐形，價值所失，十折八九矣。磨底者，因嫌底款年代不久，磨去其款，託於遠代，然物品果美，亦有得善價者。」

瓷之人工僞造

許守白曰：「瓷有人工之僞造者曰假底，曰真坯假彩。假底者，取舊瓷之底嵌於新瓷，僞物真款，以欺一時，然功勞而計拙，易於識破，不常有也。真坯假彩者，謂取白質無花之舊瓷，加以彩繪，胚質則確屬古物，彩繪則後來所加，緣舊瓷之光。素者價值甚廉，且景鎮積年遺物頗多，一經加彩，可冀得數倍之善價也。」

瓷器不宜專尚美術

西人之重華瓷，良以質堅而潔，久益潤澤而有寶光。非若洋瓷之硬度既低，用久則毛糙垢黑，色雖白，其中實含毒質，遇酸尤易侵蝕。常人不加深察，但取其適觀趨時，價值低廉，以致利權外溢。洋瓷所通行者，以杯盤茶具爲大宗，下至溺器，亦年增一年。而吾國各瓷業公司則惟注意於美術品，至普通品，仍窳敗如故，價值且昂，欲保利權，難矣！

製宫燈罩

官窑瓷器勝於前代，尤以康熙時製爲最。同治朝，大婚典禮，飭九江道於景德鎮御窑廠定造宫燈罩，須發舊樣，其質潔白，光透，中含花紋，勝於玻璃。廠中無人能造，百計采訪，惟一舊工人年八十許，頗知之，家藏一書，備言製造之法，祕不示人。以重金賂之，始出此書，乃按其遺説精製進呈，與康、乾間物無異。

製陶器

宜興陶器，色紅潤如古銅，堅韌亦僅遜之。蜀山以茶壺名，丁山以缸盆之屬名，種類形式，粗細均有之。其泥亦分多種，紅泥價最昂，紫沙泥次之。嫩泥富有黏力，無論製作何器，必用少許，以收凝合之效。夾泥最劣，僅可製粗器。白泥以製罐缽之屬。天青泥亦稱緑泥，產量亦少。豆沙泥則常品也。泥初出山時大如煤塊，舂以杵，必數次，始取其較細者浸之於池，經數月則粗分子下沈，其最上層皆有黏性，乃取以製器。

器既成，必加以釉，分青、黄、赤、白、黑五種。上釉之手術，視其器之精粗美惡量爲注意。所用器具不甚精密，矩車、規車，以別大小方圓，篦子、明針，以事剔括範律，絶無模型。故器之形狀大小欲求一律，全恃手勢之適當也。

各種泥坯燒於蜀山窰中，别於製作場設一燒釉爐，用土墼築成圓形，四周有孔，俾可通氣。皿置其中，小者可數百件，大者亦數十件，積炭於上，凡燒四小時而器成矣。爐之中心有孔，自頂直貫爐底，善别火候者，立而俯視之，卽知器之成否，非老於此者不能。且用模型者，轉不如手製之精美。工人無教育之所，自幼實習，以迄成材。工資不等，視貨之精粗爲準，論件不論日。泥產於蜀、丁二山，每石僅銀幣二角有奇。

製泥人

高宗南巡，駕至無錫惠泉山，山下有王春林者，賣泥人鋪也。工作精妙，技巧萬端。至此，命作泥孩兒數盤，飾以錦片金葉之類，進御時，大稱賞，賜金帛甚豐。其物至光緒時尚存頤和園之佛香閣中，庚子之亂爲西人攜去矣。

乾隆時，蘇州虎邱有揑泥人者，老少男女，惟妙惟肖，不必借徑於繪事也。光、宣間，惠泉山所出售者，實遠遜蘇州矣。

製琉璃

琉璃，以扁青石爲藥料而燒成之，宫殿及親王邸宅所用琉璃瓦是也。色或黄或緑，其形則有筒瓦、版瓦之殊，率以圓木或斲木爲模，而範土造之。扁青石，即鉛與鈉之矽酸化合物，有玻璃光，微透明，可爲裝飾品及青色顏料，陶器之釉藥中亦用之。

製玻璃

玻璃種類甚多，大别之，爲鉀玻璃、鈉玻璃、鉛玻璃三種。鉀玻璃，以炭酸鉀、石灰、白砂等製之，質堅難鎔，宜作化學器具，是爲上等品。鉛玻璃，以鉛丹、炭酸鈉、石灰、白砂等製之，折光力頗強，宜作光學器具。鈉玻璃，以炭酸鈉、炭酸、石灰、白砂等製之，平板瓶管之屬，多以此製，微帶綠色，爲最普通之品。性脆硬，不傳電氣，熱之，則熔如飴，粘於鐵管，吹泡入模爲器。

製玻璃版者，亦先吹成大圓筒，後切開以製平板，通常皆透明如水，浸以弗化輕酸等腐蝕藥，則不透明，俗稱毛玻璃。製時，加各種顏料，卽呈種種彩色，山東博山玻璃有限公司能製之。

吴山尊製玻璃聯

聯語以紙書者爲多，或刻以竹木，或用漆，加雲母石，且有嵌牙玉者。吴山尊學士鼒始出意製玻璃聯，一片光明，雅可賞玩，惟字畫不能無反正之嫌。山尊又運其巧思，使之表裏如一，其句云：「金簡玉册自上古，青山白雲同素心。」上製一横額，題「幽蘭小室」四篆字。又乞孫淵如觀察以雙款篆書「山尊先生孫星衍」七字，正面反面皆一式。

製明瓦

明瓦，以蠣殼磨薄，成半透明之片，夾以竹片，嵌於窗，未有玻璃以前多用之，南方製此者至多。又有將貝殼之薄而透明者切四角，成方片，則自印度諸島及暹羅輸入，爲用亦同。

捏粉

近畿所傳捏粉之術，匠心獨運，鬚眉畢現，雖油畫、鉛畫、毛筆畫等，方之蔑如也。其法取麪粉一團，與求畫者對案坐，目不轉瞬，私自於袖底捏其形狀，捏成取出，則面部上之一凹一凸，一紋一縷，無不纖微適合。擅此技者，光緒朝爲津人張姓。張初爲人鈔録戲曲，顧記聞極博，能將各曲本互異之處折衷改正，期於盡善而止，以是得名，津人稱之曰百本張。

自百本張之號出，而其真姓名轉隱。後改學捏粉，精其技，然性傲僻，非遇囊空㪅絶，持金求之，不應也。時天津巨富首推海張五，張一日踵門往訪，乞借五千金，海張五拒之，張曰：「君不應我，能無後悔乎？」曰：「何悔之有！」張退，乃依海張五之身量長短肥瘦，捏成一形，置之通衢，而插草標於其首曰：「出賣海張五。」過者驟見之，以爲真海張五也，卽而視之，乃啞然失笑，詢其價值，則以五千金對，少一文不售也。海張五素以財力雄視一方，聞之引爲大辱，而又莫可如何，乃潛使門客如數購之，而與張言和焉。張晚年目盲，偶墜地折傷肢體，不能營舊業，遂困頓以死。

織綢廠

織綢廠以蘇州爲最發達。光、宣間，都凡五十八號，有創設於乾、嘉至今相沿弗替者，如石恆茂、英記、李啓泰等廠是也。

紗布廠

我國於光緒時議設紗布廠，英、美商人聞之大驚，恐利權見奪，乃集資千萬鎊，將倩人設法阻其事。乃逡巡十年，始漸設立於上海。英、美商人復使人覘之，見局廠崇閎，而管事人既非夙習此事者，機器亦不研求，且多舊式，於是相與大笑，不以爲意。

某年，有內地富家子過上海，爲諸游食者所瞰，羣趨之，慫以開設紗布廠，言備本十萬，十年之後，獲利兩倍，又約無業之西人同慫恿之。富家子遂大爲所動，乃取家資十萬付諸人，又以能獲巨利也，於是流連忘反，狂用無節，有所需輒取之於廠，廠中人亦未嘗拒之。不及三年，廠中人忽言資本不繼，將倒閉，詰以巨本所在，曰：「歷被支用不少，餘皆爲廠用耗去。」索觀其簿籍，則購料若干，購地若干，建屋若干，西友華友薪俸若干，東人某日某日支若干，富家子曰：「汝等不言得利可二十萬乎？今吾用不及五萬，何遽倒也？」廠中人辨曰：「我等所謂得利二十萬者，指十年後言，且須工料進價，貨品出價與今無稍殊，辦事毫無掣肘，而又須股東十年內不提用分毫乃可。今皆不然，豈能復執前語以相詰乎？」富家子無可言，遂盡其家資。

光緒壬辰，盛杏蓀尚書宣懷設華盛紗廠於上海。政府鑒於實業之趨勢，思有以提倡之，而盛亦以提倡實業自負，見怡和在香港所經營之紗廠勢力雄厚，盈餘操券，乃遂決議從事紗業，自是而華商紗廠遂相踵而開矣。

印錫璋分設紗廠

盛杏蓀設廠於上海紡織紗布，時人民習用土貨，未暢行。嘉定印有模運同錫璋爲之力任代售，並集資設公信棉紗號於太倉，我國之分設紗廠於各地實自此始。

陝人織造絨褐

陝西織造絨褐，國初設有專員監理其事。順治辛卯，始省之，以此項錢糧充餉。

蒙人織毡毯

蒙人能織羊毛毡毯，織法甚簡。秋時翦取綿羊毛，洗淨使乾，置石上，以棍擊之令碎，浸水中三日，就井旁沙面鋪舊毡於地，取碎羊毛勻鋪其上，以馬曳粗木柱壓之卽成。亦有捲毡於木柱而壓之者，特視其用器何如耳。中等絨毡，長一丈，寬五尺，值銀三兩。除毡毯外，其他之絨料物件均不能自製，卽所著之毡毯，亦係翦毡縫紉而成。惟蒙人質直，所織之毡多選羊絨爲之，繫物之繩，以駝絨馬鬃浸水令透，捻結而成。

石絨織布

道光時,莊芝階舍人仲方嘗於蜀中得火浣布一方,質厚且麤,以手捫之,泠泠然冷澀惽膚,雖入火不燃,而見餤則黑,惟無愈濯愈潔之説。蓋火浣布有三,最上者爲火鼠之毛所織;次爲火木之皮所織,紋理細膩,並出海南諸國;最下則蜀中建昌所出,曰石絨,生巖間,土人采以爲布,能去諸物之垢,不可爲衣,芝階所得卽石絨也。

藻草織布

宣統時,浙之淳安發現藻草,色甚白,質極細,土人以爲上等料,試以織布,光潔異常。於是組織製草社,專選此種材料,以之染色,無色不豔。並知其有耐火原力,經化學家試驗,確能受三百七十五度火力,不致灼傷。

臺番織布

番女機杼以木,大如栲栳,鑿空其中,橫穿以竹,使可轉纏經於上。刓木爲軸,繫於腰,穿梭闔而織之。以苧絲爲線,染以茜草,合鳥獸毛以織帛,斑斕相間,名曰達戈紋。又有巾布等物,皆堅緻。

黎人織布

貴陽山嶺多木棉樹，黎女羣往採之，取其棉，用竹弓彈之爲絨，足紉手引以爲線，染紅黑等色，雜以山麻及綵絨，織而爲布，曰吉貝。或擘山麻紉線織布，擣樹皮汁染爲皂色，以五色絨雜繡其上，曰黎布。賈者則以牛或鹽而易之，以售諸市，海南人頗用之。織布法，複其經之兩端，各用小圓木一條貫之，長出布闊之外一端，以繩繫圓木而圍於腰間，以雙足踏圓木兩旁而伸之，於是加緯焉，以漸移其圓木而成疋。

畫繡

畫繡，卽繡件，言繡之如畫，俗所稱爲顧繡者是也。蓋始於上海露香園顧會海之妾名蘭玉者，設帳授徒，所繡人物，氣運生動，字亦有法，世人目爲顧繡，自是而蘇滬之繡件皆稱曰顧繡矣。

同、光間，首推京繡，有五彩、平金、拉索、打子之别。五彩尤精，一切花卉、山水、禽獸、魚蟲等，栩栩如生，呼之欲出，西人亦極贊之。至拉索、打子各繡法，以重疊法鋪繡之，其花卉之枝葉皆有生氣。至宣統朝，而湘繡盛稱於時，書畫皆有，則駕蘇繡、京繡之上，蓋預延名人作畫而後始加繡也。

余韞珠工仿宋繡

王文簡公士禎官揚州司李時，有余氏女字韞珠者，年甫笄，工仿宋繡，繡仙佛人物，曲盡其妙，不啻針神。曾爲文簡繡神女、洛神、浣沙諸圖，又爲文簡之兄西樵作菩提像，皆極工，鄒程村、彭羨門皆有詞詠之，載《倚聲集》。

楊雲和沈宮音刺繡

楊卯君，字雲和，沈君善之側室也。工繡佛，名流多爲題詠之。君善輯《針史》行世。其女闕闕，字宮音，尤能出新意，所繡山水人物，無不精絶。嘗墨繡顧茂倫《濯足圖》，尤悔菴題《漁家傲》一闋，有「深園玉人閒譜繡，粉香妙寫溪山友。宛轉綵絲盤，素手林下秀，小名獨占《毛詩》首」等句。

綾錦織西湖十景圖

杭州東城機杼之聲，比户相聞，郎仁寶云：「起於褚河南九世孫載，善織作綾錦，褚家塘通聖士神是也。其中一二供尚衣之匠，花樣有爲西湖十景全圖者，秀水朱稼翁稻孫《武林恭紀》詩云：『十樣西湖景，曾看上畫衣。新圖行殿好，試織九張機。』」

林青青潛意針黹

溧水林夢環妻胡氏，名青青，工書法，善丹青，適夢環後，潛意針黹。夢環故好事，悉搜坊間畫本以資之。自是獨探玄奥，得古人不傳之祕，取單絲上下尺幅間，精不可辨，夢環嘗曰：「卿之此技，眉娘尺綃《法華經》七卷，不是過也。」然不肯作，作則尺幅費時經年，三十以後，自云目力不濟，已屏繡譜，其生平所成，八九幅耳。端忠愍公方督兩江，得其歸雁圖，亟賞之，賚以入宫。孝欽后命忠愍奬之，而青青已先一載死矣。

婦孺刻書板

湖南永州人民，類以剞劂爲業，婦孺且有從事者。牧牛郊野，輒手握鉛槧，倚樹根鐫之。廣東順德縣之手民，率係十餘歲稚女，價廉工速，而魯魚亥豕之譌誤，則尤甚於湖南。

朱圭劉源刻板

蘇州專諸巷有刻版者曰朱圭，字上如，雕刻書畫，精細工緻，以河南畫家劉源所繪凌煙閣功臣像影而雕刻之，尤爲絶倫。又南陵詩人金史，字古良，擇兩漢至宋之名人各圖形像，題以樂府，名曰《無雙譜》，亦如雕刻。繼而選入養心殿供事，大内字畫，俱出其手，後以効力久，授鴻臚寺敍班。

王文簡請修經史刻版

王文簡公在官日，有《請修經史刻版疏》，畧謂：「明代南北兩雍，皆有《十三經注疏》、《二十史》刻版。今南監版存否完缺，久不可知，惟國學版庋置御書樓。此版一修於前朝萬曆二十三年，再修於崇禎十二年，自本朝定鼎，迄今四十餘載，漫漶殘缺，殆不可讀，所宜及時修補，庶幾事省功倍。至於南監經史舊版，並請敕下江南督撫查明，如未經散佚，即由該省學臣收貯儒學尊經閣中，儲爲副本。」

活字印書法

活字印書法，西人謂之 Movable Type，其法傳自中土。近日盛行鉛字，製模澆字之法悉用機器，迥非嚮時恃一手一足之力者可與之爭勝矣。然由源及委，則舊法固不可不知也。宋慶曆時，有布衣畢昇爲活板。其法，用膠泥刻字，薄如錢脣，每字爲一印，火燒令堅，先設一鐵板，其上以松脂蠟和紙灰之類冒之，欲印，則以一鐵範置鐵板上，乃密布字，印滿鐵範爲一板，持就火煬之，藥稍鎔，則以一平板按其面，則字平如砥。止印二三本，未爲簡易，若印數十百千本，則極爲神速也。

乾隆時，侍郎金簡奏請仿宋人活字板，以棗木板鐫字，高宗以活字板之名不雅，賜名曰聚珍板。

乾隆癸巳十月二十八日，金簡奏，謂：「奉命管理《四庫全書》一應刊刻刷印裝潢等事。今聞内外彙集遺書已及萬種，現奉旨擇其應行刊刻者，皆令鐫版通行，此誠皇上格外天恩加惠藝林之意也。但將來發刊，不惟所用版片浩繁，且逐部刊刻，亦需時日，臣詳細思維，莫若刻棗木活字套版一分，刷印各種書籍。比較刊版，工料省簡懸殊。臣謹按御定《佩文詩韻》，詳加選擇，除生僻字不常見於經傳者不收集外，計應刊刻者約六千數百餘字。此内虚字以及常用之熟字，每一字加至十字或百字不等，約共需十萬餘字。又預備小註應刊之字亦照大字每一字加至十字或百字不等，約需五萬餘字，大小合計，不過十五萬餘字。遇有發刻一切書籍，只須將槽版照底本一擺，即可刷印成卷，倘其間尚有不敷應用之字，預備木字二千個，隨時可以刊補。書頁行款大小式樣，照依常行書籍尺寸，刊作木槽版二十塊，臨時按底本將木字檢校明確，擺置木槽版内，先刷印一張，交與校刊翰林處詳校無誤，然後刷印。其棗木字大小共應用十五萬餘個，臣詳加核算，每百字需銀八錢，十五萬餘字約需銀一千二百餘兩。此外仍做木槽版，備添空木字，以及盛貯木字箱格等項，再用銀一二百兩已敷置辦，是此項需銀通計不過一千四百餘兩。臣因以武英殿現存書籍核較，即如《史記》一部，計版二千六百七十五塊，按梨木小版例價銀每塊一錢，共該銀二百六十七兩五錢。計寫刻字一百一十八萬九千零，每寫刻百字，工價銀一錢，共用銀一千一百八十餘兩，是此書僅一部，已費工料銀一千四百五十餘兩。今刻棗木活字套版一分，通計亦不過用銀一千四百餘兩，而各種書籍皆可資用，即或刷印經久，字畫模糊，又須另刻一分，所用工價，亦不過此數，或尚有堪以揀存備用者，於刻工更可稍爲節省。如此，則事不繁而工乃省，似屬一勞久便。至擺字必須識字之人，但向來從無此項人役，即一時外僱，恐不得其人，且滋糜費。臣愚見，請添設供事六名，分領其事。所有刊刻木子字十五萬，按韻分貯木箱内，其木箱用十個，每個用抽屜八層，或十層，抽屜中各分小格數十個，盛貯木字。臨用時，以供事二人專管擺字，其餘供事四人分管平上去入四聲字。擺版供事按書應需某字，向管韻供事喝取，管韻供事辦聲應給，如此檢查，便易安擺迅速。查武英殿現有臣等奏添書吏二名，改爲供事，止須再添供事四名，閒常皆令在檔案房書寫檔案，遇擺字時，卽令應役，如果勤慎，五年之後，歸併武英殿修書處供事，一體辦理，如此，擺字之人既不必外僱，而於辦理活字版更爲有益。臣因刊刻遺書工料浩繁起見，不揣冒昧，謹照御製命校《永樂大典》刊刻成棗木活字套版共四塊，並刷印紅黑格紙樣式各五十張，恭呈御覽。」奉旨：「甚好，照此辦理，欽此。」

乾隆甲午五月十二日，金簡謹奏：「前經奏請將《四庫全書》內應刊各書改爲活版，擺刷通行。擬刻大小木字十五萬個，每百個約計工料銀八錢，並成做槽版及盛貯木字箱格等項，約需銀一千四百餘兩，嗣又添備十萬餘字，約需銀八百餘兩。督同原任翰林祥慶、筆帖式福昌敬謹辦理，今已刊刻完竣。細加查核，成做棗木字每百個銀二錢二分，刻工每百個銀四錢五分，寫宋字每百個工銀二分，共合銀六錢九分，計刻得大小木字二十五萬三千五百個，實用銀一千七百四十九兩一錢五分。備用棗木字一萬個，計銀二十二兩。擺字楠木槽版八十塊，各長九寸五分，寬七寸五分，厚一寸五分，每塊各隨長短，夾條一分，工料銀一兩二錢，計銀九十六兩。每塊四角包釘銅片，工料銀一錢五分，計銀十二兩。板箱十五個，每個工料銀一兩二錢，計銀十八兩。檢字歸類用松木盤八十個，長一尺八寸，中安格條，每個工料銀三錢五分，計銀二十八兩。套版格子二十四塊，各長一尺，寬八寸，厚一寸，每個工料銀三錢，計銀七兩二錢。成做收貯木字大櫃十二座，各高七尺二寸，寬五尺一寸，進深二尺二寸，每座各安抽屜二百個，實用工料銀三十兩，計銀三百六十兩。抽屜二千四百個，成釘銅眼錢曲須圈子二千四百副，每副銀一分五釐，計銀三十六兩。木板槐十二條，各長五尺，寬一尺，高一尺五寸，每條工料銀九錢五分，計銀十一兩。四項通共實用銀二千三百三十九兩七錢五分。查原奏請領過銀二千一百兩，尚不敷銀一百三十九兩七錢五分，請仍向廣儲司支領給發。將來《四庫全書》處交到各書按次排印完竣後，請將此項木字槽板等件移交武英殿收貯，遇有應刊通行書籍，即用聚珍版排印通行。」

武英殿刻書

武英殿刻書，未能確定其開始之時，御定《全唐詩》及《歷代詩餘》皆刊於康熙丙戌、丁亥，而何義門在康熙癸亥已拜兼武英殿纂修之命，則其事當不始於乾隆。乾隆朝，在武英殿開雕書籍見諸諭旨者，戊午，雕《十三經注疏》；己未，《明史》雕成，續雕《二十一史》，丁卯上之，凡裝六十五函；乙丑，雕《明紀綱目》；丙寅，雕《國語解》；丁卯，雕《三通》；癸卯，雕《相臺五經》。蓋列聖萬幾之暇，博覽經史，爰命儒臣選擇簡編，親爲裁定，頒行儒官，以爲士子模範。當時欽定、御製書名，凡經類二十六部，史類六十五部，子類三十六部，集類二十部，凡一百四十七部，大半鏤版於內府。中如《西清續鑑》、《寧壽宮鑑》藏稿未刊，《天禄琳瑯》刊於湖南書局，《全唐文》刊於揚州，其餘不能悉知也。歷代朝廷刻書之多，未有若是者也。古香齋袖珍本十種，當亦於武英殿雕造。

殿版精妙邁前代，版片悉紅棗木，皆貯殿旁空屋，厚寸許，無裂痕。光緒初，張文襄公之洞官翰林時，將集資奏請印刷，或謂之曰：「是物久不完矣，一旦發覺，凡歷充殿差者，皆獲咎，是將興大獄也，烏乎可？」乃止。實録館與之相近，館中供事即就殿旁餘屋以居，冬日則劈板以圍爐。又有竊板而去其字，以售於廠肆者。

官署學校刻書

本朝二百六十八年中，官署學校，刻書甚盛，淮南、杭州所刻尤多。書院本以江陰南菁書院所刻爲多，廣州粤雅堂書版，後皆併入書局。

咸豐辛酉八月，曾文正克復安慶，部署粗定，命莫子偲大令采訪遺書。既復江寧，開書局於冶城山，此江南官書局之俶落也。且自同治己巳，江寧、蘇州、杭州、武昌同時設局後，淮南、南昌、長沙、福州、廣州、濟南、成都繼起，所刻四部書亦不少矣。

湖北刻書

同、光以來，刻書籍者争挾稿以寄鄂，謂其槧精而值廉也。然鄂之手民，初亦甚劣，宜都楊惺吾大令守敬多方指教刊本，久之，且能影摹宋、元板矣。於是四方精刊之本咸集於武昌，惺吾各印其首葉留以爲譜。

套板印書

朱墨本，俗稱套板，以印墨一套，印硃又一套也。廣東人仿印最夥，亦最精。有五色者，武英殿本《古文淵鑒》亦五色。考其原起，則實明萬曆時烏程閔齊伋所創也。

製三色版

三色版爲印刷術之一種。西曆一千八百六十一年，物理學家麥克斯惠爾首發明三原色套印實物之説，奥人黑斯尼、德人傅吉耳先後研究而改良之。美國則至西曆一千八百八十一年，費拉得爾非亞之伊巫始製三色版。其法，用照相鏡分析黄赤青三原色，製成三種銅板，以次印刷，即成種種顔色。又有特加黑色者，謂之四色版，上海商務印書館能仿製之。

製銅版

銅版，以銅版印書，五代已有之。宋岳珂《九經三傳沿革例》，有晉天福銅版本。景祐甲戌，發内府金，收换會子，收銅版弗造，知當時即紙幣亦用銅版也。

新式印刷術之銅版則有三種，已能仿西法而製之。一爲照相銅版。於銅之表面塗以受光性薄膜，置所欲印之照相乾片於上，曝於日光，使受光處變爲不溶解性，後乃用藥腐蝕，製成印刷版。二爲雕刻銅版。以印刻原稿之玻璃紙覆於塗有黑蠟之銅版，更依字跡用針刻之，蝕以藥水，先成凹版，復塗錫或銀於版上，浸於鍍銅之硫酸溶液內，則上覆銅皮，取出揭下，成凸版，以鉛作底，即可印刷。三爲電鍍銅版。先將活版或木版鋅版等，壓於黃蠟版，製成蠟版，浸藥水中，用鍍銅法，使傅薄紫銅一層。以後製法，與雕刻銅版同，商務印書館能製之。

製電氣銅版

電氣銅版，應用電解之理鑄成之印刷版也。製法，先以蠟或石膏就木版或金屬版上製成模型，塗黑鉛屑爲導體，繫於電池之陰極，納硫酸銅溶液中，别懸銅版於陽極，銅附著模型上，待至厚度適宜，離去模型，即得與原形相同之電版，通稱電鍍銅版，商務印書館能製之。

製紙版

活字版，印刷術所用。以紙厚褙，搨鉛字之面，使凹凸分明，爲重印時鑄鉛之模型者，謂之紙版，日本謂之紙型，吾國人亦能製之。

石版印刷法

石版，以石版石製成之印刷版也，國人能自製之。其法，先以原稿攝成影片，覆於敷動物膠之紙，而移影於其上，置紙於光潔之石，緊壓之，使留痕於石面，塗以松香油，碾以墨膠，使其痕益明顯而高。然後用水溼之，以印刷用墨油印於紙上，其無文字圖畫處，受水之反撥，故墨油不能黏着，用此版印刷，亦謂之點石。

珂羅版印刷法

珂羅版爲美術之印刷，國人能自製之。其製法，先用矽酸鈉溶液塗於金剛砂磨過之玻璃版，用水洗之，俟乾，更塗珂羅丁及重酪酸鉀之混合液，與乾片密接，曝於日中，再用水洗之，像留於版。印刷時，先浸以水，拭去溼氣，以皮棍或膠棍傅以顏色，每版可印數百紙，俗稱玻璃版。

鋼筆版謄寫法

鋼筆版，印刷器也。蠟紙下襯網目鋼版，用鋼筆緊按寫之，則有筆畫處皆研成細孔，用膠棍上敷墨油，照印書法印之，一版可印一二百紙，其墨卽由細孔內滲出，亦曰謄寫版。

真筆版謄寫法

真筆版，爲謄寫版之一。以特製之紙與藥水，用毛筆寫之。紙上所敷之質料，因藥水腐蝕，墨卽由筆畫之處滲出。印法與鋼筆版同，而謄寫不至費力，且能顯筆畫之粗細，寫印合法，幾與石印無異，故人恆喜用之。

顧二娘製硯

順、康間，吳門有顧德麟號顧道人者，工琢硯，果出其手，端溪、龍尾之精工鐫鑿者固不待言，卽蘐村常石，隨意鏤刻，亦必有致，自然古雅，名重於世。德麟死，藝傳於子，子不壽，媳鄒氏襲其業，俗稱顧二娘，又名顧親娘者是也。常與人講論，其言曰：「硯爲一石琢成，必圓活而肥潤，方見鐫琢之妙。若呆板瘦硬，乃石之本來面目，琢磨何爲？」其意乃效明代鑄造宣德香爐之意也。其所作古雅而兼華美，當時實無其匹。鄒無子，螟蛉二人俱得其傳，惜死其一。鄒死，僅存一人名公望號仲呂者，實鄒女之姪而冒姓顧，然亦無子。

二娘生平所製硯不及百方，非端溪老坑佳石不奏刀，相傳以鞋尖點石，卽能辨別瑕瑜，亦奇技也。乾隆末，杭州何春巢承燕於金陵市上得一硯，背鐫劉慈一絕云：「一寸干將切紫泥，專諸門巷日初西。如何軋軋鳴機手，割徧端州十里溪。」跋曰：「吳門顧二娘爲製斯硯，贈之以詩。」顧家於專諸故里，故云。時康熙戊戌秋日，詩絕超逸，然不知慈爲何許人也。

製漆硯

硯之異製，或以竹，或以鐵，康熙時，有以漆爲硯者。其法，以水飛過極細磁沙，和生漆爲之，頗輕便，適於遊笈，且甚發墨，在鐵硯、竹硯之上。

製竹筆

竹筆，出蒙古，然未得縛筆法。蓋削竹木以漬墨作書也。

製谽山

谽山，出蒙古，夏秋間擣敗苧楮絮，入水漚之，漉蘆簾上，暴爲紙，謂之谽山，凡紙皆以是名之。

製灰簡

灰簡，出蒙古，木削兩簡，編韋聯之，刳其中，塗油爲布，以灰作字，畢則拭去，爲更布之，有古漆簡風。

江皜臣刻玉章

江皜臣腕有千鈞力，善刻玉章。吴中能玉章者，推周爾森，但沙碾耳。其他號能切玉者，亦皆倩爾森開其眉目，署施以刀，詭語人曰："「吾切玉如泥也。」"獨皜臣治玉章始終用刀，易如劃沙，章法又皆妙合秦、漢。嘗謂堅者易於取勢，吾切玉後，恆覺石如腐。皜臣客死温陵黄相國家，印譜數頁，其妾能寶藏之。曹秋岳曰：「江皜臣死，世無復有刻玉者矣。」

韓約素鐫印

梁千秋侍兒有韓約素字鈿閣者，善鐫印章。人有以數寸大石章求鐫者，約素輒顰蹙曰：「欲儂斲山骨耶？」

姜正學刻石章

方邵村侍御嘗爲麗水令，蘭谿姜正學往見，謂之曰：「公嗜石章，我之鐵筆固佳，願爲公製數章。生平不知干謁，但嗜飲耳，公醉我，我爲公製印，公意得，我亦意得矣。」侍御乃與飲，醉，卽歌會稽太守詞。於是侍御得姜印最多，署中釀亦爲姜罄矣。

一夕，漏下數十刻，署中人盡熟寐，忽聞剝啄聲，侍御驚起，以爲寇且發，不則御史臺霹靂符也。驚起詢之，則報曰：「姜生見。」侍御遣人謝曰：「夜分矣，請以昧爽。」姜匉訇曰：「事甚急。」侍御意必得其他之意外傳聞也，急趨迎之，執手問故，曰：「我適爲公成一印，殊自滿志，不及旦，急欲令公見之，事孰有急於此者乎？」遂出之掌中以視之。侍御乃大笑，復曰：「如此印，不直一醉耶？」於是相與痛飲，及辨明而去。又於橋上歌會稽太守詞，橋側餅師及賣漿家人起獨早，競來聽之，謂此君起乃更早，遂已醉耶？

姜無妻，無子女，常自言曰：「菊蘖，吾鄉里，吾印必傳，吾之嗣續也，吾何憂？」

艾無山鐫石

艾顯，字無山，嗜奇若鶩，尤癖於金石，工篆籀。嘗避囂入桃源深谷，構小茅廬，署曰「石耕小隱」。性孤岸，扃户不與世接。嘗曰：「交友未易言也，有終者鮮，謹始，其可。」是以人無知之者，獨與趙仲韶游。其所琢大小二篆，蟲嚙鳥鶱，屈鐵半折，鉥心劌目，如有獰狰老虬破石欲出也。無山瘠骨深目，古冠服，其音硠硠，色有自得。陳長鎮嘗具酒醴要之，與之獵奇字，推圖牒，酒酣，則嚱嘘大言曰：「惟子可與語。」因貽長鎮以私章數鈕，玉骨杈立，霞采迸散，斑斕蒼勁，殆不可狀。長鎮喟然曰：「道臻是耶？」

鄧完白刻石印

鄧石如少以貧故不能從學，逐村童採樵，販餅餌，負之轉鬻。日以其贏給饘粥，暇即從諸長老問經書句讀，摹倣木齋篆刻及隸古書。弱冠能爲童子師，見生徒憨跳，即舍去，刻石印，寫篆隸，鬻諸市。

胥山人鑄銅印

濰陽胥山人，工鑄銅印，用撥蠟法。而又精於《說文》六書之學，攷核篆法，一字不苟，印式古樸無倫。嘗走京師，謁盛伯羲祭酒，以印進，盛大賞之，爲游揚於公卿間。復爲書名帖，大署「胥倫字不滅」五字於尺幅，進謁王公，每持之，遂爲一時所傾倒矣。時孝欽后六秩萬壽，京外臣工謀進祝嘏品，苦無特異者。適胥鑄六十甲子印成。甲子印者，以干支相配，六十一週，皆鐘鼎文字，古意盎然。因購而鍍以金，寶光益煥發，因進呈焉，孝欽覽之欣獎。以年用其一，至一週，則年登期頤。詢出何人手，左右以奏聞，乃頒賜福壽字、畫、荷包等物。以布衣而得此，一時稱殊榮焉。而胥山人之名，乃滿京華矣。

工刻竹木扇骨

光緒初，江都于嘯軒目光精烱過人，方寸之中，能刻萬字，至闊扇骨，可刻三十行。其法，初時須先書之，然後奏刀，已而但須每字作點，後僅須以墨界其上，以防欹側。界畢，即鐫刻，成字甚速，不煩細視而點畫無不分明。其最小之字，以大十餘倍之顯微鏡照之，猶不能見。于嘗入泮，於雕鐫金石外，並工書畫也。

臨湘有周義者，工刻竹木。所刻黄楊木扇骨，其雕鐫枝葉，妙若天成。扇骨一副，鐫貲銀八圓。或請其爲湘妓張二寶刻一牀，至費銀數百圓。

安徽知縣某，能在四寸見方之牙刻三千小字。二十四根小扇牙骨，每面能刻十六行真楷，以顯微鏡窺之，一絲不差。

濮仲謙刻竹

濮仲謙，江寧人，言貌樸野，粥粥若無能。而善刻竹，一帚一刷，竹寸耳，句勒數刀，便與凡異。其所自喜，必用竹之盤根錯節者，以不事刀斧爲奇。經其手，略刮摩之，遂得重價。居三山街，里黨資其潤澤者恆數十人，而仲謙貧自若也。於友人坐間見有佳竹佳犀，輒自爲之，意偶不屬，雖以勢刦之，以利動之，終不可得。

李遷于刻竹

李希喬，字遷于，歙人。工篆刻，能雙鉤法帖，又斲竹爲臂閣及界尺，鏤刻燦然，如寫生，捫之，無毫髮跡。雖號竹工絶技之濮仲謙，不是過也。

周芷巖刻竹

嘉定竹器名於時，以鐫刻著也，而盛於康熙、雍正、乾隆時。周顥，字晋瞻，芷巖其自號也。世居嘉定城南，性磊落不羈，而未嘗與物忤。家無儋石儲，而未嘗以衣食累人。讀書不應科舉，而於畫獨有神解。做古賢山水人物，皆精妙。尤好畫竹，興酣落筆，風枝雨葉，無不曲肖。嘉定自朱松齡父子以畫法刻竹，其後有沈兼、吴之璠、周乃始諸人，皆精其藝。芷巖更出新意，作山水樹石叢竹，用刀如用筆，不假稿本，自成邱壑，其皴法濃淡凹凸，生動渾成，畫手所不能到者，能以寸鐵寫之，當時以爲絶品，且亦雅自負。其運刀時，若絲髪未稱意，雖垂成，亦斧以毁之。

竹器之製造

東南數省以竹器著名者，自江蘇之嘉定外，則有湖北之黄州，浙江之永嘉、嵊縣、餘姚，皆爲特别美術。惜囿於舊法，不知改良，且日就下焉。嘉定不産大竹，其竹購自湖州之梅溪。乾隆辛未，高宗南巡時，王某獻竹刻於行在，蒙賜翰林，自此得名，惟此乃文人學士之所爲，猶刻畫金石也。

至專精其事者，則有朱松齡，刀法簡浄，深得畫理，然僅有陰文。其子小松克承家學，延及秦一如、沈兩之輩，遞相師授，各自名家。後之作者，乃因其法，易以陽文，於是山水、人物、花鳥、草蟲以及真草、隸、篆諸體書法，無所不有。其最巧者，變爲陰陽合刻，層次分明，淺深迭見，益得畫家遠近濃淡之致。而雕鏤精細，盡態窮神，竹刻之能事備矣。至於翻黄器皿，如几榻屏障之屬，愈出愈奇，則亦創自乾隆南巡時也。

黄州竹最大，土人每截其一節作汲水桶。鄉間造屋，亦用竹爲柱。製器者，則以水煑熱，去内層之黄及外層之青，以架壓平，廣可逾咫。所製宫扇，天然一塊，不用邊緣，面刻字畫。其他如盤匜、插屏之類甚多。但其竹以大著名，製器多以獨幅見長，雕刻之工，不及嘉定也。

永嘉竹與湖州同，有剖其竹之半刻名人手書，作爲抱柱對聯。有織成箋簟嵌竹刻之字畫作爲對聯、插屏者。

嵊縣隨地産竹，西鄉竹工最著名。亦煑熱劈絲，用細眼之鐵板將絲抽過，絲細如線，圓勻一律。有女工包抽竹絲者，主家計竹徵絲，計絲給資，圓徑之竹，抽若干絲，有定例，若能加細，其贏得之絲，歸女工自得。其絲編成細簟，宛如綢綾，又以墨染絲與白絲相間，織成文字。最著者爲水墨龍耋，值百金，中等者爲文具籃。

餘姚方橋亦産竹器，而多作匾絲。用兩斜面之鐵板抽過，絲闊而薄，經風欲飛，文具籃内用木板作牆，傅以編成之簟，如席紋縐紗。

方絜刻像

方絜，道光時之歙縣人。善刻小像於臂閣，或筆筒，以其伎遨遊吴越間。嘗爲釋六舟作廬山行脚圖象於竹臂閣，須眉畢見。又爲阮文達作八十象，更佳。後歿於禾中。

筆管鐫字之原始

茗上筆估多於竹管鐫字，以爲徽幟，實始於康熙以後。平湖沈文恪公荃家藏法帖，嘗蒙聖祖御筆書「落筆風雲」四字於卷端。諸城劉文清公墉亦嘗蒙高宗宸題「清愛堂天香深處」扁額，二人感激恩遇。管城鐫刻，比之勒鼎銘鐘，不意茗估之摹仿爲之也。

刻葫蘆

禁城園籞曠地，徧植葫蘆。當結實之初，斲木成笵，其形或爲瓶，或爲盤，或爲盂，鐫以文字及各種花痕，納葫蘆於其中。及成熟時，各隨其笵之方圓大小自爲一器，奇麗精巧，能奪天工，款識隆起，宛若甎文，乾隆朝所製者尤樸雅。

徐某刻葫蘆

道光中葉，有徐某者，能以瑪瑙厚刀押葫蘆陽文。所製有三小兒鬭蟋蟀圖册子，凡蟲及牽草小兒注視狀，一垂髫，一小髻，一雙髡，面目各異，而陽文突起，極句勒，不見一毫斧鑿痕。其蓋卽用本身之頂，或海棠，或葵花瓣，刀削之，稍仄搑上，提攜不墜。徐性孤僻，終身不娶。嗜酒，不與人共飲。偶製一枚成，攜出，卽爲人購去。大率一金一枚，得直，卽沽酒獨酌，酒盡再製。室無長物，囊無餘貲，絕不干人，品亦高矣。惟葫蘆須北產方佳，每北客來多購以備用。

梁葫蘆

梁九公，太監也。北地多蟈蟈，好事者率盛以葫蘆置暖處，可經冬不死。葫蘆長者如雞心，截其半，嵌以象牙，或紫檀爲蓋。其扁者旁拓玻璃窗，以刀刻花卉，都人尤貴重之。九公製此爲業，售之必獲，巨值。方葫蘆未成時，束以範，方圓大小唯所欲，大者如斗，可爲果盒，極小者爲婦人耳璫，尤精巧，其他奇形詭製，不可殫述。文備山水花鳥之狀，細入毫髮，非由刻鏤，空隙處皆有「梁九公製」小方印，他人效之，不能及也，人皆呼爲梁葫蘆。

雕鏤象牙

象牙性堅，而製器者雕鏤山水人物，細入毫髮。蓋先以鋸解之，以醋浸經宿，則軟如腐，雕成，再以木賊草水煮之，即堅如故。

鷄卵殼刻小山賦

道、咸間，湖南黄熙嘗刻一鷄卵殼，初視之，亦不甚異，向有光處視之，卵殼刻唐太宗《小山賦》一首，字跡皆八分書，較蠅頭更細，後署「庚申湖南黄熙敬刻」。

黄攀龍精於攻木

黄攀龍，桂東人，精於攻木。康熙初，武昌黄鶴樓勢傾欹，攀龍牮整如舊，省費萬計，人皆神之。桂陽下濠有橋，地峻水急，植木爲基，不旋踵而毁。延攀龍至，橋遂成。邑之泉溪有田，資灌溉，上堰屢修而屢壞，攀龍親鑿石架木，出人意表，遂以永固。

李良年諳建築

秀水李良年，字武曾。康熙己未被舉宏博時，薦牘姓名爲虞兆潢，且落第，歸而築秋錦山房於長水上梅會里之漾葭灣。其南曰觀槿，東曰躓舫，北曰息游草堂，坐卧其中，弟子著録者日衆。生平精心計，諳建築，其爲草堂也，欂櫨、柱枅、瓴甓之屬，一經鳩度，立匠人圬者於前，分授之，斧斤既施，不爽尺寸。

袁女製搓爆竹機

光緒時，湖南某邑有逆旅主人袁某，有女，年十八九，慧甚，能製搓爆竹機。其法，先用二版中横鐵絲十餘枚，取滑藤及糯粥煮紙爲糜，以油傅鐵絲上，取如糜者乘熱傾二板間，急搓之，凡十數次，搓紙捲鐵絲上如輭竹，置石灰中養之，一炊許，堅如鐵石矣。復有二板，上板密排多刃，下板密排多槽，槽與刃相受相距，皆以寸，取所搓者數百枚，拔去鐵絲，置此切之，皆寸斷爲短筒。又有二板，下板有多孔，深八九分，圓徑與短筒等，孔底鋪黄泥如細粉者一層，厚二分許，取短筒一一植於孔中，上板有多針，與孔數相應，長八寸許，較搓時鐵絲略粗，剡下方上，短筒既植立，取針板壓之，針從鐵絲舊痕而入，但使稍大，能容火藥，筒底黄泥受壓，皆入筒二分許擠緊矣。取去針板，傾火藥其上，寸許厚，另取平板壓之至二三次，震動筒板亦二三次。藥盡入筒，取鐵鎚遍鎚筒頂，取膠水塗之，欲其彌縫無隙也。俟乾，取針板刺之，盡其剡，不盡其方，取藥綫插所刺孔中，而爆竹成矣。日成爆竹二萬，售錢千，爲之一年，有贏息矣。且凡孔凡針，皆女親執鎚鑿爲之，不假他人手也。

製傳聲筒

傳聲筒者，截竹筒兩枚，空其兩端，各以一面用皮紙冒之，膠封甚固。兩筒紙面相向，取長數丈之細線穿過之，使兩人各執一筒，一人屬口於此筒之空面，一人屬耳於彼筒之空面，相去數丈，屬口者隨意言語，屬耳者聽之了了，他人不聞也。或曰：「筒中既有線縫，故聲不終閟，即從線縫穿出，不足爲異，惟既出縫外，何以帖然附線而行，由此達彼，竟不散開？且線在筒外，聲從線過，而他人不得聞，則又何也？」施望雲曰：「氣充塞於兩間，聲從線縫透出，逼之甚急，故附線而奔，速於電火。此線以外，無非氣，故急切不至散開，而他人不及聞。但此線中或有紐結，或以手指略拈，即不能過。若線太長，則聲散，筒過鉅，則聲或倒奔，從口角腮門溢出，亦不能達也。」

蓮實製物

直隸廣平府城外二三里有一大湖，水波粼粼，一碧如畫。湖中悉種蓮花，居人採取蓮實，製成玩物，如手串、數珠等，均質堅而耐久。亦有剝取蓮皮，壓成各種花朵，中以細竹貫之，製成煙管者，苟不經水，數十年不壞。惜所產不多，製成之物，僅足售之北省耳。

製豆盒

蠶豆，以其蠶時熟，故名。一曰以其形似也。破莢出之，鮮翠可愛，小兒女輩每以指甲鏤刻方勝、連錢之屬，襯以豔色花瓣，極工巧，戴藥砰戲名之曰豆盒。

清稗類鈔

孝友類

文與也孝友

長洲文處士君點，字與也。負盛名，爲文肅公震孟之孫。詩古文辭，書畫金石，咸不失高曾矩法。執親喪三年，止酒徹肉，晝夜居廬。服除，祀事惟謹，朔望肅衣冠，拜宗祠，遇祭日，雖風雨必返祭。仲父乘授命，家産破落，與也怡然，依墓田以居。兄然爲逋賦所累，乃轉貸親懿，爲輸之官。

方穉官孝友

遂安方穉官，名成郊，東閣大學士書田之子，進士象瑛之父也。孝友性成，其事父能服勤盡養，父嘗曰：「是子先意承順，不愧古養志者。」已而父遇變閩中，乃盡鬻田廬迎柩以歸。少弟穉稷偶隨之吴門，遘寒疾，舌苔厚幾寸許。穉官以帛裹指拭其口，四十日始愈，指爲之潰。

施愚山孝友

宣城施愚山侍講閏章，少失怙，事叔如父。及貴，叔稍不悅，猶冠服長跪。母馬夙失歡於大母，抑鬱而卒，乃請大母命，循例乞褒封，據地哀陳，始獲焚黃祔廟。其講學白鷺書院時，一日，講長幼有序，因自言少年孤露，終鮮兄弟，至於嗁泣。座中有鬩牆者，爲之悔感。

林瑛佩孝友

侯官林瑛佩聰慧能詩，年十四，父雲銘遭耿精忠事下獄。瑛佩匿其弟於深山中，藏利刃衣袖間以自防，日饁饘粥，餉父於獄。母以驚怖成疾，瑛佩刲股療之。身任家務，卒免父於難。

鄭誠齋孝友

秀水鄭誠齋虎文，乾隆中官贊善。少孤，竭力事母，母病，禱於神，請減算畀母。事兄如父，迎寡姊歸老於家，撫諸姪諸甥五十年，親戚故人待以飱葬者無虛歲，就食於其家者無虛日。囊篋每空，家人告之，鄭笑曰：「姑強支持，饑寒當共之，吾寧苦身，無以病吾心也。」性無苟取，歲時有餽遺者，非其人，雖親舊不受。

夏修德孝友

新建夏修德，字筠湄。性至孝，事祖母供養如禮，甘旨必親進。始勵志帖括，應鄉舉，不得志，遂絶意進取，理家政。而亟課諸弟，日夜督率激勵之，皆斐然有文行。弟修嵩、修忠相繼舉於鄉，修恕成進士，入翰林，乃欣然曰：「吾自是可以報先人於地下矣。」

李春江孝友

蘇伶李春江偉軀潤嗓，技藝冠羣，性聰敏。嘗於市肆購殘缺《耕織圖》一帙，暇輒臨摹，久而有得，畫人物，無不入神。又嘗與諸畫家晨夕切磋，聲譽日增，歲得潤筆資倍於戲值，然終不棄伶賣畫，曰：「伶本業，畫餘技也。且班中脚色無多，缺一不辦，我去，奈衆人何？」弟某性頑劣，不事生計，母偏愛之。李得貲悉數奉母，弟浪用不敢怨，弟有所忤，亦笑撫之，不與校，蓋恐傷母意也。咸豐時，粵寇難作，有人見其負母挈弟出胥門去，不知所終。

鄧裕明孝友

鄧裕明，常熟梅里鎮人。世業鬻錫，以父憲文耄而失業，裕明日備甘旨以供膳，更察其性之所嗜使盡歡。咸豐戊午，憲文病卒，醫藥喪葬無不具。母顧氏之浣溺滌污，亦躬任之。母病，夜不解衣，及痊，裕明始有笑容。

裕明友愛其弟裕福，遇其病，調護備至。念母老，自賣餳於市，無人侍奉也，乃措資於人，爲裕福納婦。裕明旋亦自娶，然母之所需，仍躬任如初。

訓導楊澤清宣講至梅里，嘗造廬訪之。市有不孝子某，楊召之至裕明家，强裕明上坐，令某長跪受責，某卒改行。

錢塘丁氏之孝友

錢塘有丁孝子二人，長曰申，字竹舟；次曰丙，字松生。既卜葬其父母於西溪而廬墓焉，乃築風木盦以避寒暑。咸豐丁巳，粤寇擾杭，盦燬於燹。光緒季年重建之，其附屬於盦者，有松夢寮、友梅軒、鳧戲池、思顔亭、不如圃、西園、慕陸簃、朝陽臺諸勝。竹舟、松生孝而悌，每自相師友，以文行著於時，且綜理杭城善舉，逾三十年。晝治事，夕著書，恆就所居嘉惠堂而東西列坐，相與商搉，怡怡如也。申之子修甫，名立誠；丙之子和甫，名立中，亦友愛羣從，教以詩禮，使足自立，蓋亦善於養志者也。

殷懷鄉孝友

殷懷鄉，江浦人。少孤，有母及諸弟，無恆產，傭力以養。耕作之暇，輒入山刈薪，至夜分始休，明旦入市，易甘脆奉母，日以爲常。年三十始娶婦，教之事姑，婦亦婉娩聽從。無何，歲大荒，無所得食，乃謂婦曰：「俱死無益，不如嫁汝，得銀錢可以養吾母及吾弟，汝亦得生路，一舉而兩利也。」婦不可。殷曰：「非吾意也。非汝負我，且吾母得存活，卽汝所以報我也。」婦乃從之，母及弟卒賴以全。後母死，負土成墳，諸弟成立，皆爲婚娶。或勸續娶，泣曰：「吾婦歸我，無失德，且得母歡心。昔以貧故棄之，今復娶，是負吾賢婦也。」卒不娶，獨廬於墓側以終。

安子孝友

安子，佚其姓，伶也。嘗寓杭州吉羊巷，事母事兄，無間言。兄早娶，乃以童養媳完姻者，母待之甚薄，日夕自操作，稍不遂意，卽以鞭扑從事。迨安子娶婦，婦之母家頗小康，時有餽遺，母心豔次婦之富，時承奉之，而待長婦則如奴僕。安子諗知之，婉諫其母，更慰兄嫂，且令妻務與嫂同作苦。妻笑而言曰：「我豈木偶之不靈耶？抑如悍婦之狂悖耶？但能使母勿爾，毋慮余不能操作也。」安子迺請母弗偏護，母頷之。

安子外出數月，歸見母，方持一盤上樓，視之，火腿粥一甌，白片嫩鷄一盆也。至樓，安排碗箸畢，喚次婦命之食，旁坐以待。安子怒，重斥妻曰：「爾以吾母爲奴僕耶？」母應聲而言曰：「我願送來，不干爾事。」安子忍氣下樓，視兄嫂，則於竈下共席而飡，其肴僅白菜一碗而已。於是太息而言曰：「何勢利之一至於此也！」復上樓，母已撤饌俱竣，妻笑曰：「何如何如，此非吾之過也。」安子怒甚，揪妻髮而痛責之，旋欲跳樓出，兄止之，安子曰：「我不忍見。」遂去。

龐佑孝友

虎邱山塘有龐孝子者，名佑，字申甫。早喪母，侍父寢食，晨夕依依也，以是終身不再娶。父年六十餘，病蠱，便溺閉癃，治莫效。一日，忽水道通暢，患頓釋，蓋實孝子吮之所致也。越八年，父卒，哭踊盡哀，經營窀穸，無失禮。既葬父，家事一秉兄命，不析産。弟卒，撫其孤，孤亡，又撫嫠穉四人，教養成立。償兄逋以千計，戚屬中之不克葬者悉助之，推解周急，承父志，一如父在時。

金桂銀桂官婦之孝友

出蘇州閶門東北行五十餘里，有巨浸曰鵝湖，湖濱有市集曰蕩口，地屬金匱。諸蕩縈繞，以水爲鄉，中最大者爲鵝鎮蕩，洪濤巨浪，不讓江湖。餘若清鎮、蔡灣、舒遂等蕩，星羅碁布，或三里一遇，或五里一遇，土人操舟爲業者十之五也。

光緒中葉，有銀桂官者，舟人之少子也，姓華氏，兄金桂官，兄長弟二齡，而誕生皆以八月，故命名如此。父早卒，兄弟各操一舟，母氏傅，傅食於二子。子婦熙熙，無稍拂逆，而二婦之相親相敬，相憐相惜，求之世家大族，雖手足不易得，況娣姒乎？

銀桂官婦姓裘氏，無錫人，生一子一女，皆能助父母，分微勞。姑年邁而健，婦釵荆髻椎，雅善牽挽，貌沉實，寡言笑，驟視之，無異於常人。奉姑事夫，雖有禮，亦常人所能勉爲，姑亦慈善。

金桂官婦沈氏，亦無錫人，貌娟秀，好塗澤。事姑以怡色柔聲。膝下僅一女，責之獨嚴，不稍假借，蓋事親事夫以情勝，待所生，則持義方之義。婦每視姑膳畢，坐姑側，隨口說故事，又曼聲唱山歌以娛姑，姑樂甚。

先是，沈以童養媳七歲至華家，姑兼母職，教養兼施。沈又活潑，時以乾餱啗鬻鄰舟，姑約束遂嚴，然姿首楚楚，善承色笑，固甚愛之。迨銀桂官娶裘氏，沈已先一年與兄完聚矣。齊民家庭之習慣，童養媳輒爲人所蔑視，翁姑亦往往虐遇之；臨時迎娶者，雖赤貧，亦備六禮。今沈婦雖得堂上歡，然童而養焉，夙受教訓，裘後至，又馴謹無可瑕疵，姑遂假以詞色，不似遇沈之喜則撫循，怒則呵斥也。二婦初相見，即甚相得，裘固樂沈之和易，沈亦愛裘之巽順。兩舟各攬客載，不能日相守，間數日共泊一灣，親暱臻至。姑偶不適，即謝客不載，裘自任扶掖浣濯之勞，而使沈調羹奉藥。沈不自安，暇輒取溺器衷衣，乘裘不在側分其勞，裘見之必奪去，甚至苦相持，不知者幾疑爲攘臂之爭也。裘之言曰：「嫂事姑久，識姑性，心細而靈，主飲食，和藥餌，關係至重，且荏弱不耐勞苦，一轉移間，各得自盡其心，又何嫌焉？」其誠懇如此。某年夏五，同泊甘露鎮，載客觀賽會。夫有族叔某亦操舟，是日適泊於二舟間，左金而右銀也。叔母顧氏，愚婦也；媳周氏，亦童養，佻達狠戾，奴視尊嫜，夫不敢問，翁責之必反唇。沈、裘深鄙之，向不與親近，姑亦戒勿相答。

賽會之舉，肩摩轂擊，尤易生事。方諸舟之維繫也，已無隙地，一舟後來，欲泊無所，轉舵欲還，誤觸周船尾，碎磁碗二；兩不相讓，遂用武。而周與彼舟婦角力不已，同落水，周乃過銀桂官舟，丐裘爲理髮。裘知其餘怒未息，不能卻，周怨其姑坐視，申申罵，且言童養婦非人所爲。裘慰之，謂：「嬸夙愛妹，今日之事，男女分曹而鬭，嬸性良懦，噤不敢前，非袖手也。然彼婦雖凶惡，亦飽飲清流，且見額青紫而臂流血也，我氣爲之稍平。」周默然，啣其諷刺，欲與争，以裘負賢名，遠近戚串皆重之，言語參商，知必不得直，乃佯笑應之，而陰謀徐起。念裘以孝尊嫜和妯娌得名，而妯娌之和，尤爲難能而可貴，欲敗其名，必使其嫂惡之。

沈與裘相處漸久，莊言諧語，彼此無猜，乃一旦驟改常度，閱兩月，絶不聞沈有娓娓之談。平日喜嘲弄，有童心，夕陽倚棹，鵠首停針，輒與裘把袂牽衣，或互引小兒女啼笑以爲樂。兩月以來，亦絶無此事，裘實不知開罪之由，惟矚姑之不留意。沈時時與周相往還，裘則大詫。未幾，而姑忽假事語裘曰：「汝嫂雖童養媳，我視如女，所以隨意喜怒，不存芥蔕者，正惟親之，固非輕之。媳無論童養與否，惟賢者可重耳。」裘大駭，徹始徹終，顛倒思索，意不能無疑於周。然自此與嫂言笑，一如平時，嫂本無城府，亦稍安之，但不能如前此之水乳也。會沈之女患時疫未愈，而沈亦受傳染幾殆，裘竭力調護，不離左右，迷惘時固未及知。病起，聞金桂官之贊歎，姑又歷歷敍述，謂病重時勸其稍留意，防傳染，彼固不聽，且夜半焚香祝天云：「吾家可無我，不可無嫂，嫂事姑久，能得歡心，乞天垂宥。」涕泗横流，我適聞之。沈感泣，相愛如初，惟交誼中斷之原因與周之讒口陰謀，沈猶未嘗稍露。後戚串有嘉禮，亦童養媳成婚者，女賓中有裘氏母族在，謂裘曰：「童養成婚，禮殊草草，我與汝幸免此，得不爲人所輕。」裘曰：「是何言？我嫂固童養媳也，我不敢拘成見，泥惡俗。如不賢，雖備禮迎娶，亦惟家之索。」語未竟，忽有人拊其背笑曰：「一個悶葫蘆，今打破矣。」則沈也。鄉間酒食殊簡率，須臾客散，二婦踏月攜手歸舟，述周之譖，並深自刻責，爲不識人。姑殁後，猶不分析，卒和好終其身。蓋二婦之孝於姑，而妯娌之相友，實世所罕有也。

夏邑盜之孝友

夏邑多盜，報案而若干年不獲，縣官有三參四參之處分，至四參，須褫職矣。一日，獲一人，令提案嚴訊，盜曰：「吾爲是二十餘年，案纍纍不可勝數，既至此，有死而已。此間苟有年久不破之案，小人悉承之，官可免四參矣。惟小人有父母，當拯之。」令依其言，併案解府，録供通詳。釘封至，兵役擁之出，將赴刑場，其父母哭送之。盜曰：「勿哭，父母猶憶某年之大荒乎？兒以爲農多飢寒，不如爲盜，請於父母，父母允之，自是而兩弟授室，兩妹遣嫁，父母得稱小康。兒志畢矣，雖砍頭，亦何怨哉？」遂引頸就刑。

施瞀從父命執禮

宣城施瞀爲愚山尊人，家法嚴重。始婚夕，客強以酒，謝弗勝，父以爲忤客，目懾之，卽跪謝，父遣去，則退而跪於寢門。漏三下，父入見之，引其手曰：「孺子執禮過矣！」

顔習齋尋親

顔習齋名元，幼鞠於蠡縣朱翁，長歸宗，至關東尋親。時爲明崇禎戊寅，大兵直薄近畿，元之父被掠，果得其踪於瀋陽，殁矣。尋其墓，哭奠如初喪禮，招魂題主，奉而歸，遂棄諸生，終三年喪。自是用世之志益殷，曰：「蒼生休戚，聖道晦明，責實在余，余敢偷安自私乎？」乃南游中州，張醫卜肆於開封以閱人，所遇甚衆，倡實學，明辨婉引，人多歸之，然執宋儒之見者比比，未能化也。

冷昇尋親

冷昇，益都人，諸生。父植元，於明崇禎己卯游嶺表，既鼎革，兵戈阻絶三十年。昇發憤，依肇慶道趙進美於端州，冀便咨訪。一日，有喬某者，亦山東人，往西粤，昇跪請訪求。越歲喬返，微聞其父殁於龍州。昇遂辭去，溯牂牁而上，歷三百七十餘灘，自横州達南寧，經遷隆、思明，行五千里，遇那利人蔡、鄭二叟，詢知與其父舊爲龍州土司客，乃偕往。復與葬師譚某遇，遂得父櫬於龍州北門交帶橋側，負骸骨歸。

張孝女爲父復讐

張孝女，陝西鎮原人。父某，爲讐家所殺，女有三弟，不能報。訟於官，讐家輒以賄寢之，凡三訟，不得直，女憤曰：「吾誓以死復吾仇！」語稍稍聞於外，讐家則謂此弱女子，無足爲也。時值明季，寇盜紛起，李自成陷鎮西，守令皆降賊，獄事益緩。既而自成陷京師，明思宗殉國，大兵既入關，自成復走陝西，大兵逐之。女聞兵至，乃斷髮易衣冠爲男子，臂弓腰矢以往，請於主兵者，願殺賊自効。主兵者偉其言，令率五百人爲先驅，每戰必先，以功授爲忠顯校。迨西安既定，女陳言於主兵者曰：「鎮原，吾鄉里也。道路山川，吾所素悉，且被兵久，請以一軍往略之。」乃進爲武毅將軍，遣一軍隨之，徇鎮原。既下，女卽圍讐家，取讐頭祭父墓。既抵家，乃泣拜其母曰：「母當不知兒爲何人？兒，母女也。兒之變服爲男子者，冒死以殺賊，實爲父讐。今讐已復，吾志已遂，有弟可侍母，兒亦不能再作椎髻之婦事人。志遂讐復，兒請死。」遂自剄，母欲阻之，血濡刃而出矣。鎮原之人哀之，爲之立孝女祠。

洪承疇母責子以孝

洪承疇母某氏，志節凜然。承疇既降，隨大兵入都，乃遣人迎其母於閩。母至，見承疇，大怒，操杖擊之，且責以不死之罪，曰：「汝迎我來，將使我爲旗下老婢耶？我打汝死，爲天下除害。汝不忠若此，卽不孝也，汝當思所以孝我者。」承疇疾走而免，母卽買舟南還。

陸介庵萊舞承顏

陸瑶林，字以攻，號介庵，順治朝官金谿令。性至孝，中年卽乞歸終養。乙酉春，同里陸鶴田侍御舉高年會，凡十二人，得壽一千餘歲。鶴田繪圖誌盛，過叔寅作記，餘各賦長歌。十二人之年齡，倪菁翟年九十六，王臚始年九十一，施抑庵年八十九，潘泰瞻、張默先年八十四，俞萍涵、于貞瑕、沈元甫年八十一，過叔寅年七十八。次年復會，增入者三人，俞元白年八十二，楊孚九年八十一，其一則介庵也。介庵時年六十有一，隨父筠修方伯年八十四，父子同與，尤盛事也。先是，明天啓甲子元旦，方伯年六十一作詩，有「既是三元推作首，復看五紀讓居前」之句。介庵步韻云：「椒觴上壽孫應後，萊舞承顏我欲前。」

夏國材夫婦雙孝

夏國材，字光宇，新建人。有孝行。母病，其婦熊氏徑刲股以進，病尋愈。居父母喪，夫婦以孝稱。順治丁亥歲旱，傾囷廩以濟族鄰，謂遵父母遺命也。

柴紹炳以孝感人

仁和柴虎臣名紹炳，少有至性，生計清寒。父亡於官，求商人附載東去，迎棺歸葬，乃躬自負土成邱，時節祭奠，涕淚迸涌。里中有避父笞出亡者，虎臣遇之，問得其故，大悲曰：「爾有父笞，非苦；我無父笞，乃苦耳。」爲賦《遊子遇孤兒行》。其人垂泣自恨，卒爲孝子。

張鵬翼事親養志

連城張鵬翼篤信程、朱，鋭意問學，自治甚嚴整。終日端坐，跬步不苟，盛暑不袒裼，事親養志無違。居喪，蔬食三年，不外游，不内寢，動必以禮。

史大成乞終養其父

鄞縣史立庵名大成，順治朝官禮部侍郎。時同官議裁孝子節婦廩給，曰：「彼分内事，何與朝廷？」史毅然曰：「爲子不孝，爲婦不貞，亦何與朝廷，必以法繩之耶？」議遂寢。

史性至孝，會其父思之，繪己容以寄，亦令其繪己容寄之，聞命驚怵，晨夕不安。故事，京察六年俸滿，方得請假歸，史僅四年，不合例，乃上疏自陳曰：「臣父思子不見，思見子之儀容，呼子不來，頻呼子之名字，臣而忍此，不可以爲人子，亦何以爲人臣？」世祖覽奏，惻然，特許終養。及中途，而父凶問至，哀毁成疾，遂以養母家居。

桑文侯抱鐺哭父

桑調元，世稱弢甫先生，其父文侯，孝子也。家貧，粥角黍於市，親病鬲，和羊脂於粥以進，終不痊，抱鐺而哭。人爲繪《抱鐺圖》，萬徵君光泰贈詩云：「羊脂數合米一匊，病父在牀惟啜粥。父能啜粥子亦甘，粒米勝於五鼎肉。升屋皋某無歸魂，束薪斷火鐺寡恩。牀前呼父鐺畔哭，抱鐺三日鐺猶温。恨身不作鐺中米，臨没猶能進一匕。」謂鐺，不聞鐺有耳。

胡勵齋慟父致疾

仁和胡勵齋通政亶性至孝。父患脾疾，日夜侍湯藥，衣不解帶，目不交睫，中裙厠牏，皆自滌之。及卒，三日勺水不入口，一慟吐血數升，遂以哀毁成疾，尋亦不禄。

徐敬庵負父骨歸

錢塘徐敬庵中丞旭齡，少負至性。父死於豫章，蒲伏數千里，求遺骸，間關險阻，猛虎在前，初不色動。感父見夢，得死處，卒負骨以歸。

陸棻大呼救父

陸棻，原名世枋，字次友，號義山，平湖人。當大兵南下，父未庵爲阿什免所執，將加刃，義山從麥隴中躍出，大呼曰：「寧殺我，勿傷父。」阿異之，乃舍而俘之，獻於固山誠順伯馬光遠，試以文，大喜，撫爲子，留於旗，後乞歸。康熙朝官至内閣學士。既致仕，抵家之日，著屐登岸，淡然榮利，絶不自知有二品之尊也。

常氏孝姑

順、康間，閩縣有二怪，一黑怪，一白怪。白怪爲陳軒田，名昂，諸生也。恃才而狂，以事忤當道，被斥，流山左。昂僅有一母，已老，妻常氏，未婚，聞昂遠戍，亟來歸奉姑。其僕陳德采薪以供爨，安溪陳介石太史遷鶴爲醵金贖罪，乃釋歸。復補弟子員，始與常氏成婚。黑怪卽方邁，字日斯，其行事與白怪相類。

陳定庵上書救父

陳文和公鼓永之父定庵，以父謫塞外，上書訟寃，格於吏議，遂瀝血草疏，願代父行，有「緹縈以一女子尚能救父，臣荷聖朝孝治，敢惜微軀」之語。雖不得請，然世祖憐其孝，次年，卽釋歸。及聖祖御極，以孝行蒙宸眷，屢擢至工部尚書。

聖祖不忍死其考

光緒己丑，盛伯希祭酒昱在京師琉璃廠坊肆，見有「順治十九年」五字之聖祖御筆畫，蓋聖祖不忍以世祖出亡而改用年號也。

李因篤遵母命就徵

康熙己未，聖祖詔開博學宏詞科，李因篤被徵，以母老辭，閣臣聞其名必欲致之，大吏承風旨加意敦迫。將以死拒，母勸之曰：「兒死固佳，七十老人將何依乎？」不得已，始涕泣就道。應試入翰苑，與朱彝尊、潘耒、嚴繩孫稱四布衣。授官後，即上疏乞養，情詞懇惻，詔許放歸。疏中有曰：「內閣學士臣項景襄、李天馥等旁採虛聲，先後以臣因篤姓名聯塵薦牘，獲奉諭旨，吏部遵行，陝西督撫促臣應詔赴京。臣自念臣母年踰七十，屬歲多病，又緣避寇墜馬，左股撞傷，晝夜呻吟，久成廢疾，困頓牀褥，轉側須人。臣年四十有九，兒女並無，母子煢煢，相依爲命，躬親扶持，跬步難離。隨經具呈哀辭，亦第移咨吏部。吏部謂稱親援病，恐有推諉，一概駁回。而台司郡邑絡繹遣臣長行，急若風火。臣趨朝之限，雖迫於戴星，而問寢之私，倍懸於愛日。然呼天莫應，號泣就途，心緒荒迷，如墜雲霧，低頭轉瞬，輒見臣母在前，寢食俱忘，肝腸迸裂。」既歸，奉母家居，旦夕不離。因篤，字天生，陝西富平人。

陸清獻居父喪禮

陸清獻公隴其再起應宏博科，在都，聞封公訃，即徒跣出國門。抵家後，日夕哭泣，惟茹素，不入內寢，席地而臥。期年，乃以土坏置墊四隅，寢其上，所製服悉準家禮。三月之內，衰絰不去體，三月後，始易麻帽，以麻縷爲緯，服麻袍。小祥，始用白布帽，以棉紗綫爲緯，服粗白布袍。大祥，以月白綫爲緯，始用淺色布套，加於素袍。從時法古，蓋兩得之矣。

陸清獻以孝母感人

陸清獻嘗爲靈壽令，政尚寬大，吏民莫不懷德。或以其性近書癡，故嬲之，陸徐發其謀，不動聲色，由是無敢有欺之者。一日，有老嫗控子忤逆，呼其子至案前，則一年未弱冠之少年也。陸謂其母曰：「余署中無僮廝，爾子可暫服役，俟有代者，當爲杖遣可也。」隨命其子給事左右，毋得稍離。陸每晨，鵠立太夫人房外，太夫人起，卽進盥漱，進茗餌。午餐，侍桌側，奉甘旨，時作孺子態，承色笑，太夫人食畢，方啜其餘，晚餐亦如之。每公暇，輒侍坐，或述古事，或說民間情狀，以爲笑樂。太夫人稍不適，則扶掖搔爬，秤藥量水，數夜不寐，了無倦容。如是者數月，某子忽跪請歸省，陸曰：「汝母子齟齬，何省爲？」某子泣曰：「小人向不知禮，開罪於母，悔不可追。」遂召其母至，子見母，痛哭自投，母亦哭，卽令其母挈之歸，後以孝聞。

姜西溟夢梨寄母

姜西溟，名宸英，性行敦敏。嘗客中州，夢食大梨而甘之，欲遺母，不果，悵然而醒，因作《夢梨》詩寄兩弟。追溯月日，正其母病思大梨徧覓不得時也。

姜雲一孝父母

姜雲一，名國霖，少有至性。父遊京師，病，雲一往省，則已歿，無錢市棺，乃以敝衣一襲裹尸，負之乞食而還，族人爲醵金葬之。母善怒，怒則致疾，雲一百計解之。一日，怒甚，跪膝前，作小兒嬉戲狀，自持母手，撻其面，母笑而罷，自是不復怒。時雲一年五十矣。

閻百詩臥起父側

太原閻百詩，名璩。遭母喪，疏食三年。服既闋，哀其母，不忍其父之獨處也，不入內而臥起於父側者又一年。父諭之，不去。

丁世淳終養繼母

繼母年老，無終養例。康熙庚戌，浙撫范承謨疏言，知縣丁世淳以繼母劉氏年老，呈請終養，吏部議駁，奉特旨允行。自是而有繼母、生母者，皆許終養矣。

朱壽命贖母

朱壽命，江西餘干人。康熙乙卯遭亂，與母李氏相失，日夜泣，不欲生，如是者數年。一夕，夢若有神語云：「汝母無恙，隸正藍旗下。」壽命乃痛哭，遍拜其戚族鄰里，與訣曰：「苟不見母，不生還矣。」於是短衣芒屨，背黃袱，足脛赤露，匍匐三千餘里，走京師。至，則行乞市中，或遺以餅餌，則自食，遺以銀錢，則紉衣縫中，竟日忍餓，不費一錢，爲贖母計也。蹤跡久之，果得母所在，如夢中語，而旗主故要重值以拒之，乃日跪其門外，雙膝爲腫。遇母生日，持肉麵一盂，跪進母，伺母食畢，然後起。邵遠平學士時官京師，義而贖之，既出，無所依，因留學士家。母性卞急，小不如意，則詬罵不休，甚則捽而批其頰，壽命益嬉笑謝，曰：「恐傷母手。」後數月，得便舟，乃奉之歸餘干。

巢端明廬母墓

嘉興巢端明，名鳴盛，事母孝。母歿，築室於墓，顏其堂曰永思，閤曰止閤，自號止園，三十七年跬步不離墓次。及卒，徐俟齋私謚之曰貞孝先生。

高裔贖父事母

宛平高大理裔少有至性，生十二年，而父以吏事謫瀋陽，高涕泣號呼，欲上書闕下，請以身代，衆皆駭笑，以爲孺子言，莫與承聽者。臨行，攬父裾泣曰：「兒不能發憤致身，使生父還，十年後，當獨身依戍所，不復言歸。」自是，遂刻苦於問學，晝則從諸昆弟坐列販鬻，夜中且泣且讀書，嚴冬常服短布單衣，忍寒抱卷不輟。康熙丙辰，成進士，入翰林。會以地震，推恩寬在法者，高請於朝。聖祖惻然感其至情，詔許贖歸。而方是時家無絲粟，乃流涕委曲跪告於同官暨鄉人，傾身以營，踰年，父得歸。

高侍父，自壯至老，容色如嬰兒，動靜作止語默之間，所以承意觀色而處其宜者，皆古禮經所未嘗有。退朝，常居於內，問之僕御，則母夫人令其讀《雜記》，陳說其義以爲歡樂也。

崇明老人有孝子孝媳

康熙癸亥，崇明有吴姓老人者，年九十九，其婦亦九十七歲矣。老人生四子，壯年家貧，鬻子以自給，四子盡爲富家奴。及四子長，咸自立，各贖身娶婦，遂同居而共養父母焉。

吴卜居縣治西，列肆五間，伯花米店，仲布莊，叔醃臘店，季南北雜貨店，四店並列，中一間爲出入之所。四子奉養父母，曲盡孝道，始擬膳每月至一家，周而復始。其媳曰：「翁姑老矣，若一月一周，則必歷三月而方得侍奉顔色也，太疏。」復擬每日一周，周而復始。媳又曰：「翁姑老矣，若一日一周，則歷三日而方得侍奉顔色也，亦疏。」乃以一餐爲率，如早餐伯，則午餐仲，晩餐叔，則明日早餐季，四餐一周。若逢五及十，則四子共設於中堂，老人坐其上，東則四子及諸孫輩，西則四媳及諸孫媳輩，分昭穆坐定，以次稱觴獻壽，率以爲常。老人飲食之所，後置一廚，廚中，家各置錢一串，每串五十文，老人每食畢，反手於廚，隨意取錢一串，即往市中嬉，買果餅啖之。廚中錢缺，則其子潛補之，不令老人知也。老人間與知交游，或博弈，或樗蒲，四子知其所往，輒遣人密持錢二三百文，安置所游家，且囑其伴輸錢於老人。老人勝，輒踴躍持錢歸，老人亦不知也，亦率以爲常，蓋數十年無異也。

老人長子年七十七歲，餘子皆頒白，孫與曾孫可二十餘人。崇明總兵劉兆以聯表其門曰：「百齡夫婦齊眉，五世兒孫繞膝。」

許伯泰孝父母

許伯泰，巴陵人，康熙時諸生。歲大疫，父客長沙，中疾，伯泰奔侍之。父愈而聞母又病於家，急馳歸。時某邑令施醫藥，藥性良，急求之，既得，冒風雨乘孤舟下瀟湘，風猛舟覆，溺洞庭湖，家人弗知也。是夕，母見伯泰以藥飲己，飲畢大汗，疾頓愈，呼伯泰，家人訝未歸，後始知其已歿而託母以夢也。

焦袁熹以親老辭官

焦袁熹，字廣期，世居歇浦南，學者稱南浦先生。康熙丙子登鄉薦，念祖母鞠氏、母唐氏春秋高，遂絕意進取。癸巳，詔求實學之士，華亭王文恭公、安溪李文貞公交章薦之，奉旨召見，以親老固辭，及選山陽教諭，仍乞終養。乙巳，母病，袁熹年六十六矣，猶躬自扶掖，進飲食，積三四月不怠。及卒，勺水不入口者十日。

張如緒乞歸養父

濟寧張如緒，字紹先。康熙庚辰進士，爲禮部主客司郎中，以父世思百歲告養，蒙召見，並許其家居得具摺附聞世思起居。

李孝貞事父不嫁

禾中李孝貞，字鳳，夢康女也。夢康儒而貧，日不再炊，孝貞織紝以佐尸饔。夢康疾，禱於天，有烏銜果蓏墮藥柈中，嘗而進之，霍然愈。里中世族爭欲聘孝貞，孝貞益不自安。一日，請於夢康曰：「女以何而賢？」夢康曰：「善事舅姑耳。」孝貞曰：「非也，焉有舍我父事他人親以爲賢乎？」竟不可奪。孝貞既事父不嫁，閭巷聞而化之，諸婦女有爭言詬誶者，皆相戒曰：「毋令孝貞知。」時人爲之語曰：「生女慎勿嗔，養女不嫁有孝貞。」

唐容齋守母棺

唐容齋有母喪，會賊入其邑，殺長吏，死者相枕藉。唐縗麻苴杖，卧喪次，賊逐之，環柩三匝，且泣且罵。賊以刀斫唐，弗中，中几，几裂，刀亦寸寸斷。賊相顧驚怪，稍稍引去，自是遂相誡，無敢入唐孝子門。

王恩榮爲父復仇

王恩榮，字仁庵，蓬萊諸生也。父永泰，爲縣吏尹奇強毆死，恩榮甫九齡。祖母劉氏力訟，官祖奇強，給銀十兩，斥去其狀，劉悲憤，閉門自經死。恩榮母亦劉氏，既抱夫仇，復痛姑喪，重褢官所予十金，識而藏之，渴葬其姑，厝永泰於小屋中，自居其旁，大書示其子曰：「汝知殺而父者誰耶？」痛哭三年，嬰疾且卒，呼孝子至，授以褢金曰：「汝家累年積三喪，而祖母及父皆不得良死，而吾仇竟優游法外。此褢金官所給也，汝家以三命易十金矣。吾所以寶藏至死者，冀汝長成，能見金而念仇。今金在仇存，汝當知祖母及父母之死狀慘也。」恩榮受金，乃大哭。

恩榮家連積三喪，日益貧。服闋，入邑庠，誓於父柩，以利斧自隨。其舅患之，令讀書長山島中，且戒之曰：「復仇，固志士，然以四命易一仇，且自斬其嗣，毋庸也，必勿報仇。」恩榮佯諾，日取伍員列傳讀之，讀已，即哭。夜深，則露香告天，冀得仇所。夜夢，輒遇仇呼罵，拊牀呻囈，如觸魘魘。時年二十有八，筋力稍壯，幸舉一子，告其舅曰：「王氏有胤續矣。」

恩榮乃懷斧入城，遇奇強於道，猝進斧，手顫不即中，掇石投之，奇強仆於道周。乃猱進，將就而殊之，路人大集，不得逞，奇強遂戢足不窺門宇。一日，偶獨立，而恩榮已伏偵其門，直前斧之，氈帽厚，得不殊，但創其耳。家人奔愬於官，顧年遠而永泰獄無左驗，官將坐恩榮以謀殺，恩榮涕泣出褢金，硃批爛然，其褢以指血作書鈐之，官見而太息曰：「孝哉王生！罪爾違天，違天不祥。聽爾違法，違法得罪。考諸《周禮》，有調人之司，尹奇強，汝終身避王生可也。」恩榮應聲哭，官亦哭，奇強遂遯於棲霞。

事寢八年矣。奇強固長於醫，其戚某爲奇強所常往來者，子弟造棲霞堅請，奇強亦以事隔久遠，未必即值恩榮，逡巡入城。道經一小巷，奇強固縮備，則張望無人始進，而恩榮已突出小屋中，以手搤其胸，奇強知不免，泥首乞哀，恩榮曰：「奇強，爾大命近，吾父遲爾久矣。」疾下其斧，斧入，顱開，血濺恩榮面。然猶患不死，則以足力蹴其胸，實則奇強中斧時已久殊，恩榮恨之深，故累蹴以洩其憤。鄰右聞聲爭集，遮恩榮，不聽前，恩榮大笑曰：「王恩榮白日殺人報仇，豈能逃者？衆來，隨恩榮面令君以自首。」

奇強家延訟師，謂當日永泰實自縊而死，非毆斃者。縣官欲開棺驗視，恩榮稽首出血曰：「尹氏所求者，欲論抵耳。吾既不愛死，則尹氏之欲已償，吾安忍再暴父屍，以重己罪。」官不能屈，博徵諸胥吏及父老，咸曰：「永泰之死，實奇強斃之，且恩榮伺之十餘年，今日得復其仇，天也。」官遂具牒上之法司，法司議曰：「古律無復仇之文，然查今律，有擅殺行凶人者，予杖六十。其即時殺死者不論，是未嘗不教人復仇也。恩榮父死三年，尚未成童，其後壘殺不遂，雖非即，猶即也。觀其視死如飴，激烈之氣有足嘉者，應特予開釋，復其諸生。即以原存埋葬銀給還尹氏，以彰其孝。」且將具題請旌，恩榮之舅聞之，造有司曰：「孺子求見其父母耳，夫人遭奇禍，以要旌門式閭之榮，又何忍矣？」官歎曰：「汝亦賢者也。」遂止，而祀其母於祠，時康熙己丑也。是時涖斯事者則撫軍蔣廷錫，提學黃叔琳，觀察李發甲，皆一時名宿。

趙希乾割心食母

南豐趙希乾，年十七，母病甚，割心以食母。既剖胸，心不可得，則叩腸而截之，母子俱無恙。其後胸肉合，腸不得入，糞穢自胸次出，穀道遂閉，而飲食男女如平人。

丁季淵母喪不脱衰

丁季淵居繼母張夫人喪，三年不脱衰。以親染風疾，終身不言風。

王瑞虹冒火負祖母

錢塘王瑞虹，名湛，聚族居杭州長板巷。一夕，盜入其室，無所獲，遂縱火。時火猝起，人又畏盜，皆屏跡不敢前。祖母沈氏年耄不能避，陷烟焰中，徑路且絶。瑞虹挺身投焰，負之出，毛髮爲焦，兩得無恙。

林鐵崖欲見父母

林鐵崖持節駐珠厓，其地故多颶風，風起，拔山飛樹。林嘗祖立中庭，仰天祝曰：「好將某吹送到泉郡開元寺，挂東西千丈二石塔上，然後呼僧絙引而下，得見吾父母，拊棺一慟，幸甚。」

袁重其捧衣思母

袁重其將出遊，母輒爲脱衣浣澣而更紝之。偶就客飲，有鑷工爲之按摩，誤爲所裂。初不覺，歸寢，解外服，乃見之，則母前所紝之衣，襹褷不可卸，大驚，捧衣長號，悔痛終身，不能釋。

徐智千孝母

仁和徐智千茂才元英正直好義，事母尤孝，先意承志，惟恐或失其歡。既舉茂才，謂帖括無益世用，欲棄去，秋試期近，母強之應考，遂欣然入闈。薦而不售，母使游燕京，應京兆試，乃居全浙會館三載，有《懷母》詩題壁間。同治甲戌，八世孫印香舍人恩綬以計偕入都，攝影以歸。一日，茂才方在書齋剃頭，宋黄山谷詩「身不出家心若住，何須更覓剃頭書」。母召之，則剃匠方與茂才辨論詩律。母聞之大喜，亟詔茂才出資，令剃匠就傅。既知其有母待養而不可輟業也，復詔茂才月給米一石，茂才悉遵母命，無敢違。

劉琪間關尋父

康熙間，畢節劉琪生四歲，父出賈不返，琪時涕泣思父，輒依母陳氏問父形貌奚若，及平日言動，謹志之。既而請於母，欲求父所在，母曰：「兒幼穉，何能爲？姑待之。」至年十四，泣謂母曰：「兒行決矣。」母亦泣曰：「若父始客滇，今十年，不知所往，兒能大索天下邪？愼無去我。」琪跪曰：「兒幸有兄弟，可奉母，母無念兒。兒不得父，不可爲子，兒行決矣。」則先求之滇，不得，則之蜀，之楚，西踰桂林，北走秦隴，險阻寒餓，屢瀕於死。時距父客游時已遼遠，傳聞疑似，必蹤迹達其地，望絕而後之它。思悲悽愴，爲詩四十章傳於人，冀有來告者。

既而琪又之吴越，之齊魯，之燕，之趙，如是者十年。一日，忽於京師之國舅廠聞有鄉音者，審里居姓名，則其父也。道家常事，悉符合，相持大慟，道路聞者皆流涕。琪侍父歸，母猶無恙。家故貧，竭力營甘旨，孝養二十餘年，及遭憂，年四十餘矣。子五人，一舉於鄉，孫、曾並著文行。玄孫御史晟昌始以琪事實上於朝，覆按得實，乃命有司坊其縣而祠祀之。

楊大瓢爲父訟寃

山陰楊賓，字大瓢。工詩善書，嗜著述，鄉里有楊才子之目。父安城以友人事牽連，戍寧古塔，賓赴闕訟寃。聖祖鑒其誠，諭令之柳條邊，迎父歸養，塞外人稱爲楊孝子。著有《柳邊記略》。賓既歸越，鄉人亦改稱爲孝子焉。

唐女願爲婢贖父

康熙朝，守備唐汾犯法當戍尚陽堡，而家有老母，其幼女投牒刑部，願入官爲婢，留父養親。情詞悽楚，涕落無聲，諸曹郎憐其孝，屢爲乞請，而卒格於例。慈谿鄭寒村太守梁時官刑部，爲賦《悲唐行》。

潘天成尋父母

桐城諸生潘天成錫壽，世稱潘孝子。幼與父母避仇相失，天成乞食求之，往來休寧山中，跳走哭泣，每至市，輒持一蕢鼓，大聲爲鄉語，觀者從而笑之，莫測其意也。行至江西界，其母從巷中出，頗疑天成非丐者，詳問所由，相持而悲。因又詢知父所在，迎之歸里。天成論學祖姚江，又從荆溪湯之錡，受東林之學，後事宣城梅文鼎，略涉曆算。狷潔長貧，以老餓死。

方恪敏迎父骸骨

桐城方恪敏公觀承天性孝友，封翁以事戍邊，卒於戍所。恪敏年甫弱冠，聞秏，跣足徒行數萬里，至塞外，負父骸骨歸。後以布衣獲馬周之遇，官至直隸總督。

徐熼封股療母疾

徐熼，杭郡庠生徐栩子，性孝友。康熙辛卯，栩妻周氏病篤，熼年甫十六，見母病日急，私念封股可療疾，因潛割左股和藥以進。越八年爲戊戌，母卒，乃親卜地於西湖山麓，躬負畚搨以葬之。

陳孀婦助父四萬金

康、雍間，海寧陳氏有孀婦，富而孝。父嘗官州牧，以罣誤，圖復官，需二萬金，擬商諸婦。別多年，遠數百里，詣之，閽人入報，亟請稍憩廳事，婦已步至屏後，是固急欲見父也。逾刻，婢以紅氍毹敷地，然但聞環珮聲而已，忽一婢云：「夫人扶病來矣。」少頃，復加繡毯，終不出。父怪之，命僕私問於婢，婢言地塵垢，夫人畏伏地，必俟父命免拜，方出。父乃傳諭去地衣，謂病初愈，可弗拜，免勞乏。語未畢，姍姍來前，作欲拜狀，父止之，乃斂衽萬福。父命坐，然後詳叩起居，並途中勞頓否。延入內閫，父述來意，婦言此細事，弟輩或僕來均可，何勞大人親至。然數年不見顏色，藉得稍申定省，甚善。又言復官後，安能卽有缺，恐二萬金不敷，行時，兌四萬金可也。堅留十餘日，洒淚而別。

孝敬后至賜園問安

京師獅子林北有世宗藩邸扈蹕時賜園。聖祖幸園進膳，特命孝敬后率孝聖后問安拜覲，天顏喜溢，連稱有福之人。

王麟瑞無愧事繼母如母

雍正朝，南靖王侍御麟瑞八歲喪母，能盡哀，事繼母如母，母病渴，思食青梅，侍御繞樹呼號，絕食三日。父歿，廬墓三年，突遇虎，虎卻避之。里人劉陞，遺金數百兩，拾而還之，俾得完娶。雍正紀元，旣舉特科，復以薦授永平知府，擢四川道監察御史。

徐大姑刲股療母疾

錢塘孝女徐大姑爲吏部尚書文敬公潮孫女，陝西巡撫靜谷宗丞杞女。母素患羸疾，雍正丙午七月，宗丞方以編修典試廣西，隨母在杭，見母病篤，因語弟曰：「母病已篤，儻不起，將奈何？吾已投疏禱神，願以身代。」旋又割股和藥以進，母病果愈。

張白氏刲肱療母

陽湖張金第妻白氏生三子，夫死於京師，舅亦旋歿。家貧，藉紡織度日，戚族有周給者，皆簿記之，以爲異日報答之地，年六十四卒。其母病時，嘗刲肱以進，舅疾復然，知縣黃瑞鵬表其門曰「純孝苦節」。有孫名惠言，字皋文，聞人也。

高宗依祖訓

太宗嘗命儒臣繙譯《三國志》、遼、金、元史，性理諸書，以教國人。及讀《金世宗本紀》，見申女真人學漢人衣冠之禁，心偉其語。一日，御翔鳳樓，傳諭王大臣，不許褒衣博帶，以染漢人習氣，凡祭享明堂，必手自割俎以昭誠敬，諄諄數千言，詳載聖訓。故高宗欽依祖訓，於八旗校射處，皆立卧碑以示儆焉。

高宗孝孝聖后

高宗侍奉孝聖后，孝養備至。每巡幸木蘭、江浙，必首奉慈輿，朝夕侍奉。嘗從后之訓，減刑罷兵。后喜居暢春園，上恆於冬季入宫之後，間數日，必問安侍膳。及崩，則於燕處之地皆設寢宫，巾櫛、楎椸、沐盆、吐盂，備陳如生時。時往參謁，哭每失聲，且於園隙建恩慕寺以資冥福。

孝賢后孝孝聖后

孝賢后事孝聖后最得歡心，高宗嘗稱其淑德爲古今之賢后，故待遇后族至優，富察氏之先後膺五等封爵者，凡十四人。后崩，御祭文字，哀婉沈摯，凡平日所御奩具衣物不令撤去，悉如常設之，蓋念其孝也。

蔣韶年願代父戍

乾隆丁巳，長蘆運使蔣國祥以事謫戍軍臺，其子韶年屢求代，不得。壬戌五月，出塞省之，慟哭求於臺帥。帥憐之，爲奏請，果獲俞旨。國祥歸，尋卒，韶年旋亦放還。

馮成修乞假尋父

南海馮成修，字達天。七齡喪母，父遠出不歸，依世父以居，與語其父，輒涕泗交頤，益奮學。乾隆己未成進士，點庶吉士，散館，授吏部主事。庚午，擢郎中。己卯，視蜀學，揭條約十四則以訓士。得官後，兩次乞假尋父，卒無所遇。年六十一，假歸，不復出，掌教粤秀、越華兩書院，受業數百人。年八十，訃其父已百有一齡矣，乃持服三年。乙卯，重宴鹿鳴。卒時年九十有五，著有《養正要規》諸書。

汪魚亭殉父

乾隆朝，杭人汪憲，字魚亭，嘗官刑部員外郎，在京數年，以親老歸，不復出。居父憂，食苴服𥿋，期不變制，遽以毁卒。錢文端公陳羣嘗比之荀顗、謝貞。

秦文恭願贖父罪

金匱秦文恭公蕙田嘗以父坐事繫獄，伏闕上書，願以身贖。尋奉旨免父罪。

陸朗夫陳情養母

吴江陸朗夫中丞燿外任時，母已年高，高宗諗知之，初選大理府知府，爲改登州，升西寧道，復調運河。及擢方伯，母以有痰疾，顛狂益甚，必中丞侍側稍息叫號，乃上疏陳情，即蒙温綸垂允。

曹士元收父骨

曹起鳳，字士元。父子文客死於蜀，不知其所。士元往求遺骨，道河南，歷陝西，走成都，南至於雲南，西達於金川，書牒於背，且哭且行。乾隆己巳，反成都，瀕死者數矣。一夕，夢神告以所在，遂往求，見有棺纍纍然，棺皆有主名，其一獨無，啓棺，見骨，瀝血驗之，没骨，遂收骨歸。

恆斌從父遠戍

宗室侍衞公恆斌，字絅文，太宗第十子輔國公韜塞裔也。任三等侍衞。父薩喇善官吉林將軍，以事謫伊犂，方卧病不起，恆奮然曰：「古人有身代父役者，吾何不爲？」遂陳情當道，乞代奏。有旨責其沽名，褫職，仍命從父行。

恆晝夜侍父疾，至廢寢食，無幾微怨。抵伊犂，父疾瘳。阿文成公桂時爲伊犂將軍，賢其行，會哈薩克新附，遣使入貢，奉旨擇賢員伴送，阿因命恆充伴送官。入京途次，待陪臣忠信得大體，高宗召見慰藉，仍授三等侍衞，留京供職，蓋特恩也。恆請事畢仍往伊犂侍父，上允之，擢二等侍衞。乙酉，烏什回人叛，恆隨明忠烈公瑞由伊犂倍道進抵烏什，戰屢捷。三月朔，領左翼兵，陣城南山下接戰。賊麕至，奮勇邀擊，所向披靡。賊懼，隱城濠誘之，萬鏃齊發，殁於陣。事聞，上軫惜，因宥其父罪還京，賜郵如例，廕雲騎尉。

謝御史陳情養母

全州謝御史之重入臺垣也，戇直如初，高宗屢褒之。時謝繼母蔣氏家居，老矣，謝上疏乞補外，曰：「竊惟科道之望內陞甚於外轉，而人情即願外轉不願左遷。況臣負罪至深，受恩至重，欲圖涓埃之報，宜依日月之光，而纔識龍顏，遽辭鳳闕，犬猶戀主，蛇亦銜珠，臣獨何心，敢昧斯義。伏念臣繼母蔣氏年已七十一歲，臣又係獨子，憶自雍正甲辰秋服闋赴補，母子離別，十五年於茲矣；丙午冬，從軍出塞，母氏含藜藿以弄孫，倚門閭而望子，又十二年於茲矣。臣今雖復朝班，尚違子舍，頃者母氏書來，道及行動艱難，耳目昏聵，開緘捧讀，愧懼交并。欲歸養，則家道貧苦，甘旨不供，不孝有三，其一斯在。欲迎養，則廣西至京，水陸七千餘里，江湖之風波可畏，車馬之顛覆亦可虞。欲歸省，則往返動經半年，在家不過數月，乍逢又須告別，既別卻難再逢，慈母之涕淚轉多，游子之方寸終亂，是則失忠失孝，二者難兼，而在官去官，無一而可。臣再四躊躇，惟有外轉鄰省，庶得迎養數年。但臣才能既不稱道府之官，而遷轉又從無自請之例，違例干澤，端不可開。伏乞敕部治臣妄請之罪，或知州，或知縣，降授微員，憫臣將母之忱。或湖南，或廣東，量予近地。臣亦知風塵下吏，遠遜臺諫清班，然民社在身，外得竭駑駘之力，母子聚首，內得伸烏鳥之私，雖公庭屈膝於上官，勝往歲荷戈於荒塞。」尋有旨，授湖南督糧道，旌直臣也，獎孝子也。

盧慶鍾慶禄寶父手澤

餘姚盧抱經學士文弨性嗜古籍，官俸脩脯悉以購書，讎校刊行，不假人助。及没，無以爲家，其執友某爲謀以抱經堂數萬卷歸巨室，巨室佽助以金，待其子孫如約取歸，如南陽井公與晁昭德故事。其子慶鍾、慶禄曰：「是先人手澤存焉，雖貧，安忍一日離也？」

段若膺居喪哀毀

金壇段若膺大令玉裁七十喪親，如孺子哀。八十祭先，未嘗不哭泣。八十時讀書，未嘗不危坐，坐臥有尺寸，未嘗失之。

洪稺存遇母忌不食

洪稺存，名亮吉，幼孤貧。及長，常橐筆遊公卿間，節所入以養母。母卒，時客處州，弟靄吉不敢訃，爲書言母疾甚，促其歸。洪亟行，距家二十里，舍舟而徒，方度橋，遇其僕之父仇三，知母殁，大號踊，失足落水中。流數里，汲者見髮颺水上，攬之得人，識之者共舁至家，久之方甦。洪以不及視含斂，後遇忌日輒不食。

陳質庵承懽塞外

陳質庵，名容禮。以父英德令沁齋謫戍伊犂，遂棄妻子，隨侍以往，跬步不離者十餘載。嘗密請於將軍松筠，願以身代，俾父得生入玉門。松憐其誠，據情入奏，雖未奉俞旨，而孝子名布於域外矣。父殁，徒跣萬里，扶柩歸葬，廬墓三年。後官江蘇通判。及松入掌鈞軸，書聯贈之曰：「攬勝寰中九萬里，承懽塞外十三年。」蓋紀實也。

翁運槐運標尋父

乾隆朝，有孝子翁運槐、運標，餘姚人也。初，其父大環偕所親赴粵西，舟經湖南永州之新塘站，夜忽失所在，同舟者徧跡不可得，馳報其家。妻母鄔氏得耗，遣老僕走粵西，冀有遇，久之，終不得蹤跡，乃具所遺衣冠以葬。既卜兆於神，有「意外得生還」之語，三卜而三兆，故舉家猶冀大環之得生還也。時運槐方八歲，運標止三歲。

後三年，鄔歿。歿時，呼其女，以兩子屬之，曰：「我不卽捐軀從汝父於地下者，待二子成立，將挈而親跡諸衡永間，今已矣。」當是時，姊弟相守，求大環遺篋，得舟次新塘一詩，末云：「霜濃古寺鐘聞處，一點空明透佛燈。」羣復疑大環或遯跡於沙門矣。迨運槐年十三，卽奮身往湖南、廣西間求父。中道病，困逆旅中，適同鄉有賈於其地者，挈之歸。姊迎而哭曰：「汝之行，固母志也。垂絕丁寧，皆冀兩弟能成立以後事，今猶未也，乃以孱幼之身，顛踣道路，何爲者？」兩子泣受姊氏誡，自是不輕出。

越三十餘年，運標成進士，運槐舉一子，遂商所以跡父者。卜諸神，復得生還兆，曰：「神許我矣，誓尋父，不得則不返。」皆密自部署行李，擔負作遠行狀，日試奔走於幽室中。既而運標亦舉子，甫三日，遂潛身偕出，人無知者。兩人之行，或分或合，困苦艱險，不避也。閱數月，會於全州之湘山寺，蓋以其父詩有古寺佛燈之句，故凡荒剎廢院輒刺探焉。其友邵某聞其已會於全州，至寺詗之，白其故，邵曰：「誤矣。若翁非好爲畸行者，平日爲文章，多懇懇於儒墨之辨，豈可以一詩疑之？吾意衡永之間，可通舟楫，子盍製一舟，榜曰浙東餘姚翁某兄弟尋父之船，溯洄上下，必有得耗以來告者。」乃從之。

運槐、運標乃泛舟，沿流上下半載餘。一日，泊舟白沙洲，有老人造舟而告曰：「吾爲鄭海還，汝所求，生者吾不知，非然，則瘞於是洲者，其是耶？」則大愕，跪而叩其顛末，乃言：「去此二十里，爲吾所居之鳥窩塘。吾有弟，曰海生。其婦於乾隆壬申十一月七日産子，海生走報其婦家。渡江，溺焉，爲敗葦架閣，得不死。俄頃，甦，出水登岸，迴視叢葦中赫然有一尸，趣吾往視之。其人貌癯而皙，所衣，表裏皆繒製，因共舁而瘞之。洲前有隆然高阜，即埋骨地也。前數聞有人訪求，將往語之，里老尼吾曰：『所求者生人，非求溺而死者。指死者以應，是速禍也。』自是三十餘年，吾懷爲之耿耿。今海生已前殁，吾老矣，幸不死，聞君等來，敢以告。」

海還所言得尸於叢葦中，以月日計之，距大環之失蹤新塘才二日耳，蓋海生是日所生子曰某者，時猶健在，故其時日，海還尚能碻記之。遂至海還家，則海生之婦亦能具道當日事，以其夫曾同日罹厄也。復言當瘞尸時，曾拾得雜佩數事，今惟一鑰尚存，亟取視之，鑰乃折疊製，已缺一齒。因憶遺篋之鎖固失鑰，即募善走者持鑰還浙，乞姊證之。姊得鑰大慟，曰：「是也。當日遺篋歸已無鑰，我啓以他物耳。」急足還報，始信是洲之爲父葬處也。遂奠哭如禮，招魂而歸殯，路人見之無不感泣。

其後運標官祁陽知縣，白沙洲爲其隣縣境，遂築祠買墓田，使鄭之後世守之。

沈應科徒步尋父骸

德清沈應科之父名炯文，乾隆時以事牽率戍渭南，卒於戍所。越十年，應科長矣，齎本縣牒，徒步往求父尸。至，則匱已瘞，衰草平原，天蒼蒼，地茫茫，不可覓也，乃放聲長號。會有牧人過，見而問焉，告以故。牧人曰：「吾知之，然已忘之，汝可問荷鍤者張可寧。」因遙指張居處。入門則張已病亟，哭拜叩牀下，張氣息僅屬，瞠目曰：「吁！吾亦幾忘之矣。汝父瘞處，吾嘗埋三巨石於上，若品字然，亟尋之，勿失。」言訖卽逝。應科哭拜出，徧覓兩日，至一所，有石微露，搰之果得三石，再搰則棺見焉，木朽矣。炯文少時當脣墮一齒，驗之宛然，復齧指滴血，血沁入，遂負骨徒步以歸。

蔡以臺鬻妻養母

閩中蔡殿撰以臺家赤貧，至孝，無以爲養，將鬻其妻。夫人不忍拂，請行，抵富家白其故，乞改執爨役。主人感動，遂如惜。一日，召墨客入書齋，適遇夫人，相對泣。主人駭，詰之，知客卽蔡也，乃送還。未幾，蔡聯捷會狀，屢典文衡，激厲寒畯，現身說法，初不以此事爲諱。

啞孝子丐食奉母

乾隆時，昆明有啞孝子者，居東門外，有母，老矣。孝子貧且啞，不能治生，已出丐食，有得則歸以奉母，三日或一餐也。暑日人與以瓜，受而不食，強之不可，瞰之，則再拜奉膝下矣。母亡，衆議給棺，不受，至井畔汲之，得銅錢六千，蓋其平日所積以供葬費者也。後不知所往。

舒鐵雲以母老辭官

舒鐵雲孝廉位，大興人，僑寓湖州之烏鎮。嘗從王朝梧觀察之黔，値南籠仲苗不靖，威勤侯勒保統兵征之。觀察身在行間，爲治文書，勒見而器之，恆與計軍事。仲苗平，勒移督四川，爲經略，率三省兵攻白蓮教匪，時乾隆癸丑也。勒與舒約曰：「子之才，傅修期、駱賓王流也。從我游，軍蕆，治中別駕，所以煩士元者在吾，無憂。」舒以母老道遠思歸辭，曰：「昔温太真，東晉之國士也，絶裾違親，爲論史者所惜，吾豈以五品官而置七旬垂白之母於八千里外乎？」謝勒南歸。貧無以養，恆負米湖湘間以養母，歲一歸省。既又客雲間、秣陵、會稽，地較近，輒數月一歸以省母。

毛燧傳喜母病愈

毛燧傳，字陽明。數歲時，母病逾月，體清削減半，母愈，驕語其儕曰：「吾母今已愈矣。」人曰：「母愈，乃一樂至此耶？」應聲曰：「樂有大於是者耶！」

陳稽亭父喪哀毁

元和陳稽亭工部鶴少出嗣，居本生父憂，哀毁倍常。瘠甚，降服三年，要絰不除。鄉舉後，以祖母年高，不欲往應禮部試。久之，通籍官部曹，再出再歸，卒掌教江寧之尊經書院以老。

吕西圃出父於水火

蘇州吕孝子西圃嘗從父汎舟吴淞，父失足，溺於水，西圃卽躍入洪流中，負之以出。其平日實不諳水性也，狂風駭浪，竟獲無恙。一日，鄉鄰不戒於火，及吕氏廬，西圃突燄而入，負父出，方及門，所居室燼焉。

仁宗孝敬

高宗内禪，頒行嘉慶丙辰時憲書，蓋仁宗登極之紀元也。仁宗面諭樞臣，命除民間通行專用嘉慶元年一種外，其内廷進御，及中外各衙門與外藩各國頒朔，皆别刊乾隆六十一年之本，與嘉慶本並行，以彰孝敬之誠。自是兩本並行者歷四載，至高宗升遐始已。

鄧顯鶴事父母

鄧顯鵾，字子振，雲渠，其自號也。新化人。少事里中宿儒張某，誨以窮經植品，澹泊自守，遂守之以終身。初爲學時，即一言一動必依禮，佻達者或戲呼爲道學先生，弗顧也。

母毛孺人，靖州訓導學古女也。嘗遣顯鵾省父於靖州，瀕行，自作《授經圖》，左手執經，右手持杖，以針刺指血濡其上，圖成，以授之曰："兒離吾左右，慎勿忘持杖告誡時也。"及至靖州，學古留之使學，遂閉門晝夜勤學，夜分倦恭，則展《授經圖》而泣，泣已，誦弗輟，以達於旦。如是者數年，學益進，遂於書無不窺，旁及陰陽卜筮之學，亦罔不研究。及嘉慶初，父母俱老，而家徒壁立，無以爲養，遂於里中傳授生徒，資其脯脩以易甘旨。鷄鳴即起督課，晡後必歸省，歸則備述諸生一日課程以承色笑。父長智晚患氣疾，遇寒即發。嘗出游，一日，顯鵾爲諸生講，已登座發難矣。時秋風微起，即輟講，至家徑取篋中衣送父遊所，父曰："吾知兒必來也。"有疾，恆竟夕侍，父或勉自支慰，遣其就館，則篝燈寢室户外，屏息評閱生徒課藝以達曙，室中有轉側呻吟，未嘗不在側也。如是者十餘年。既而父母相繼殂，乃偕弟湘皋訓導顯鶴廬墓旁。所蓄犬夜常蹲伏廬外，廬中人悲哭，犬亦猖猖作哭聲應之。小祥日，犬忽不食而死。

李汝恢尋父叔

李汝恢，字開泰。父仲鴻素負大志，屢試不售，轉而習醫。既奉父母終天年，即浪游於外，累二十餘年不歸。汝恢幼與母居，日夕念父，及年十三，即至川粤蹤跡之，不得，歸而飲泣更甚。於是戒酒減膳，凡一切日用所必需者，皆三分損一以留其餘。積十年得百金，復出走，乃遇父於貴州之會城，扶持以歸，承歡於家者二年。而其叔亦以貧故遠游，不知所在，又奉父命往尋。遇於柳州，喜不自勝，忽念親心痛，促裝言歸。及抵家，其父固無疾也，見弟與子，一笑而逝。

鄒彝尋父

江寧鄒彝，字明川。生十餘歲而父游蜀，其始也，間數歲一歸，已而不歸者三十餘年，後遂不通書問。彝痛念之，一日，謝家人，襆被徒步，入蜀訪焉。至成都不見，見其故人，告曰：「尊公去此久矣。」問以地，謝不知。乃渡桔柏，踰五漫，徒步走，七月至達州。初，漢諸葛武侯卒，蜀人哀思，如喪父母，其裹首布多以白，謂爲武侯持服也，自漢以來，相沿不變。彝至達州，適村民有會事，首白巾者相屬於道。俄見一老翁朱纓而至，彝望見之，卽曰：「此吾父也。」趨前伏地，以父呼之。翁大驚，扶掖起，既相問，良然，相持大痛不已。遂迎以歸，盡孝養者十餘歲。

佘酉州求赦父罪

嘉慶壬申，四川崇慶十一歲女子佘酉州，以其父長安遣戍湖北，祖父母年逾八旬無人侍養，匍匐入京，叩請釋放。臺臣爲之奏請，仁宗諭曰：「佘長安原犯情罪，尚非常赦所不原。念伊女年幼至性，加恩釋放回籍。」

龔良星爲母割胸臂

什邡龔良星，監生啓運次子。啓運一生好善；妻汪氏没，遺三子，繼妻夏氏視三子如己出。啓運没，三子編笠養母。嘉慶甲戌秋八月，母病月餘，醫藥不效，良星罔知所措。中夜密禱空中，持刀割其胷，仆地，方起再割。少頃，和雞湯以進，母服之，次日愈。妻察其狀貌異，固問不答。半月餘，瞥見刀痕，驚告夫兄良修，始知其事。母與兄相持大哭，鄰族聚觀，咸勸慰之。於是書其狀以報紀大奎，大奎驗其胷，刀痕有二，俱横三寸，結痂，且其前歲兩次割臂療母之痕亦尚存。

大奎乃曰："「古之言孝者，以刲股割肝戕生爲非孝，而良星顧屢爲之。然良星兩割臂人無知者，當其時，知有母而已，良星固不欲有孝名也。良星痛生母之不復見，其視繼母靄然若生母之在前，豈非孝哉？」良星言貌質樸，詢其事，容蹙然若不自安。次日，大奎爲大書「孝心切摯」四字作扁，旌其門。扁成，鼓吹舁城内外一周，觀者如堵，送至其家，給米二石，布一匹。

徐守仁廬母墓

青陽徐守仁世業農，四歲而孤，未嘗讀書。事母孝，晨昏視問，悉如禮。爲人傭，得值則市酒肉，歸奉母，母呼之共食，輒以持齋謝，蓋不忍分其甘也。母年七十六而終，哀慕若孺子。既葬，露處墓側，號泣十餘日，蛇虺附體，不顧也。鄉人憐而爲之廬，且飲食之，乃並奉其父木主以居。有弔問者，鐶楮外悉不受。既免喪，或勸之歸，則曰：「必俟母過八十壽而後歸。」於是守墓凡四十有二月，歸時，則鬚髮尺許矣。嘉慶甲戌，皖學使白洗馬鎔聞而歎曰：「吾人自束髮受書，少而負笈，長而服官，大抵奉親之日少而違親之日多，及抱恨終天，又或牽於塵累，求如孝子之盡禮者終不可得，乃致父母有富貴子不如有貧賤子之言，可勝痛哉！」

濮童以食錢奉母

嘉慶丙子，皖旱，流民載道，轉徙至於浙。永嘉市上有一幼童，跣足短褐而端謹，永嘉縣令適出而見之，問其姓，曰：「濮。」問其籍，曰：「全椒。」問其年，曰：「十。」問何以來此，曰：「家止山田一頃，豐年僅足食。今旱乾無穫，刈穀四十餘石，祖母年將八十，胞伯亦諸生，已六十，偕其伯母侍養，半菽不飽，故父挈母與叔挈細小以就食江南，乃流轉至此也。」與之食，辭，詰之，曰：「父母啖藷兼旬矣，不忍獨飫。」乃爲簞食與肉，寘諸橐以遺之。出，即獻其母。旋又召之入，予錢二百文，則拜而襭之襟，曰：「出以奉母，童子無私藏也。」時甌守爲蔣峨峯，尚未有子，聞而奇之，呼與語，大悅，欲養爲假子，童不可，乃止。

趙阿耆事母

嘉、道間，常州豐樂鄉有一丐名阿耆，趙，其姓也。有老母，同住破廟中。晨乞食必先進之母，得錢則更買甘旨置衣服以奉之。冬則置母煖處，至夏日，則就森林，負母納涼。夜不能具帳，母寢，則持扇立侍，累月無倦容。母有所苦，恆歌舞跳弄，務得其歡而後已。里人知其孝，有所施，輒較常丐稍豐。

富鬍鬍爲母致餛飩

秀水之柞溪有富鬍鬍者，少孤，業負販，事母至孝。母嗜餛飩，家距市三里，恆於清晨爲母致之，風雨無間。母死，設靈几，所陳祭品一而已，然必擇其夙嗜者，終身不改。

永聞爲母梳髮

永聞上人工詩，有母，奉之居菴，色養惟謹。老而病臂，不能梳髮，晨起，長跪爲代梳，十餘年如一日。

葛大賓事父母

葛大賓，字寅軒，湘鄉增生。四歲喪父，哀戚若成人。年十三，值父忌日，出木主以祭，適粉面剥落，審視，微露他姓，蓋木工飾廢主爲之也。大賓慟哭，引咎告墓，易主，十日乃祭。事母孝，嘗隆冬獨坐於館，忽心動，急馳歸，入門數呼母。母方負暄後院，聞聲趨出，而屋後山頹，坐處已壓碎矣。母歿，勺飲不入口者五日，既葬，衰服終其喪。兄弟五既分居，而負債無以自存，大賓請於母，復同居如初。

嘗授徒里門，從遊者多知名士。道光初元，被舉孝廉方正。

李亙榮事母

李亙榮，字華塘，龍山人，世籍武陵。少隨其叔賈龍山，壻於張氏，遂家焉。父蚤歿，母賈氏尚留武陵，有二兄隨母居。一日，亙榮心動，語其妻張曰：「吾母恐病矣。」乃自龍急馳，五日抵陵。入門，而母果病，詢病起時，卽心動時也。病革，並迎張氏往侍之。母歿，則返張於龍，而獨廬墓所三年。

亙榮以貧廢讀，然聰警，喜嚮學。一日，聞友人講《論語·子路問成人》章，憬然曰：「吾今乃知聖賢之言，固有益身心也。」有潘某者遊於龍，有學行，亙榮延至家，親從其講授。潘年少於亙榮，事之如父兄，凡三年始去。

王瘦山殉母

王爔，號瘦山，華亭人。少孤，大父嘉璧鞠之。嘉璧耆年績學，學者稱瑶峯先生。没後，家赤貧，瘦山刻苦讀書，爲學官弟子，授徒養其母。道光癸未夏，霪雨，江以南皆澤國，松江尤甚，斗米錢五六百文。瘦山脩脯不能餬其口，然堂上甘旨無少缺。未幾，疫大作，母遘疾不起，不克斂，貸三十鎰始成喪。自後不盥洗，不寢息，埃垢積髮膚，搏膺而呼，悲酸結塞。一日，天未明，憑棺慟哭，退而自書曰：「不孝子王爔生無以爲養，死無以爲禮，以親喪故累人，不如死。」卽潛入後舍，啓其扉，扉臨河，投河死之。平明，家人起，視役舍扉啓，中閲無人，大駭，適買棉紗人來曰：「吾見南門大張涇東岸白楊樹下有一尸，麻衣草履者，其是耶？」急覓之，則瘦山也。

蘇應喜救母而死

蘇應喜，正安州人，年十八，母劉氏。道光乙酉，東街火延及西街，民居殆盡。喜方在書院肄業，聞報奔回，不問物，惟尋母耗。不得，既而聞火中哭聲，喜知是母，急入救。衆以火猛，入必死，挽之，喜哭曰：「天下豈有無母之子哉？」奮身入救，死之。後灰燼中見喜覆母，母通身焦黑，而喜面如生。

劉明魁救父而死

劉明魁，茶陵州人。道光丙戌大水，扶父母出避。父陷淖，明魁負母置高岸，回掖父，水突至，遽攬浮木授父，父得生而明魁死。

尹六生棄子救母

茶陵有尹六生者，掖母挾子趨高岡，水及膝，遽棄三歲子，而負母以奔。會州人李青在岡上見之曰：「孝子也。」躍水救之，子亦免。

顧恆丰廬母墓

荆溪顧恆丰有兄弟四，恆丰次居二。善事父母，父殁，事母尤篤孝。道光庚寅七月，母患痢，刲股肉療之，凡數四，終不愈。既葬，廬墓側，將終身焉。既終三年喪，其兄爲娶婦，有期矣，不得已而歸。恆丰初不知書，族祖興宗教之識字，授以《論語》、《孝經》，爲之講解，輒能了其大義。邑大夫陳某聞之，奬之以額曰「孺慕可風」。

曹清文救母而死

曹清文，寧遠人。道光壬辰瑶亂，清文負母避山中。瑶搜及之，清文以身翼母，受刃而死，母獲免。

郭釗事父母

善化郭釗家貧窶，讀書刻苦，屢應童子試，不利，母督課益急。母寢疾，侍左右，數月無倦容。疾革，刲左肱肉血和藥進，而母已不能食，時道光壬辰正月也。母没而父且病，釗擗踊無節，晝夜悲哀，食不知味，衣不解帶。既葬其母，復席地父榻前，進饘粥，奉藥餌，嚘嚶月餘，雙目大瘇。值令節，則又號泣冢上，以頭搶地，弟妹要之歸，乃歸。如是者以爲常，竟以毁致疾，咯血，四年而卒，年二十有五。凡釗之親黨師友僉曰：「孝子死矣。」初，釗持刀一盌一登樓，移時，袖而下，無識爲刲肱者。明日，倩鄰姑縫母附身衣裳，釗大號，叩頭謝，鄰姑手扶觸創處，痛仆於地，久之乃起，亦不知爲何？迨百日沐浴澣濯，則袒服膏血如漆，創口猶未合也。

王品璋殉母

王品璋，海寧人，家貧，負賈於吳門。道光壬辰，聞母病，徒步歸，侍湯藥惟謹。越七日母殁，庀喪具，晝夜長號，旬日骨立，旁觀者憂之，而品璋不覺也。常蒲伏侍柩側，癸巳春正月八日夜將半，呼家人言曰：「吾將從母往矣。」問何往，曰：「歸位。」逾時卒，距母喪未百日也。

劉孟塗客游養母

劉孟塗家貧不足以養母，乃奔走公卿間，無干謁之態。嘗謂姚元之曰：「吾鄉多佳山水，使吾有菽水資，迎吾母居龍眠、杯渡間，手一編，不去吾母左右，其樂何如？而顧爲是僕僕哉！」然亦習舉子業，試輒不利，卒以上舍終。

劉端臨孝事繼母

寶應劉端臨，名台拱。學宗康成，行儀紫陽，既舉於鄉，兩上公車不復出。嘗爲丹陽訓導，課士之暇，閉門著書。事繼母至孝，家書來，輒先覺。一夕，忽心動，請急歸視母，果病且劇，亟營醫藥以進。母愛之曰：「如爾，不愈於我所自生者耶！」連遭二喪，哀毁過情，蔬韭四年，人以爲難。

申祥麟尋親

申祥麟故習秦聲，渭南人。初出山，由漢中渡江，南至武昌。其地有胡妲者，藝頗精，求其指示，欲藉以假食，不肯授，轉喈同輩揶揄之。大憤，棄去，乃傭於金彈兒家。彈兒，漢陽名娼也。祥麟事之，見其一顰一笑，一舉止一飲食寤寐，明姿冶態，備極諸好。居一載，曰：「吾得之矣。」復請奏技，觀者一座盡傾。又數月，夜宿旅店，忽有白刃自牖至，揕其首，亟避，出視之，卽胡妲也。知其地不可居，卽日返渭南。

方祥麟之始去也，年十六。又四載歸，入室，父母已出亡，有云見之山西者，復棄家渡河，由蒲州奏技至太原，訪之。一日，演劇於沈竹坪觀察署中，傔從列侍中有老叟似其父，時方登場，一瞥眼，不覺失聲。詢其故，令相認，果然。其母亦在署，聞之，亟趨出，抱持之，各相視，慟不能起，座客皆泣下。觀察感動，厚贈之，令與俱歸，返舊居。置田五十畝於湭河川原上，事親以終其身。

鄭立本塞外尋親

蕭山鄭立本之父曰相德，坐事戍塞外，立本稍長，知之，痛哭廢寢食。年十八，辭母尋父。家故貧，誓以丐往，母初止之，不聽，臨行，哭而戒之曰：「汝父左手小指缺一節，中有横紋，幸而相見，以此爲驗可也。」歷半年，行抵庫車，檢軍籍，無父名，流徙數月，未知所往，邊徼人稀地廣，又無可乞食者，困甚。軍將高魁元聞立本操中土音，問之，具以告，魁元驚曰：「汝父，我友也。曩昔戍烏魯木齊之綏來縣，雖然，别八年矣。去此三千里，中隔雪山，往不易也。」餽貲而别。

立本既知相德耗，心益急。時張格爾餘黨未靖，官道梗塞，乃裹糧走小路，攀崖越嶺，誤入深山，前臨陡澗，不見底。方旁皇無策，忽有獸自南來，其大如象，疾行若電，黄光閃爍，舉步作金聲，瞥然北去。因念此物來處，當有途逕，黑夜探行，輾轉至天明，乃回庫車之路。惝怳道旁，氣息僅屬，惟呼天籲父而已。

時差官趙弁從山脊過，聞而憐之，曰：「我轉餉回，即赴綏來，當攜汝行。道路險巇，勿自往，往亦不識也。」託立本於回務主事奇某家，奇禮遇之。

立本居逾年，趙不至，亦無他伴，乃復潛去。行入戈壁中，絶水，時夏日酷烈，掬路旁馬溺飲之而嘔，嘔而復飲，如是數日，憊極而仆。適番衆騎馬過，撫之未絶，負至泉，飲之，逾時始蘇，又以餅餌食之，復起。行數十里，見天山雪水，洶洶迎來，自念有進死無退生，褰裳涉之，寒若層冰，中挾砂石，如碗如拳，擊脛骨痛不可忍，良久得岸，始達土魯番大道。由是，歷蒙古塔、白洋河至烏魯木齊，急奔綏來訪問，則父已病殁數年矣。

立本以相德殁，長號過市，慟不欲生，瀕死者再。先是，相德抵戍，土人延請教讀，及門者多，卒之日，共營葬焉。及聞立本至，告以墓所，爭延致之。立本自是患病二年，門人輪視不少怠，以故得不死。他日啓墓，門人悉會，内地人流寓塞外者，咸來設祭。祭畢開棺，體膚悉化，惟左手獨存缺指，橫紋宛然，遠近駭異，以爲天留隻手，以待孝子辨認也。立本益哀哭不能止。衆上其事於都統，沿途具夫役，給驛馬，護之負骨以歸。時英人入寇廣東之前四歲，道光甲午也。蓋往返二萬數千里，時歷八年。立本抵家拜母，相持悲泣，葬之日，父老士女奔走往觀，咸呼之爲鄭孝子。

王秀娥爲父報仇

王秀娥，平湖之乍浦人。父名英。道光壬寅，鴉片之役起，英從戎，充隊長。英兵犯乍浦，英戰死，時秀娥年十七，痛不欲生，欲以身殉，既而曰：「人孰無死，死固不足惜，我父爲國而死，死有榮也。我第報父仇可耳。」越數日，乍浦失守，秀娥策馬突入英軍，揮刀奮斫，縱橫跳蕩，殺數十人。俄有自後斫之者，臂中傷，墜馬，然猶強起，殺三英兵而死。

蕭韶事祖父母

蕭韶，字選樓，零陵之鄉人。少穎悟，讀書，日終一卷。道光丁酉拔貢，留京，旋以疾卒，年甫二十六。韶生周晬即失怙，母守節撫之成立。逮事祖父母，爲所鍾愛。祖母歿，以母事祖父多不便，凡省起居供甘旨之事皆身代之，日隨行，夜伴宿，以爲常也。一日，入城而祖父卒，比歸，已斂矣。遂呼號，以頭觸地，氣絶，久之乃甦。

張啓榮侍奉如母意

道，咸間，山陰有張啓榮者，業負販。母年邁，病癱瘓，卧床者二十年矣。朝夕侍奉惟謹，梳盥衣食，悉如母意。其荷擔而出以鬻物也，路不過二三里，不再遠；日不過二三時，不再久，恐母有所需，無代之者耳。年五十一，尚未娶，以母望孫切，則爲其弟納婦焉。山陰令林怡如聞其孝而貧，資助之，不受，曰：「小民食力自給，今得月廩，無以報，不敢虚糜公帑也。」

孫月泉養父以酒

孫月泉，名承祖，咸、同時之仁和布衣也。事親孝。父嗜酒而貧，母數誡之，索杖頭錢常不與。布衣時方爲童子師，輒以脩脯所入竊市酒以奉父，不使母知也。一日，母覺之，語布衣曰：「而翁酒後恆失德，吾懼其貽禍耳。」自是，布衣輒侍父入市，醉，則掖之以歸。

江學海迎父母於寇中

江學海，武舉也，世居全州北鄉之楊家灣。粵寇圍全州時，四鄉咸設團練，以兵力薄弱，不足以解州城之圍，衆議推江赴湖南乞援。及自楚返，全州城陷，團潰，江之父母悉被擄，時寇趨道州，江遂往投之，其父方陷寇中職牧馬，母在酋所司烹飪，江白之酋，願迎還父母，酋憐其孝，許之。咸豐壬子六月杪，勞文毅公崇光方督師謀復道州，江先開城迎降，遂復道州。勞欲叙其功，力辭，乃奉其父母歸全州。

菜孝子臨死念母

番禺賣菜傭某，佚其姓名。性至孝，日以百五十錢奉父，父歿，事母維謹，人稱曰菜孝子。咸豐甲寅，紅巾匪竊發於澳門，孝子爲軍人所獲，誣爲賊，將殺之。忽與其女兄遇，有軍人某方餉孝子以酒肉，孝子謂女兄曰：「弟已誣服，母在，無人供養，可以此遺母，但言弟不知流落何方可也。」遂相持痛哭，俄而孝子死矣。

葛秉珩贖母

葛秉珩，武進人。幼有神童之目。年十六，補博士弟子員。咸豐中葉，粤寇擾常州，擄其母妹以去，秉珩即馳赴寇營曰：「吾父年高，倘必奪我母妹，則我父將不保。」寇曰：「得百金可贖之。」秉珩竭蹶求得五十金，寇僅還其母，乃與妹訣曰：「我去，汝即死。」寇聞之，遂遮道不放，欲並留秉珩爲書記，且曰：「汝能勸妹順我，當惟汝所欲。」秉珩大罵不從，寇攢刀剉殺之。於是百計誘脅其妹，妹大罵求死，寇悦其色，猶不忍加誅，割髮裂衣以恐之。妹仍罵不已，遂被殺，時年十七耳，其父收尸瘞之。

殷潤之殉母

殷春生，名潤之，丹陽人也。值粵寇之亂，舉家遷泰興之季市，家焉。其後伯叔繼死，父亦逝，家中落，其兄玉彬衣食於奔走，春生則依叔東橋以爲生。嘗語人曰：「吾少孤，吾有母而不能事，何以爲人？」遂辭叔歸，作傭於人以養母。

母茹素佞佛，終日喃喃禮大士，果食之類，殷皆以母可口者遺之，日數至家，不憚煩。母病風痺，全體不仁，目又盲一，轉側需人，口食不能自就，而春生飼之，溲溺不能自便，而春生侍之，如是者有年，而無難色無怨言。一夕，夜闌矣，春生之市市温水，注器爲母濯足，突聞鉦聲聒耳，火光燭天，市人曰：「此殷某鄰也，不戒於火。」殷家距市半里許，聞之，狂奔而歸，呼號求救曰：「小人有母，若不出，安用生爲？」搶地呼天，躃踊至再，口鼻血涔涔然，遂殉母而死。

顔氏子思親而瞽

咸豐時，粵寇之攻興安縣者爲韋正。既陷城，俘虜中有一顔氏子，年十八，兩目異常人，夜不燈火，能作蠅頭細字，復能以繡花針數十枚於暗室中以髮貫穿，屢試皆然。韋大異之，撫爲己子。而其性純孝，以思念父母，日夜哭泣，月餘，淚不乾，兩目遂盲。韋多方撫慰，終不止，不半載，竟憂鬱以殁。

吴廷棟甘受母撻

霍山吴彦甫少寇廷棟爲咸、同間理學名臣，母葉太夫人博通書史，吴四歲即授之以經籍，過目成誦。有過，手撻之，吴泣，太夫人曰：「汝頭有鯁骨，痛吾手矣。」吴捧母手，拊摩再四，曰：「母再撻兒，可用絓紬裹也。」太夫人爲之霽顔。

左白玉爲翁姑母割臂

陽湖左小蓮，名白玉，杏莊中丞輔之女孫，常熟言良鈐室。工詩詞，性純孝。在室時，割臂愈母疾。既嫁，翁忠傑、姑鄭氏同時病篤，值良鈐應京兆試未歸，白玉復割臂肉以療之，没時，家人見其兩臂刀痕宛然。其遺稿名《餐霞樓集》。

馮孝子傭耕養母

馮孝子，佚其名，太倉老閘鎮人。少孤貧，傭耕以養母。粵亂平後，無田可耕，乃行乞於市，得錢則市酒肉以進，歌俚曲以侑之。同治丁卯，母卒，乞得義塚地，并其父柩合葬之。日則仍行乞，夕於墓旁宿焉。每日外出，必攜數石以歸，環墓成垣，自結草廬，寢處其下。後數年，無病卒，鄉人即葬之於其所廬處，知州方傳書立碣表之，曰「馮孝子墓」。

姚立孝父母

姚立，居金山之溫河涇，爲博士弟子。髫齡即善承父母顔色。母楊氏苦腹脹，立年十四，恆撫摩之，問所苦。後十年，母以微疾終，擗踊不欲生，父曲諭之，乃進一溢米。

父以跌傷足，立方他出，即心動，歸而捧父足哭，延醫治之，傾其貲，尋愈。既而疽發於項，危甚，邀醫顧某居黄橋，距所居二十里，立走邀之。會雪甚，至斜塘，無渡者，則立而大號，漁者憫而渡之。抵顧所，顧亦感動，具舟與俱來，盡劑愈。又嘗苦痢，廢眠食六十餘日，父亦瘳，而立以勞殆，故病。病咯血，輒自諱，懼貽父憂也，然自是父出必與偕。同治戊辰冬，泛舟泊泖濱，父欲登岸，忽傾跲落水中，立倉猝亦自投水。時已薄暮，風大作，觀者方頓足無如何，立昏罔中忽已兩手抱父立於荻叢，去所泊舟處三四里矣，父卒無恙。

立既脱父於水，則感寒疾，殗殜以殁。臨殁，視其妻許曰：「吾不能終事父，汝能代吾養父，不使父眠食失所，吾不死矣。」遂卒，卒時年三十，父年七十二矣。鄉鄰臚列其行上之有司，得旌如制。

朱孝子爲愚孝

寶應界首鎮有朱孝子者，以理髮爲業。性至孝，其事父母也，晨夕必問安，進食有定則，肴饌果餌必請於父母而始購之。及父母相繼殁，日至墓供奉如生時，風雨無阻。母生時懼雷，每雷雨時輒至墓旁，大呼曰：「兒在此，勿懼也。」同治丙寅，清水潭壩倒，狂流急注，一片汪洋，乃於墓旁立木樁，以繩之一端繫樁，一端束己腰，而呼曰：「兒在此，長伴父母，大水雖來，亦不能沖兒去矣。」水至，距墓前不遠，四面皆壁立，如城然。堤岸救水之官民望見之，大驚異，詢其人，乃咸知爲朱孝子也。墓之四周，田約九百餘畝，未遭水害，後收穫極佳。李文忠公奏請爲建坊，並以表旌之。然朱習舊業如故。曾文正督兩江時，聞其名，召之至，賜坐，令改業，朱曰：「此爲吾祖業，歷代相承，不敢改也。」曾聞其語，稱之爲愚忠愚孝。

莊曾炎代父戍

同治朝，陽湖有莊曾炎者，事父母，以孝聞。父逢吉，入貲得山東某縣縣丞，坐法戍奉天。曾炎方弱冠，痛父遠行，奔訴於郡守，欲走代之。守有難色，曾炎號泣於庭曰：「人孰無父哉！奈何獨沮於我也？」左右爲之請，太守亦鑒其誠，獲如其請。曾炎遂即日上道，詣京師，伏闕上疏曰：「臣父縣丞逢吉，不幸罣吏議，謫戍遼陽，筋力就衰，不能執事。大母范，春秋踰九十，旦夕想念，恐染霜露疾，無以遂其菽水之忱，終天之憾，或及其身。臣犬馬之齒方殷，願代父作勞，使其終養，雖即死，無恨。聖天子以孝治天下，惟哀矜焉。」疏入，穆宗惻然從之。

曾炎乃易短衣，欣然就道，無難色。然體質尪弱，不勝負任之苦，越十月，以疾殁。臨卒，謂吏役曰：「毋使父母及祖母知，恐傷老人心也。」曾炎邃《毛詩》，善歌辭，賦性剛直，讀古忠孝事，歛衽久之，且曰：「使曾炎生於其時，亦當若是。」遇友朋患難，舍身赴援，蹈湯火不辭也。卒年僅二十二。

祝世喬尋父

祝世喬，字子遷，江西人，神谷子也。方襁褓時，父遠游，久未歸，及世喬年十五，乃孑身遠出以求之。歷楚及秦，數瀕於危。

神谷精醫術，楚有楊某者，德神谷之療其疾也，思報之。及見世喬，亟欲妻以女，世喬泣辭曰：「父尚未見，敢言妻哉！」遂辭去。而秦西山高地寒，值嚴冬，皸瘃無完膚，自分必死。久之，乃遇父於西和縣，相抱而泣，奉之至高陵，始卜室焉。世喬雖在窮途，讀書不輟，後卒知名於庠序。

郭孝子伏墓衞母

瀏陽郭孝子，村氓也。早孤，以力食於人，得值以養母。母畏雷，孝子因之不遠出，春夏之交，故多雷，輒棄其所事以歸，聞雷聲，卽持抱母。一日，母曰：「幸兒衞我，得無怖，若在九泉，誰衞我者？」孝子慰之曰：「母百年後，若逢陰雨，兒當守母如母生時。」後母卒，葬畢，卽宿墓旁。旁有小巖，可容一人，乃廬其中，晴則出，陰則守。每雷電交作時，卽伏墓側而呼曰：「兒在此，母無恐。」率以爲常。

馬賊亦知教人以孝

馬賊出没奉、吉，以乘騎繫鈴，行時有聲，故又曰響馬。恣睢殺人，旅客遇之，輒無幸。陽湖惲某以省母南歸，途遇長髯客四五人，怒馬而前，喝令止，惲曰：「財帛恣君取之，但得生還見母，斯幸耳。」皆斥其詐言，欲殺之，其一獨曰：「吾輩任俠，當教人以孝。彼以省母歸，孝子也。」搜其篋，見有朱提五笏，取其三，以二還之，縱之去。

劉某殺虎救母

童子劉某，遂安人。年十四，采薪以養母。一日，自山中歸，且行且歌，鄰人奔告曰：「虎銜爾母去，猶歌耶？」劉大驚，棄薪而歸，荷鐵叉以出，走逐虎。及之，以叉籍其後，虎怒釋母，還噬劉，張其口，呀呀然。劉搘以叉，中其齶，虎躍，劉亦躍，叉益進，貫其頤，乃椿叉於地，虎口不得嗡，兩前足在空際，不能用力，困甚，久之復躍，帶叉而仆。劉亦仆，起，亟負母歸，呼鄰人往視虎，則死矣。納之官，官賜錢十萬，母傷不甚重，藥之而愈。

馮竹儒歸父櫬

蘇松太道馮焌光，字竹儒，廣東南海人。以舉人從曾文正、李文忠軍，歷保同知，總辦江南製造局。

留心經世之學，設局譯西書數十種，又購明代實録置於廣方言館。造第一輪船成，欲乘之以環游地球，志甚壯也。父玉衡先以事戍伊犂，同治壬戌，卒於戍所。回人陷伊犂，竹儒方從文正於安慶軍次，告假往求遺櫬。出歸化城，歷蒙古草地，至古城子不得進，慟哭而反。光緒丙子，左文襄定伊犂，竹儒已官觀察於滬，求解官，再往訪柩。奉旨，賞假一年，不必開缺。時回疆雖定，道路猶梗，非商賈不能往。竹儒之從父祖霨，乃詭爲賈客裝，先發，竹儒隨其後。祖霨果得玉衡柩於伊犂廣東義園，載以東反，竹儒遇之於安西州，扶柩歸葬，至江寧龍江關，疾作，抵上海而卒。

方竹儒之歸也，中途，有旨寄諭疆臣：「馮某不論行抵何處，着即入都引見。」蓋將大用也。

傅氏女殉父

傅氏女，湖南人。幼從其父宦於中州，父甚愛憐之。年十六而嫁，已首途矣，父自送之數十里外，將返，解所衣半臂授之，曰：「途中以此禦寒。」既嫁，夫婦甚相得，又柔和，善事其舅姑，一家無間言。已而其父死，舅姑秘不以聞，夫告之，女大慟，舅姑爭慰藉之，女曰：「蒙舅姑過愛，新婦敢不自愛乎？」乃止不哭，然不數月，竟奄然而死。死後有小婢言女於密室中懸其父所與半臂，向之而拜，拜已，輒飲泣，良久始出。對舅姑，則愉色婉容，仍如平常，其在幽閒無人之所，未嘗不涕淚横集也。

馬氏婦孝姑

馬氏婦，湖南人。其姑病且死，泣曰：「姑婦二人相依爲命，設不可爲諱，則新婦煢煢何所依？形單影隻，亦就死耳。」姑曰：「汝勿憂，我死，且爲鳥，仍與汝居。」已而姑死，果有鳥止於室中不去，時集於其婦之懷，乃日以米飼之。至月餘，婦泣而祝曰：「姑憫我孤苦，化鳥，以卵翼我，甚善，然我心何安？請自便。」祝畢，鳥去，不復來。

史氏婦鬻子葬姑

高密史立言以家貧故，率妻子奉其母出外謀生。至萊陽，母病歿，遂厝柩於廟，屬妻居烟臺暫待，而自赴吉林謀生。妻以姑柩未葬，日夜懸念，乃以五齡之子易銀幣二十元，扶柩歸里，謀葬焉。

柴氏婦願鬻身養姑

歷城西門外有柴氏婦，其夫賈也，頻歲折閱，資盡不能養母，婦詰夫曰：「母與妻孰重？」夫曰：「母重。」「事夫與事姑孰重？」夫曰：「事姑重。」婦曰：「然則鬻婦以養姑乎？」夫泣，婦亦泣，鄰人乃醵金遺之，婦卒不鬻。

張大觀拯母斷手

某歲秋，伊洛大溢，水破外堤灌城，洶洶有聲，民皆避水於魁星樓，張大觀者，亦奉母登焉。水撼急，樓傾，衆皆溺，大觀左手爲樓石柱所觸，腕折，不斷如縷，血漂波赤，不顧，入奔濤求母。孫號救，大觀叱之去。望見母髻露水中，得之，負出水。有老樹橫偃衢口，大觀曳其斷手，獨以右手舉母，騎樹枝上，復泅而覓食以食母。母撫其斷手而泣，佯慰曰：「兒手雖折，幸不創，母自愛，毋憂。」水退，負母歸家，猶屏當衣食，是夜創重，竟死。

蔡應泰護母柩

蔡應泰母方死，而伊洛溢，水將至，以繩縛母柩，流轉洪波中，相與上下，柩與手若兩翼飛，瞬息八十里，下鞏縣神隄灘。神隄灘者，北邙山尾也。山橫洛口，遏黃河，河漲，倒灌洛流，縈旋灘上。柩忽爲沙擁，村民異之，以長鉤引至岸，舁之上，蔡亦無恙。日將暮，聞鄰村喧救兩人，趨視之，其妻與子也。衆嗟歎，醵錢送之歸。

楊璞襁母逃水

伊洛水溢之年，楊璞者，與其弟奉母居。弟饒於資，璞懦且貧。水至，弟以筏載其妻逃北山，母呼之不應，竟去。璞怒，棄其妻子，襁母於背，將浮沈。抵北窖，水勢奔驟，若有掣之者，旋躍入大溜中。山上人望之，如黿鼉漫漬不沈，亦下神隄灘，村民救之登岸。頃之，有一婦人抱子漂下，母遥望，忽號曰：「吾婦與孫也。」拯之，果然，翼日歸。其弟舟將抵北山下，山石崩，壓舟，夫婦俱溺死。

蔣少穎移居念母

武進蔣樹德，號少穎，幼孝母，及母年七十而寢疾逾歲，朝夕奉事，督其婦煑藥，嘗而後進，夜則與婦番宿遞侍。嚴寒大溲，以身掖護之，使婦承之以器，終宵愓息，即倦，假寐而已，自寢疾至殁，未嘗一日安枕也。後十餘年，爲光緒中葉，移居新廈，歎曰：「母在時，思得新屋以居，以貧故未能，今不及矣。」因淚下。

中州丐殉母

中州丐者，不知其名，亦不詳其姓氏，人於中州道上見之，因之得稱焉。年二十餘，面目黧黑，鶉衣百結，奉母棲古寺中，日必市酒肉以歸，不得錢，雖昏暮，猶膝行號於市。市人厭之，怒叱曰：「若貪酒，宜丐也。」曰：「以供母。」或有疑其罔者，潛偵之，則攜酒跪母前，雜出餕餘，陳之几，母少啖，則大喜；不食，則跪而泣且勸，呢呢若小烏之反哺。或拊手歌唱，曳杖跳舞，或蹲地作沐猴舞，及鷄鳴犬吠聲。母死，號泣三晝夜不絶聲，里人憐之，集資殯焉。又號泣三晝夜，不食而卒。

李明安鬻子養母

李明安，嘉魚人。有母，年逾六旬。妻劉氏，亦賢淑，生一子，僅四歲。某年，以霪雨爲災，不擧火者亙三日，李泣謂其妻曰：「勢迫矣，母命促矣，奈何奈何？」妻曰：「今有一計，與其使母作餓鬼，遺恨終天，不如以此子售之於人。此子逃生，母命得保，豈不兩全耶？」乃以子售之某船，得錢二十緡，以養母焉。

王承基傭工養祖母

濟南西關有王承基者，年十五，父歿，祖母尚存，年八十矣。家貧，自知祖孫難以存活，因傭於修造工程處，日得工錢三百文以養祖母。

毛勝孝母

毛勝，上海人，父亡母老，無兄弟，平居無恆業，惟日取贏於博場以爲生。然性孝，事母惟謹，與人爭，母至輒解，或毆辱人，人訴之其母，母誚責之，亦俯首受命。里有新設藥肆者，一日，肆中人方朝餐，毛顧肆主曰：「腹餒甚，可飯我。」肆主知其無賴也，爲具餐焉。比暮又至，如是數日，肆主無如何，而毛益貪得無厭。自是而索魚索肉，偶不應，輒洶洶，欲用武。一日，早餐稍遲，毛至，罵曰：「此時不飯，胡爲者？」肆夥應之曰：「主人有家祭，稍遲耳。」毛盛氣入，見肆主衣冠跪拜於地，遽怒曰：「過時不飯，而匍匐於此，是何狀耶？」盡毁其祭器，大呼速具飯來。肆主不得已，爲之具飯，飯至，不及半，掉臂去，蓋又往博場矣。

肆主至是積不能堪，就商於鄰，鄰人曰：「彼凶惡已極，無敢攖者。然其母甚賢淑，毛甚畏之，盍訴諸？」肆主乃往覓毛之居而往訴焉。扣户，有出應者，毛母也，遂盡以前事告。母聞之，亟爲負荆，遣人覓毛至，嚴責之，毛俯首長跪無辭。母怒甚，執鞭重笞之數十，毛嗚嗚泣，不稍動。主人乃代爲乞免，母乃叱毛起，戒以後毋得再犯，毛唯唯。肆主返，而毛之跡竟絶於藥肆之門矣。

其後，毛以事被控，縣令欲發充極邊，毛泣而告曰：「小人固當刑，有老母，不能供饔飧，是所痛耳。」令召其母至，曰：「子不肖，罔知法紀，自宜按律處置。」令曰：「若子能養若乎？」母曰：「能。」毛大聲呼母救命，且曰：「兒今後誓不爲惡矣。」叩頭無算，母亦泣。令釋之，毛亦由是不復作惡。毛有子曰南，始亦有父風，後得其姊夫勸導而改行焉，蓋亦爲惡不終者。

王繼穀殉母

王繼穀，會稽諸生也。父英瀾，爲鄞縣教諭，全眷隨侍任所。繼穀志趣超卓，能文，工詩，善書法，處骨肉間無間言。某年，英瀾病，與其兄子獻太史繼香禱於神，争死甚力，英瀾卒不起。繼穀哀毁骨立，瘞髮殯所，忽産靈芝一莖，人以爲孝感所致。翌年三月，母又病且殆，繼香方返會稽，乃爲疏，禱於神曰：「去年父病乞代，以志行未堅，未能感格。今母抱疴日亟，刲肱割肝，不免傷殘肢體。曷若削兒紀算，續母桑榆。晨昏尚有諸昆，似續已延弱息，塵世名利，況非本懷，身後毁譽，在所不計，湛湛月湖，寸心可鑒。」遂投湖以死。死後，其家人乃於案上得遺札云：「去來有期，此行甚樂。」並處分身後事甚悉。又題字於湖亭之柱曰「漱六道人歸真處，道人隨父之鄞縣學任所，父卒越百八十日，入月湖以去，時年二十九」云云。家人如其札中所言，索之賀公祠畔，果得尸，植立水中，冠服不亂。時宗湘文觀察源瀚方守甬，訪知其事，詳請浙撫，專摺旌表。浙撫以事近奇僻王道不取駁之，宗固請，卒如其議，遂爲立碑於月湖之旁。

孫蘭貞殉母

襄陽孫蘭貞者，孝女也。性温柔，年十五，父早喪，寡母撫之成人，家無遺産。嘗從母紡績，母病痰喘，不能吐，蘭貞乃口含母唇而吸之。晨夕侍奉，割肱進湯，然終不見效。及亡，蘭葬之，禮成，痛哭，絶食七日而亦死。死時方嚴寒，女單衣，蓋已質棉衣等物以葬母也。鄉人賢之，爲葬於母旁。

殷雪雪感犬而孝

殷雪雪，廬陵西鄙人也。父母具存，無兄弟，家貧甚，綯索織草履。不讀書，父教之綯，母教之織，皆不應，酣然而嬉。常命之入市，鬻索賣履，得值，不奉其親，悉數易酒肉飽口腹焉。偶呵之，則惡言厲色以抗，偶挟之，則應手揮拳以報，如是者有年。

家畜一犬，雪雪愛之，故得食必分之犬，犬固馴，能習雪雪頤指。後犬生子，子長而母犬老矣，犬子得骨肉輒先獻其母。未幾，犬母病，毛脱皮爛，犬子輒爲母舐傷處。越三日，犬母死，犬子狂號，其聲如哭，不食亦不飲，號一日夜亦死。雪雪見之，忽大感悔，引手自搯其面曰：「予過矣，予過矣。犬，畜類耳，其孝也如此。予，人也，今乃不犬若耶？」乃疾趨至父母前，拜泣不能起，叩額有聲，仰而哀曰：「阿爺，阿娘，兒知罪矣，今不敢復爾矣。」其父母覩狀，殊駭異，則曰：「起，起。誰教汝者？」雪雪曰：「兒覩犬子猶能以身殉其母也。」父母叱之起，曰：「汝能孝，予無憂矣。」自是而後，雪雪起敬起孝，能以力養，終日綯且織，積三日一出售，以錢易米，負而歸，炊以奉父母，父母既飽，食其餘。既而更樵於山，漁於水，所入較豐，乃得以甘旨養父母。雪雪年三十一始有室，室人不德，動違翁姑意，出之，再娶，舉二子。父年至七十一，母年至七十五，父先卒，母越二年逝。雪雪髮斑矣，猶作孺子啼曰：「予十八年前，苟即能孝養，則可多博父母十年之歡。今日思之，大有憾矣。」未幾，竟抑鬱以終，鄉人咸稱之爲殷孝子。

羅義進養父

閩縣有羅義進者，字孚高。隆冬一褐，不蔽兩脛，脛凍，則綴敗絮於褐，狀若裳。案置一盂，糠屑鹽豉，雜菜根實其中，一日再哺，咸取以佐飯。父年八十七，自獲義進之養，所御恆有新衣，烹飪之事必出其手，美饌佳餌，恆多方羅致以供之。其所居室以厚楮牓壁，記進膳晷刻，不差纍黍，父所常御爊魚熓肉之類，備列無遺。父年老，飯益健，義進侍側，頤動眉肆，若自饜者，父食稍減，則退亦弗食，如是三十餘年。同治戊辰，父患目疾，結厚障，西醫將啓以刀，義進大啼，父卒就西醫館，啓其障。義進日載珍膳，卽館以哺父，夜復卽牀下宿，歷百有五日，疾愈。

義進同懷兄二人，均有子。義進壯時，嘗佐人貿遷，受直輒奉親，父將爲之娶，義進語人曰：「兩兄所獲，僅庇其孥，我娶，我父安得養？我終不以婦人奪己之養也。苟大宗勿廢祀，我寧爲其不孝者？」故終身鰥。

光緒甲午，父目疾復作，義進策父年高，不可更卽西醫，乃五更起，以舌舐父目，既，設案中庭，搏顙籲天，遲明始已，凡二十四閱月，而義進病。

先是，義進有足疾，常患脛腫。至是，家人戒勿夜起以增困，曰：「父愈，我病，庸何傷？」疾幾殆，猶卽枕上禮佛弗輟。乙未某月卒，年五十有三歲。

義進晚年屏落世事，專以養父爲急。恆於父前作嬌昵，若嬰兒，父年高，亦忘義進之歲，以爲尚三十許也。嘗曰：「吾子三十矣，未娶，奈何？」其死時猶喃喃呼父也。

李氏女斷指救父

東臺李氏女，父貿鹽，不納有司賦，官捕得，法當死，簿已伏，刑有日矣。女求見運使，泣愬於庭曰：「某七歲而母亡，蒙父私盜官利，衣食某身，爲生厚矣。今父因養女而獲罪，女當坐法。若不可，官能原乎？原之不能，請隨坐之。」運使憐而原之，因爲減死。女大泣曰：「某之身，前則父所育，今則官所賜，願去髮爲女道士，以報官德。」自以女子之言難信，因出利刃於懷，斷一指以示決心，血淋漓，見者皆驚。運使益義之，竟赦其父，女乃卽披剃爲尼。

藍忠殺虎救父

藍忠，漳浦人。生有膂力，事親孝。妻卓氏尤盡婦道，宗族稱之。所居村在萬山中，常患虎，嘗有一巨虎爲近村伏弩所傷，憤跳怒吼，聲裂山谷，居民閉戶莫敢聲。忠與叔比屋居，時夜深人靜，虎咆哮，撲其叔門。其家以世居山中，防虎患，門內植兩柱，衛以橫木。虎猛撲，不能入，其叔恐，大呼，虎聞聲，狂跳登屋，破瓦桷直下，斃其叔。

忠之父聞弟有虎患，發聲助喊，虎復狂跳破屋，撲其父仆地。忠於是手長刀，直前鬭虎，卓攜杵從之。虎舍其父撲忠，忠持刀刺虎，中其喉，刃入腹三尺許，拔刃，不得出，手餘脫柄，虎負痛復撲忠。卓棄杵，急自後抱虎，雙手搤虎頸，虎既重創，不能脫。忠持手中柄連擊數十，惶急中，卒無以斃虎。卓呼曰：「斧。」忠急覓取斧力劈之。比雞鳴，夫婦力皆疲，瞪目熟視，則虎已死矣。急視父，尚卧地呻吟，乃共扶入寢所，以藥敷治之。翌日，其父竟死。

忠屠虎祭父，哀痛極切，喪葬悉如禮。里中父老謀白其事於令長，請旌表，忠泣辭甚力，僉曰：「無傷孝子心也。」乃已。

范仲光爲父刲肱

范仲光，桂陽人，農家子也。幼聰慧，父母命入塾讀書，過目輒成誦，以故師及同學咸愛敬之。年十八，父遘危疾，醫藥罔效，仲光潛刲兩肱，家人莫之知也，見其慘淡無人色，竊異之。未幾，父竟死。仲光宛轉眩瞀，神支離，不自克，如欲無生者。其母懼失子，踰兩月，召其同學者數輩强掖之至塾。仲光重違母意，忍涕習所業，手輒縮，艱上下，人静，輒絮泣。其曹疑之，陽與語，時而袒其臂，則左右各去肉倍寸許，赭如渥。仲光哭，其曹皆哭，人始知其割肱也。免喪就試，補弟子員，舉一子。終以毁故，病咯血，年二十有五遽没。妻何氏爲守義撫孤，克自立焉。

姜冠東爲父復仇

姜士剛以拳術鳴於淮徐間，天下聞風而慄，過其門者，咸側目焉，往與較武者，輒斃之。光緒癸卯，有僧叩門入，見姜，再拜而言曰：「敝寺長老，震君名，特遣僧相迓。」言畢，出百金爲壽，姜許之，遂行。

姜子冠東從行，至寺，僧入報，未幾，老僧引數十僧出迎。老僧貌峥嵘，餘僧亦赳赳，冠東搴父袪，姜曰：「我何畏哉？」既登殿，僧率徒下階拜，並請登高閣飲宴。姜諾，循梯而上，冠東曰：「宴殿上可耳。」僧急伏地謝曰：「公子膽怯，不敢請登閣矣。」姜自許勇敢，命他僧引冠東出，冠東不允，姜怒，拳之，冠東乃泣而去，曰：「父好自爲之。」老僧再拜曰：「君開誠布公若此。」旋令左右進酒爲壽，且飲且行，及至高閣，推窗四顧，但見四周危山高聳，下臨絕澗，悸然心動，然已半醉，肢力微弱。突聞鳴鐘一響，老僧及其徒皆出鐵尺撲姜，姜大驚，急以手拒，戰數合，斃其徒十餘，傷者不可勝計，然亦卒爲老僧所殺。

冠東聞父被戕，乃匿殿側，伺老僧出，以刃斫其頭，頭不爲動。冠東急奔，得脫，號啼於荒山之麓。有樵父問之，冠東告以故，樵父慨然曰：「予爲爾復仇，何如？」冠東曰：「能復父仇，雖頭不吝。」樵父曰：「誠然。」冠東曰：「惡僧勇甚，其頭，利刃不能傷也。吾懼吾頭雖割而仇不得報耳。」樵父以拳撲山巖，山巖崩，曰：「惡僧頭視此何若？」冠東乃三叩首而自刎，樵父取其頭往面老僧請賞。僧命之入，口未啓而樵父已引刃斬其頭。樵父乃還頭於冠東之尸，埋於山麓。

韓氏女爲父復仇

馮雄，濟南人。少年入綠林，勇冠儕輩，然運使武器，率不中規矩。壯游燕、趙，從名師習技擊，藝遂大進。後爲鏢客，十餘年名大著，遠近莫敢攖其鋒。

一日，馮護軍餉至陝，中途舟泊大嶺下。時值炎暑，倦而假寐，恍惚間，舟略動，馮驚醒，見一人短衣窄袖，在艙面攜一銀包躍上嶺去。急起逐之，其人忽徐忽疾，或奔或躍，竭力馳驅，終不及。須臾，至一巨第，第有牆，牆闢一洞，徑不盈尺，其人縱身上，虵伏以入，馮體大，不能容，乃登垣躍而下，中無人跡，甚異之。緩步入內，見一室，有榻，羅帳低垂，露纖足，纖不盈掬，所失銀包在足下。馮駭異，欲徑前取銀包，而堅不能動，急返身出，忽聞語聲，回顧，則姿容絕世之十七八好女子也。馮欺其弱，遽放一鏢，女接去，連放連接，而鏢已盡，急拔佩刀相拒，女又從容以飛劍破之，馮亟伏地請罪。女笑曰：「余兄妹二人隱於此，久聞君名。吾兄攫銀無他意，欲一較技也。」遂令馮就坐，復令馮與其兄相見，設酒饌款之，遂共飲，席次詢之，知爲韓姓，父亦豪客，爲仇所害，女善父術，能水上行，兄雖得父傳，然遠不如女。兩人之隱於此者，以父已死，兄妹具此絕技，恐人疑也。馮辭去，女即以銀包授之。

馮抵陝而還，順道再訪，其兄已他適，惟女留守。馮自陳願隨女學，女許之，居三年，盡得其技。女曰：「可矣。」遂遣馮去，馮依依不忍別，女曰：「勿爾，此間亦非余等久居之地，徒以大事未了，故不得不溷跡耳。君此去，前途尚須自祕，且毋以余等蹤跡告人也。」馮唯唯而去。

馮自是藝益精，然凜女戒，卒不敢露圭角。棄鏢業，隻身作汗漫游，道出會稽，有異僧，就廣場演拳術，往覘之，見僧飛身凌空，翻縱騰躍，所習與己相似。遂入場求一角，僧頷之，甫交手，僧曰：「止，是吾道中人，無須角，但請以令師姓名告我，異日當踵門謝罪也。」馮固請較技，僧乃與馮相盤旋，十餘合外，僧忽騰一右足起，馮不及避，中胯下，顛數十步，僧竟去。馮大窘，幸爲輕傷，急赴陝告女，女詢其狀，曰：「是我父仇也，技不逮余父，然終非汝所敵。幸渠識爲道中人，猶未加毒手耳。此去度不遠，汝再往跡之，當爲汝援。余兄訪之三數年，卒未能得，今乃在是。」馮悚然，女遂偕之行。果復與僧遇，女先隱身去，僧見馮笑曰：「前日幸恕冒犯。」馮曰：「無妨，今日可再一決耳。」僧曰：「彼此一家人，何苦仇？」馮不可，求必再角，僧怒曰：「後輩何得無禮？豈真欺老衲龍鍾耶？」遂與馮搏，三五合，馮已不支，方危急間，突見白光一縷，直奔僧喉際而入，僧出不意，大吼一聲，遽跌百步外。就視之，氣已絕，顧視女，亦不見。再往訪之，則廬舍燼矣。

英人旌表孝母之吳二魁

孟家莊距威海四十里，爲英國租借地。居民有吳二魁者，事親至孝。某日，母病劇，吳割股肉以療之，病果愈，事爲威海英官所聞，奏明英皇，給一等金牌及銀幣十圓，且令二魁攝影以寄英，並語二魁曰：「汝事母心誠，感動上帝，必降福於汝。此後汝母設再病，來此陳之，當令醫至汝家爲汝母診治，不需資也。」言畢，驗其股，創痕固宛在也。

江孝通戀母

歸善江孝通孝廉逢辰，孤高自喜，人世一切營謀，若未知也。性孝母，家貧，不可爲活，嘗游番禺梁節庵按察鼎芬門。梁後至鄂，乃言於張文襄，延江至鄂，分校某書院，即主於梁。後回粵，又數年死，臨死猶戀寡母也。

陳永勝廬母墓

陳永勝，衡陽人。爲縫人，性奇孝。家貧甚，母目失明，永勝侍左右，所入必市甘旨以進，母有所之，必負以行，常負而徒步越數百里。遭火，永勝卧疾，蹶然起，負母劍弟以出。時火光燭天，永勝自赤烟中躍而過，衣不然，見者歎異之。年二十二父殁，明年，從母之江寧，貧愈甚，無所得食，日號於軍壘前。軍士憫之，曰：「若何能？」曰：「能縫紉。」乃言於軍校，使司縫，然所得殊微，乃節縮其饋以供母。逾年，母殁，永勝慟甚，既厝冶山側，廬於墓，及三年之喪畢，猶不出。光緒戊申，江督蘇撫奏旌之。

永勝不識詩書，初不解廬墓爲名高，蓋依母爲命，母厝而猶不忍離耳。程一夔嘗過冶山下，見茅屋中有一人執稷拂趺坐，不言亦不笑，意爲學道之士，訊之旁居人，始知爲永勝也。聞旁居婦嫗競爲具食，且護衛之。

張四殉母

張四，宣統時延慶州人。貌寢而有力，人呼曰大力哥。二弟一妹皆夭亡，四捕獸養母，以孝聞。嚴冬霜雪封山谷，無所得食，則仰天歎曰：「使弟妹而在，吾可出謀升斗，甚矣，天之困我也。」村之長者聞而憐之，則稍稍濟其乏。四曰：「人稱吾大力，吾不敢辭，稱吾哥，何若稱吾丐乎？」四嘗捕一狼，相持終日，馳逐六七十里，乃斃之。又嘗徒手縛一豹曰土豹者，猛獸也。其多力如此。後母死，葬之山中，觸石殉焉。

史久宬爲父復仇

史久宬，字青照，大興人。父悠釗，幕遊關外，光緒初，以縣丞需次遼東，被檄勘案山中，爲馬賊所擄，索千金，無所得，支解之。久宬方十六齡，見父久不歸，疑有變，辭母曰：「不得父，不生歸見母也。」於是短衣匹馬，手短銃，日伺賊山谷間，無所得。既而投其黨，得賊魁姓名，且知父死所，密具祭品禱祀之，謂：「兒飲忍含痛，冒險至此，父果有靈，其助兒殺賊。」祭畢，取牲埋之，遂手銃，狙伺賊於其寨中。一日，賊方飲讌，羣賊環侍，無所措手。久宬乃佯報某地有大隊賈客過，賊喜，命羣賊出擊，以久宬爲導。方出寨半里許，揚言欲急溲，謂諸君且前行，當自後躡至，遂脫身而奔。返寨，魁方據鞍大嚼，且醉，出不意擊之，腦裂。羣賊失久宬，倀倀無所之，使人返跡之，不獲，正躊躇間，久宬喘息至，謂山後有虎，幾爲所噬，求衆先殪之。其中一人號最有力，奮臂前，復出不意，銃擊之，立殪，遂持銃大呼曰：「抗予者請飲此銃中彈。余已斃汝魁，今長汝曹矣。」衆大駭，或奔返寨中，或下馬聽命。久宬慰之曰：「吾本爲父讎至此，今仇已授首，汝曹能聽余命者，則以後悉受余羈勒，不可傷無辜一人。」遂返寨，立誓約，並覓父尸，復祭告而葬之。居數日，久宬揖衆曰：「吾故不能爲此生活，行矣，將返報母。諸君幸各事正業。」並爲之陳利害，衆感泣，誓不復爲賊，遂散。

久宬扶父櫬歸葬，遂居京師。會母卒，乃隻身走魯豫關隴間，凡數年，既而曰：「得之矣，天下事尚可爲也。」以策干當道，當道莫之識，不果行，復遨遊關外數年。宣統己酉，皇甫鵬九遇之於燕市，一見如故，相與縱談天下事。時監國攝政王載灃初柄政，載洵、載濤兄弟握兵權，久宬慨然曰：「二百六十餘年之天下，其終於此乎？天下將亂，吾不獲爲虬髯客，覓海外扶餘，君年少，當目擊其事也。」庚戌，卒於京師，無嗣。

劉禮爲父仇殺熊

東三省地廣人稀，其邊鄙之境，森林彌望，豺虎踞之，亙古未開闢。而氣候奇寒，八月降雪，嚴冬，冰雪蔽山谷。無虎狼蹤跡，惟熊性耐冷，恆蹣跚荒山老樹間，而無所得食，則漸入村落人家，獵者乃設阱而陷之。蓋熊性猛而蠢，力能敵虎豹，以銃射之，彈中其心腹，猶能負創傷人，故必誘而取之也。有山東人劉禮者，獨能以短銃制熊。銃，鐵管木柄，其射法亦無異於他獵，每天寒雪下，必荷之以伺山谷間，或枯樹穴口。熊自遠來，逆而敵之，不數步，銃發，熊乃反奔，人立而長號，再擊之，而熊猶前奔不已，彈三發，追逐半里，然後倒，而劉無傷也。劉之言曰：「吾技豈異於人哉？知獸性耳。蓋熊受擊必反奔，自後擊之者，適阻其反奔之路，鮮不被其蹂躪者。擊其面，熊一返而不復回，故無傷。」劉又曰：「老夫行獵三十年，手斃猛獸以千百計。顧有時不能捕一鼯鼠，非力不足也，不知其性耳。」

劉年五十許，鬚髮蒼蒼然，而精神矍鑠，過於壯夫。無家室妻子，隻身客吉林，以獵爲生，有時操江南音。或有知其詳者曰：「其父商於吉林，爲熊所食，乃痛哭，誓殺熊，遂習獵。得老獵師授以察獸性之法，於是發無不中，而所至之地，輒無巨獸入村落爲患。」或曰：「察敵之性而後擊之，獵之道也，可通於用兵。」

黄氏女鬻身養父母

黄氏女，蕭山黄秉奎女也。其先世蓋顯者，至秉奎，習爲農，體弱，弗任勞苦，女常助之。會歲歉，益貧。鄉有傅姓少年，睹女而豔之，願以二百金買爲妾。秉奎泣曰：「雖貧，奈何鬻女？」將逐其使，女亟止之，曰：「父弗爾。錢在彼，允否在父，洶洶然，徒示人以不廣。」秉奎曰：「何如？」女曰：「父允之。女在家，無益於父，滋益家累，不如昂其值而嫁之。父得金稍置產，庶不憂凍餒。女雖弗肖，頗知順道，敬以事夫，和以下嫡，蔑不濟矣。」母楊氏初頗不願，聞女言，亦慫恿，秉奎歎息而已。女毅然出，語使者曰：「吾家非鬻女者，茲以貧，旦夕委溝壑，自願鬻身養父母。歸語若主，可將三百金來，吾即從若去。」使者返命，傅諾，如女言，遂嫁之。

傅名子文，席父遺業，酗酒賭博無晝夜，又弗精，輒爲人算。女常勸之，而怒，待之漸薄，女不敢怨，侍奉益謹。李氏悍而奇妬，幸女賢，不争夕，且以子文不愛女故，略優容之，女因得免荼毒。李生一子而死，女視子如己出，撫育保抱，殷勤備至，子文亦漸賢之。子文本中人産，不善營生，而賭博所耗不貲，寖困，漸至鬻産，不足，益以家藏器具珍玩。女勸曰：「富而不知儉，其結果輒如此。曩進藥石言，君輒罵余騃，余固早知有今日也。然否泰循環，天道善變，窮通貴賤，寧有種邪？」子文瞿然曰：「卿之言然，今請舉室聽子。」因擇日告親友，立女爲正室，令主家政。女乃貨其巨廈，賃城中小屋居之，設肆權子母，延秉奎經紀之。數年，業大興，復稱小康矣。

張梅依母

張梅爲九江農民文榜女，生有異稟，未讀書，能識之無，性慈善，終歲茹素。十數齡時，父命飯牛於外，羣女皆嬉戲，女獨趺坐草間，畜牧之暇兼及針刺，不苟言笑。年及笄，有求字者，不樂，曰：「吾欲終身依吾母，出入賴之，生死以之耳。」

孫夏峯救弟

孫夏峯，名奇逢，有弟韻雅，坐事被逮，繫刑部獄，凡五年。將遠徙，夏峯具橐饘以從，病，則爲致藥餌，朝夕相顧視，且周卹其同繫者。夏峯故貧，斥産以供弟，故交贈遺皆拒不納，嘗以省弟故，徒步烈日中，兩足皆腫。一日，遇暴風雨，失道，幾溺死，饑渴困頓，遂病。每假寐，口中喃喃，皆其弟事也。頃之，竟不起，彌留時，猶張目曰：「吾弟免矣。」遂卒，年五十有五。不數日，弟事漸解，免流徙。

魏和公樂受兄笞罵

江西寧都三魏，卽善伯名詳、叔子名禧、和公名禮者是也。和公少叔子五歲，父命叔子授以書，笞罵皆樂受，曰：「叔兄愛我也。」比弱冠，益刻苦自勵，學日進，兩兄儼以畏友待之。

魏和公省兄

魏和公嘗省其兄善伯於潮州，賊方殺人，流血在道，趣負擔者行，曰：「彼方得貨，不遽出也。」卒無恙。及善伯客燕，又省之。

蔣壯其與兄俱歸

順治初，中原寇起，睢州蔣壯其孝廉奇猷移家避河朔。未幾，返，而高許之變旋作。兵刃顛踣中，隴畝荷鍤，身自經理之，卒未嘗廢學。與第五兄刻志砥礪，凡道傍柳蔭、古剎、簷隙，皆坐卧吟誦。以故聲震於庠，兄弟相繼登賢書，人皆榮之。上春官，不第。己丑中副車時，謁選，例得司李，五兄勸就銓，以不忍獨留，遂與兄俱歸。

李雍熙待弟

長山李雍熙篤友于，有兩弟，明熙官濟南都司僉書，將移家別墅，乃分宅與之，不忍離析。延熙卒，遺孤貞之在襁褓，爲置田園，撫之成立。延熙有女，則盛奩具嫁之，撫從弟時熙遺孤亦如之。族弟以先櫬窐木求售，給直而返其券。族人某與其兄弟爭產，則出私錢別置腴田，如其所爭之數而歸之，爭遂息。

徐華國待弟

徐元英，字華國，吴江人。少貧，與仲季二弟分田，仲曰：「季田腴，必易之。」相争不決。華國謂仲曰：「我田亦腴，可畀汝，毋與季易。」於是兄弟以和。

惲長祉待弟妹

武進惲哲有狂疾，數侮其兄長祉，恆踞其卧榻，溺於食器，且焚屋，長祉弗瞋也。哲袴單，脱己袴與之，曰：「吾弟寒。」易粟斗，分數升與之，曰：「吾弟飢。」孫讀書，則教其姪曰：「吾弟亦望兒讀書也。」妹貧，給以麪，暑夜，自驅牛磨之，婦執篵苦蟲，無怨也。長祉，字壽侯。

劉國友養寡姊

劉國友有姊，喪夫殤子，無以爲家。劉迎之同居，衣食從厚，令家人禮敬之，數十年如一日。

李振陽感兄待姊

李振陽，名生春，商邱人。世居邑西南鄙，薄有田廬，力耕而好義。有從伯善治生，纖嗇自刻苦，銖累所積至八百金。比病革，趣召振陽至，則無所語，如是者數，終不及語而卒。振陽往視其喪，則管篋者迎哭户内，已而指橐中裝，語之曰：「此汝伯終身所蓄也，遺命畀汝，與而兄平分之。向之所以屢召汝而終無言者，凡爲此耳。」振陽聞之，哭曰：「伯雖無子，固有女在。此八百金皆伯忍嗜慾瘏手足所經畫而積貯者也，豈不欲有子而遺之？不幸終身無所出，而至於大故，顧以義割恩，不畀女而畀某兄弟，某何心私擅之？昧義而傷伯之隱，向之所以數召而終無語者，固命我矣，顧以某所應分者均之二姊焉。」及兄至，奉其半以進，告之故，兄曰：「汝能是，以我爲匪人耶？其悉輟以資伯之女，勿更言受金事也。」

李氏兄弟交讓

鄞縣李叔則，名士楷，叔範，名士模，兄弟也。叔範初讀書，叔則已補諸生，有名，遂讓其兄使專治經史，而自理家務。已而承父命，使分產，叔範逡巡不忍答，輒曰：「有長兄在，凡田宅，俱請受其下者。」叔則亦曰：「吾家之田一畝屋一廛，皆吾弟所益，吾當受其下者。」兄弟交讓不置，里中聞者競嗟歎，至以其名呼曰：「李氏兄可爲模，弟可爲楷。」

張仲嘉友愛

張文嘉，字仲嘉。性友愛及於羣從。其從姊有適錢氏者，病危，爲置棺衾，合姊壻而葬其祖墓之旁。同產女弟二人，則撫恤之者尤至。兄弟同居共爨垂數十年，經歷變故。某歲，屋焚，始分產別居，然亦取其荒瘠者。

施䜾食魚思弟

施䜾，宣城人，䜾之弟也，讀書陽羨。會秋薦新穀，與客會食，烹池魚，䜾忽泫然曰：「吾弟出門時，魚方二寸許，今盈尺矣。」遂嗚咽廢箸。兄弟間自爲知己，常恐年壽不齊，輒於月下相抱持而哭，願世世爲兄弟。

林湛分弟憂

康熙初，閩有七才子，林湛，其一也。湛與弟成之友愛甚篤，成之爲靈臺令，使人相迎，則寢疾數月矣。口授次子，使作書，以報成之曰：「吾平生爲弟分憂，今弟當分我憂。」時問疾者繞牀，意謂湛將以家累屬成之也。既而曰：「治民事上，雖竭精殫慮，猶懼不免，今不事事而爲人所愚，實遺垂死之兄以憂也。」其後，成之果敗。

吴紹先尋弟

吴紹先，稷山人。少讀書，略解文義。十三歲而喪父，十六歲而喪母。有二弟，季年十一，偶與其從兄出，遂失蹤。又數年，仲以博負逃。紹先負販以跡之，南出襄洛，西歷劍州，東至黑龍江，積十有六年，卒同時得之。其求仲也，出塞，抵寧古塔，而仲方在某豪家爲奴，以情請，不許，乃冒公人入軍府訟。

軍吏庇豪，欲威懾紹先，以應對失儀，捶其面，血淋漓，紹先詞愈強直，卒白大帥，持其弟以歸。時仲冬沍寒，夜經大臥磯，紹先與弟相推輓，顧而曰：「此中人未有如吾樂者也。」比入塞，爪甲灰爛，無存者。至京師，待季偕行。知其事者爭傳說，公卿賢士多就而禮之，紹先赧然若無以自容。衣敝履穿，或贈遺，終不受。有與同寓者，聞其哭失聲，就視之，則讀《魯論》「父母之年」章也。紹先生康熙朝，以是名動於時。

方百川愛弟

方舟，字百川，諸生也，爲望溪侍郎苞之兄，長望溪二歲。時家貧，無僕婢，望溪五六歲輒與之同臥起。百川赴蕪湖之歲，將行，伏望溪背而流涕。其後稍長，卽各奔走四方，望溪歸，百川常在外，百川歸，望溪常在外。百川嘗曰：「吾與汝得常家居，俾二大人無離別憂。春秋佳日，與二三同好步北山，徘徊墟莽間，候暝而歸，吾願足矣。」

周輿則待弟

錢塘周軾，字輿則，有兄弟七人，次爲五。既喪父，兄輿載、輿正、輿述亦相繼而殁，輿則哀毁盡禮，獨泫然曰：「鄉者有父兄在，今父兄之責，萃予一人，敢不竭力。」異母弟輿衞、輿封、輿閑並幼，友愛甚篤，其教兄子雨三，一如輿載之教輿則者，曰：「吾以報長兄德也。」每祭集家廟時，羣從子弟五十餘人，諄諄以孝弟禮義相勸勉，間有犯者，必稱祖宗命，涕泣切責之，甚者予杖焉。

康熙乙巳七月，與則病卒，易簀之日，忽起坐，徧召親友，勞苦如平生，告家人曰：「吾祖宗累世同居，子孫宜法之。必不得已，分產爲七，必均。雖我自勞力而獲，微先人之德，不至此，其敢爲己功乎？」又曰：「吾向著家譜，凡我族人，當恤其不足，毋使凍餒以貽先人羞。以我貲資之，不以累爾曹也。」處分後事，小大畢周，曰：「守我成法，亦足保世。」諸弟問兄何往，則曰：「我主麒麟殿使者，候之久矣。大丈夫訣別，寧作兒女態？慎毋哭，徒亂人意耳。」及聞雞鳴，曰：「吾去矣。」誦佛號百聲而逝。

賀行素待弟

獲嘉賀莊幼爲流寇所掠，其兄行素憂傷感泣，嘗爲哭弟詩，聞者悲之。至是，偵知養於晉中，急迎歸，復往晉，厚報其人。居數年，共議析產，行素曰：「先世數椽，兩弟共避風雨。」餘無多業，僅取田一區，樹數株，存先人遺澤而已。

魏石如訪兄

嘉善魏正鎧，字冬木，有弟正錡，字石如，忠烈公後也。友愛無間，皆博士弟子員，教授於鄉，相距數十里。一日，石如忽憶冬木，亟挐扁舟，至其館。冬木聞之，欣然延入，一揖後坐定，相對不語，涕泗交作。館主人爲具餐，食訖，遂辭還。冬木送之至門，望不見舟而入，終無一言。

胥端生事兄

胥汝衍，字端生。篤友愛。其兄庶出也，事之惟謹，生爲營產業，歿爲備殮葬。兄之遺孤方數齡，撫之如己子，俄而夭，仰天號泣曰：「吾兄懋德，奚至此耶？」後言及，輒悲痛，竟日不食。

沈去矜讓屋於兄

沈去矜，名謙，仁和人。性孝友，父歿，毀瘠嘔血。會東鄉盜起，縱火殺人，焚其堂，堂固分屬兩兄者，既燼，去矜即割己宅居之。久之，兩兄欲徙去，去矜念兄貧，無資可僦屋也，固留之。

李鍇以產讓兄

漢軍李鍇，字鐵君，號豸青山人。家世貴盛，淡於名利，析產時，悉以屋及珍物讓兩兄。

胡餘規尋兄

胡恢舜，字餘規。生負異稟，有文章名。充雍正乙卯選拔貢生，以母老疾，不赴朝考。母卒，哀毁盡禮。初，有兄亡於外，餘規跡至天津，已婚王氏而家焉，泣請偕其嫂以歸。頃之，又出亡，復走數千里徧跡之，不可得，涕泣反，贍其嫂終身。

桂天士待姊

慈谿桂貴，字天士。有女兄適魏氏而貧寡，天士往省，即親取姊廁牏滌之，復代之任舂焉。魏居魏家橋，距天士所居二十里，姊年九十，天士亦八十餘矣，魏家橋人無月不見其再三至也。

吴粲玉待弟

吴璟，字粲玉。與諸兄弟友于，無間言。其後食指繁，乃析爨，其第舍完整，季宅窳陋，乃曰：「吾弟幼，不任土木。」乃相與易之。母孺人之養老公田，盡以讓其幼弟，曰：「吾以承慈幃志也。」

康子厚事兄撫弟

康惇，字子厚，興縣人。有兄弟四，年既長，議分居，乃拓地建屋數十間。既成，讓諸兄弟，而自居故宅。或問之，曰：「長兄，吾所事，弱弟，吾所撫也，吾不可以懷安也。」

張惻庵待弟

張惻庵，名大俊。友愛諸昆季，析産，取其瘠，讓其腴。諸昆季或中落，復給貸無倦容，匄金至數百緡，至於母息無所償，有見之而赧者，即焚其券，曰：「昆季，吾同體也，義重則財輕，若之何以錙銖計乎？」

高宗友愛和果二王

高宗友愛和、果二王，賦詩飲酒，陪宴無虚日，然不使干預政事，和少時驕抗，恆優容之。嘗命監試八旗子弟於正大光明殿，日已晡，上未退朝，和請上退食内宫，恤臣僚也。後以齋宫爲更衣殿，不復駐蹕。

馬嶰谷愛兄弟如一體

祁門馬曰琯，字嶰谷，家揚州。兄曰楚，出後世父，嫡母洪恭人出。弟曰璐，與嶰谷同母，皆陳恭人出。嶰谷至性過人，受經後，嘗據案静坐，矻然如老儒。説經嶽嶽，不可撼，難兄稱弟，考校文藝，評隲史傳，旁逮金石文字，自相師友。後雖授室，風雪凄其，未嘗不抵足聯牀，恒曰：「吾三人如一體，不能暫分也。」

施舊山兄弟相愛

施謨，號舊山，嘉興人。出嗣於錢塘謝氏，爲之治生産。尋歸禾，兄弟故相愛，往依之。一日，告其兄曰：「二兄以勞苦農務致畜聚，而弟顧閒居，坐享其逸，不忍。向在謝氏，與杭人習，當就彼謀營，以冀自拔。」二兄慨然，各贈以金，量受其半。遂之杭州，賃屋以居，稍積貲，歸金其兄。兄拂然曰：「弟乃以我爲非人耶？」曰：「非也，人事消長不可知，萬一蹉跌，欲更貸兄金，兄詎不可復見與耶？且與爲耗散而重困，孰若得子而歸母。由此以思，金之歸，弟之福，兄之所樂也。」二兄曰：「善。」自是家於杭。後二兄相繼歿，歸爲經紀其喪，撫遺孤，俾成立。

臧和貴事兄

武進臧和貴處士，名禮堂，與其伯兄名庸字用中者，並以博學聞於時。有兄弟四人，敦友愛，少師事伯兄，敬愛彌加，然有過，輒規誡無隱。仲兄嗜博，諫不聽，則日追隨之，並約至父墓立誓，弗再犯乃已。伯應京兆試，聞仲蕩產，致家累不支，寓書切責，辭頗激，連陳二書。和貴歷引經史往蹟以勸之，纍纍數千言，伯因而感釋。至其爲季弟謀安全者，亦無微不至也。

蔡居拙事兄

蔡居拙，句容人。性癡騃，與兄同居，家僅有田可耕耳。兄力田。居拙服賈，致產數萬金。當始爲賈時，人多笑之，曰：「是癡騃耳。黠者猶多折閱，況彼耶？」然居拙廢貯鬻，財奇贏，多出意外，倍於能心計者所得遠甚。兄與析產，乃不言此數萬金者爲己有，以十之九推與兄，曰：「吾兄有六子，累滋重，吾僅一子，無用多金爲也。」築屋數十間，僅取其一，餘悉以歸兄。

阮世恩祈死代兄

阮世恩，字聿修，桐城人。兄世忠，爲學官弟子。友愛無間，一人以事出，則終日徬徨不寧，夜常同榻而卧，有疾病，則親視湯藥，未嘗頃刻離。世忠讀書佛寺，忽嘔血，世恩時以爲憂。乾隆丁卯春，世忠自爲棺，而世恩監匠者髹漆其上。匠言兄死當在七八月，世恩卽慘愴悲懷，自以二子小伯曉日皆成人，而兄僅一子無母，且幼未授室，願以身代。禱於上下神祇，凡刺血書詞十七紙，而世恩是年遂得疾。踰年，世忠病甚，醫多言不治。世恩與同榻卧，而使其二子更迭候夜，且復禱如前，又刺血書詞十七紙。世忠尋愈，而世恩遂以是年七月初四日卒。

蒲宗瑾六世同居

蒲宗瑾，沅州人，六世同居。自祖父及宗瑾，三傳兄弟得五人，四傳得十七人，五傳得四十一人，六傳得六十人，男女共一百二十三人。秩以分，聯以情，主持家政，規條嚴飭，人無私財。乾隆己巳，知縣張淑奬以額，曰：「聚順可風。」

楊瓊華愛弟

乾隆戊子，楊重英既被執於緬甸。其女瓊華，當父在緬時，素服持齋，時遣人周卹其弟。

李嵩泉愛弟

甘泉李濱石，名鍾泗，有兄鍾源，字嵩泉。嵩泉愛其弟，能教之，每弟會文友家，家無僕，輒自持鐙或雨具立其門外，待弟出與歸，雖寒夜，常露立雨雪中。弟屢泣辭之，終不改。自不娶，爲弟聘婦，竭力營一室，將遷居而歿。先是，焦里堂過其門，必以餅餌延焦食，自不啖，而勸於旁曰：「吾弟年少學淺，望勿以爲市交也。」乾隆甲寅，里堂與濱石同舟試於省，嵩泉送之，坐舟中良久，復諄諄以弟相屬，語次嗚咽。八月二十日，濱石歸而嵩泉死矣。

張聘九析產與弟

武威張聘九增生應舉事親孝，親歿，弟求析產，止之不可，則與以田之上腴者半，他器物稱是。未幾盡，弟欲析應舉之所有者，又與之，盡，更與之。凡七析而無以食，乃授徒自給，猶時時與弟共所有。弟歿，及殯乃已。

周白民推產與弟

山陽周振采，字白民。家素封，有瞽弟聽讒言，求析居，悉推產與之。及弟破產，時周贍之，且撫其子如己子。

趙鎮寰愛弟

上虞趙鎮寰茂才如山爲諸侯老賓客。乾隆時，客江左者二十年，然恆以大比年歸試於鄉。及歸，輒與諸弟話兒時事，至嗚咽流涕。諸弟以次將婚，歸時，必與之同卧起，手摩其肥瘠以爲憂樂。瀕行，每欷歔久之。

顧東巖以忍愛弟

顧我魯，號東巖。諸生，性友愛。有弟出後世父，意漸自外於東巖。會東巖客蔚州，而里之人有自蔚州來者，言南中食物至其地，得值皆倍。弟思獲厚利，捆載而往，然不得貿易要領，既至，物不售，則以委之東巖，謂資本百金，皆質婦匳中物，非得倍稱息，則慚負其婦，不能歸。東巖乃竭蹶措百金與之，而弟必欲取盈二百，以無現金，令東巖籍記之，以俟異日。東巖夙諗其畏婦，唯唯聽之。

其後數年，東巖自蔚州歸，弟婦遽語之曰：「昔貸錢者月取二分息，踰三歲，卽子母相侔，今此百金已踰十載，爲子母相侔者三，計當八百金矣。」於是東巖罄資裝，猶不足以償。婦日搏膺譟呼，時太夫人猶在堂，不堪其擾，東巖乃以所居室立券付弟，而奉母別居。然屋小，不足抵八百金，衣飾器皿，恣所攫取，故東巖移居，家具蕭然，見者皆歎息。時袁湘湄爲書門帖曰：「長物祇餘詩一卷，寄居聊借屋三間。」方家難作時，顧蔚雲贈詩，有「早識訟師由飲食，疊書忍字保彝倫」。皆實録也。

姚夔待弟

姚夔，晃州諸生，篤友愛。方兄弟欲析產時，勸止之，不聽，則曰：「吾平生僅愛一馬，幸以予我，田廬雜物，任兄弟分之，吾不問也。」析爨日，諸宗姻皆會，而夔已先期避去矣。歸時，妻子唧唧以生計爲言，夔但問馬在否，不及其他。

李台三哭弟

李台三太學應卜有弟應會亡，遺孤緝方一歲，哭之慟，一夜鬚髮皆白。其撫緝也，食必呼共案，出必視而行，返必問其在何所。緝病瘡，醫針甫下，淚滾滾落曰：「吾有何方爲汝分痛？」緝每出，望其早歸。易簀前一夕，緝歸稍遲，更深矣，猶坐以待。及至，厲聲責曰：「獨不念吾望爾乎？」

奎壯烈爲兄復仇

奎壯烈公林，勇力過人。高宗以其兄明瑞殉節滇南，故不使臨戎，而奎乞請者再，至痛哭殿陛間，願殺賊復兄仇，上爲動容。乾隆丁亥壬辰，從征緬甸、金川，皆以趫捷建功。

洪霞城事兄

洪煒，字霞城。至性過人。其仲兄瞽於目，煒扶持之，常不離。乾隆戊辰，黄璋與之同試於越城，有傳言仲兄病者，卽命舟而返，距試期才一二日，而已不及時矣。

包慎伯待姑太太

包慎伯，名世臣。嘗有家書一通，其文曰：「與實見字，十八日之書，至二十六方到，此次遲延至八天，可詫之至。昨責汝阿辛薪水一節，汝須細思之。我少而貧窶，壯而游四方，堂上二老，皆賴姑太太女代子職，若無姑太太，我何能奔走謀甘旨？溯我落拓江湖四十餘年，一貧如昔，而菽水不缺，兒輩宦成，果誰之力，微姑太太，汝輩有今日哉？況汝少受姑母鍾愛，視如掌上珍，乃既壯大，並不知報德，而並其子之四金之薪水亦吝之，我不責汝，天亦不福汝矣。做人道理，全要明白。我在天長時，佐人書記，月得三千，而以二千濟鄭大哥，不足，又爲稱貸以益之，此事汝知之。我於鄭大哥尚爾，況汝於姑太太哉！粉飾之詞，我不願聽。總之，阿辛薪水必送，且與汝之任期相終始，至屬至屬。李提戎之潤筆，三千乎？三金乎？便望寄來爲要。七月晦，父字。」末附一行云：「百合粉並不見佳，下次不必寄來。」

傅麟瑞七世同居

乾隆己酉夏四月，高宗以河南魯山縣生員傅麟瑞七世同居，特御製詩章、御書扁額以賜之。

周仲壽以束脩奉兄

周錫麟，字仲壽，乾、嘉間人，長沙諸生。有同母兄二，皆力田。仲壽爲童子師，束脩所入，雖一絲半粟，悉以奉兄嫂，未嘗自新一衣。

李九以雪兄寃而死

李九，贛榆青口人。邑人罕識其名，問李九，則無不知者。兄七，與鄰人訟隙地，縣官索賄，七弗與。鄰人賂之，繫七典史署，朝暮逼迫，繼以搒掠，飲食又不以時至，七憤而縊。時縣令吴蕊元、典史費長春也。九方午食，聞七死，掀案而起曰：「所不與兄復此仇者，非丈夫也。」投狀海州，州不爲理，控諸監司，仍檄州。

九念外省官吏上下徇庇，終無能爲兄雪寃者，乃徒步入京，具狀都察院。事聞，下蘇撫集訊。九既多歷風霜，又到省貲罄，日受挫折，瘡疥發於腹背，卧病中，惟祝七寃得雪，即身死無憾。九婦聞之，日夜涕泣，焚香告天，求夫生還，願以身代。而蕊元、長春賄屬承憲官，責九健訟，鞭笞慘毒，身無完膚，九忍死不少屈。蕊元等度終不可威脅，因屬其素所親信者就旅舍，置酒召美妓，反復開陳，餌以重利。九始終閉目不一言，既而曰：「吾與若厚，不忍牽累，不然，今日之舉，即公堂左證也。」蕊元等聞之，益懼，計無所出，乃議以毒手取九命矣。

初，醫士某爲九診病，長春與相識，夜往謁之，曰：「李九必欲殺我，奈何？」因袖出餅金爲壽。醫士佯驚謝，長春曰：「不寧惟是，今日長春一命，吳公一官，懸於君手。君誠能因九病，藥而酖之，報德方長，不食言也。」醫諾，約以十日乘便行事。時陳繼昌按察江蘇，方蒞任，微聞其冤，即日提案，詳摘蕊元等頂帶，將加刑訊。九則躃踊堂上，眼枯無淚，長涕而號。蕊元等竟不能諱，盡得實情。獄具，蕊元褫職，長春戍邊，吏役正法者二人。九至是喟然歎曰：「今而後死無憾矣。」時受病已深，奄奄一息，歸至半途竟卒。鎭中紳士以鼓樂迎其櫬，其妻見櫬，觸額求死，姻黨勸慰，乃歸。

彭陶養兄弟

彭陶，字菊村，衡山人，父賈於郴，遂爲郴人。方十餘歲，父負債數千金，常累日不食以養父，父沒，爲債家所迫，繫於官者月餘。陳某憐之，解其訟，因教之學，曰：「子，有造才也。」見其容若病者，問之，曰：「無食。」食之。年餘，補學官弟子員，去爲童子師，而以文字就正於陳，文日進，數年食廩餼。是時館穀漸豐，而養其兄弟六人，且爲之娶婦，長兄死，葬之，撫其孤，母又老疾，醫藥甚劬。年三十六，母曰：「汝以予與兄弟故而無妻，如嗣續何？汝其娶以慰予。」娶妻踰月而母卒，踰年，妻又卒，貧益甚，乃不續娶而教季弟學，亦補弟子員。三兄死，葬之，撫其孤，而自亦病。道光辛卯卒，年四十三。

林屏芬愛弟妹

咸豐初，鄞縣林屏芬避難至羅江，中途失夫，所從者惟弟妹，裙布蕭然。寓羅氏宗祠，不得食，或憐之，時周以升斗，則先飽弟妹，而己食其餘。然識字能文，羅氏故多富者，因延之，教子女，凡六年，多所成就。復歸鄞，自是而弟成立，妹嫁矣。

徐司馬懸賞覓兄子

咸豐時，徐若洲司馬鴻謨以薄宦出入兵間，嘗作尉江甘，方受代，而有袁江之役，眷留廣陵。寇猝至，城陷，家屬倉卒出城，中道相失，歷數月，始會於如皋，失一女與其兄子。司馬揭於衢曰：「得我兄子者，予錢十萬。」果得之，曰：「是可以慰吾寡嫂矣。吾女，聽之耳。」俄而亦至。司馬有子琪，字花農，光緒朝，署兵部侍郎。

程某代兄死

咸豐戊午科場之獄，大學士柏葰罹大辟，副主考程文桂以其子炳采賄買關節，私遞名條，父子幾同日棄市，後從末減，文桂得免死，僅置炳采於法。其實正法者非炳采，乃其弟某。先是程有兩子，長炳采，次某，皆隨父在京，事發時，炳采已先逃，三大臣會訊時，弟冒兄之名，力承其事。獄定，始知罪應繯首，顧已無及。刑日，其婦奔赴菜市口，欲向監斬者申訴，爲衞兵所阻，不得上，夫婦抱頭大哭，絶而復蘇者再，劊卒皆下淚。蓋其婦方少艾，婚未久也。後文桂遣戍，炳宷不敢歸，潛隨文桂往新疆，而次子之婦則竟以痛夫死。

曾文正哭弟

粤寇起，曾文正公國藩既奉詔治軍，而其弟愍烈公國華、靖毅公貞幹亦帥偏師勦寇，後相繼殂逝。文正夙友愛，至是哭之慟。愍烈亡於三河，文正方在鄂，以聯輓之云：「歸去來兮，夜月樓臺花蕚影；行不得也，楚天風雨鷓鴣聲。」靖毅亡於金陵，以聯輓之云：「功名百戰總成空，淚眼看河山，憐予季保此人民，莫此疆土；慧業三生磨不盡，癡心説因果，願來世再爲哲弟，並爲勛臣。」

愍烈，名國華，字温甫。由監生應京兆試，不遇，歸而講求經世之畧。咸豐乙卯，文正督師豫章，粤寇石達開竄江西，周培春等復自廣東竄至，與之合，迭陷名城。愍烈倍道走武昌，乞師於胡文忠公林翼，遂受檄，與劉騰鴻等率五千人行，乃攻克咸寧、蒲圻、崇陽、通城、新昌、上高六縣。文正嘗言：「使吾有生還之日，愍烈力也。」戊午，李忠武公續賓勦寇皖中，愍烈助之，連下潛山、太湖、桐城、舒城四縣，遂乘勝擣三河鎮，十月初十日，力戰死之。

靖毅，名貞幹，原名國葆。文正奉詔督師，靖毅率六百人從。咸豐庚申，改從兄忠襄公國荃圍安慶。辛酉，克之。同治壬戌，克繁昌等三縣，復會師進薄金陵雨花臺，與寇血戰四十六日，遘疫，遂不起。

楊某待庶妹

楊某，山西人，官貴州。有妹，庶出也，妹甫生而所生母死，育於其母。幼而明慧，父母皆奇愛之，父臨終，謂某曰：「必善視此妹。」母臨終，亦謂某曰：「此女雖非我所生，我愛之逾所生，必善視之。」某承父母遺意，遇此妹甚厚，其妻頗賢，待小姑亦甚厚。女美而且才，家中事悉女主之。已而其妻死，繼室亦賢，仍以内政讓女。女年長矣，某擇配良苛，凡求娶者，某視之，輒曰：「非吾妹偶也。」因循久之。其繼室又死，未幾，又續娶一婦，婦不能如前兩人之賢，輒怏怏曰：「奈何以小姑主家政？」然不敢訟言於其夫。女知之，乃往往託疾，有以家事關白者，讓以與嫂。如是年餘，家中事遂悉決於嫂，然兄之飲食衣服，女尚手自料理。嫂意不樂，自是而家庭間有違言，女鬱鬱成疾，是時女年幾三十矣。某急欲爲擇壻，終以未得其人，無成議。某偶于役於外，聞女疾甚，馳而歸，則女死矣，乃撫膺大慟曰：「吾父遺言謂何？吾母遺言謂何？吾妹死，吾何面目見父母於地下乎？」痛哭嘔血，未數月亦死。

譚賽花爲兄報仇

譚賽花，俠女也，佚其里居，從其兄某流寓通州之營防港。性沉靜，不苟言笑，精柔術，尤善用單刀。某亦以技擊鳴，生而驍健，貌陋。嘗强貸富人金，於黑夜投貧乏家，然人僅知其爲盜，不知其爲俠也，輒目之曰大盜。賽花數諫之曰：「柔術一道，造詣功深，原當救人患難，刦富濟貧，不能大白於天下，竊爲兄不取。今莫若斂手，否則將遇害。」某不聽。諸富人乃欲得之以去後患，聞某寺僧有奇勇，出金以招，僧諾。

一日，僧喬裝游方者抵譚門，口喃喃誦經，賽花見之，語某曰：「此有道者也，不可不獻小技。」某遂以小錢一枚，擲入木魚中，且語曰：「速去，毋喋喋。」僧以錢還原處，亦語曰：「區區一錢，何足重輕？量何小也？」脫然去，某亦不與較。僧急往，告富人曰：「譚技藝過人，非僧所敵，不若誣以某案，請兵會剿。」衆然之，白其事於州牧，遣人守要處，僧率捕十餘人往擒。與某遇諸途，途次有溝，水可八尺許，某恐衆寡不敵，一躍入河，僧隨之下。未幾，僧舁某出矣，送州牧訊鞫，諸貧者争爲之判白，而知州某卒以受賄故，以嚴刑供認。既刑，賽花殯之，操短刀入僧寺，越樓窗而進，既誅僧，復仇，乃割髮爲尼，自是終身不復研究柔術矣。

梅寶之以悌教人

梅寶之，江寧人。同治時，居崑山百坡塘，羣呼爲梅先生而不名。某年，鄰村有兄弟議析居而相争者，弟曰：「欲得其平，必請梅先生來。」兄諾。弟遂跨驢造梅門，梅曰：「此至易解，第須小住於此。」因使與子弟共寢處。見少長咸集，雍雍如也，已漸悟，復使偕其孫出游，鄰人詢得其故，皆曰：「兄弟不可析居，吾村人向無兄弟析居之事也。」弟大慚，返而告梅曰：「小人知過，無煩先生矣，今將歸。」會其兄亦來探其弟，遂對持而泣，梅更婉導之，兄乃攜弟而去，同居如初。

徐舍人事兄謹

錢塘徐印香舍人恩綬篤於友于，事其兄昆生封翁惟謹。舍人嘗司鐸姚江，以兄方罷幕家居，相隔數百里，僅歲時一歸，猶未盡聯牀情話之樂也，輒以書問往復，縷述朝章國故及家常細事鄉里瑣聞以相娛樂。時郵政未舉，函件必付信局，局取寄資必向受信之人索之。嫂性慳甚，聞旬月所出信資鉅，戒閽者毋納信人。兄鬱鬱者旬日，久始知之，貽書告舍人，自是舍人寄書，輒令信人歸取信資，而魚書雁帛乃如故。

封翁夙有季常之懼，其游幕時，脩脯所入，歲恆數千金，悉爲婦所有，斥之以施僧尼，封翁不得過問也。舍人居貧，則月奉銀幣果餌以爲常，且不使嫂知也。

沈北山脫裘寄兄

沈北山太史鵬，常熟人。事兄謹。嘗肄業國子監南學，一日，相國翁同龢以事至，見其未裘而憫之，是日，天寒甚，翁命從者取皮裘贈之。翌日，又遇於鄉人席次，則猶衣敝縕袍也，詢裘所在，則云已寄兄矣。

汪穰卿教弟

錢塘汪穰卿舍人康年幼從父宦粤，失怙而歸，振綺堂舊廬已非所有矣，乃賃屋以居。弟頌閣、社耆從之讀，實教學相長也。嘗於午夜，圍坐一方案，一燈如豆，穰卿中坐，頌閣、社耆則分坐於旁，各治所業，所不解者，穰卿爲講解之，賞奇析疑，無倦容。三人者，皆應敷文、崇文、紫陽三書院月課，人作數卷，又皆月應詁經精舍之試，往往合作一卷，穰卿任經解，頌閣任詞賦，而社耆故善書法，爲之謄寫，每徹夜不輟。比事畢，即挾卷往投於收卷之門斗家，出其門，天甫破曉也。曉風吹人，腹中覺飢，咸就道旁賣漿家啜一盂以爲常，啜既，則三人者相與扶持，談笑而歸。光緒戊戌，移居上海，乃築屋於静安寺路，三人同居，如在杭時，兄弟怡怡，固不改其樂也。頌閣，名詒年，能文。社耆，一字鷗客，名洛年，善書畫鐫石，皆有名於時。

潘書琳願代兄死

潘某，直隸人，宦於江蘇。子二，長書瑛，次書琳。琳篤於友愛，從兄返里，居濟南村店，沽酒對酌，適門外來一丐索錢，兄不與，琳竊與之。丐喃喃駡其兄，兄怒，時已醉，乃取几上椀遥擲之，觸丐額，血溢不止，撫之已絶。村人大譁，拘其兄，就質於官。琳隨兄往，堅承丐爲己殺；兄大驚，謂汝何能殺人？琳笑曰：「兄自憐我耳，我殺丐，安忍累兄。」官亦弗能辨，然憐琳幼，思開脱之，遂監弟兄於獄，而函告潘某，使以金來賄丐者家屬，活兩兒。潘聞之大驚，急謀諸婦，婦不許，曰：「若何言？金自勞苦得之，兒死，當聽之耳。」潘不能强。官不得已出兄，乃坐琳誤殺，論絞，此光緒甲辰事也。

劉伯箴讓産與弟

宣城劉伯箴年二十而喪父，遺弟二，一五齡，一周晬。踰年，母又死，伯箴夫婦鞠以成立，授室誕子。而二弟皆荒嬉無度，羣惡少嗾其與兄析産，冀沾潤，二弟遂日與伯箴相牴牾，伯箴弗獲已，從之。田百畝，伯箴取三十，弟各與三十五畝，屋二區悉歸二弟，自僦居焉。未半載，二弟蕩其産，伯箴乃設筵延其舅氏及弟曰：「弟等不用良言，今若此，舅胡以教我？」舅曰：「若輩所爲宜餓死，尚可言？」伯箴曰：「不然。兄弟手足也，手全而足廢，身何安？弟能改轍，曩事何足校？吾所受田三十畝，仍父産也，可各取十五畝以資生，第須努力，毋再耗耳。」

二弟得田稍稍悔，而羣惡少涎焉，百計誘之，未幾，十五畝又屬他人矣。大愧，不敢面兄，伯箴聞之，泣曰：「家何不幸哉？」復招舅告之，舅曰：「然則奈何？」曰：「天下無不可爲善之人，教之不服，以意感之，未有再三而不化者。數年來，殖産治廬已如父數，再量與之，何如？」舅未答，伯箴妻自内出，曰：「若爾，是蹈前轍也，非愛之，適屢形其過耳。吾家屋宇閒曠，盍羣處而合業焉，則産莫能移，兩叔庶無苦。」伯箴大喜，卜日迎二弟合居焉。

至是，二弟感甚，叩頭至流血，自悔昔非人，誓不再耗，併力贊助。十餘年，益田數千畝，屋舍連亙，寖成巨室。伯箴年六十，綜核財産三分之，二弟辭曰：「此兄物，衣食足矣，奚敢取。」伯箴曰：「毋爾也。昔由分而合，冀今日之成；今由合而分，杜後日之患。蓋諸弟非復似昔，自可守其財，吾子孫未必如我，或難繼吾志耳。」

陸某感牛而愛弟

浙人陸某性横恣，時與弟相尤。某畜牝牛産犢，販之鄰，弟轉鬻之，繼又産一犢，某自飼焉。後弟之犢在牧場隨某所畜犢歸，宿某之牛圈中，弟力挽之不得出。翌日，某之犢亦隨弟所畜犢歸，宿弟之牛圈中，自是日同牧，夜同宿，若自知其爲同母生者。陸於是涕泣語弟曰：「我過矣，我過矣。獸猶如此，可以人而不如獸乎？」自是遂和好。

胡氏女撫弟姪

安東胡氏女以醜聞，年二十，父母欲嫁之，女不可，曰：「世未必有好德如好色者，嫁而失所，徒供人淩藉耳，何如家居侍養父母之爲得也？」自是，輒織袵刺繡，市甘旨奉父母。及年三十，長兄死，父母慟之，亦相繼没。期年，嫂不能守，竟别嫁。女零丁孤苦，撫孤姪二，弱弟一，姪年不滿十歲，弟年可十一二歲。女晝繡而夜織，弟姪捧書圍坐，女雖不識字，然聽久，能以耳辨書聲，其書聲朗暢如流者，則知書已熟矣，乃令就寢以爲常。

其鄰有黄貢生者，設帳授徒，弟姪皆從黄讀者也。黄、胡兩家僅隔一牆，中夜起，常聞機聲書聲，又時聞女訓其弟姪之言，心賢而哀之，乃不取束脩。女不可，曰：「師禮不可廢，今以十指勞力自給，雖貧，是戔戔者尚非不能供，弟姪幼，非可以無端受惠者。」黄力卻，終不聽，心益敬之。會黄妻病卒，女有舅氏，亦黄素識也，則從之求婚。舅以告女，女仍不可，舅具述黄意，且曰：「此知己也，不可負之。」女意稍轉，惟曰：「弟姪皆幼，必視其成婚，方可議及一身事。」舅以告，黄曰：「遲數年，何害？」黄有幼妹，請以配女之弟，舅徑爲主持，各行聘焉。越四年，女弟已娶，女盡以家事授之，已乃嫁黄。

劉昭容教弟

劉昭容，一名十三旦，漢口女伶也，唱花衫。其爲人也，婉静儉約，寡言笑。幼字於韓，而早失怙恃，遺兩弟，曰森，曰庚。時森年十四，庚年十一，而昭容十六，乃以針黹度日，使森、庚出就外傅。既而見女伶之爲世所重而易得多金也，乃曰：「森、庚學費不貲，僅仰十指，非久遠計也。森、庚而果成立者，吾雖死，吾亦甘之，更何恥於伶？吾其現身舞臺以説法乎？」好事者慫恿之，於是遂隸樂部，京、津、滬、漢，所至享盛名，而月入多不妄費。自是而森、庚益得肆力於學，入大同學校，更勗之曰：「而姊以色身示人，不得已也。若勉之，若不自立，而姊終身不嫁矣。」